예제로 배우는

비주얼 베이직

오기성 · 박호균 · 백덕화 공저

오성 오성미디어

머리말

컴퓨터 언어는 컴퓨터의 발전과 더불어 해가 거듭할수록 편리한 기능과 새로운 기술이 추가되어 사용자 편의 위주로 계속 업그레이드 버전이 나오고 있다. 이로 인해 마이크로소프트사에서는 Visual Basic 6.0, Visual C++ 6.0, Visual FoxPro 6.0, Visual InterDev 6.0 프로그램을 결합하여 Microsoft Visual Studio 6.0이라는 프로그램을 만들었다.

기존의 베이직 언어는 MS-DOS상에서 작동하는 일반적인 프로그램 개발을 하기위한 프로그램 언어이지만, Microsoft Visual Studio 프로그램 중의 하나인 비주얼 베이직 언어는 윈도환경에서 프로그램을 쉽게 개발할 수 있도록 개발한 프로그램 언어이다.

비주얼 베이직은 화면처리의 기본적인 부분을 자동적으로 작성해주므로 기존에는 프로그램 개발자만이 작성할 수 있었던 윈도용 소프트웨어를 초보자도 쉽게 작성할 수 있으며 이미 사용자 사이에서는 아주 강력한 응용 프로그램을 개발할 수 있는 도구로 인정받고 있다. 또한, 세계에서 가장 인기 많은 언어 중 하나로 개발 도구로 불릴 만큼 사용이 쉽고 편리하며, 강력한 기능을 제공한다.

비주얼 베이직에서 응용 프로그램을 작성할 때는 프로젝트 단위로 이루어진다. 프로젝트란 응용 프로그램을 만들 때 필요한 파일들의 집합을 말한다. 아주 간단한 프로그램에서는 프로젝트가 하나의 폼만으로도 구성될 수 있고, 또는 하나 이상의 폼, 모듈, 컨트롤 등으로 구성될 수 있다. 이중 컨트롤은 통합 개발 환경의 도구상자 아이콘을 말하는 것으로 폼 위에 사용자가 편리하게 사용할 수 있도록 적절한 위치에 배치해 감으로써 그래픽 사용자 인터페이스(GUI)를 구사하는 프로그램을 매우 쉽게 개발할 수 있는 것이 특징이다.

비주얼 베이직의 특징은 컴퓨터 언어를 처음 배우는 사람이라도 쉽게 프로그래밍 할 수 있으며, 이후 C++, Java와 같은 언어를 배울 때에도 컴퓨터언어의 논리적인 흐름을 바로 이해할 수 있어 누구든지 쉽게 따라할 수 있다. 또한, ActiveX 기능으로 웹 연결 및 작성 기능과 비주얼 관리자로 액세스 데이터베이스

구축과 쿼리 기능과 같이 응용 프로그램과도 함께 사용함으로써 소프트웨어 기능을 대폭 확대할 수 있다는 점 등이다.

본 저서는 윈도우 프로그램을 처음 접하는 모든 사람들에게 비주얼 베이직 언어의 문법은 물론 실무 및 활용 분야를 소개하였고, 저자가 대학에서 비주얼 베이직을 강의하면서 나름대로의 생각을 정리하여 비주얼 베이직을 공부하고자 하는 학생들이 반드시 알아야 할 내용을 중심으로 집필 하였다. 또한, 각 장의 실습 프로그램과 연습문제 프로그램을 실습하도록 하였다.

끝으로 본 저서를 출판하기까지 여러 가지 도움을 주고 배려해 준 오성미디어 오성걸 사장님 이하 모든 임직원들에게 감사를 드린다.

저자 씀

목 차

제1장 비주얼 베이직의 시작 ········· 3

1. 비주얼 베이직의 소개 ········· 3
2. 비주얼 베이직의 화면 구성 ········· 9
3. 비주얼 베이직의 작업환경 ········· 14
4. 비주얼 베이직 프로그램의 용어 ········· 18
5. 프로젝트 구성요소 ········· 23
6. 프로그램 작성 단계 ········· 25

제2장 변수와 기본문법 ········· 33

1. 상수 ········· 44
2. 연산자 ········· 46
3. 제어문 ········· 53
4. 배열 ········· 70

제3장 컨트롤 ········· 91

1. 객체 ········· 91
2. 폼 ········· 93
3. 표준 컨트롤 ········· 108
4. 커스텀 컨트롤 ········· 170

제4장 프로시저 ··· 199

1. 프로시저 ··· 199
2. 대화 상자 ··· 211
3. 모듈 ··· 218
4. 표준 함수 ··· 222
5. 유효 범위 ··· 227

제5장 메뉴 작성 ··· 237

1. 풀다운 메뉴 만들기 ··· 240

제6장 대화상자 ··· 273

1. 대화상자 ··· 273
2. 사용자 정의 대화상자 ··· 273
3. 공용 대화상자 ··· 278

제7장 파일 ··· 299

1. 파일 ··· 299
2. 순차 파일 ··· 301
3. 랜덤 파일 ··· 313
4. 이진 파일 ··· 326
5. 데이터 처리 프로그램 ··· 328

제8장 데이터베이스 연결 ······ 361

1. 데이터베이스 개요 ······ 361
2. 데이터베이스와 비주얼 베이직 ······ 363
3. 데이터 컨트롤 ······ 373

제9장 데이터베이스 프로그래밍 ······ 393

1. 학사 관리 프로그램을 위한 데이터베이스 설계 ······ 393
2. 학사 관리 프로그램을 위한 폼 작성 ······ 399
3. 학사 관리 프로그램을 데이터 리포트 작성 ······ 408
4. 학사 관리 프로그램을 위한 코드 작성 ······ 418

찾아보기 ······ 430

제 1 장

비주얼 베이직의 시작

제 1 장 비주얼 베이직의 시작

1 비주얼 베이직의 소개

비주얼 베이직은 윈도용 소프트웨어를 개발하기 위한 도구로 초보자가 배우기 쉽게 만들어진 언어이다.

개인용 컴퓨터의 운영체제가 문자 중심의 DOS(Disk Operating System)에서 그래픽 사용자 인터페이스(GUI : Graphical User Interface)를 기본으로 하는 윈도우 환경으로 변경되면서 복잡한 명령어를 일일이 기술하는 환경 대신에 마우스를 통해 컴퓨터를 쉽게 이용할 수 있게 되었다. 따라서 프로그래밍 방식도 점차로 변하여 윈도우용 응용 프로그램이 개발되었다. 윈도우 환경의 프로그램 개발 도구는 여러 가지가 있는데, 초보자가 배우기 쉬운 비주얼 베이직에 대해 설명한다.

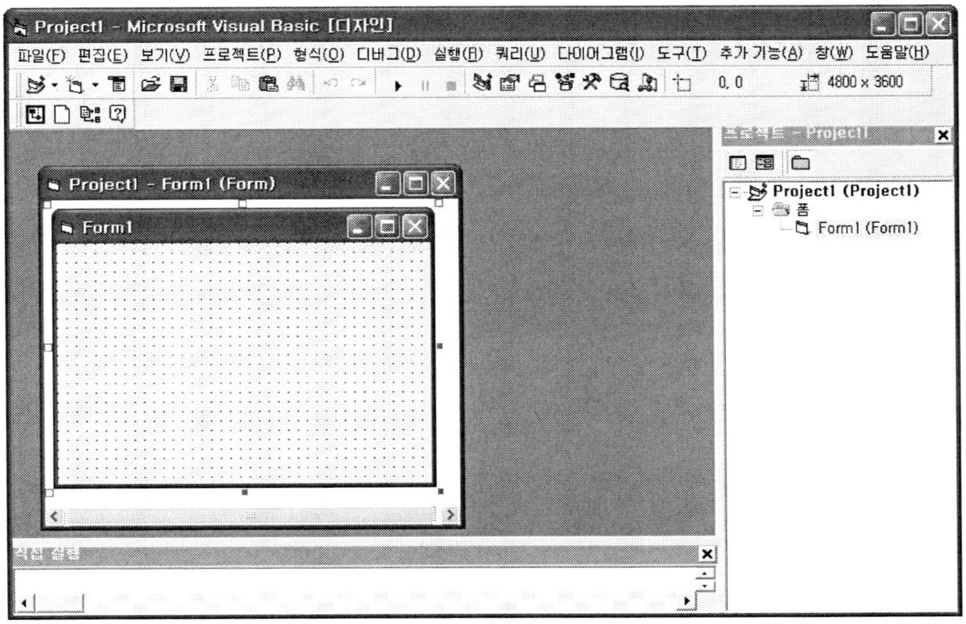

비주얼 베이직은 '비주얼' 이라는 단어에서 알 수 있듯이 윈도우나 버튼을 양식(Form)에 배치해 감으로써 그래픽 사용자 인터페이스(GUI)를 구사하는 프로그램을 매우 쉽게 개발할 수 있는 것이 특징이다.

(1) 비주얼 베이직의 특징

비주얼 베이직은 윈도우즈와 윈도우 프로그래밍의 특징을 그대로 수용하고 있어서 다음과 같은 특징이 있다.

- **인터프리터 언어와 컴파일러 언어의 특징**

비주얼 베이직은 인터프리터 언어와 컴파일러 언어의 특징의 특징을 모두 가지고 있다. 인터프리터 언어는 프로그래밍을 하면서 바로 테스트 할 수 있고, 프로그램이 완성되지 않았더라도 작성된 부분만큼 실행할 수 있어 전체적인 개발속도가 빠르다. 컴파일러 언어는 실행속도가 빠르다.

- **시각적 프로그래밍**

비주얼 베이직은 편집기, 컴파일러, 디버깅 기능에 컨트롤, 메뉴, 대화상자 등의 시각적인 도구를 제공하기 때문에 사용자가 원하는 대로 인터페이스를 디자인 할 수 있다.

- **자동화된 프로그래밍 코드 제공**

비주얼 베이직은 사용자가 프로그램을 하지 않아도 되는 부분에서는 비주얼 베이직이 자동으로 코드를 생성해 주는 기능을 제공한다.

- **객체 지향형 프로그래밍(OOP : Object-Oriented Programming) 방식**

비주얼 베이직은 동작주체인 오브젝트 중심의 프로그래밍을 진행할 수 있도록 한다.

- **사건 중심형 프로그래밍(EDP : Event-Driven Programming) 방식**

비주얼 베이직은 모든 프로그램을 윈도우에 발생하는 사건(Event)에 대해 처리하는 코드를 기술함으로써 윈도우 프로그램을 가능하게 한다. 여기서, 윈도우의 사건은 '마우스가 눌러졌다', '키보드가 눌러졌다', '윈도우가 화면에 나타났다' 와 같은 운영체제에 사용자가 행하는 입력 작업을 말한다.

- **객체연결(OLE : Object Linking and Embedding) 기능 지원**

비주얼 베이직은 윈도우 환경에 존재하는 모든 객체(이미지, 동영상, 텍스트, 윈도우, 프로그램 등) 들을 서로 연결하거나 포함하는 기능을 제공한다.

• **웹 기반 응용프로그램 개발 지원**

비주얼 베이직은 인터넷 익스플로러를 통해서 제공되는 웹 문서를 제작하거나, 웹 문서와 운영체제를 연결하는 등의 인터넷 응용프로그램과 웹 기반 응용프로그램을 제작할 수 있는 하부구조를 제공한다.

• **통합개발환경(IDE : Integrated Development Environment) 제공**

비주얼 베이직 프로그램 환경에서는 동시에 여러 개의 프로젝트 작업을 할 수 있도록 다중 프로젝트 환경을 제공하고, 코드 작성시 각종 명령어, 함수, 이벤트에 대한 리스트를 제공한다. 때문에 사용자가 쉽고 정확히 코딩할 수 있고 오류를 줄일 수 있다.

(2) 비주얼 베이직 6.0 제품의 구성

비주얼 베이직 6.0 제품은 세 가지로 구성되어 있다. 비주얼 베이직을 처음 접하고 학습하는 사용자를 위한 [학습용판(Learning Edition)]과 일반적인 윈도우즈 응용프로그램을 개발하는 개발자를 위한 [전문가용(Professional Edition)]과 기업체에 필요한 클라이언트-서버 응용프로그램을 개발하는 개발자를 위한 [기업용(Enterprise Edition)]으로 구성되어 있다.

2 비주얼 베이직의 시작과 종료

(1) 비주얼 베이직 시작

• [시작] 메뉴로 시작 : ① 작업표시줄의 [시작] 단추를 클릭한다.
② [프로그램] → [Microsoft Visual Studio 6.0] → [Microsoft Visual Basic 6.0]을 선택한다.

• 단축 아이콘으로 시작 : ① 바탕화면에 단축아이콘( )이 있으면 더블클릭 한다.

- 탐색기로 시작 : ① Windows 탐색기를 더블클릭 한다.
  ② "C:\Program Files\Microsoft Visual Studio\VB98" 폴더의 "VB6" 파일을 더블클릭 한다.

실 습

① 작업표시줄의 [시작] → [프로그램] → [Microsoft Visual Studio 6.0] → [Microsoft Visual Basic 6.0]을 선택한다.

② [새 프로젝트] 대화상자의 [새 파일] 탭에서 "표준 EXE"를 열기 한다.

③ 비주얼 베이직의 "Form1"이 나타난다.

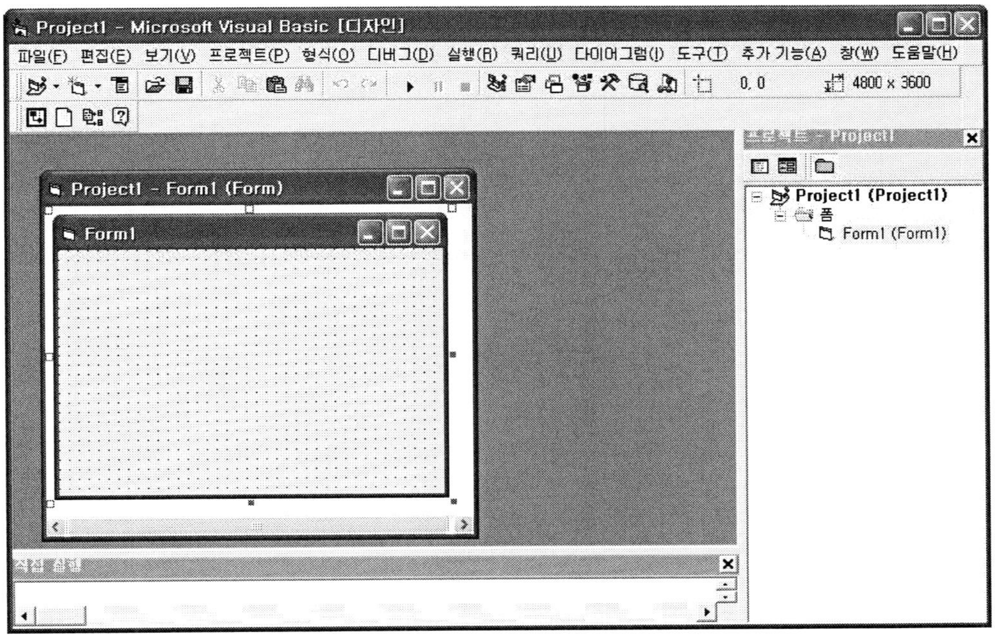

(2) 비주얼 베이직 열기

디스크에 저장되어 있는 비주얼 베이직으로 작성된 응용 프로그램을 수정하기 위해 비주얼 베이직 프로그램에 읽어들이고자 할 경우에 사용한다.

■ 비주얼 베이직 종료

- [파일] 메뉴로 종료 : [파일] → [종료] 메뉴를 클릭한다.
- [닫기] 단추로 종료 : 비주얼 베이직 프로그램 창 제목 표시줄의 [닫기] 단추(×)를 클릭한다.
- 단축키로 종료 : 단축키 Alt+F4를 누른다.
- 조절 메뉴로 종료 : 비주얼 베이직 실행 화면의 조절 메뉴 상자( )를 클릭한 후 [닫기] 메뉴를 클릭한다.

실 습

① [파일] 메뉴로 종료 : [파일] → [종료] 메뉴를 클릭한다.

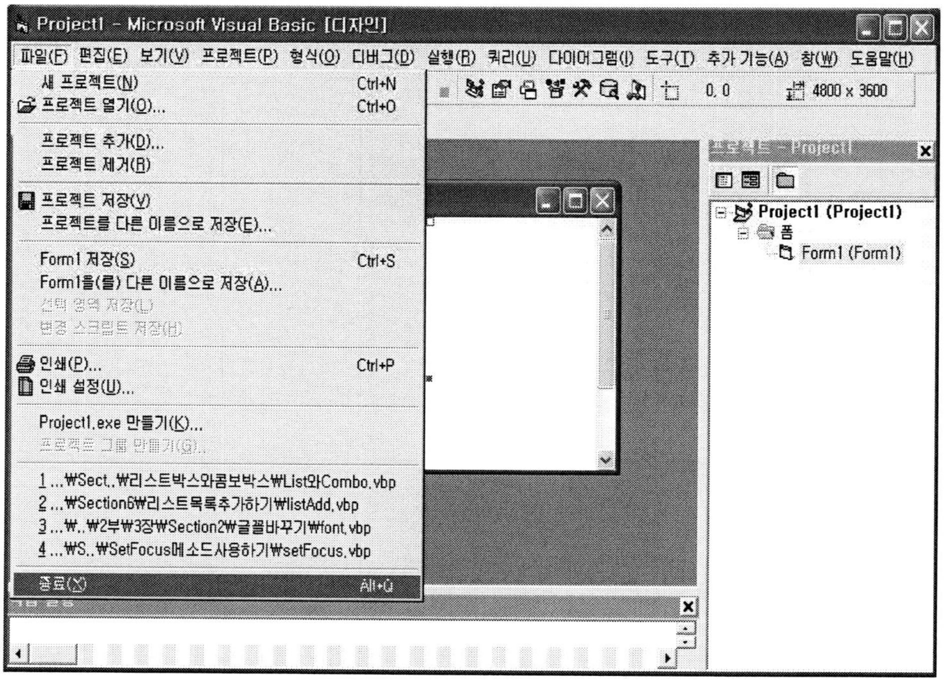

② 다음과 같이 프로그램 저장을 확인하는 대화상자가 나타난다. 현재 비주얼 베이직을 작성한 것이 없으므로 [아니오] 단추를 누르면 비주얼 베이직 프로그램이 종료된다.

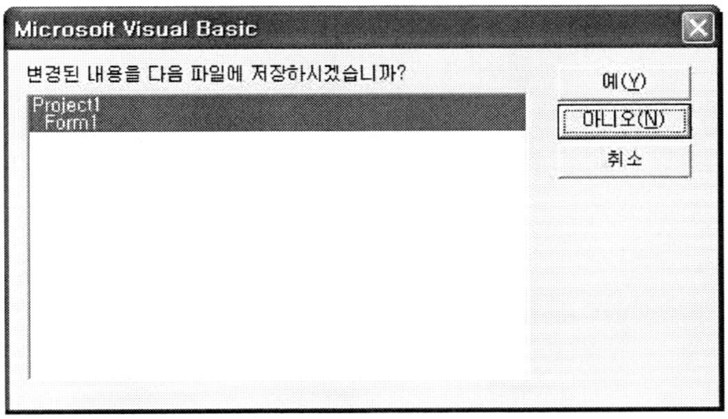

3 비주얼 베이직의 화면 구성

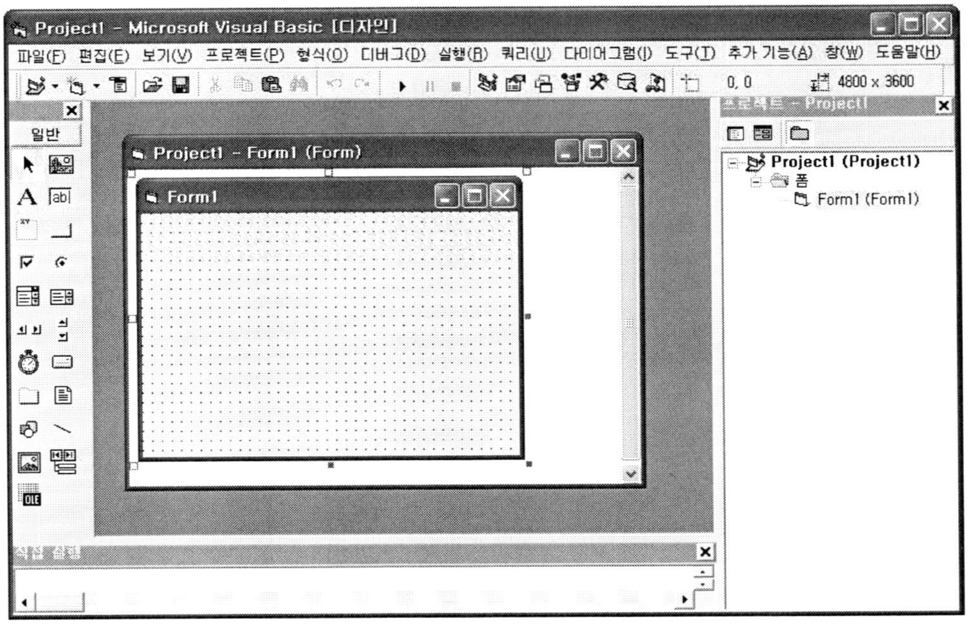

- **조절 메뉴 아이콘( )**

조절 메뉴를 표시하여 비주얼 베이직 창의 이동, 크기, 아이콘 표시, 전체화면 표시 등을 할 수 있고, 엑셀 프로그램을 종료할 수 있다.

- **제목 표시줄(Project1 - Form1 (Form))**

응용 프로그램의 이름과 작업중인 파일 이름을 표시한다.

- **메뉴 표시줄(파일(F) 편집(E) 보기(V) 프로젝트(P) 형식(O))**

셀 작업에 사용되는 메뉴를 표시한다.

- **표준 도구모음**

작업 중 비교적 많이 사용되는 메뉴에 관한 아이콘 모음이다.

① 프로젝트 추가( ) : 새로운 프로젝트를 추가할 수 있다. 삼각형 모양을 클릭하면 '표준 EXE', 'ActiveX EXE', 'ActiveX DLL', 'ActiveX 컨트롤'의 프로젝트 형식을 추가할 수 있다.
② 폼 추가( ) : 현재 프로젝트에 새로운 폼을 추가한다. 삼각형 모양을 클릭하면 '폼', 'MDI 폼', '모듈' … 등의 폼의 형식을 선택할 수 있다.
③ 메뉴 편집기( ) : 메뉴 편집기를 이용하면 메뉴를 쉽게 디자인할 수 있다.
④ 프로젝트 열기( ) ; 기존의 저장되어 있는 프로젝트를 불러온다.
⑤ 프로젝트 저장하기( ) : 현재의 프로젝트와 관련된 모든 구성요소를 저장한다.
⑥ 잘라내기( ) : 선택된 컨트롤 또는 텍스트 등을 클립보드에 오려낸다.
⑦ 복사( ) : 선택된 컨트롤 또는 텍스트 등을 클립보드에 복사한다.
⑧ 붙여넣기( ) : 잘라내기 또는 복사한 내용을 붙여넣기한다.
⑨ 찾기( ) : '코드보기'에서 원하는 문자를 찾는다.
⑩ 실행 취소( ) : 바로 전에 실행한 내용을 취소한다.
⑪ 재실행( ) : 실행 취소 한 것을 다시 재실행한다.
⑫ 시작( ) : 작성된 비주얼 베이직 프로그램을 실행한다.
⑬ 중단( ) : 실행중인 비주얼 베이직 프로그램을 일시적으로 중단한다.
⑭ 종료( ) : 실행중인 비주얼 베이직 프로그램을 일시적으로 종료한다.
⑮ 프로젝트 탐색기( ) : 프로젝트 탐색기 창을 화면에 나타나게 한다.
⑯ 속성 창( ) : 속성 창을 화면에 나타나게 한다.
⑰ 폼 레이아웃 창( ) : 폼 레이아웃 창을 화면에 나타나게 한다.

⑱ 객체 찾아보기( ) : 프로젝트에서 정의되어 있는 객체를 찾을 수 있다.

⑲ 도구상자( ) : 도구상자를 화면에 나타나게 한다.

- **도구상자(Tool Box)**

비주얼 베이직 프로그램을 작성하는데 필요한 컨트롤이라는 객체들을 모아 놓은 곳으로 처음 비주얼 베이직을 실행시키면 표준 컨트롤의 목록을 보여주고, 사용자 정의 컨트롤을 사용하려면 [보기]-[도구모음]에서 추가하여 사용한다.

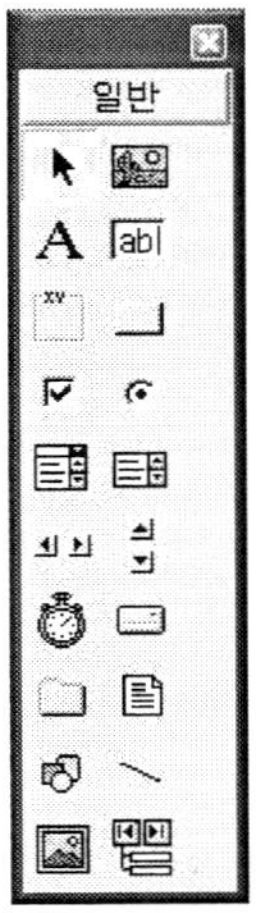

- **폼 창(Form Window)**

도구상자의 다양한 컨트롤들을 디자인하는 부분이며, 폼 자체가 하나의 객체가 되기도 한다. 프로그램이 실행될 때는 윈도우의 역할을 한다. 폼 크기를 조절할 때는 폼 가장자리에 있는 사각 조절 핸들(크기 조절점)을 사용하여 크기를 조절할 수 있다.

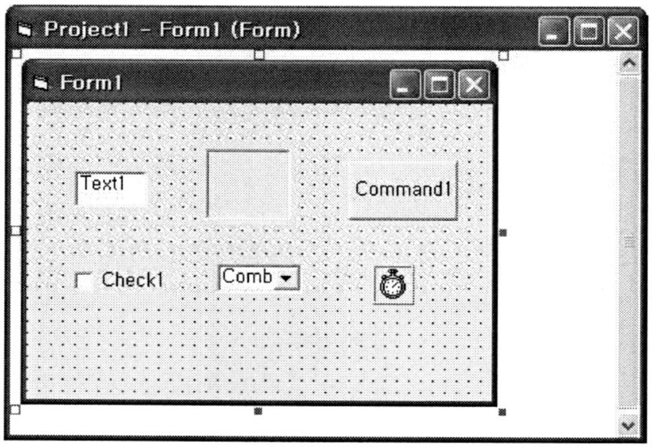

- **속성 창(Property Window)**

선택된 폼이나 컨트롤에 대한 특징인 속성을 설정할 수 있는 창으로 속성 창 가장 윗 부분에는 현재 선택된 객체의 종류와 이름을 나타내고 속성 목록 왼쪽 부분은 각 객체가 갖고 있는 속성 항목들을 나타내고 오른쪽 부분은 속성 값을 나타낸다.

- **코드 창(Code Window)**

비주얼 베이직은 폼 디자인만으로 완벽한 프로그램을 완성할 수 없다. 코드 창은 컨트롤 등의 객체에 동작을 주기 위한 창이다. 객체 선택 콤보 상자에는 폼과 폼 위에 디자인된 객체에 대한 리스트를 보여주고, 이벤트 선택 콤보 상자에는 선택된 객체에 대한 이벤트들이 나열되어 있다.

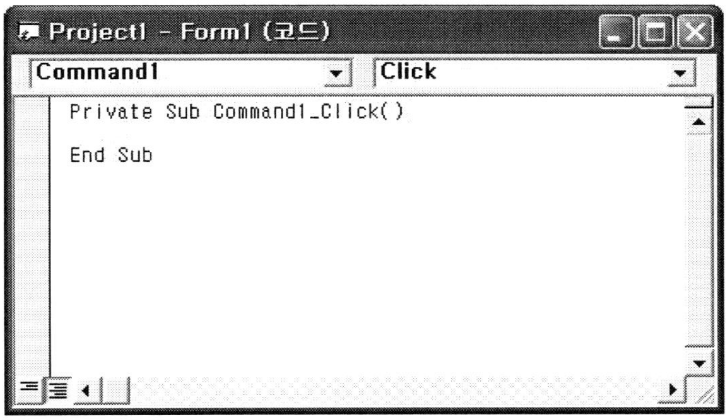

> **[참고사항]**
>
> ▶ 코드 편집기 창을 열기 위한 방법
> ① 프로젝트 탐색기 창에서 [코드 보기] 아이콘을 선택한다.
> ② 폼 창에서 코드 작성이 필요한 객체를 더블 클릭한다.
> ③ [보기]-[코드] 메뉴를 선택한다.

• 프로젝트 탐색기 창(Project Window)

프로젝트의 구성을 한눈에 파악할 수 있게 해준다. [코드 보기], [객체 보기], [폴더 설정/해제]로 구성된다.

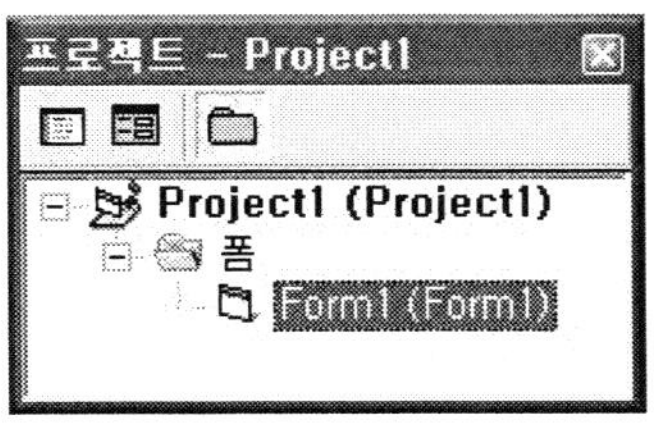

① [코드 보기] : 목록 창에서 선택된 객체에 대한 코드를 볼 수 있게 해준다.
② [객체 보기] : 목록 창에서 선택된 객체에 대한 폼이나 모듈을 볼 수 있게 해준다.
③ [폴더 설정/해제] : 목록 창에서 폴더를 숨기거나 보이게 하는 기능을 한다.

• **폼 레이아웃 창(Form Layout Window)**

작성된 폼이 실행될 때 실제로 화면에 나타날 위치를 지정하는 폼의 배치 창으로 마우스를 드래그하여 폼의 위치를 이동시킬 수 있다.

4 비주얼 베이직의 작업환경

비주얼 베이직에서는 프로그램 개발 환경을 사용자가 사용하기 편리한 환경으로 바꿀 수 있다. 환경 설정을 바꾸려면 [도구]-[옵션]을 선택하면 [옵션] 대화상자가 나타난다.

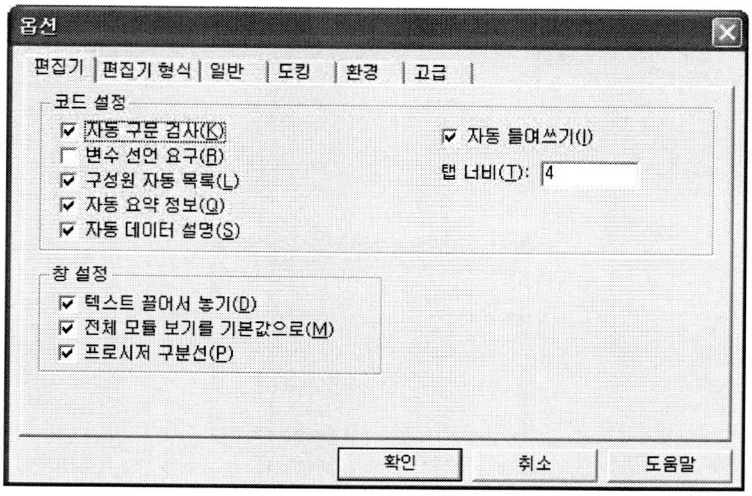

• **편집기 탭**

프로그램 코딩 과정에서 필요한 정보들을 포함하고 있는 탭으로 [코드 설정], [창 설정]으로 구성되어 있다. 특히 [코드 설정]의 [구성원 자동 목록] 항목과 [자동 요약 정보] 항목은 코드 입력시 각 객체를 구성하고 있는 목록과 메소드 사용법 등을 나타내서 코드를 쉽게 작성할 수 있다.

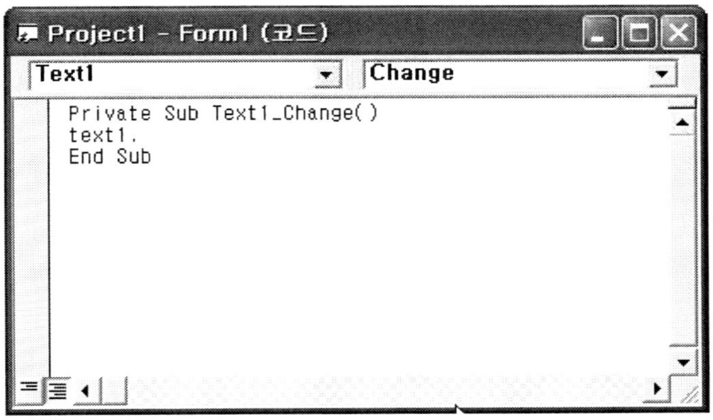

[자동요약 정보/구성원 자동목록 해제]

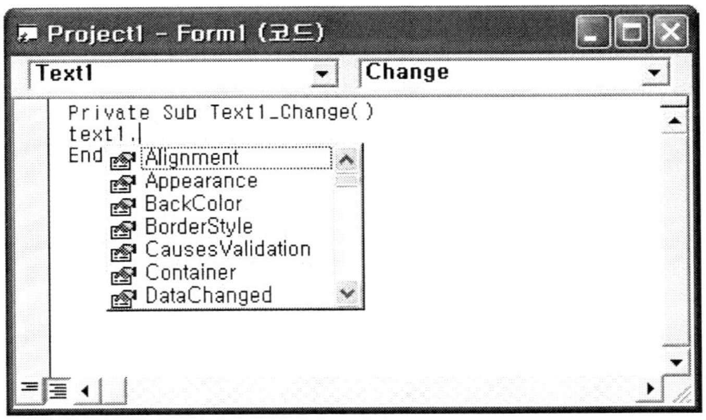

[자동요약 정보/구성원 자동목록 해제]

- **편집기 형식 탭**

코드 작성시 나타나는 문자에 대한 코드 색과 배경색, 글자모양, 크기 등을 지정한다.

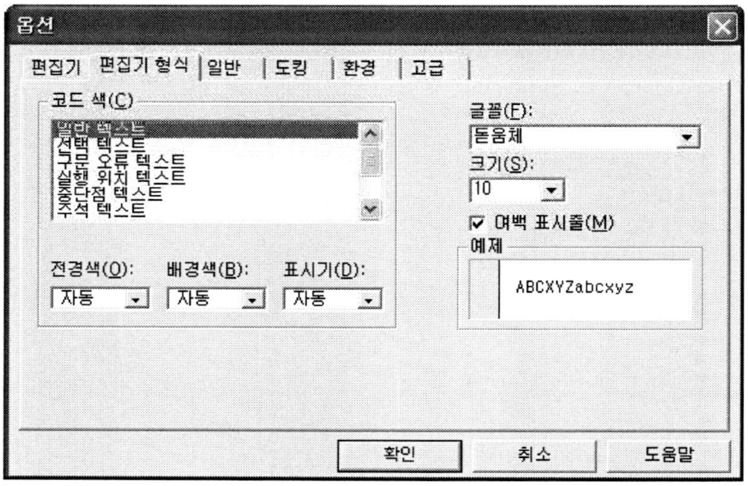

- **일반 탭**

폼의 눈금 간격이나 눈금의 유무, 오류처리 그리고 풍선 도움말 등을 지정할 수 있다.

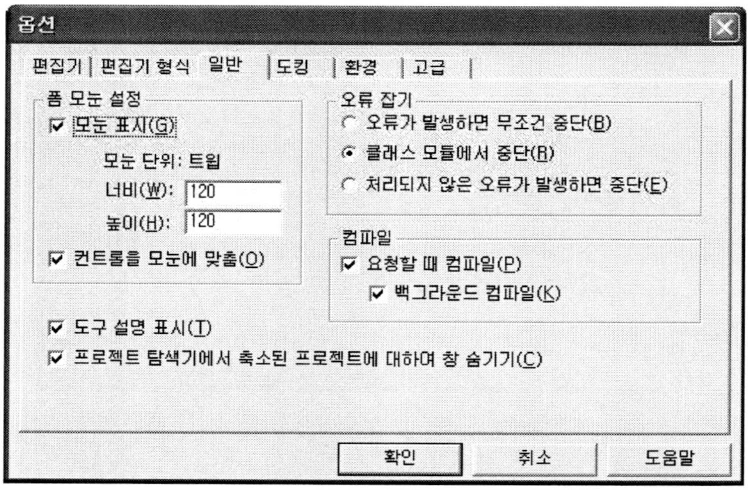

• **도킹 탭**

비주얼 베이직 화면을 구성하고 있는 직접 실행 창, 프로젝트 탐색기, 속성 창 등을 결합 가능하게 할 것인지 독립적으로 할 것인지를 설정한다.

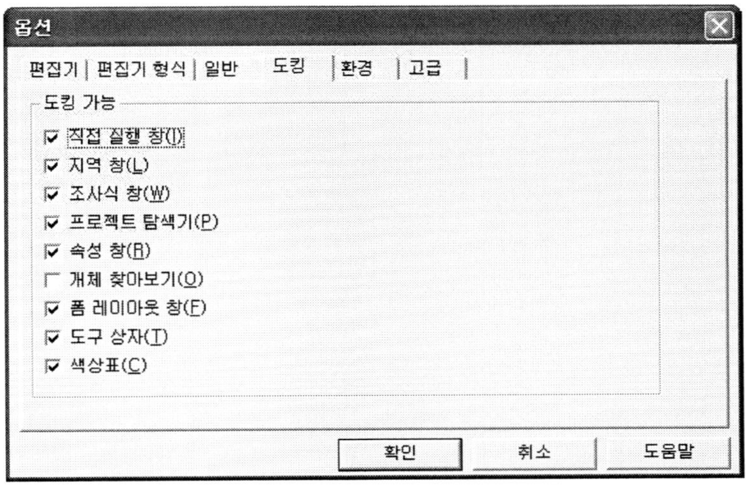

• **환경과 고급 탭**

비주얼 베이직 프로그램 실행시 프로젝트를 어떻게 관리할 것인가 설정한다.

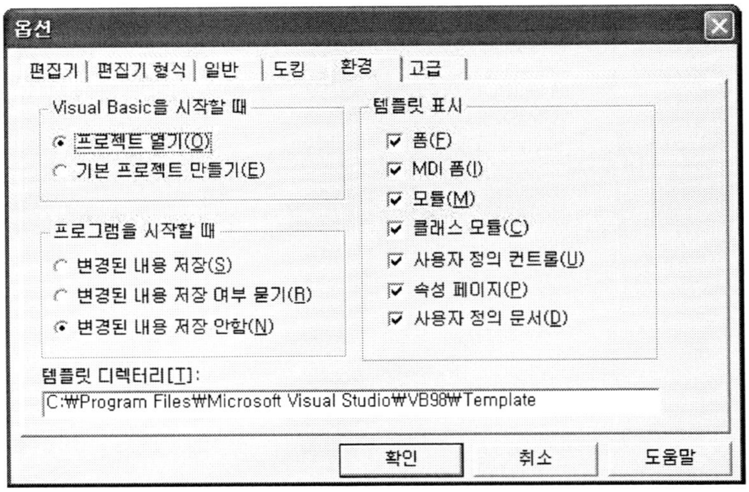

5 비주얼 베이직 프로그램의 용어

(1) 객체(Object)

객체란 프로그램을 구성하는 폼과 컨트롤을 말한다. 데이터(실체)와 그 데이터에 관련되는 동작(절차, 방법, 기능)을 모두 포함한 개념으로 예를 들면 기차역에서 승차권을 발매하는 경우, 실체인 '손님'과 동작인 '승차권 주문'은 하나의 객체이다.

객체는 속성과 메소드, 이벤트로 구성되어 있다. 또한 각각의 객체는 그들만의 고유한 속성과 메소드, 이벤트를 갖는다.

(2) 속성(Property)

속성이란 각 컨트롤의 특징을 결정하는 요소로 한 객체와 다른 객체를 구분하는 특징을 의미한다. 예를 들면, TV의 크기, 색상, 소비전력 등이 모두 속성에 해당한다.

실 습

▶ 텍스트 박스에 BackColor 속성을 변경하는 프로그램.

① 도구 상자의 [텍스트 박스] 컨트롤(abl)을 클릭하여 폼 창 위에 드래그한다.

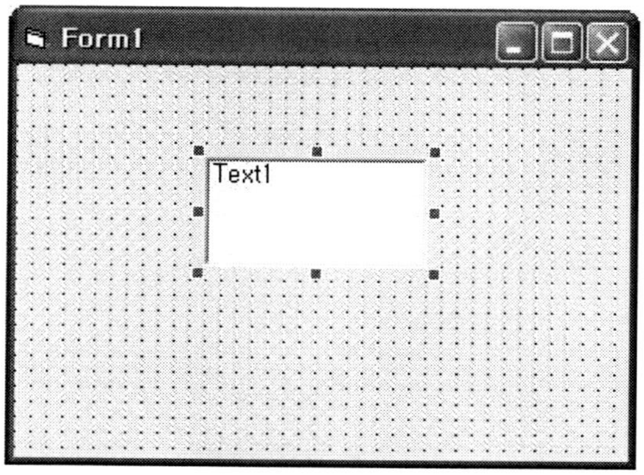

② 폼 창의 텍스트 박스를 선택하고, 속성 창의 BackColor 속성을 '노랑색'으로 설정한다.

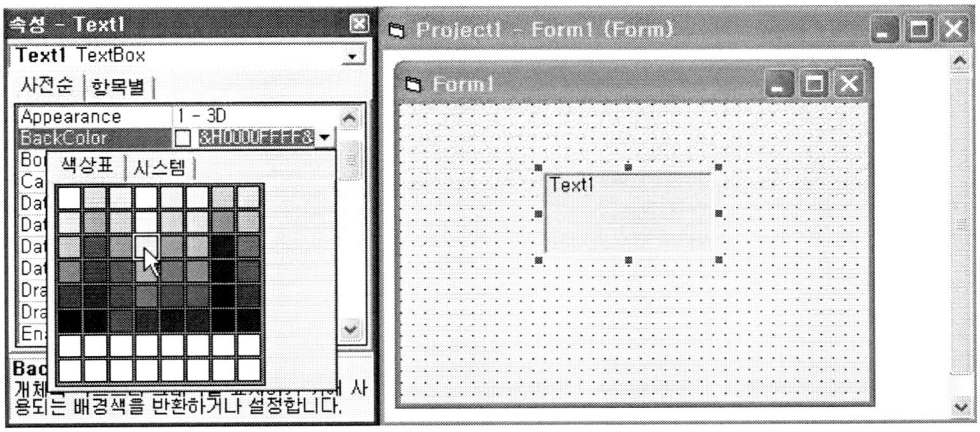

(3) 메소드(Method)

메소드는 객체에 포함된 고유한 동작을 의미하는 것으로, 객체가 수행하거나 객체에 의해 수행될 수 있는 동작을 말한다. 객체 내부에 정의되어 있는 일종의 프로시저로서 객체의 기능이나 동작을 지시할 때 사용한다. 예를 들면, 폼에는 Print, Show, Hide, Cls 등의 메소드가 있다.

실 습

▶ Show와 Hide 메소드 프로그램.

① 다음과 같이 Form1과 Form2를 디자인한다.

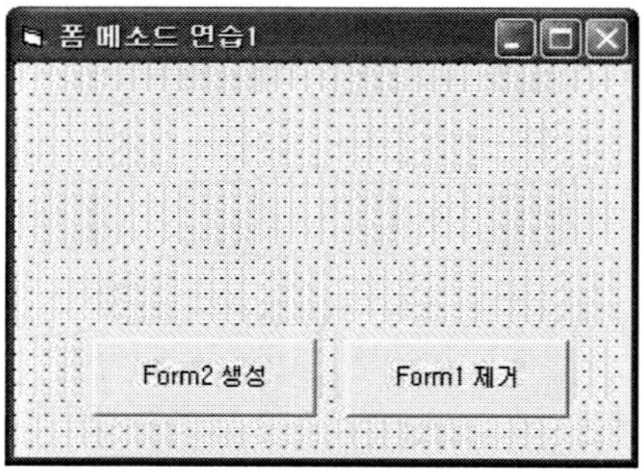

[Form1]

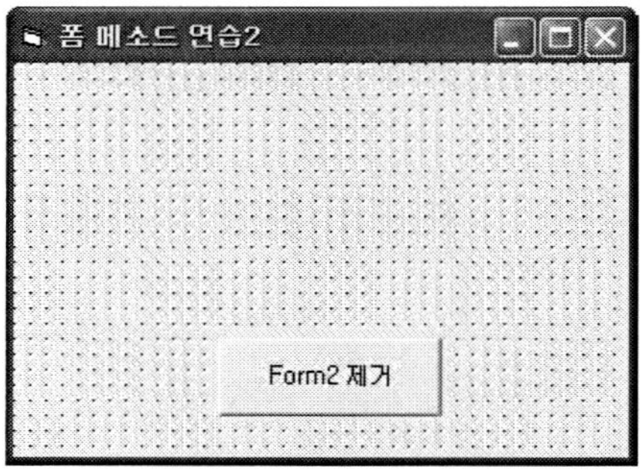

[Form2]

② 다음과 같이 Form1과 Form2를 속성을 지정한다.

컨트롤	속성
Form1	Name = Form1 Caption = "폼 메소드 연습1"
CommandButton1	Name = cmdShow Caption = "Form2 생성" Font = 글꼴 : 굴림체, 크기 : 10
CommandButton2	Name = cmdHide Caption = "Form1 제거" Font = 글꼴 : 굴림체, 크기 : 10
Form2	Name = Form2 Caption = "폼 메소드 연습2"
CommandButton1	Name = cmdHide Caption = "Form2 제거" Font = 글꼴 : 굴림체, 크기 : 10

③ [Form1]의 [Form2 생성] 컨트롤을 더블 클릭하여 코드 창에 다음과 같이 입력한다.

```
Private Sub cmdShow_Click()
  Form2.Show     'Form2 창 생성
End Sub
```

④ [Form1]의 [Form1 제거] 컨트롤을 더블 클릭하여 코드 창에 다음과 같이 입력한다.

```
Private Sub cmdHide_Click()
  Form1.Hide    'Form1 창 닫기
End Sub
```

⑤ [Form2]의 [Form2 제거] 컨트롤을 더블 클릭하여 코드 창에 다음과 같이 입력한다.

```
Private Sub cmdHide_Click()
  Form2.Hide    'Form2 창 닫기
End Sub
```

⑥ [표준] 도구모음의 시작 아이콘(▸)을 클릭하여 결과를 확인한다.

(3) 이벤트(Event)

이벤트는 마우스나 키보드를 누르는 것과 같은 사용자의 동작을 통하거나 프로그램 컨트롤 또는 다른 창의 작동결과를 통해서 발생하는 사건을 말한다. 예를 들면 누군가 방에 들어가기 전에 노크를 하는 것 등이 이벤트에 해당한다.

실 습

▶ 마우스 클릭 이벤트 프로그램.

① 다음과 같이 Form1을 디자인한다.

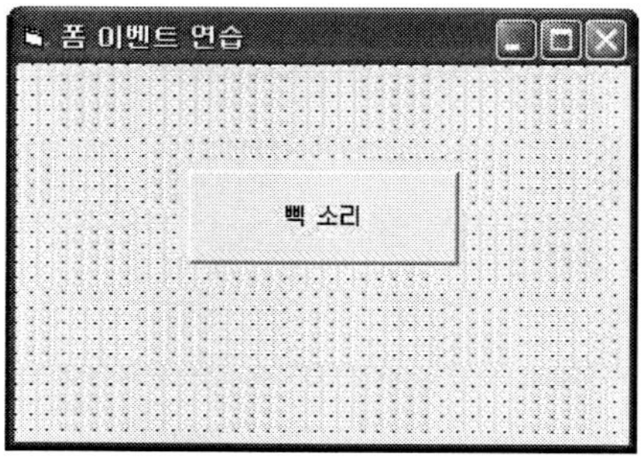

② 다음과 같이 Form1을 속성을 지정한다.

컨트롤	속성
Form1	Name = Form1 Caption = "폼 이벤트 연습"
CommandButton1	Name = Command1 Caption = "삑 소리" Font = 글꼴 : 굴림체, 크기 : 10

③ [삑 소리] 컨트롤을 더블 클릭하여 코드 창에 다음과 같이 입력한다.

```
Private Sub Command1_Click()
  Beep
End Sub
```

④ [표준] 도구모음의 시작 아이콘(▶)을 클릭하여 결과를 확인한다.

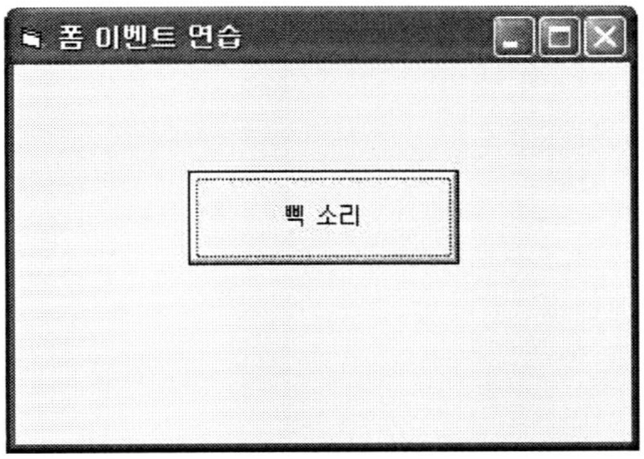

6 프로젝트 구성요소

비주얼 베이직에서 응용 프로그램을 작성할 때는 프로젝트 단위로 이루어진다. 프로젝트를 구성하고 있는 구성 요소들을 각각의 독립된 형태로 저장하기 때문에 다른 프로젝트를 작성할 때 이미 저장된 구성요소를 불러와 재사용 할 수 있어 효율적이다.

처음 프로젝트를 생성하면 폼과 프로젝트가 하나씩 생성되고, 모듈이나 클래스를 등록하여 코딩할 수 있다.

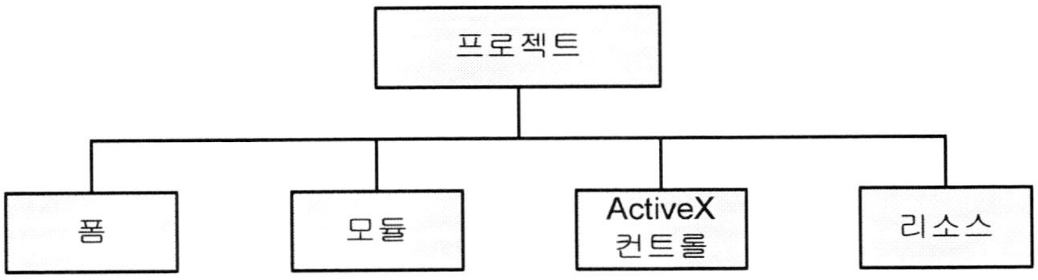

프로젝트는 하나에 폼을 여러 개 생성할 수 있지만, MDI 폼의 경우에는 한 프로젝트에 MDI 폼을 하나만 가질 수 있다. 프로젝트의 기본은 폼, 모듈, 클래스 모듈이다.

(1) 프로젝트(Project)

프로젝트란 응용 프로그램을 만들 때 필요한 파일들의 집합을 말한다. 간단한 프로그램에서는 프로젝트가 하나의 폼만으로 구성될 수 있고 또는 하나 이상의 폼 모듈 컨트롤 등으로 구성된다.

(2) 폼(Form)

폼은 여러 가지 인터페이스 정보를 담고 있는 사용자가 컨트롤을 배치하여 시각적으로 편집할 수 있는 윈도우로서 폼 자신이 객체가 되기도 하기 때문에 폼의 속성과 함께 폼에 대한 설명을 포함하고 있다. 또한 각 객체에 대한 소스 프로그램도 포함하고 있어 완전한 하나의 프로그램 모듈로 볼 수 있다.

(3) 모듈(Module)

모듈은 하나의 프로젝트 내에서 전역적으로 선언된 상수, 변수, 프로시저, 함수 등을 모아놓은 곳으로 폼과는 달리 컨트롤에 관한 디자인은 없고 순수한 프로그램용으로만 사용한다. 모듈에서 선언된 변수나 프로시저, 함수 등은 프로젝트 내의 다른 폼이나 모듈에서 사용할 수 있다.

(4) ActiveX 컨트롤

표준 컨트롤과는 달리 필요할 때마다 추가하여 표준 컨트롤과 같이 폼에서 사용할 수 있는 컨트롤이다.

(5) 리소스(Resource)

응용 프로그램에서 사용되는 자원을 모아 놓은 것이다. 구성된 리소스는 모듈 내에서 사용할 수 있고, 편집도 가능하다.

7 프로그램 작성 단계

이미 간단한 비주얼 베이직 프로그램을 실습하였듯이 비주얼베이직의 프로그래밍 절차는 다음과 같다.

① 폼 창에 컨트롤을 이용하여 디자인한다.
② 각 컨트롤의 속성 창의 속성 값을 설정한다.
③ 각 컨트롤의 코드 창에 코드 값을 코딩한다.
④ 폼 파일과 프로젝트 파일을 저장하여 프로그램을 완성한다.
⑤ 오류시 디버깅한다.
⑥ 실행 파일을 만든다.

실 습

▶ 커맨드 버튼과 텍스트 박스를 작성하는 간단한 프로그램

① 폼 창에 컨트롤을 이용하여 디자인한다.

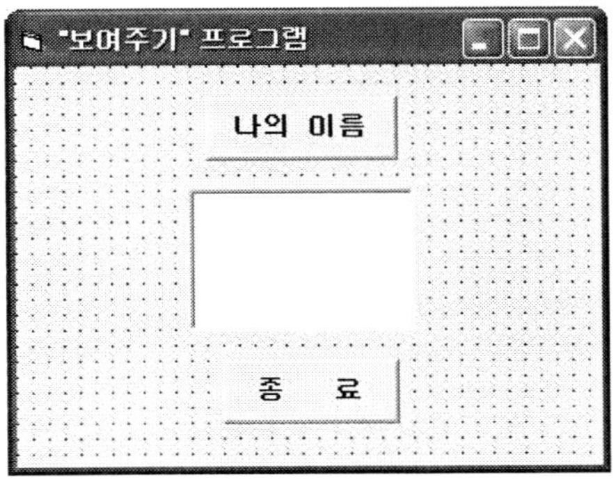

② 각 컨트롤의 속성 창의 속성 값을 설정한다.

컨트롤	속성
Form1	Name = Form1 Caption = "보여주기" 프로그램
CommandButton1	Name = Command1 Caption = "나의 이름" Font = 글꼴 : 굴림체, 크기 : 10, 글꼴유형 : 굵게
CommandButton2	Name = Command2 Caption = "종　료" Font = 글꼴 : 굴림체, 크기 : 10, 글꼴유형 : 굵게
TextBox1	Name = Text1 Text = " " Font = 글꼴 : 굴림체, 크기 : 10, 글꼴유형 : 굵게

③ 각 컨트롤의 코드 창에 코드 값을 코딩한다.

```
Private Sub Command1_Click()
  Text1.Text = "!!!이진혁!!!"
End Sub

Private Sub Command2_Click()
  End
End Sub
```

④ 폼 파일과 프로젝트 파일을 저장하여 프로그램을 완성한다.

⑤ 만약 오류가 있을 때는 코드 값을 수정하고 다시 실행한다.

⑥ [파일]-[Project1 exe 만들기]를 선택하여 실행 파일을 만든다.

[참고사항]

▶ 구성요소의 확장자

확장자	설명	확장자	설명
.frm	폼 파일	.ocx	ActiveX 컨트롤 파일
.bas	모듈 파일	.vbd	비주얼베이직 문서 파일
.cls	클래스 모듈 파일	.vbp	프로젝트 파일
.dob	사용자 문서 파일	.res	리소스 파일

연 습 문 제

1. [Form1] 폼에 텍스트 박스와 명령 컨트롤을 가지고 [한국 버전] 버튼을 클릭하면 "!! 좋은 아침 !!", [미국 버전] 버튼을 클릭하면 "!! Good Morning !!"이라는 아침 인사가 출력되는 프로그램을 작성하시오.

[실행 전 화면]

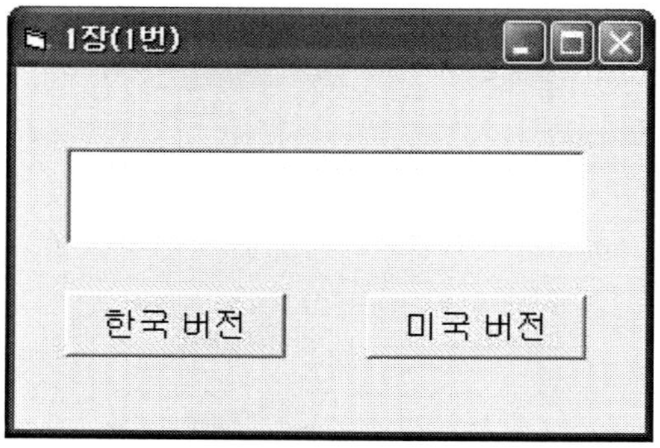

[실행 후 화면]

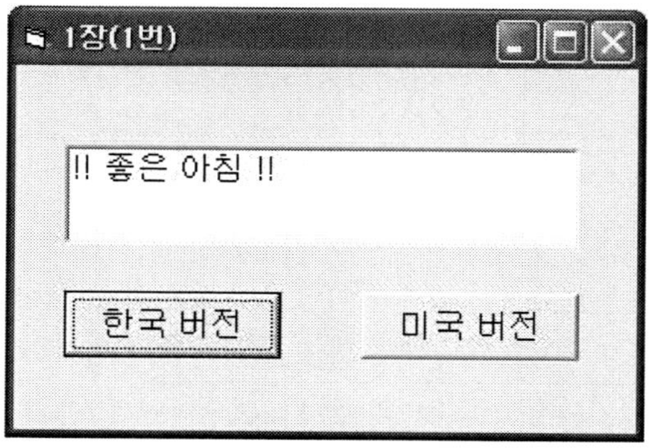

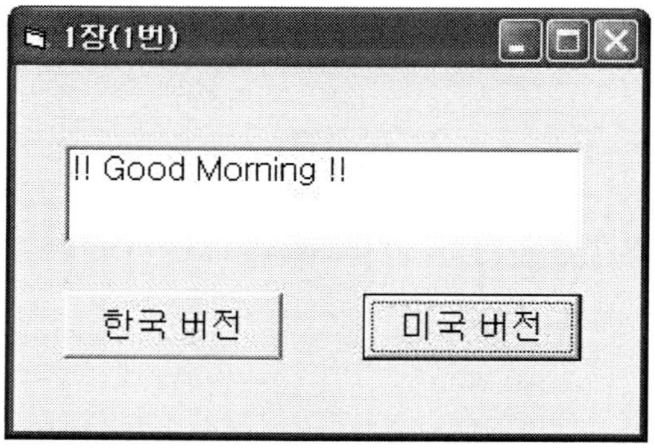

2. 1번 문제의 실행 파일을 작성하시오.

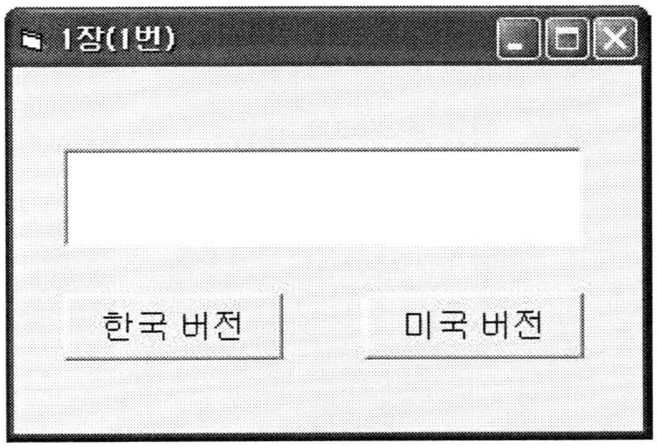

제 2 장

변수와 기본문법

제 2 장 변수와 기본문법

1 데이터형

데이터형은 기억장소, 즉 변수에 기억되는 값의 형식을 의미한다. 예를 들면 어떤 변수가 문자형으로 선언되어 있으면 그 변수에는 문자 데이터만 기억되고 다른 데이터형의 데이터가 기억되면 오류가 발생한다. 참고로 변수 선언시 데이터형이 지정되어 있지 않으면 그 변수는 자동적으로 Variant형으로 간주한다.

비주얼 베이직에서는 제공하는 데이터형은 다음과 같다.

데이터형	크기	접미문자	사용범위
Boolean형	2Byte	없음	True(1), False(0)
Byte 형	1Byte	없음	0 ~ 255(2^8-1)
Integer형	2Byte	%	-32768(-2^{15}) ~ 32767(2^{15}-1)
Long형	4Byte	&	-2,147,483,648(-2^{31}) ~ 2,147,483,647(2^{31}-1)
Single형	4Byte	!	음수: 약 -3.40×10^{38} ~ -1.40$^{\times 10^{-45}}$까지 양수: 약 1.40×10^{-45} ~ 3.40×10^{38}까지
Double형	8Byte	#	음수: 약 -1.79×10^{308} ~ -4.94 ~ 10^{-324} 양수: 약 4.94×10^{-324} ~ 1.79×10^{308}
Currency형	8Byte	@	-922,337,203,685,47.5808 ~ +922,337,203,685,47.5808
Data형	8Byte	없음	100년 1월 1일 ~ 9999년 10월 31일
Object형	4Byte	없음	모든 객체 참조
String형	10Byte+ 문자열길이	$	약 65.400Byte
Variant형(숫자)	16Byte	없음	Double형 범위내 모든 숫자
Variant형(문자)	22Byte+ 문자열길이	없음	변수길이 스트링과 같은 길이

비주얼 베이직에서는 변수를 사용하거나 코드를 쉽게 작성하기 위해서는 규칙이 필요하다. 다음은 변수나 코드를 작성하는 규칙이다.

① 접미문자는 변수 또는 상수 뒤에 붙여 데이터형을 대신 선언할 수 있는 문자이다. 데이터형을 이용하여 변수 선언하면 다음과 같다.

변수선언
Ex) Dim CC As Integer(또는 Dim CC%) → CC를 정수형 변수로 선언 Dim DD As String (또는 Dim DD$) → DD를 문자형 변수로 선언

② 쉼표를 이용하여 여러 개의 변수를 한꺼번에 선언할 수도 있다.

쉼표를 이용한 변수선언	
Ex)	
Dim CC As Integer, DD As Integer	→ intCC와 intDD를 정수형 변수로 선언
Dim cc As Double, dd As Single, EE As Integer, FF As String	→ cc는 Double형으로, dd는 Single형으로, EE는 정수형으로, FF는 문자형으로 선언

③ 다음과 같은 변수 선언의 차이점을 보자.

변수선언의 차이점
Ex) Dim CC, DD, EE As Integer → A형 Dim CC As Integer, DD As Integer, EE As Integer → B형 A형은 CC, DD, EE 모두 정수형 변수로 선언한 것이 아니라 CC, DD는 데이터형이 따로 선언되어 있지 않으므로 Variant형으로 선언되고, EE만 정수형으로 선언된 것이다. 비주얼 베이직에서는 모든 변수마다 변수명 뒤에 데이터형을 적어 주어야한다. 즉, 위의 3개의 변수를 모두 정수형으로 선언하려면 B형이 되어야 한다.

④ 한 줄에 여러 개의 명령문을 작성하려면 각 명령문을 콜론(:)으로 구분한다.

한 줄에 여러 개의 명령문
Ex) A=10 : B=50 : Z=A+B

⑤ 하나의 명령문이 너무 길어서 두 줄 이상 작성할 경우에는 언더바(_)를 연결문자로 사용하여 다음 줄에 이어서 코딩을 한다. 연결을 위한 언더바 앞에는 빈공간이 하나 있어야 한다.

하나의 명령문이 너무 길어서 두 줄 이상 작성
Ex) Dim AA As Double, BB As Single, CC _ As Integer, DD As String

⑥ 설명문은 프로그래머의 이해를 돕기 위해 설명하는 곳이며, 실행에는 아무런 영향을 미치지 않는다. 설명문 사용은 Rem과 작은 따옴표(')가 있다.

설명문
Ex) Rem 비주얼 베이직의 설명문입니다. ' 비주얼 베이직의 설명문입니다.

2 변수

변수는 프로그램에서 사용되는 숫자 또는 문자를 기억하기 위해 할당받는 기억공간을 의미한다. 이때 사용되는 숫자나 문자는 일정한 크기를 가지고 있고 그 크기에 따라 변수의 크기도 맞게 지정해 줘야 한다. 변수의 크기 지정은 변수 선언시 데이터형과 함께 이루어진다. 변수에 데이터를 저장하기 위해서는 대입문(할당문)을 이용한다. 예를 들면 다음과 같다.

데이터를 저장하는 변수
Ex) AA = 5 → AA라는 변수에 숫자 5를 기억. BB = "이진" → BB라는 변수에 문자열 "이진"을 기억.

(1) 변수 사용 규칙

비주얼 베이직에서 사용하기 위한 변수 작성 규칙은 다음과 같다.

① 한글, 영문자의 대.소문자, 숫자(0~9) 및 언더바(_)를 사용할 수 있지만, 특수기호는 사용할 수 없다.
② 첫 문자는 반드시 영문자로 시작하며, 최대 255(한글127자)자를 초과할 수 없다.
③ 폼, 컨트롤 등의 이름은 40자를 초과할 수 없다.
④ 비주얼 베이직에서 사용하는 예약어(Sub, Private 등)는 사용할 수 없다.
⑤ 대문자, 소문자를 구분하지 않는다.

프로그램을 작성할 때 가능하면 다른 사람이 보아도 쉽게 이해할 수 있는 변수 이름을 만들어 사용하는 것이 좋다.

올바른 변수와 올바르지 않은 변수는 다음과 같다.

올바른 변수 선언	올바르지 않은 변수 선언
·Number_input	·_Width
·K1234	·123KBC
·Kor	·For

[참고사항]

▸ **예약어(Reserved Word)**
키워드(KeyWord)라고도 하며 비주얼 베이직에서 특정한 의미로 정의된 단어를 말한다. 비주얼 베이직 예약어에는 변수 선언(Dim, Public 등), 제어문(If, Do-Loop 등)과 논리 연산자(AND, OR 등), 함수, 각종 메소드, 이벤트 속성 등이 있다. 비주얼 베이직 예약어는 입력하는 자동으로 첫 글자가 대문자로 바뀌고 글자 색상도 변하여 쉽게 구별할 수 있다.

(2) 변수 선언

변수 선언이란 어떤 변수가 프로그램에 사용될 것이며, 사용할 변수의 데이터형은 무엇인가를 정의해 주는 것을 말한다.

변수 선언의 형식은 다음과 같다.

변수 선언 형식
{Dim|Private|Public|Static} 변수명1 [As 데이터형], 변수명2 [As 데이터형] …

변수 선언하는 방법에는 명시적인 변수 선언과 묵시적인 변수 선언 두 가지가 있다.

• 명시적인 변수 선언

Dim과 같은 변수 선언자를 사용해서 변수를 선언한다. 이때 변수에 저장되는 데이터의 형태가 결정되므로 선언된 형식과 다른 값이 입력되면 오류가 발생한다.

명시적인 선언은 다음과 같다.

명시적인 변수 선언
Dim A As Integer A = 10

• 묵시적인 변수 선언

Dim과 같은 선언자를 사용하지 않고 사용하는 경우로 저장되는 값에 따라 자동으로 데이터 형이 결정된다.

묵시적인 선언은 다음과 같다.

묵시적인 변수 선언
A = 10 → 변수 A에 정수 10을 저장.

묵시적인 선언은 해당 변수에 첫 번째로 들어가는 데이터에 따라 변수의 형태가 결정되기 때문에 변수 A의 선언은 "Dim A As Integer" 과 같다. 그러나 이 방법은 프로그램 작성 중 오류가 발생할 가능성이 높기 때문에 변수는 가능하면 명시적으로 선언한다.

[참고사항]

▸ 변수를 명백하게 선언

변수를 명백하게 선언하려면 선언 영역에 "Option Explicit" 구문을 추가하면 된다. 또는 [도구]-[옵션]을 선택하고 [편집기] 탭에서 [변수 선언 요구] 항목을 체크하면 프로그래머가 프로그램을 작성할 때마다 "Option Explicit"를 선언하지 않아도 자동으로 선언된다.

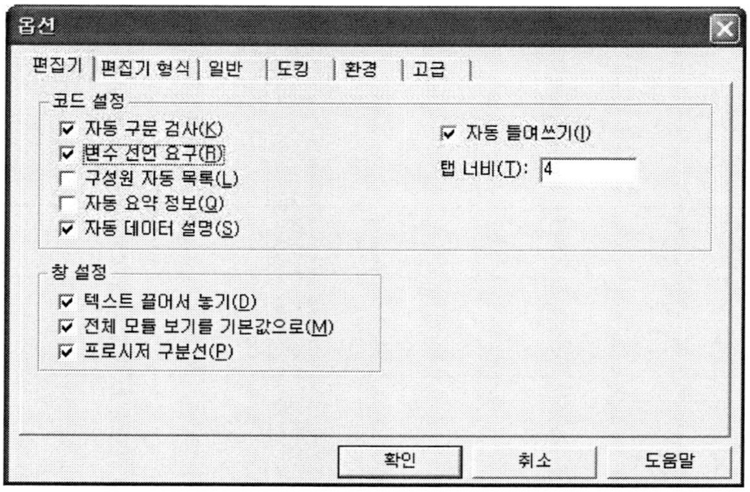

비주얼 베이직에서는 변수를 선언하지 않고도 변수를 사용할 수 있으나 변수를 선언하지 않고 사용하면 프로그램의 논리적 버그(bug)를 발생시킬 수 있다. 따라서 변수는 반드시 선언한 후 사용하고 데이터형도 반드시 지정해 주는 것이 좋다. 프로그램을 코딩하기 전에 변수를 명백히 선언하지 않았을 때는 경고 메시지가 나오도록 [선언부]에 "Option Explicit" 를 추가한 후 코드 작성에 들어가는 것이 좋다.

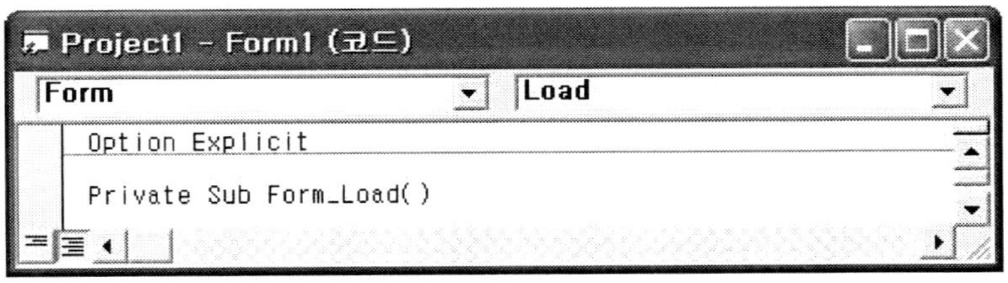

"Option Explict" 를 선언부에 적고 나서 코딩을 하면 선언되지 않은 변수를 사용할 경우에는 다음과 같은 오류 메시지가 나오게 된다.

위와 같은 오류 메시지가 나오면 [확인] 단추를 클릭한 후 코드 입력 창이 나오면 잘못 사용한 변수를 수정하고 다시 실행하면 된다.

(3) 변수 선언자의 종류

변수를 선언할 때에는 Dim, Private, Public, Static 중 하나를 사용하여 선언한다. 각 변수 선언은 선언되는 위치에 따라 변수를 사용할 수 있는 범위가 결정되므로 사용 가능한 영역 밖에서는 사용할 수 없다. 따라서 변수를 선언할 때 변수의 범위를 고려하여 선언한다.

Dim, Private, Public, Static은 변수의 범위를 나타낸다. Dim으로 선언된 변수는 프로시저 내에서만 유효하고 프로시저가 완료되면 소멸된다. Static으로 선언된 변수는 프로시저가 완료되어도 소멸되지 않고 그 값이 그대로 남아 있다. 이와 같이 프로시저 또는 함수 내에서만 유효한 변수를 지역변수(Local Variable)라 한다. Private로 선언된 변수는 하나의 모듈 내에서 유효하고, Public으로 선언된 변수는 응용 프로그램의 모든 모듈 내에서 유효하다. 응용 프로그램 전체에 영향을 미치는 변수는 전역 변수(External Variable)라 한다.

변수 선언 영역에 따른 범위를 정리하면 다음과 같다.

선언 영역	사용 가능 선언자	변수 사용 가능 영역
프로시저 내부	Dim	해당 프로시저 내부(프로시저가 완료되면 소멸된다.)
	Static	해당 프로시저 내부(프로시저가 완료되도 소멸되지 않는다.)
모듈	Private	해당 모듈 전체
	Public	전체 모듈

실 습

▶ Dim과 Static 변수 선언 프로그램.

① 다음과 같이 Form1을 디자인한다.

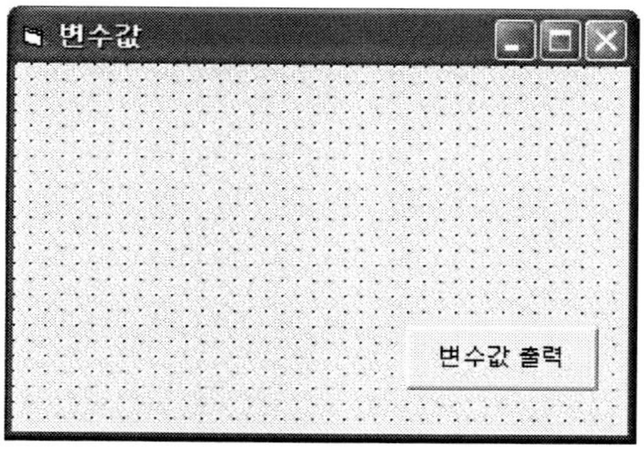

② 다음과 같이 Form1의 속성을 지정한다.

컨트롤	속성
Form1	Name = Form1 Caption = "변수값"
CommandButton1	Name = cmdPrint Caption = "변수값 출력" Font = 글꼴 : 굴림체, 크기 : 10

③ [변수값 출력] 컨트롤을 더블 클릭하여 코드 창에 다음과 같이 입력한다.

```
Private Sub cmdPrint_Click()
  Dim num1 As Integer                        '지역변수 선언
  Static num2 As Integer                     '정적변수 선언
  num1 = num1 + 50                           'num1 변수에 50을 더함
  num2 = num2 + 50                           'num2 변수에 50을 더함
  Print Tab(10); "지역변수 값 ="; num1       '지역변수값 출력
  Print Tab(10); "정적변수 값="; num2        '정적변수값 출력
  Print                                      '한줄 띄움
End Sub
```

④ 프로그램을 실행시켜 [변수값 출력]을 클릭하면 다음과 같은 결과를 얻을 수 있다.

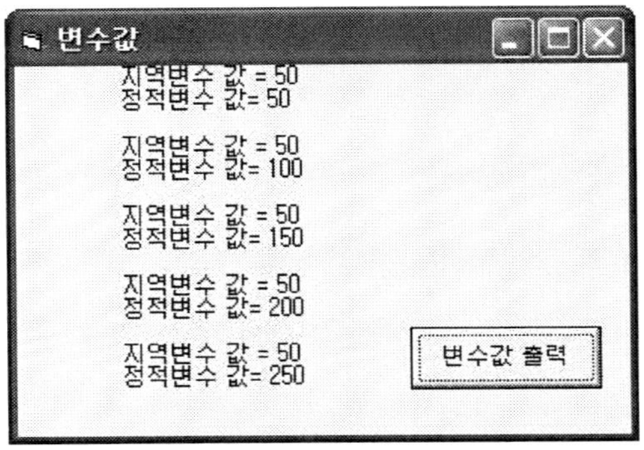

변수값 프로그램에서 변수 num1은 Dim으로 선언되었고, 정수형 변수이므로 초기값은 0이 되고, cmdPrint_Click() 프로시저에서만 유효한 변수이다. 따라서 End Sub에 의해 cmdPrint_Click() 프로시저가 끝나면 자동적으로 소멸된다. 따라서 [변수값 출력] 단추를 클릭할 때마다 재실행되어 num1 변수값은 항상 50이 출력된다.

변수 num2는 Static으로 선언되었기 때문에 num1과는 달리 cmdPrint_Click() 프로시저가 끝나도 이전 값을 항상 유지하게 된다. 따라서 [변수값 출력] 단추를 클릭할 때마다 num2값은 항상 50씩 누적되어 출력된다.

[참고사항]

▸ 구성원 자동 목록

비주얼 베이직 코드 입력시 "Dim Sum As" 라고 입력하면 데이터형 목록이 나타난다. "Dim Sum As in" 까지 입력하면 데이터형 목록 상자에서 "Integer" 가 선택되어 나타나고 Tab(⭾)을 누르면 자동으로 "Integer" 로 선언된다.

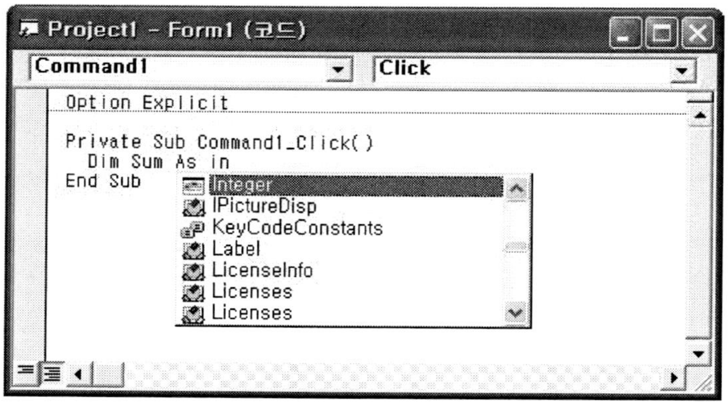

데이터형 목록 상자가 선택되지 않을 때는 [도구]-[옵션]을 선택하고 [편집기] 탭에서 [구성원 자동 목록] 항목을 체크한다.

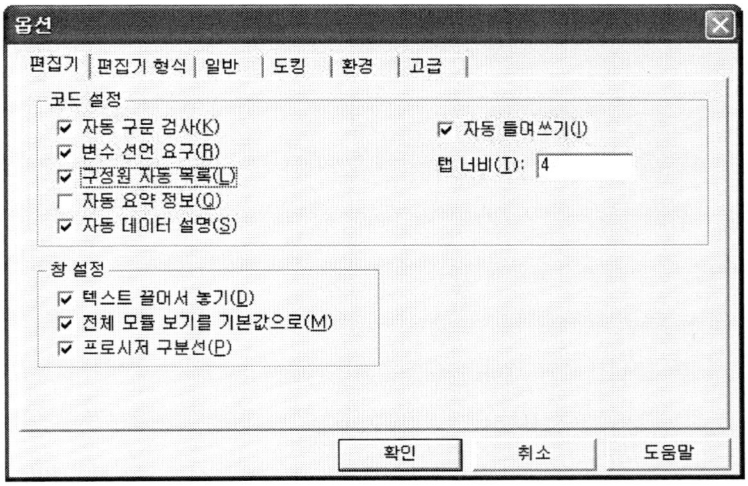

▸ **Print 메소드**

비주얼 베이직의 기본 출력문 중 하나이다. 사용 형식은 다음과 같다.

- Print : 출력 변수 없이 단독으로 쓰일 때는 한 줄을 띄운다.
- Print 출력 변수 : 출력 변수 안에 저장된 값을 출력한다.

Print 출력 변수
Ex) AA = 10 Print AA → 10 이 출력

- Print "문자열" ; 출력변수 : 문자열을 출력한 후 출력 변수 값을 출력하다.

Print 문자열
Ex) AA = 10 Print "AA = " ; AA → AA = 10 이 출력

세미콜론(;) 대신 콤마(,)를 사용하면 문자열과 출력 변수값 사이에 14칸 정도의 공백을 두고 출력한다.

Print 출력 변수
Ex) AA = 10 Print "AA = " , AA → AA = 10 이 출력

3 상수

상수는 변하지 않는 숫자 값이나 문자 값을 의미하다. 상수가 변수와 다른 것은 변수는 기억 장소이므로 새로운 값을 할당하여 변수의 값을 변경시킬 수 있지만 상수는 값을 변경시킬 수 없는 고정된 값이다.

상수	
Ex)	
·98765	→ Integer형 상수
·9876543	→ Long형 상수
·50&	→ Long형 상수 (접미 문자 &사용)
·9.8765	→ Double형 상수
·"DSLee"	→ String형 상수
·&H12FF	→ 16진 상수(&H)
·&O789	→ 8진 상수(&O)

비주얼 베이직에서는 상수는 두 가지가 있다. 시스템에서 정의한 상수와 사용자가 정의한 상수로 구분한다.

(1) 시스템 정의 상수

비주얼 베이직에서는 자체적으로 많은 상수를 제공하고 있다. 따라서 내부에 값과 명칭을 미리 정의하여 둔 상수로 코드에서 Value 속성으로 사용되며, 이 상수들은 모두 'vb' 라는 접두어로 시작된다. MsgBox 함수의 상수도 시스템 정의 상수에 포함된다. MsgBox 함수는 대화상자에서 다루기로 한다.

예를 들면 CheckBox에 대한 Value 속성과 상수를 보면 다음과 같다.

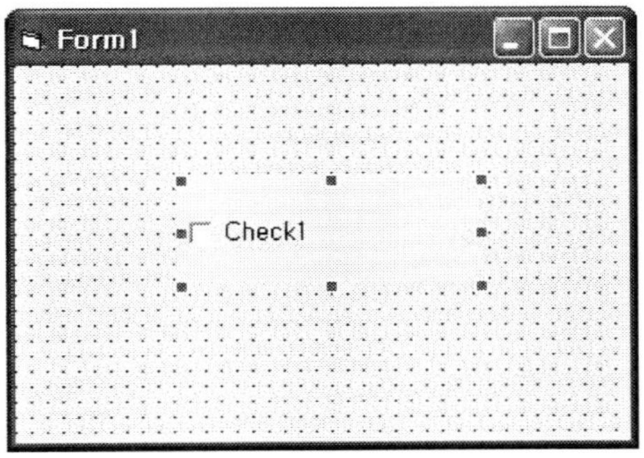

상수	값	설명
vbUnChecked	0	0 – 확인 안함
vbChecked	1	1 – 확인
vbGrayed	2	2 – 연회색

CheckBox에 대한 Value 세 가지 상수를 시스템 정의 상수라 한다.

(2) 사용자 정의 상수

비주얼 베이직에서는 사용자 정의 상수를 일반적으로 상수라 부르며, 상수는 변수와 마찬가지로 기억장소에 이름이 부여된 것으로 숫자 또는 문자를 선언한 후 프로그램의 실행 동안 변경할 수 없는 값을 저장할 때 사용한다.

프로그램 코드에서 반복적으로 사용하기 위해 사용자가 직접 상수를 기호로 정의해서 사용할 수도 있는데 다음과 같은 형식을 사용한다.

사용자 정의 상수 선언 형식
[Public|Private] Const 상수이름 [As 데이터형] = 값

사용자 정의 상수 형식에서 상수 이름은 변수 작성 규칙과 동일하며, 표현식에는

숫자, 문자 상수, 연산자 등이 올 수 있다.

상수	
Ex)	
·Public Const PI As integer = 3.14	→ PI는 3.14를 기억하는 정수형 전역상수
·Const Radius = 5	→ Radius는 5를 기억하는 가변형 지역상수
·Const ID = "DSLee"	→ ID는 문자열 "DSLee"를 기억하는 가변형 지역상수
·Const A=4.0, B=b0*3, str1= "Love"	→ 콤마(,)를 이용하여 여러 개의 상수를 한꺼번에 지정

4 연산자

비주얼 베이직 연산자는 선언한 변수에 값을 넣어 계산하거나 비교할 수 있게 해주는 요소로 산술 연산자, 관계 연산자, 논리 연산자 등이 있다. 이들 연산자의 우선 순위는 산술 연산자 → 관계연산자 → 논리연산자 순으로 실행된다.

(1) 산술 연산자

산술 연산자는 수학적 계산을 수행하는 연산자로 덧셈(+), 뺄셈(-), 곱셈(*), 나눗셈(/)의 기본적인 사칙 연산과 나머지(Mod), 몫(\), 지수(^) 연산자가 있다.

연산자	설명	사용예
+	덧셈	8+2
-	뺄셈	8-2
*	곱셈	8*2
/	두 수를 나눈 후 소수점 몫을 구함(실수 나눗셈)	6/4
Mod	두 수를 나눈 나머지를 구함	8 Mod 2
^	제곱승	8^2
\	두 수를 나눈 후 정수 몫을 구함(정수 나눗셈)	8\2

실 습

▶ 사칙연산하는 프로그램.

① 비주얼 프로그램을 실행하여 Form1을 디자인한다.

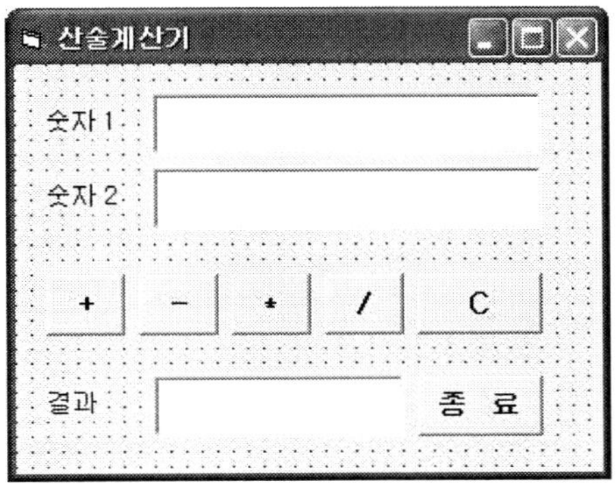

② Form1의 각 컨트롤 속성은 다음과 같다.

컨트롤	설명
Form1	Name = Form1 Caption = "산술계산기"
Label1	Name = Label1 AutoSize = True Caption = "숫자 1" Font = 글꼴 : 굴림체, 크기 : 10
Label2	Name = Label2 AutoSize = True Caption = "숫자 2" Font = 글꼴 : 굴림체, 크기 : 10
Label3	Name = Label3 AutoSize = True Caption = "결과" Font = 글꼴 : 굴림체, 크기 : 10

TextBox1	Name = txtNum1 Text = " " Font = 글꼴 : 굴림체, 크기 : 10
TextBox2	Name = txtNum2 Text = " " Font = 글꼴 : 굴림체, 크기 : 10
TextBox3	Name = txtResult Text = " " Font = 글꼴 : 굴림체, 크기 : 10
CommandButton1	Name = cmdAdd Caption = "+" Font = 글꼴 : 굴림체, 크기 : 10, 글꼴유형 : 굵게
CommandButton2	Name = cmdSub Caption = "–" Font = 글꼴 : 굴림체, 크기 : 10, 글꼴유형 : 굵게
CommandButton3	Name = CmdMul Caption = "*" Font = 글꼴 : 굴림체, 크기 : 10, 글꼴유형 : 굵게
CommandButton4	Name = cmdDiv Caption = "/" Font = 글꼴 : 굴림체, 크기 : 10, 글꼴유형 : 굵게
CommandButton5	Name = cmdClear Caption = "C" Font = 글꼴 : 굴림체, 크기 : 10, 글꼴유형 : 굵게
CommandButton6	Nam e= cmdExit Caption = "종　료" Font = 글꼴 : 굴림체, 크기 : 10, 글꼴유형 : 굵게

③ [+], [-], [*], [/], [C], [종료] 컨트롤을 다음과 같이 코딩한다.

```
Private Sub cmdAdd_click()     '[+] 단추를 클릭했을 때
  Dim Num1, Num2
  Num1 = Val(txtNum1.Text) '텍스트 박스의 내용을 숫자로 변환
  Num2 = Val(txtNum2.Text)
  txtResult.Text = Str(Num1 + Num2)
End Sub

Private Sub cmdDiv_Click()     '[/]단추가 클릭했을 때
  Dim Num1, Num2
  Num1 = Val(txtNum1.Text)
  Num2 = Val(txtNum2.Text)
  txtResult.Text = Str(Num1 / Num2)
End Sub

Private Sub cmdMul_click()     '[*]단추를 클릭했을 때
  Dim Num1, Num2
  Num1 = Val(txtNum1.Text)
  Num2 = Val(txtNum2.Text)
  txtResult.Text = Str(Num1 * Num2)
End Sub

Private Sub cmdSub_click()     '[-]단추를 클릭했을 때
  Dim Num1, Num2
  Num1 = Val(txtNum1.Text)
  Num2 = Val(txtNum2.Text)
  txtResult.Text = Str(Num1 - Num2)
End Sub
Private Sub cmdClear_Click()
  txtNum1.Text = “”
  txtNum2.Text = “”
  txtResult.Text = “”
  txtNum1.SetFocus
End Sub

Private Sub cmdExit_Click()
  End
End Sub
```

④ 프로그램 실행 결과는 다음과 같다.

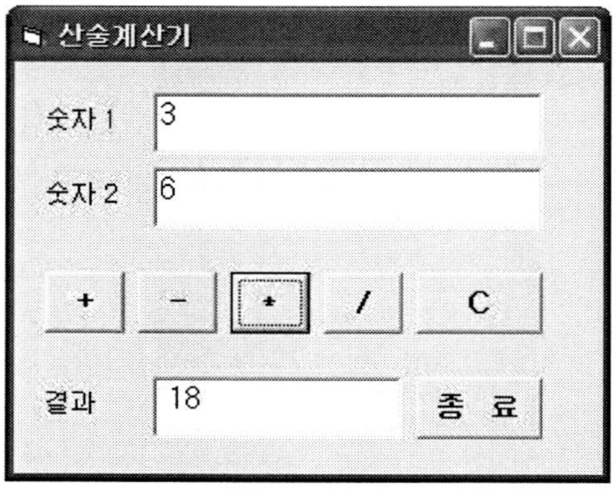

[참고사항]

▸ 함수

·val( ) 함수
문자를 수치로 변환하는 함수이다. 위 예제에서 TextBox 숫자를 입력받기 때문에 val 함수를 이용하기 전에는 숫자를 입력하여도 문자로 인식한다. 때문에 val 함수를 사용하여 수치로 바꿔줘야 한다.
·str() 함수
수치를 문자로 변환하는 함수이다.

(2) 관계 연산자

관계연산자(비교 연산자)는 두 피연산자(변수, 상수)의 값을 비교할 때 사용하는 연산자로서 결과 값은 True(참)과 False(거짓)으로 나타낸다. 종류는 다음과 같다.

연산자	설명	사용예(True 반환)
=	같다	6 = 6
<>	같지 않다	1 <> 3
<	보다 작다	4 < 6
>	보다 크다	6 > 4
<=	보다 작거나 같다	6 <= 7
>=	보다 크거나 같다	7 >= 6
IS	두 객체가 가르키는 값이 같은지 알아냄	Form1 IS Form1
LIKE	두 문자열을 비교함	“대한” Like “대한”

[참고사항]

▸ IS와 LIKE 연산자

·IS 연산자

IS 연산자는 두 객체가 가르키는 변수가 같은 경우에 True를 전달하고, 다르면 False를 전달하기 위해 사용한다.

IS 연산자의 구문 형식은 다음과 같다.

IS 연산자 구문 형식
결과 = 객체명1 IS 객체명2

·LIKE 연산자

LIKE 연산자는 매개변수를 사용하여 두 문자열을 비교하기 위해 사용한다.

IS 연산자의 구문 형식은 다음과 같다.

LIKE 연산자 구문 형식
결과 = 문자열 LIKE 패턴

다음은 패턴에 쓰이는 매개변수의 의미이다.

패턴의 매개변수	설명
?	비교 문자열 중 한 문자를 모르는 경우 ?를 사용하면 유사한 문자열도 모두 True
*	비교 문자열 이전/이후 *를 사용하면 유사한 문자열도 모두 True
#	비교 문자열 중 숫자를 모를 때 사용하면 True
[시작문자-끝문자]	비교 문자열 중 한 문자가 지정한 범위의 문자 범위에 해당하면 True
[!시작문자-끝문자]	비교 문자열 중 한 문자가 지정한 범위의 문자 범위에 해당하지 않으면 True

(3) 논리 연산자

논리 연산자는 True(참)과 False(거짓)을 가지고 두 오퍼랜드간의 논리적인 관계를 나타낼 때 사용하는 연산자이다. 정수를 논리 연산할 때는 비트 단위로 연산을 수행하기 때문에 비트 단위 연산자라고도 한다.

논리 연산자 종류는 다음과 같다.

연산자	설명
Not(논리부정)	오퍼랜드 값이 참이면 → 거짓으로, 거짓이면→참으로 전환
And(논리곱)	두 오퍼랜드 값이 모두 참일 때만 결과 참
Or(논리합)	두 오퍼랜드 값이 모두 거짓일 때만 결과 거짓
Xor(배타적논리합)	두 오퍼랜드 값이 서로 다를 때만 결과 참
Eqv(동치)	두 오퍼랜드 값이 서로 같을 때만 결과 참
Imp(포함)	'a이면 b이다' (→연산)성립하면 차 그렇지 않으면 거짓

5 제어문

프로그램이 실행될 때 프로그램의 실행되는 순서를 결정하는 것을 제어문이란 한다. 제어문의 종류에는 주어진 조건에 따라 실행되는 조건문과 조건에 따라 일정 부분을 반복 실행되는 반복문이 있다.

(1) IF 조건문

조건문인 IF문은 주어진 조건을 판단하여 그 결과에 따라 실행 순서를 결정한다. IF문의 형식에는 여러 가지가 있다.

다음은 가장 단순한 IF문 형식이다.

IF문 형식1

```
If 조건 Then
   명령문1
End If
명령문2
......
```

IF문 다음의 조건을 만족하면 Then 다음에 있는 '명령문1'을 실행하고 End If 다음에 있는 '명령문2'를 실행한다. 만약 IF문 다음의 조건을 만족하지 않으면 End If 다음에 있는 '명령문2'만을 실행한다. 예를 들면 다음과 같다.

IF문 형식1의 예

```
Ex)
     SI = 10
     If SI>0 Then
       Print  "양수의 정수"
     End If
     Print  "음수의 정수"
```

예문의 실행 결과는 "양수의 정수"를 출력한 후 "음수의 정수"를 출력하게 된다. SI

가 0보다 크다는 조건에 만족하여 Then 다음에 있는 명령문을 수행한 후 프로그램의 순차적인 흐름에 따라 End If 다음 문장을 계속 실행하게 된다. 조건이 만족/불만족일 때 실행을 명확히 하기 위해서는 다음과 같은 형식을 이용한다.

IF문 형식2

If 조건 Then
  명령문1
Else
  명령문2
End If
명령문3
......

If 다음의 조건을 만족하면 Then 다음의 "명령문1"을 실행하고 난 후 If문이 끝나는 End If 다음 문장인 "명령문3"을 실행한다. 만약 조건을 만족하지 않을 때는 Else 다음 문장인 "명령문2"를 실행한 후 End If 다음 문장인 "명령문3"을 실행한다. 위의 예문을 다음과 같이 고칠 수 있다.

IF문 형식2의 예

Ex)
```
    SI = 5
    If SI>0 Then
        Print "양수"
    Else
        Print "음수"
    End If
    Print "End"
```

SI 값이 0보다 크므로 조건에 만족하기 때문에 "양수"를 출력한 후 "End"를 출력한다. 만약에 SI 값이 -5라면 조건이 거짓이므로 "음수"를 출력하고 "End"를 출력할 것이다.

문장형 If와 블록형 If은 여러 문장으로 나타낼 수도 있고 간단한 경우에는 단일 문장으로 나타낼 수도 있다. 이때 여러 문장으로 나타낸 If문을 블록 If문이라 한다. 블록 If문인 경우에는 If로 시작해서 반드시 End If로 끝내야 하고 단일 문장으로 나타낼 때는 문장과 문장은 콜론(:)으로 구분하고 End If를 사용하지 않는다.

다음은 문장형 If와 블록형 If문 형식이다.

문장형 IF와 블록형 IF문

.문장형 If

```
If  SI>0 Then  Print  "양수의 정수" Else "음수의 정수"
```

.블록형 If

```
If SI>0 Then
    Print "양수의 정수"
Else
    Print "음수의 정수"
End If
```

위 두 If문은 서로 동일하다.

IF문 형식3

```
If 조건1 Then
    명령문1
ElseIf 조건2 Then
    명령문2
ElseIf 조건3 Then
    명령문3
    ......
Else
    명령문n
End If
```

판단해야 하는 조건이 여러 개일 때는 형식3과 같이 다중 If문을 사용한다. 우선 조건1을 만족하면 Then 다음의 명령문1을 실행하고 만족하지 않을 때는 ElseIf 다음에 있는 조건2를 판단하여 만족하면 명령문2를 실행하고 만족하지 않으면 다음 조건을 다시 비교해 간다.

실 습

▶ IF 문을 사용하여 총점, 평균, 등급을 계산하는 프로그램.

① 비주얼 프로그램을 실행하여 Form1을 디자인한다.

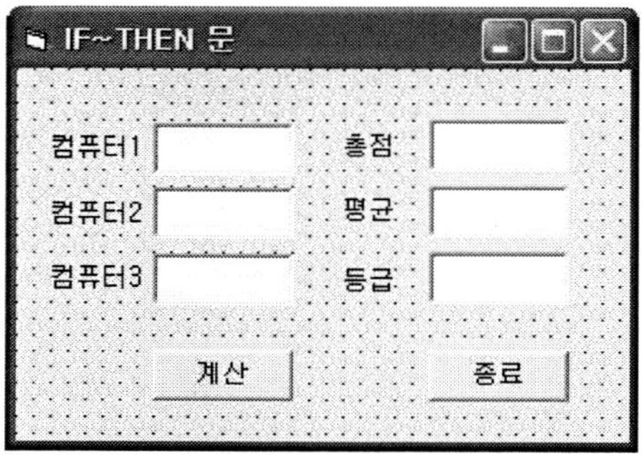

② Form1의 각 컨트롤 속성은 다음과 같다.

컨트롤	설명
Form1	Name = Form1 Caption = "IF ~ THEN문"
Label1	Name = lblCom1 AutoSize = True Caption = "컴퓨터1" Font = 글꼴 : 굴림체, 크기 : 10
Label2	Name = lblCom2 AutoSize = True Caption = "컴퓨터2" Font = 글꼴 : 굴림체, 크기 : 10

Label3	Name = lblCom3 AutoSize = True Caption = "컴퓨터3" Font = 글꼴 : 굴림체, 크기 : 10
Label4	Name = lblSum AutoSize = True Caption = "총점" Font = 글꼴 : 굴림체, 크기 : 10
Label5	Name = lblAverage AutoSize = True Caption = "평균" Font = 글꼴 : 굴림체, 크기 : 10
Label6	Name = lblGrade AutoSize = True Caption = "등급" Font = 글꼴 : 굴림체, 크기 : 10
TextBox1	Name = txtCom1 Text = " " Font = 글꼴 : 굴림체, 크기 : 10
TextBox2	Name = txtCom2 Text = " " Font = 글꼴 : 굴림체, 크기 : 10
TextBox3	Name = txtCom3 Text = " " Font = 글꼴 : 굴림체, 크기 : 10
TextBox4	Name = txtSum Text = " " Font = 글꼴 : 굴림체, 크기 : 10
TextBox5	Name = txtAverage Text = " " Font = 글꼴 : 굴림체, 크기 : 10
TextBox6	Name = txtGrade Text = " " Font = 글꼴 : 굴림체, 크기 : 10

CommandButton1	Name = cmdAccount Caption = "계산" Font = 글꼴 : 굴림체, 크기 : 10
CommandButton6	Name = cmdExit Caption = "종료" Font = 글꼴 : 굴림체, 크기 : 10

③ IF ~ THEN문을 사용하여 세 과목(컴퓨터1, 컴퓨터2, 컴퓨터3)을 입력하여 [계산] 컨트롤을 클릭하면 총점, 평균, 등급을 계산하고, [종료] 컨트롤은 다음과 같이 코딩한다.

```
Private Sub cmdAccount_Click()
  Dim Com1, Com2, Com3, Sum As Integer
  Dim Ave, Average  As Double

  Com1 = Val(txtCom1.Text)
  Com2 = Val(txtCom2.Text)
  Com3 = Val(txtCom3.Text)
  Sum = Com1 + Com2 + Com3
  Ave = Sum / 3
  Average = Round(Ave, 2)
  txtSum.Text = Str(Sum)
  txtAverage.Text = Str(Average)

  If Average >= 90 Then
     txtGrade.Text = " A"
  ElseIf Average >= 80 Then
     txtGrade.Text = " B"
  ElseIf Average >= 70 Then
     txtGrade.Text = " C"
  ElseIf Average >= 60 Then
     txtGrade.Text = " D"
  Else
     txtGrade.Text = " F"
```

```
  End If
End Sub

Private Sub cmdExit_Click()
  End
End Sub
```

④ 프로그램 실행 결과는 다음과 같다.

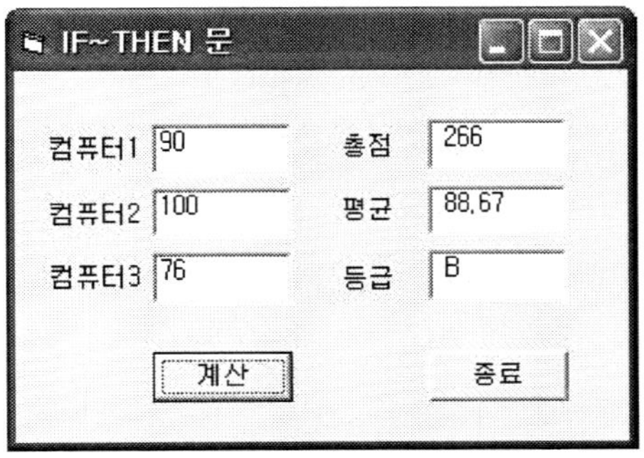

(2) Select ~ Case문

프로그램 코드를 작성하다 보면 하나의 변수 값에 여러 개의 서로 다른 작업을 해야하는 경우가 있다. 다중 If문과는 달리 Select ~ Case문은 한번에 여러 조건을 비교할 수 있어 좀더 간편하게 프로그램을 처리할 수 있다. Select ~ Case문의 형식은 다음과 같다.

Select ~ Case문 형식

Select Case 조건식
    Case 값1
        명령문1
    Case 값2
        명령문2
    Case 값3
        명령문3
    ......
    [Case Else]
        [명령문n]
 End Select

조건식이 첫 번째 Case문의 값1과 일치하면 명령문1로, 값2와 일치하면 명령문2로, 값3과 일치하면 명령문3으로 분기하여 실행하며 조건식과 일치하는 부분이 없으면 명령문n을 실행한다. [Case Else] [명령문 n]은 생략이 가능하다. 이 문장이 생략되었을 때 조건식과 일치하는 부분이 없을 경우에는 Select ~ Case문을 빠져 나와 End Select 다음 문장을 실행하게 된다.

실 습

▶ Select ~ Case 문을 사용하여 총점, 평균, 등급을 계산하는 프로그램.

① 비주얼 프로그램을 실행하여 Form1을 디자인한다.

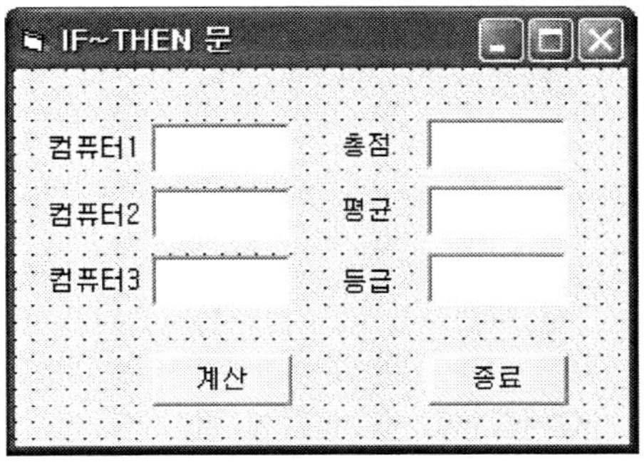

② Form1의 각 컨트롤 속성은 IF문의 컨트롤 속성과 같다.

컨트롤	설명
Form1	Name = Form1 Caption = "Select ~ Case문" BackColor = 원하는 색 지정

③ Select~Case문을 사용하여 세 과목(컴퓨터1, 컴퓨터2, 컴퓨터3)을 입력하여 [계산] 컨트롤을 클릭하면 총점, 평균, 등급을 계산하고, [종료] 컨트롤은 다음과 같이 코딩한다.

```
Private Sub cmdAccount_Click()
   Dim Com1, Com2, Com3, Sum As Integer
   Dim Ave, Average As Double

   Com1 = Val(txtCom1.Text)
   Com2 = Val(txtCom2.Text)
   Com3 = Val(txtCom3.Text)
   Sum = Com1 + Com2 + Com3
   Ave = Sum / 3
   Average = Round(Ave, 2)
   txtSum.Text = Str(Sum)
   txtAverage.Text = Str(Average)

   Select Case Average
       Case 90 To 100
           txtGrade.Text = "A"
       Case 80 To 89.99
           txtGrade.Text = "B"
       Case 70 To 79.99
           txtGrade.Text = "C"
       Case 60 To 69.99
           txtGrade.Text = "D"
       Case Else
           txtGrade.Text = "F"
   End Select
End Sub

Private Sub cmdExit_Click()
   End
End Sub
```

④ 프로그램 실행 결과를 확인한다.

(3) For ~ Next문

프로그램에서 주어진 특정 문장 그룹 부분을 일정한 횟수만큼 반복해서 실행한다. For ~ Next문 형식은 다음과 같다

For ~ Next문 형식

```
For 제어변수 = 초기값 To 최종값 [Step 증가. 감소값]
    명령문 1
    ......
    [Exit For]
    명령문 n
Next 제어변수
```

제어변수값이 초기값에서 최종값이 될 때까지 For와 Next 사이의 명령문을 반복 실행한다. For와 Next문 사이의 명령문을 실행할 때마다 제어변수값은 Step에서 지정한 값만큼 증가 또는 감소하게 된다. Step에서 지정한 값이 음수인 경우에는 [초기값 >= 최종값]이어야 하고, 양수인 경우에는 [초기값 <= 최종값]이어야 한다. [Exit For]문을 사용하면 For와 Next 사이를 벗어난다.

For ~ Next문안에 다시 For ~ Next문이 오는 것을 다중 For ~ Next문이라 한다. 여기서 주의할 점은 외부 For문과 내부 For문이 서로 겹쳐서는 안된다.

For ~ Next문 형식

```
For 제어변수1 = 초기값 To 최종값 [Step 증.감값]        ─┐
  [명령문1]                                              │ 외부 For
  For 제어변수2 = 초기값 To 최종값 [Step 증.감값]  ─┐    │
    [명령문2]                                        │    │
    ......                                   내부 For     │
    [Exit For]                                       │    │
    명령문 n                                         │    │
  Next 제어변수2 ────────────────────────────────────┘    │
Next 제어변수1 ───────────────────────────────────────────┘
```

실 습

▶ For 문을 사용하여 1부터 숫자까지의 합을 계산하는 프로그램.

① 비주얼 프로그램을 실행하여 Form1을 디자인한다.

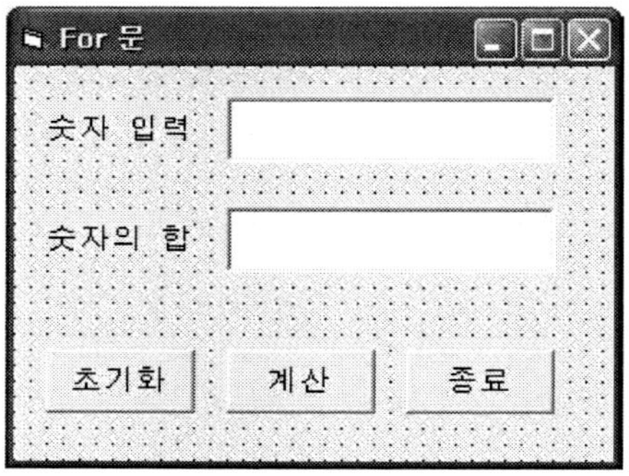

② Form1의 각 컨트롤 속성은 다음과 같다.

컨트롤	설명
Form1	Name = Form1 Caption = "For문"
Label1	Name = lblInput AutoSize = True Caption = "숫자 입력" Font = 글꼴 : 굴림체, 크기 : 10
Label2	Name = lblSum AutoSize = True Caption = "숫자의 합" Font = 글꼴 : 굴림체, 크기 : 10
TextBox1	Name = txtInput Alignment = 2 - 가운데 맞춤 Text = " " Font = 글꼴 : 굴림체, 크기 : 10

TextBox2	Name = txtSum Text = " " Font = 글꼴 : 굴림체, 크기 : 10
CommandButton1	Name = cmdInitial Caption = "초기화" Font = 글꼴 : 굴림체, 크기 : 10
CommandButton2	Name = cmdAccount Caption = "계산" Font = 글꼴 : 굴림체, 크기 : 10
CommandButton3	Name = cmdExit Caption = "종료" Font = 글꼴 : 굴림체, 크기 : 10

③ For ~ Next문을 사용하여 숫자를 입력해서 [계산] 컨트롤을 클릭하면 숫자의 합을 계산하고, [초기화], [종료] 컨트롤은 다음과 같이 코딩한다.

```
Option Explicit
Dim Number As Integer
Dim i As Integer, Sum As Long

Private Sub cmdAccount_Click()
  Number = Val(txtInput.Text)
  Sum = 0
    For i = 1 To Number
      Sum = Sum + i
    Next i
    txtSum.Text = "1~" & Number & " 합 = " & Sum
End Sub

Private Sub cmdInitial_Click()
  txtInput.Text = ""
  txtSum.Text = ""
  txtInput.SetFocus
End Sub
```

```
Private Sub cmdExit_Click()
  End
End Sub
```

④ 프로그램 실행 결과는 다음과 같다.

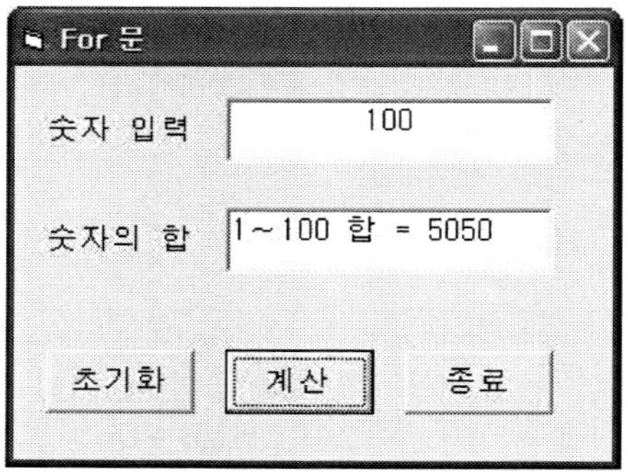

(4) Do~Loop문

Do~Loop문은 Until문을 사용하는 경우와 While문을 사용하는 경우가 있다. Until문을 사용하면 주어진 조건이 True(참)가 될 때까지 Do와 Loop 사이에 있는 명령문을 반복 실행하고, While문을 사용할 경우는 주어진 조건이 True(참)일 동안 Do와 Loop사이의 명령문을 반복 실행한다. Do~Loop문의 형식은 다음과 같다.

Do~Loop문 형식

1) Do [{While | Until} (조건식)]
    명령문1
    [Exit Do]
    ......
  Loop
 	
2) Do
    명령문1
    [Exit Do]
    ......
  Loop [{While | Until} (조건식)]

1)은 조건식을 비교하여 주어진 명령문을 실행하기 때문에 조건식을 만족하지 않으면 한 번도 명령문을 실행하지 않을 수도 있다. 2)는 먼저 명령문을 실행하고 난 후에 조건식을 비교하는 형식이므로 조건식을 만족하지 않아도 최소한 한 번은 명령문이 실행된다.

실 습

▶ Do ~ Loop문을 사용하여 1부터 숫자까지의 합을 계산하는 프로그램.

① 비주얼 프로그램을 실행하여 Form1을 디자인한다.

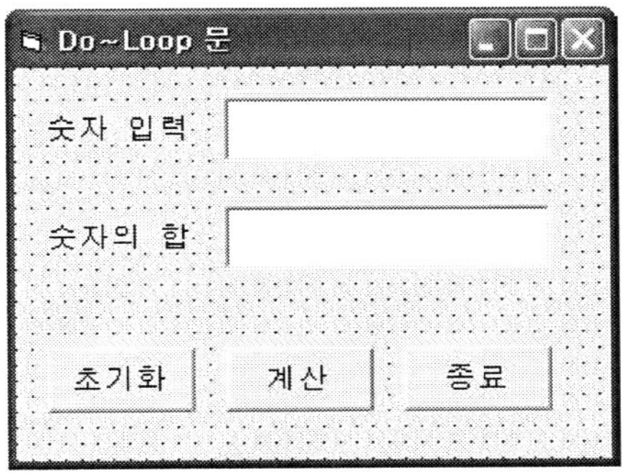

② Form1의 각 컨트롤 속성은 Do ~ Loop문의 컨트롤 속성과 같다.

컨트롤	설명
Form1	Name = Form1 Caption = "Do ~ Loop문" BackColor = 원하는 색 지정

③ Do ~ Loop문을 사용하여 숫자를 입력해서 [계산] 컨트롤을 클릭하면 숫자의 합을 계산하고, [초기화], [종료] 컨트롤은 다음과 같이 코딩한다.

```
Option Explicit
Dim Number As Integer
Dim i As Integer, Sum As Long

Private Sub cmdAccount_Click()
  Number = Val(txtInput.Text)
  Sum = 0
  i = 1
    Do Until i > Number
     Sum = Sum + i
     i = i + 1
    Loop
  txtSum.Text = "1~" & Number & " 합 = " & Sum
End Sub

Private Sub cmdInitial_Click()
  txtInput.Text = ""
  txtSum.Text = ""
  txtInput.SetFocus
End Sub

Private Sub cmdExit_Click()
   End
End Sub
```

④ 프로그램 실행 결과는 다음과 같다.

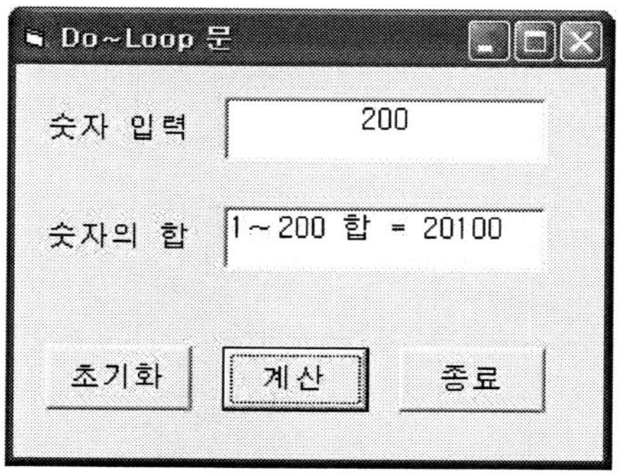

(5) While ~ When문

주어진 조건이 True(참)인 동안 While과 When 사이의 명령문을 반복 실행한다. 사용 형식은 다음과 같다.

While ~ When문 형식
While 조건식 명령문1 …… When

실 습

▶ While ~ Wend문을 사용하여 1부터 숫자까지의 합을 계산하는 프로그램.

① 비주얼 프로그램을 실행하여 Form1을 디자인한다.

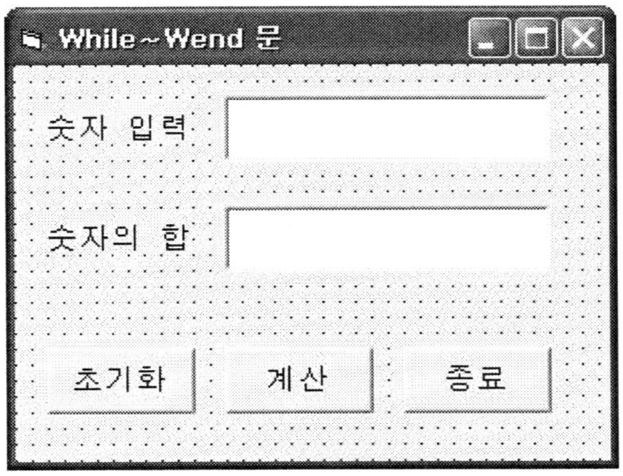

② Form1의 각 컨트롤 속성은 While ~ Wend문의 컨트롤 속성과 같다.

컨트롤	설명
Form1	Name = Form1 Caption = "While~Wend문" BackColor = 원하는 색 지정

③ While~Wend문을 사용하여 숫자를 입력해서 [계산] 컨트롤을 클릭하면 숫자의 합을 계산하고, [초기화], [종료] 컨트롤은 다음과 같이 코딩한다.

```
Option Explicit
Dim Number As Integer
Dim i As Integer, Sum As Long

Private Sub cmdAccount_Click()
  Number = Val(txtInput.Text)
  Sum = 0
  i = 1
  While i <= Number
      Sum = Sum + i
      i = i + 1
  Wend
  txtSum.Text = "1~" & Number & " 합 = " & Sum
End Sub

Private Sub cmdInitial_Click()
  txtInput.Text = ""
  txtSum.Text = ""
  txtInput.SetFocus
End Sub

Private Sub cmdExit_Click()
  End
End Sub
```

④ 프로그램 실행 결과는 다음과 같다.

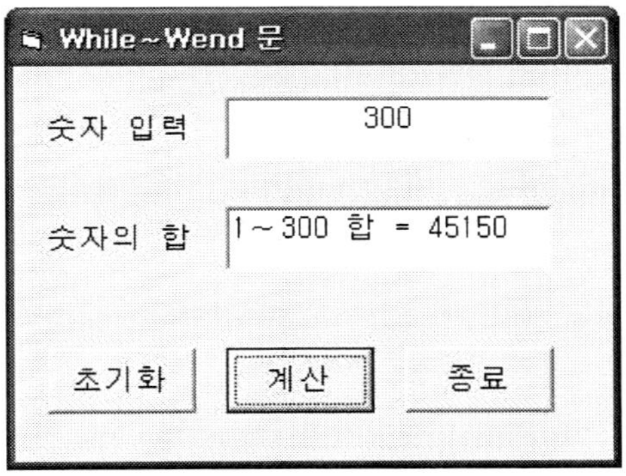

6 배열

배열(Array)이란 유사한 기능을 하는 여러 개의 변수들을 모아 같은 이름을 갖는 항목들을 같은 크기로 순서를 지니고 나열되어 있는 데이터의 집합체이다. 같은 이름을 갖기 때문에 각각의 구분은 인덱스를 이용한다. 예를 들면 같은 데이터형을 갖고 크기도 같은 변수를 100개 정도 사용해야 하는 프로그램이 있다면 100개의 변수를 일일이 다 관리하기는 힘들다. 이때 배열을 사용하면 효과적으로 관리할 수 있다. 배열을 선언하는 형식은 다음과 같다.

배열 형식
Dim 배열 이름(첨자) As 데이터형

첨자는 배열의 크기. 즉, 배열에 포함되는 요소의 수를 나타내는 번호이다. 첨자는 0부터 시작하고 변수는 사전에 선언되어야 하며, 각각의 요소는 모두 같은 데이터형으로 구성되어야 한다. 첨자에서 Long형 크기(-2,147,483,648 ~2,147,483,647)까지 사용 가능하다.

예를 들면 정수형 변수 5개를 선언한다.

일반 선언 예
Ex) Dim A As Integer, B As Integer, C As Integer, D As Integer, E As Integer A=10 : B=20 : C=30 : D=40 : E=50

배열 선언 예
Ex) Dim A(4) As Integer A(0)=10 : A(1)=20 : A(2)=30 : A(3)=40 : A(4)=50

A(0)	A(1)	A(2)	A(3)	A(4)	← 배열의 요소
10	20	30	40	50	← 메모리

(1) 1차원 배열

첨자가 하나만 있는 배열을 1차원 배열이라고 한다. 1차원 배열의 형식은 다음과 같다.

1차원 배열 형식
Dim 배열 이름(첨자) As 데이터형 Dim 배열 이름(시작첨자 To 마지막첨자) As 데이터형

각 배열 요소에 값을 부여할 때는 일일이 요소별로 값을 줄 수도 있고, 변수를 사용해 줄 수도 있다.

1차원 배열 선언 예	
Ex1) Dim i, Visual(20) As Integer i = 1 Visual(i) = 5	→ Visual은 1차원 배열명이 된다.

1차원 배열 선언 예	
Ex2) Dim i, Visual(20) As Integer For i = 0 To 20 Visual(i) = 1 Next i	→ Visual(0) ~ Visual(20)의 값이 모두 1이 할당된다.

1차원 배열 선언 예	
Ex3) Dim Visual(5 to 10) As Integer Visual(3)=200	→ Visual(5)부터 Visual(10)까지 6개의 요소로 구성된다. → 에러 발생(배열 첨자는 5(하한값)~10(상한값)을 사용해야 한다.

실 습

▶ 버블정렬 프로그램.

① 비주얼 프로그램을 실행하여 Form1을 디자인한다.

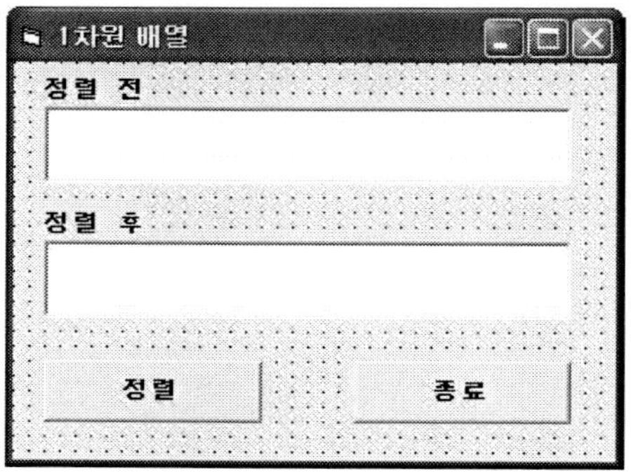

② Form1의 각 컨트롤 속성은 다음과 같다.

컨트롤	설명
Form1	Name = Form1 Caption = "1차원 배열"
Label1	Name = lblBefore AutoSize = True Caption = "정렬 전" Font = 글꼴 : 굴림체, 크기 : 10, 글꼴 유형 : 굵게
Label2	Name = lblAfter AutoSize = True Caption = "정렬 후" Font = 글꼴 : 굴림체, 크기 : 10, 글꼴 유형 : 굵게
TextBox1	Name = txtBefore Text = " " Font = 글꼴 : 굴림체, 크기 : 10, 글꼴 유형 : 굵게
TextBox2	Name = txtAfter Text = " " Font = 글꼴 : 굴림체, 크기 : 10, 글꼴 유형 : 굵게
CommandButton1	Name = cmdSort Caption = " " Font = 글꼴 : 굴림체, 크기 : 10, 글꼴 유형 : 굵게
CommandButton2	Name = cmdExit Caption = "종료" Font = 글꼴 : 굴림체, 크기 : 10, 글꼴 유형 : 굵게

③ 1차원 배열을 사용하여 [정렬]과 [종료] 컨트롤은 다음과 같이 코딩한다.

```
Option Explicit
Private Total(1 To 10) As Integer     '배열변수 선언

Private Sub Form_Load()
   Dim i
   Dim String1
    '점수의 초기값을 미리 부여한다.
   Total(1) = 11 : Total(2) = 133 : Total(3) = 19 : Total(4) = 39 : Total(5) = 87 :
   Total(6) = 9 : Total(7) = 111 : Total(8) = 35 : Total(9) = 91 : Total(10) = 18
   String1 =  ""
   For i = 1 To 10
       String1 = String1 + Str(Total(i)) +  ""
   Next i
   txtBefore.Text = String1
 End Sub

Private Sub CmdSort_click()
   Dim i, j, k, imsi
   Dim String1 As String
   String1 = ""
   For i = 1 To 10                          '버블소트 방식을 이용
       For j = i To 10
          If Total(i) < Total(j) Then
              imsi = Total(i)
              Total(i) = Total(j)
              Total(j) = imsi
          End If
       Next j
   Next i
   For k = 1 To 10
       String1 = String1 + Str(Total(k)) +  ""
   Next k
   txtAfter.Text = String1
   End Sub

 Private Sub cmdExit_click()
   End
 End Sub
```

④ 프로그램 실행 결과는 다음과 같다.

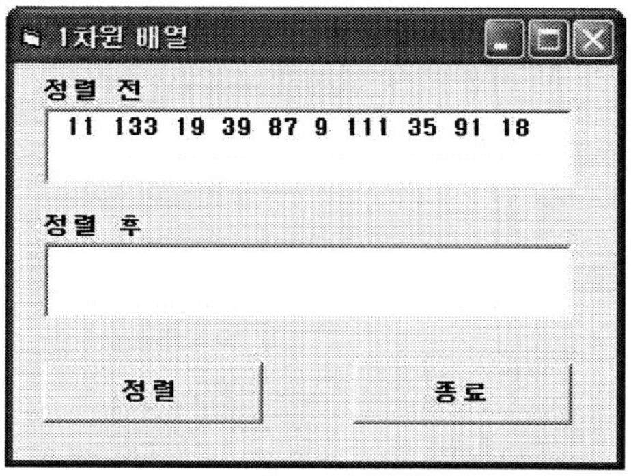

(2) 다차원 배열

첨자가 2개 이상인 배열을 다차원 배열이라고 한다. 첨자의 개수가 2개이면 2차원 배열, 3개이면 3차원 배열이 된다. 다차원 배열의 가장 대표적인 경우는 첨자가 2개 존재하는 2차원 배열이다. 2차원 배열은 행과 열로 구성되어 있다. 다차원 배열 선언 형식은 첨자를 구분할 때 콤마로 구분한다는 것을 제외하고는 1차원과 비슷하다.

2차원 배열 선언 예
Ex) Dim VB(3, 4) As Integer → 2차원 배열 선언(4행 × 5열 = 20개)

VB(0, 0)	VB(0, 1)	VB(0, 2)	VB(0,3)	VB(0, 4)	← 0행
VB(1, 0)	VB(1, 1)	VB(1, 2)	VB(1,3)	VB(1, 4)	← 1행
VB(2, 0)	VB(2, 1)	VB(2, 2)	VB(2,3)	VB(2, 4)	← 2행
VB(3, 0)	VB(3, 1)	VB(3, 2)	VB(3,3)	VB(3, 4)	← 3행
↑ 0열	↑ 1열	↑ 2열	↑ 3열	↑ 4열	

3차원 배열 선언 예
Ex) Dim VB(3, 4, 5) As Integer → 3차원 배열 선언(4면 × 5행 × 6열 = 120개)

다차원 배열에서도 1차원 배열에서와 같이 첨자의 범위를 정해 사용할 수도 있다.

배열의 첨자의 범위 예
Ex) Dim VB(2 to 3, 3 to 4) As Integer → 배열의 시작 요소는 VB(0, 0)이 아니라 VB(2, 3)이 처음 시작 요소

다차원 배열에 초기값을 줄 때는 일일이 요소마다 부여 할 수도 있고 다중 For문을 이용하여 초기값을 부여하기도 한다. 예를 들면 아래와 같은 2차원 배열에 초기값을 기억하면 다음과 같다.

행 \ 열	0	1	2
0	11	13	15
1	17	19	21
2	23	25	27

첫 번째는 각 배열 요소에 해당 초기값을 부여하는 방법이다.

초기값 부여하는 방법

```
Dim VB(2, 2) As Integer
VB(0, 0) = 11 : VB(0, 1) = 13 : VB(0, 2) = 15
VB(1, 0) = 17 : VB(1, 1) = 19 : VB(1, 2) = 21
VB(2, 0) = 23 : VB(2, 1) = 25 : VB(2, 2) = 27
```

배열 요소에 기억되는 값들이 특별한 규칙이 없다면 이렇게 요소마다 초기값을 부여한다. 두 번째는 다중 For 문을 이용한 경우이다.

다중 For문을 사용하여 초기값 부여하는 방법

```
Dim VB(2, 2) As Integer
Sum = 11
For  i = 0 To 2
     For j = 0 To 2
          VB(i, j) = Sum
          Sum = Sum + 2
     Next j
Next  i
```

실 습

▶ **2차 정방 행렬의 합과 곱을 구하는 프로그램.**

2	4	6	8	10
12	14	16	18	20
22	24	26	28	30
32	34	36	38	40
42	44	46	48	50

① 비주얼 프로그램을 실행하여 Form1을 디자인한다.

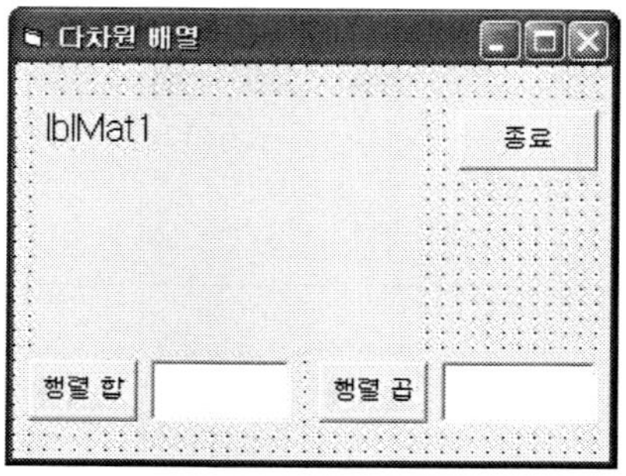

② Form1의 각 컨트롤 속성은 다음과 같다.

컨트롤	설명
Form1	Name = Form1 Caption = "다차원 배열"
Label1	Name = lblMat1 AutoSize = True Caption = "lblMat1" Font = 글꼴 : 굴림체, 크기 : 14
TextBox1	Name = txtSum Text = " " Font = 글꼴 : 굴림체, 크기 : 11
TextBox2	Name = txtMul Text = " " Font = 글꼴 : 굴림체, 크기 : 11 MultiLine = True
CommandButton1	Name = cmdSum Caption = " " Font = 글꼴 : 굴림체, 크기 : 11
CommandButton1	Name = cmdMul Caption = " " Font = 글꼴 : 굴림체, 크기 : 11
CommandButton3	Name = cmdExit Caption = "종료" Font = 글꼴 : 굴림체, 크기 : 11

③ 2차원 배열을 사용하여 [행렬 합]과 [행렬 곱], [종료] 컨트롤은 다음과 같이 코딩한다.

```
Option Explicit
Dim Mat(1 To 5, 1 To 5) As Integer

Private Sub cmdExit_Click()
   End
End Sub

Private Sub CmdMul_Click()
   Dim i, j, Count, Mul
   Count = 2: Mul = 1
   For i = 1 To 5          '배열의 행
         For j = 1 To 5    '배열의 열
               Mat(i, j) = Count
               Mul = Mul * Mat(i, j)
               Count = Count + 2   '배열의 데이터 값이 2씩 증가
         Next j
   Next i
   txtMul.Text = Mul
End Sub

Private Sub CmdSum_Click()
   Dim i, j, Count, Sum
   Count = 2
   For i = 1 To 5
       For j = 1 To 5
          Mat(i, j) = Count
          Sum = Sum + Mat(i, j)
          Count = Count + 2
       Next j
   Next i
   txtSum.Text = Sum
End Sub

Private Sub Form_Load()
    'lblMat1의 Caption 속성을 행렬에 삽입.
   lblMat1.Caption = "  2   4   6   8  10" + Chr(13) + Chr(10) + _
     " 12  14  16  18  20" + Chr(13) + Chr(10) + "22  24  26  28  30" + _
   Chr(13) + Chr(10) + "32  34  36  38  40" + Chr(13) + Chr(10) + _
     "42  44  46  48  50"
End Sub
```

④ 프로그램 실행 결과는 다음과 같다.

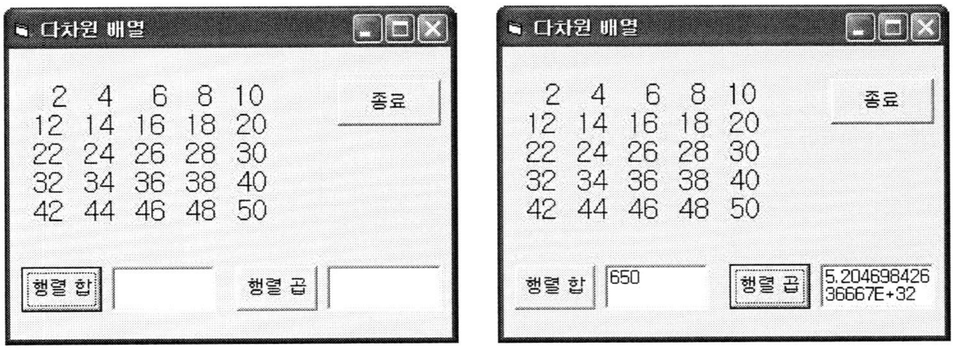

[참고사항]

▸ 동적 배열

배열 선언 예
.지금까지 사용해 온 배열은 크기가 정해진 정적 배열이다. 비주얼 베이직에서는 프로그램 실행 중에 배열의 크기를 조절할 수 있는 기능을 제공하는데 바로 동적 배열이다. 동적 배열을 선언하려면 먼저 배열로 선언되어 있어야 한다. Ex) Dim VB() ...... .ReDim을 이용해서 재배열시킬 수 있다. 주의해야 할 점은 ReDim은 프로시저 안에서만 사용할 수 있고 배열의 형에 따라 초기화된다. Ex) ReDim VB(4, 5) .배열의 내용을 모두 삭제할 때는 Erase를 사용한다. Ex) Erase VB

(3) 컨트롤 배열

비주얼 베이직에서는 같은 종류의 컨트롤들을 컨트롤 배열 행태로 관리할 수 있다. 같은 컨트롤이 여러 개 있는 프로그램에서 컨트롤 구분은 Name 속성을 가지고 한다. 컨트롤 배열로 선언하면 하나의 이벤트 프로시저를 공유하고, 인덱스(첨자)를 가지고 각 컨트롤을 구분한다.

디자인 모드에서 컨트롤 배열을 작성하는 방법에는 세 가지가 있다.

① 하나 이상의 컨트롤에 같은 이름을 지정한다.
② 기존의 컨트롤을 복사한 다음 폼에 붙여 넣는다.
③ 컨트롤의 Index 속성을 Null 이외의 값으로 설정한다.

실 습

▶ **컨트롤을 사용하여 둥근 사각형에 색칠하는 프로그램.**

① 비주얼 프로그램을 실행하여 Form1에 둥근 사각형을 디자인한다.

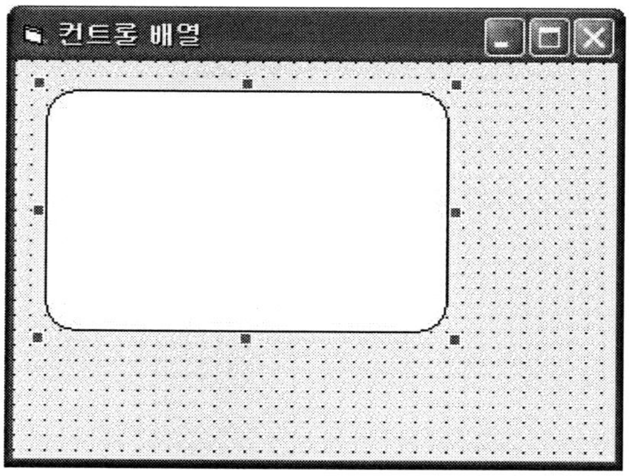

② Form1에 커맨드 컨트롤을 디자인한다.

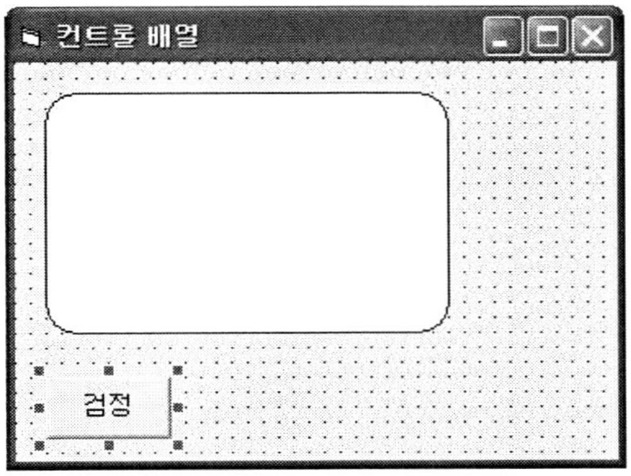

③ 커맨드 컨트롤을 복사하여 붙이기면 컨트롤 배열을 작성할 것인지 묻는 대화상자가 나타난다. '예[Y]' 단추를 클릭하면 인덱스 값이 증가된 컨트롤이 추가한다.

④ 이런 방법으로 컨트롤 배열을 사용하여 5개의 커맨드 컨트롤을 그림과 같이 Form1에 디자인한다.

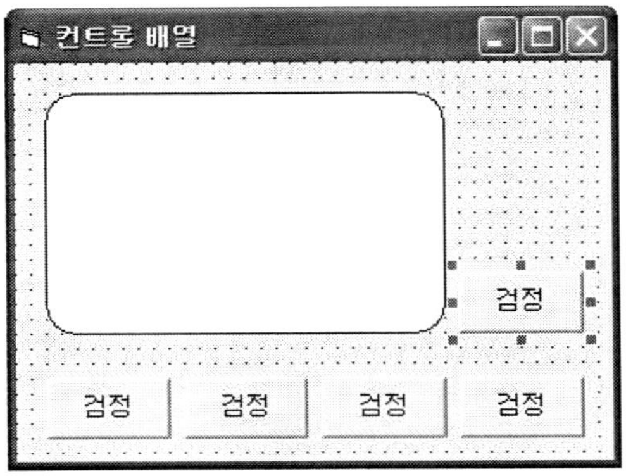

⑤ Form1의 각 컨트롤 속성은 다음과 같다.

컨트롤	설명
Form1	Name = Form1 Caption = "컨트롤 배열" BackColor = 원하는 색 지정
Shape	Name = shpColor FillColor = &H00FFFFFF&(흰색) FillStyle = 0 - 단색 Shape = 4 - 둥근 사각형 Visible = False
CommandButton1	Name = cmdColor Caption = "검정" Font = 글꼴 : 굴림체, 크기 : 10 Index = 0
CommandButton2	Name = cmdColor Caption = "빨강" Font = 글꼴 : 굴림체, 크기 : 10 Index = 1
CommandButton3	Name = cmdColor Caption = "초록" Font = 글꼴 : 굴림체, 크기 : 10 Index = 2
CommandButton4	Name = cmdColor Caption = "파랑" Font = 글꼴 : 굴림체, 크기 : 10 Index = 3
CommandButton5	Name= cmdColor Caption= "종료" Font = 글꼴 : 굴림체, 크기 : 10 Index = 4

⑥ [검정], [빨강], [초록], [파랑], [종료] 컨트롤은 다음과 같이 코딩한다.

```
Private Sub cmdColor_Click(Index As Integer)

  Select Case Index  '각 단추 구분 인덱스(0-3)
     Case 0
        shpColor.Visible = True              'Visible 속성을 보이게 설정
        shpColor.FillColor = RGB(0, 0, 0)     '검정색
     Case 1
        shpColor.Visible = True
        shpColor.FillColor = RGB(255, 0, 0)   '빨강색 지정
     Case 2
        shpColor.Visible = True
        shpColor.FillColor = RGB(0, 255, 0)   '초록색 지정
     Case 3
        shpColor.Visible = True
        shpColor.FillColor = RGB(0, 0, 255)   '파랑색 지정
     Case 4
        End
  End Select

End Sub
```

⑦ 프로그램을 실행시키고 각 단추를 클릭하여 결과를 확인한다.

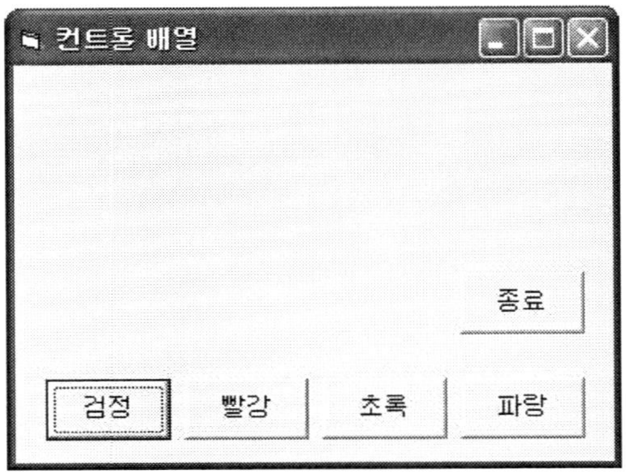

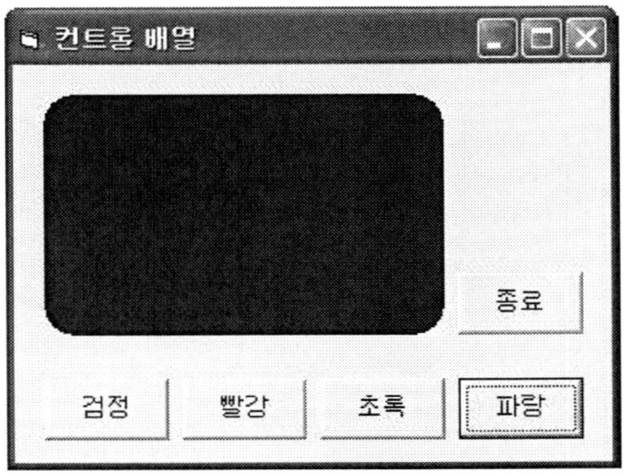

연습문제

1. For 문과 Print 문을 사용하여 10!(Factorial)을 계산하는 프로그램을 작성하시오. (AutoRedraw = True)

[실행 후 화면]

2. For 문과 IF 문, Print 문을 사용하여 1부터 100까지 소수를 구하는 프로그램을 작성하시오.

[실행 후 화면]

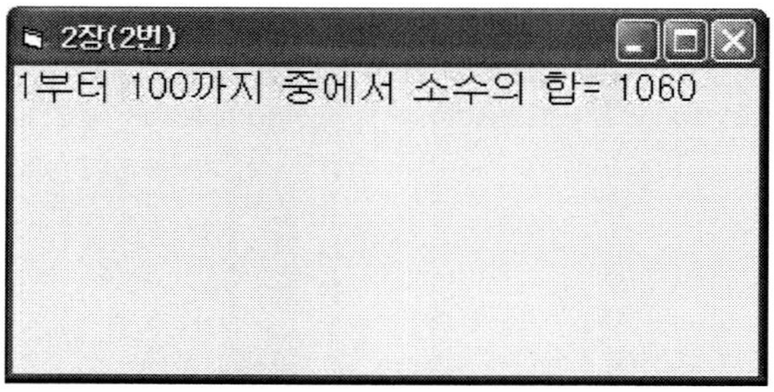

3. Do ~ Until Loop 구조를 사용하여 하루에 500원씩 저축을 하면 저축한 총액이 1,000,000원이 되는 날수를 구하는 프로그램을 작성하시오.

[실행 후 화면]

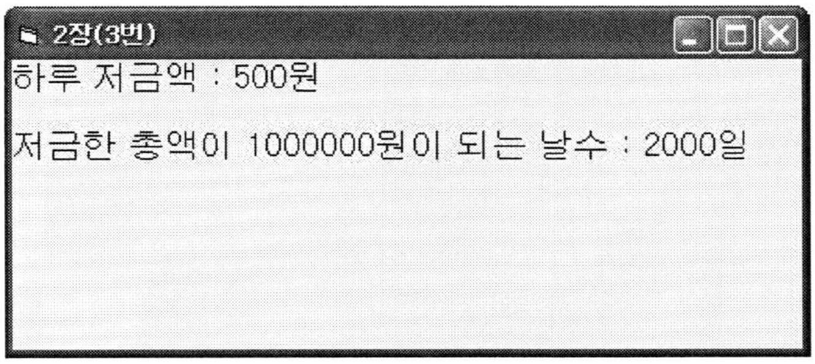

4. 다음 배열 각 행의 합, 열의 합, 대각선의 합을 구하는 프로그램을 작성하시오.

1	2	3	4	5
6	7	8	9	10
11	12	13	14	15
16	17	18	19	20
21	22	23	24	25

[실행 후 화면]

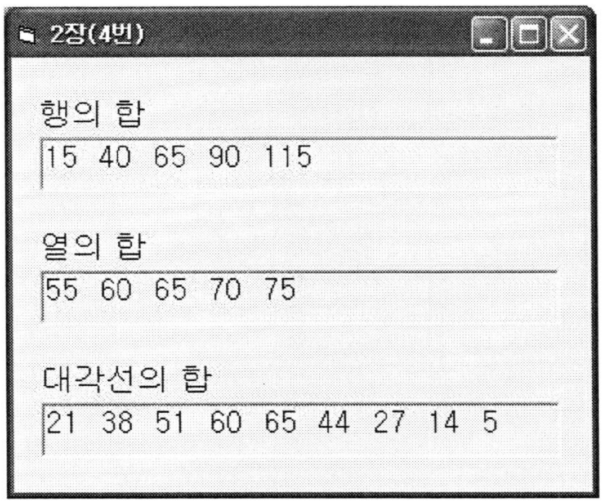

5. 2차원 배열 B(4, 4)를 A(4, 4)로 변환하는 프로그램을 작성하시오.

B(4, 4)

1	2	3	4
5	6	7	8
9	10	11	12
13	14	15	16

A(4, 4)

1	5	9	13
2	6	10	14
3	7	11	15
4	8	12	16

[실행 전 화면]

[실행 후 화면]

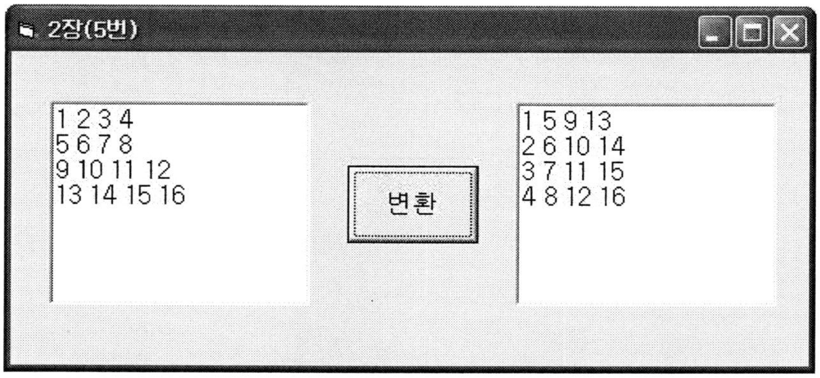

제 3 장

컨트롤

제 3 장 컨트롤

1 객체

비주얼 베이직에서 사용되는 객체에는 폼과 각종 컨트롤이 있다. 폼과 각종 컨트롤은 사용자와 응용 프로그램간의 인터페이스 역할을 한다. 객체는 속성, 메소드, 이벤트를 갖고 있다.

속성은 객체의 특성을 나타내고, 메소드는 객체의 행동을 나타내며 각각의 객체는 고유한 메소드를 갖는다. 이벤트는 객체에 대한 자극을 말한다.

[참고사항]

▶ 객체는 속성, 메소드, 이벤트의 관계

마우스 클릭할 때 관계	
객체	마우스
속성	객체의 여러 가지 특성
이벤트	객체에 대한 자극, 즉 클릭
메소드	객체에 포함된 고유한 동작

프로그램 코딩과정에서 객체에 대한 속성, 메소드, 이벤트는 다음과 같은 방법으로 코딩한다.

객체명.속성	
Ex)	Text1.text= "비주얼 베이직 6.0"
Text1	객체명
text	Text1 객체의 속성
"비주얼 베이직 6.0"	객체의 속성값

객체는 하나씩만 존재하는 것이 아니라 같은 유형 또는 다른 유형의 객체가 여러 개 존재할 수 있다. 같은 유형의 객체를 구별 할 수 있는 속성은 객체의 이름이다. 예를 들면 텍스트 박스 컨트롤 2개를 폼에 배치했으면 배치한 순서에 의해 Text1, Text2 순으로 이름을 갖게 된다. 그러나 객체의 이름은 그대로 사용하면 복잡한 프로그램인 경우에 객체 구별이 어렵고, 프로그램 관리도 어려워진다. 따라서 각 객체가 어떤 객체인지를 구별하기 쉽고, 프로그램 관리하기 편하게 하기 위해 각 객체에 접두어나 객체의 특성에 맞는 이름을 붙인다.

비주얼 베이직에서 이벤트는 프로시저 형태로 나타난다. 코드 작성시 코드 창에 각 객체에 대한 이벤트 리스트가 있어 필요한 이벤트를 쉽게 사용할 수 있다. 예를 들면 Command1 이라는 객체에 클릭 이벤트를 하면 다음과 같다.

객체명_이벤트명()
Ex) Private Sub Command1_Click() 소스 코드 End Sub

2 폼

폼은 프로그램을 실행시켰을 때 나타나는 윈도우이며, 폼에 다양한 컨트롤들을 디자인하여 사용자 인터페이스 한다. 다른 객체들과 마찬가지로 하나의 프로젝트에는 여러 개의 폼을 사용할 수 있다.

(1) 폼 삽입과 삭제

프로젝트를 열면 하나의 폼이 생성되는데 작성하는 프로그램에 따라 다수의 폼이 필요한 경우에 한 프로젝트에 여러 개의 폼을 삽입할 수 있고, 불필요한 폼은 삭제할 수 있다.

실 습

▶ 폼 삽입 프로그램.

① 비주얼 프로그램을 실행하여 [표준 EXE]를 열기 한다.

② [프로젝트]-[폼 추가] 메뉴나 [프로젝트 탐색기] 창에서 추가한다.

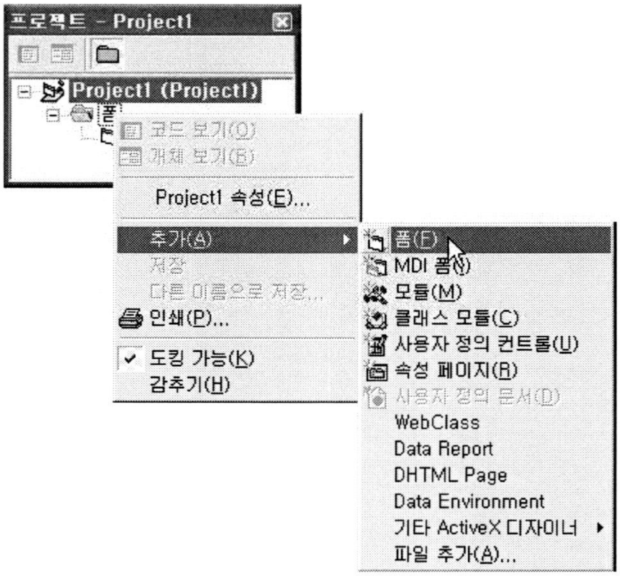

③ [폼 추가] 대화상자에서 [폼]을 선택하고 열기 한다.

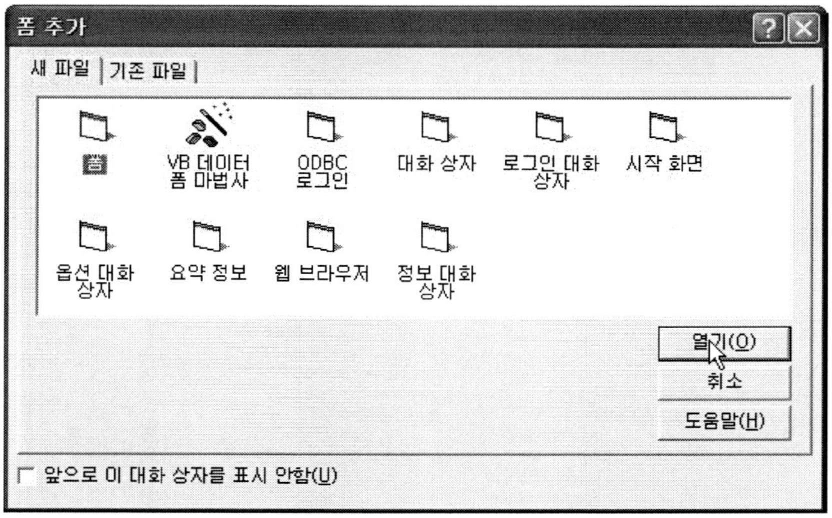

④ 다음과 같이 [폼]이 추가되고, [프로젝트 탐색기] 창에도 [Form2]가 추가된다.

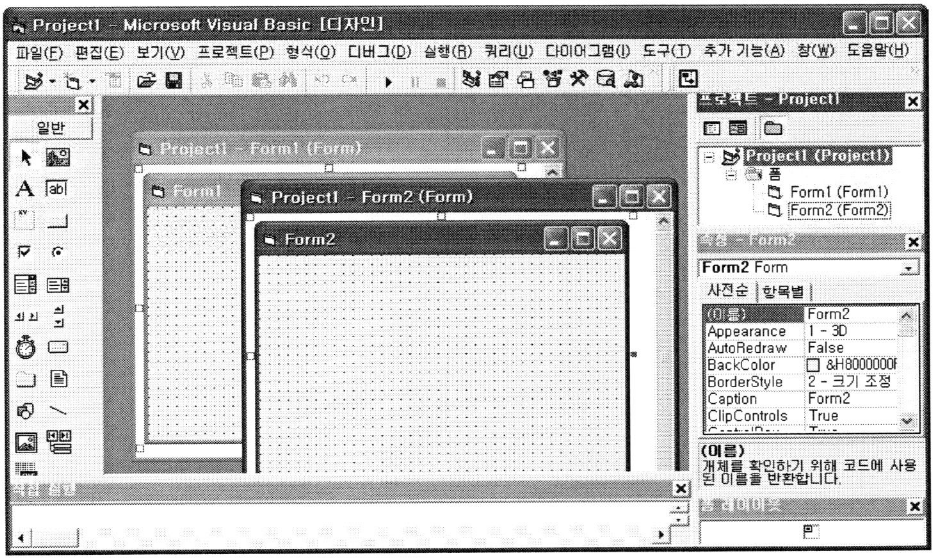

▶ 폼 삭제.

① [프로젝트 탐색기] 창에서 [Form2]를 선택하고, 마우스 오른쪽 버튼을 클릭하여 [Form2 제거]를 클릭한다.

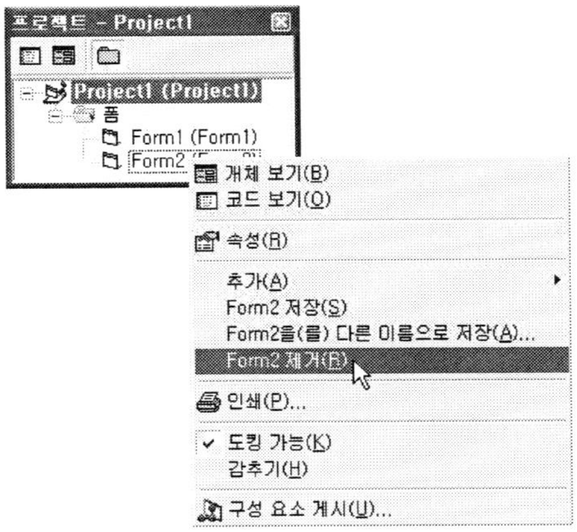

(2) 폼의 속성

폼에 대한 속성을 보고 실습한다.

① Appearance : 폼의 겉모습을 결정하는 속성이다.

속성값	설명
0-평면	폼의 모양을 평면으로 나타내는 속성
1-3D	폼의 모양을 입체적으로 나타내는 속성

② BackColor/ForeColor : BackColor는 폼의 배경색을 지정하고, ForeColor는 폼에 출력할 글자나 도형의 색을 지정하는 속성이다.

③ BorderStyle : 폼의 테두리를 지정하는 속성이다.

속성값	설명
0-없음	폼의 모양을 평면으로 나타내는 속성
1-단일 고정	폼에 제목, 경계선 등은 있으나 폼의 크기 조절 불가능한 속성
2-크기 고정	기본값으로 지정되고, 폼의 크기 조절 가능한 속성
3-고정 도구	대화상자를 만들 때 이용하고, 폼 크기 조절 불가능한 속성
4-고정 도구	도구 윈도우 속성
5-크기 조정	고정 도구와 비슷하고, 폼의 크기 조절 가능한 속성

④ Caption : 폼의 제목을 나타내는 속성이다. Name 속성과 혼동하는 경우가 있는데 Name은 코드 창에 사용되고, Caption은 폼 창에 디자인 할 때 나타나는 속성이다.

⑤ ControlBox/MaxButton/MinButton

속성	설명
Control(True)	프로그램 실행시 최소화(), 최대화(), 닫기() 단추를 모두 활성화하는 속성
MaxButton(True)	프로그램 실행시 최소화(), 닫기() 단추를 활성화, 최대화() 단추는 비활성화 하는 속성
MinButton(True)	프로그램 실행시 최대화(), 닫기() 단추를 활성화, 최소화() 단추는 비활성화 하는 속성

⑥ Enabled : 프로그램 실행시 폼의 활성화 여부를 결정하는 속성이다.

속성값	설명
True	프로그램 실행시 폼의 활성화하는 속성
False	프로그램 실행시 폼의 비활성화 속성

⑦ Font : 폼에 나타나는 글자의 모양, 유형, 크기 등을 지정하는 속성이다.

속성값	코딩시 예
글자 모양	Form1.Font.Name= "신명조" → 글자 모양 : 신명조
글자 스타일	Form1.Font.Bold=True → 글자 스타일 : 진하게
글자 크기	Form1.Font.Size=13 → 글자 크기 : 13

⑧ Height/Width

속성	설명
Height	폼의 높이 조절하는 속성
Width	폼의 폭 조절하는 속성

⑨ Icon : 폼의 아이콘화(

) 되었을 때 표시되는 아이콘을 설정하는 속성이다.

⑩ Name : 기본값은 Form1로 되어 있고, 폼의 객체 이름을 지정하는 속성이다. 프로그램 코딩시 중요하므로 폼이나 컨트롤에 적당한 이름을 지정하여야 한다.

⑪ Visible : 프로그램 실행시 폼의 화면을 보이게 할 것인 아닌지를 결정하는 속성이다.

⑫ WindowState

속성값	코딩시 예
0-표준	프로그램 실행될 때 폼이 표준크기로 실행하는 속성
1-최소화	프로그램 실행될 때 폼이 아이콘 상태로 실행하는 속성
2-최대화	프로그램 실행될 때 폼이 화면 전체 크기로 실행하는 속성

(2) 폼의 이벤트

폼이나 컨트롤을 포함한 모든 객체가 어떤 자극을 받아 이벤트를 발생하면 이벤트 중심의 프로시저를 발생한다. 폼 이벤트의 종류는 다음과 같다.

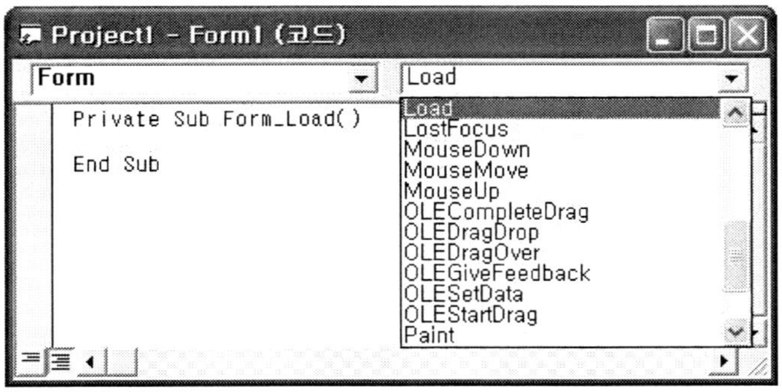

• Load 이벤트와 Unload 이벤트

Load 이벤트는 폼이 실행될 때 수행되는 이벤트로 폼이 생성될 때 제일 먼저 발생한다. 주로 폼에 사용된 객체들을 초기화할 때 사용된다. Unload 이벤트는 폼이 메모리에서 제거될 때 발생하는 이벤트이다. 일반적으로 폼에 닫기(☒) 버튼을 마우스로 클릭하여 프로그램을 종료할 때 발생한다.

실 습

▶ Load 이벤트 프로그램.

① [Form1]을 더블 클릭하여 코드 창을 표시하고, 이벤트 목록에서 Load 이벤트를 선택한다.

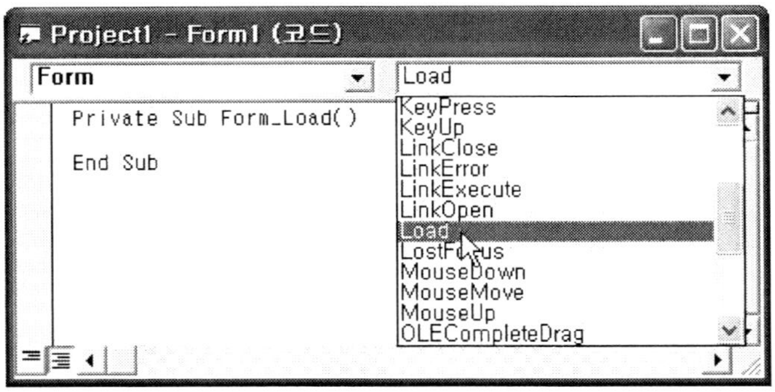

② 코드 창에 해당 프로시저가 나타나면 다음과 같이 입력한다.

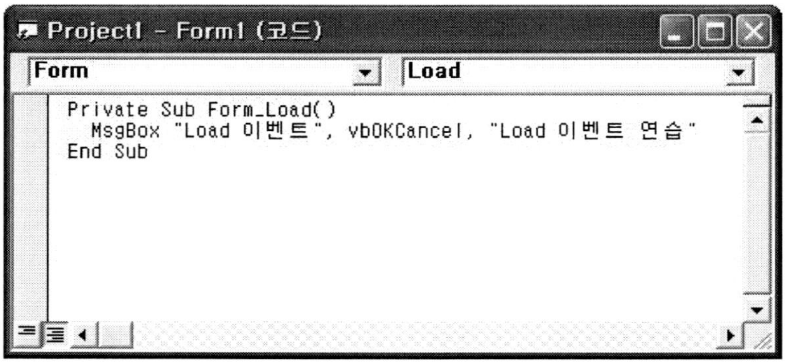

③ 프로그램을 실행하면 다음과 같은 메시지가 나온다.

④ [확인]을 클릭하면 폼이 Load 된다.

▶ Unload 이벤트 프로그램.

⑤ 코드 창의 이벤트 목록에서 Unload 이벤트가 선택한다.

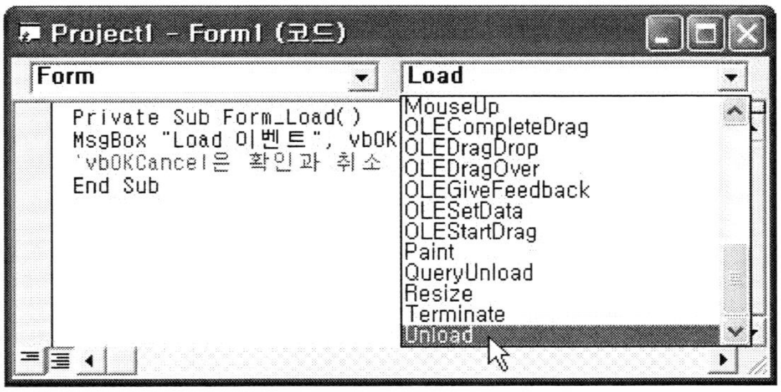

⑥ 코드 창에 해당 프로시저가 나타나면 다음과 같이 입력한다.

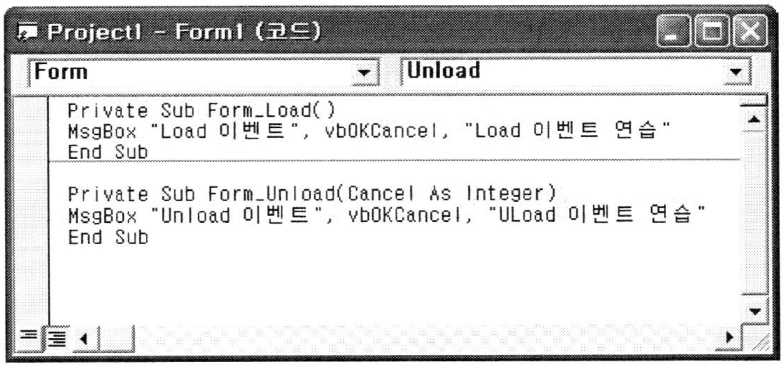

⑦ 프로그램을 실행하여 [닫기] 버튼을 클릭한다.

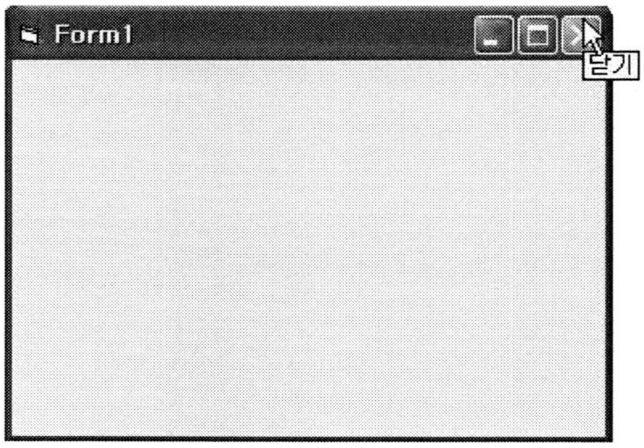

⑧ [확인]을 클릭하면 윈도우에서 폼이 사라진다(Unload).

• **마우스 이벤트**

윈도우 응용 프로그램은 마우스와 키보드를 사용하여 사용자와 인터페이스 한다. 비주얼 베이직에서는 사용자가 마우스와 키보드로 입력하는 내용을 쉽게 대응할 수 있다. 마우스와 관련된 이벤트는 다음과 같다.

이벤트	설명
Click	폼이나 컨트롤 내부를 한번 클릭하면 발생하는 이벤트 → 형식 : 객체명_Click()
DbClick	폼이나 컨트롤 내부를 두 번 클릭하면 발생하는 이벤트 → 형식 : 객체명_DbClick()
MouseDown	마우스를 누를 때 발생하는 이벤트 → 형식 : 객체명_MouseDown (Button As Integer, Shift As Integer, X As Single, Y As Single)

MouseUp	마우스를 눌렀다 놓았을 때 발생하는 이벤트 → 형식 : 객체명_MouseUp(Button As Integer, Shift As Integer, X As Single, Y As Single)
MouseMove	마우스를 옮길 때 발생하는 이벤트 → 형식 : 객체명_MouseMove(Button As Integer, Shift As Integer, X As Single, Y As Single)

MouseDown, MouseUp, MouseMove 이벤트의 인수는 다음과 같다.

인수	설명
Button	마우스의 버튼 상태 → 1(vbLeftButton) : 왼쪽, 2(vbRightButton) : 오른쪽, 4(vbMiddleButton) : 가운데
Shift	Shift 키, Ctrl 키, Alt 키 상태에 해당하는 정수 → 1 : Shift, 2 : Ctrl, 4 : Alt, 6 : Shift+Alt
X, Y	마우스 포인터의 현재 위치

실 습

▶ 마우스 버튼 이벤트 프로그램.

① 비주얼 프로그램을 실행하여 [Form1]에 레이블 컨트롤을 디자인한다.

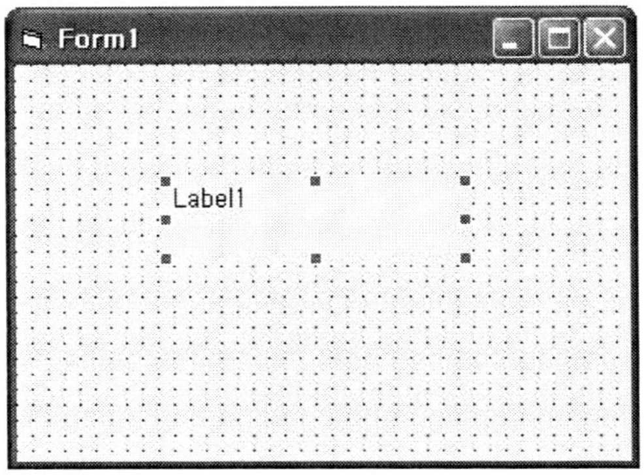

② 레이블을 더블 클릭하여 코드 창의 이벤트 목록에서 MouseDown 이벤트를 선택한다.

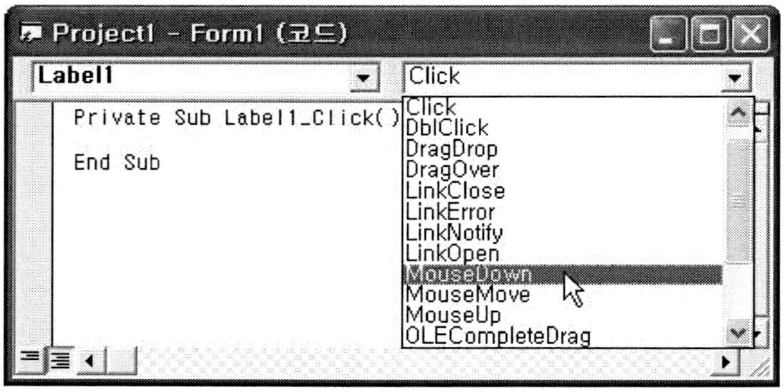

③ 코드 창에 해당 프로시저가 나타나면 다음과 같이 입력한다.

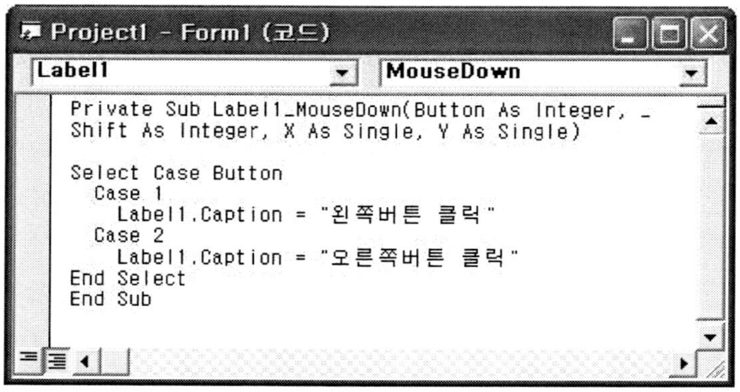

④ 프로그램을 실행하여 [Label1]을 클릭한다.

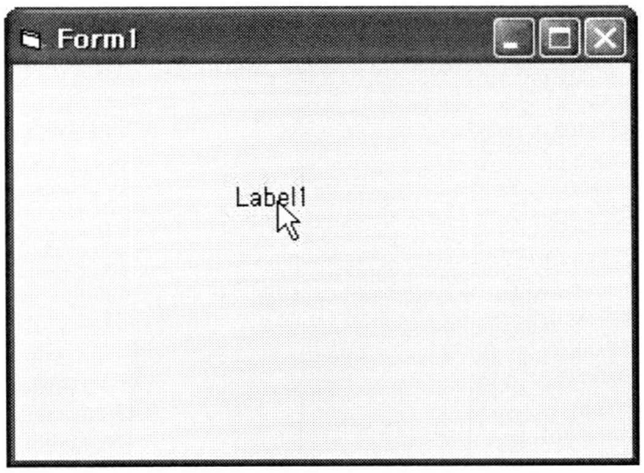

⑤ 마우스의 왼쪽버튼을 클릭하면 [왼쪽버튼 클릭], 오른쪽버튼을 클릭하면 [오른쪽버튼 클릭]이 나타난다.

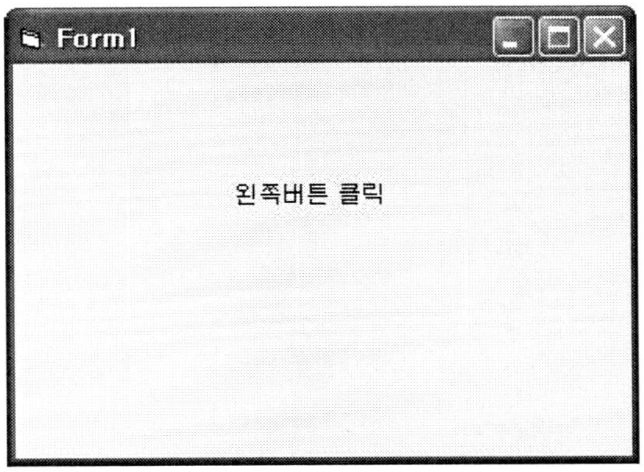

• 키보드 이벤트

키보드 이벤트는 마우스 이벤트와 함께 사용자와 프로그램간의 의사 전달에 사용된다. 마우스 버튼을 누르는 것은 이벤트를 발생, 데이터 입력, 메뉴 선택하는 것이다. 이때 발생하는 키 이벤트에 응답하도록 키보드 처리기를 작성할 수 있다.

키보드와 관련된 이벤트는 다음과 같다.

이벤트	설명
KeyUP	키보드의 키 상태를 알려주는 이벤트로 사용자가 키에서 손을 떼면 발생하는 이벤트.
KeyDown	키보드의 키 상태를 알려주는 이벤트로 사용자가 키를 누른 상태에서 발생하는 이벤트.

실 습

▶ 키보드 이벤트 프로그램.

① 비주얼 프로그램을 실행하여 [Form1]에 텍스트 박스 컨트롤을 디자인한다.

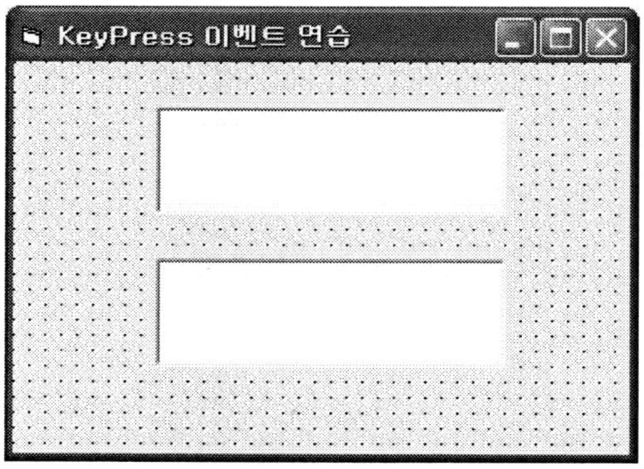

② 텍스트 박스 컨트롤의 속성을 다음과 같이 지정한다.

컨트롤	속성
Form1	Name = Form1 Caption = "폼 메소드 연습1"

TextBox1	Name = Text1 Text = " " Font = 글꼴 : 굴림체, 크기 : 10
TextBox2	Name = Text2 Text = " " Font = 글꼴 : 굴림체, 크기 : 10

③ 텍스트 박스 컨트롤을 더블 클릭하여 코드 창의 이벤트 목록에서 KeyPress 이벤트를 선택한다.

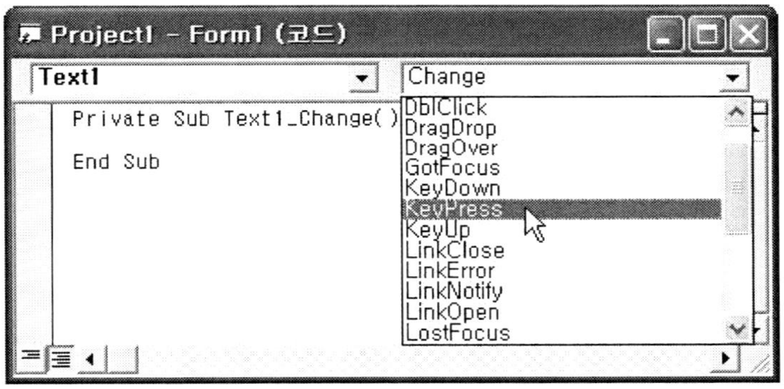

④ 코드 창에 해당 프로시저가 나타나면 다음과 같이 입력한다.

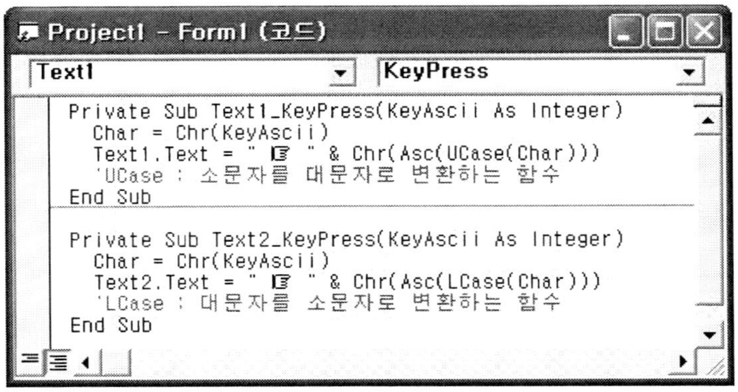

⑤ 프로그램을 실행한다.

[참고사항]

▸ 특수 기호와 한자입력

① 한글 자음(ㄱ, ㄴ, ㄷ 등)을 입력하고 [한자]키를 누르면 특수 기호 목록상자가 표시되며, 한글 입력 후에 [한자]키를 누르면 한자 목록상자가 표시된다. 하지만 한글 자음(ㅁ)이 가장 많이 쓰인다.

② 목록상자에서 원하는 문자를 마우스로 누르면 해당 문자가 입력된다.

③ 목록상자의 '◂' 또는 '▸' 단추를 누르면 이전/다음 목록이 표시된다.

3 표준 컨트롤

컨트롤(Control)은 비주얼 베이직 통합개발환경의 도구상자 내의 아이콘을 말한다. 각 컨트롤은 목적에 맞게 자체의 속성, 메소드, 이벤트를 가지고 있다. 컨트롤은 윈도우나 내부 기능 등을 제어하기 위한 기본 컨트롤과 사용자가 직접 제작해 사용하는 ActiveX 컨트롤(커스텀 컨트롤)로 구분된다. 여기서는 기본 컨트롤에 대해 다루어보기로 한다.

기본 컨트롤은 비주얼 베이직에 내장된 컨트롤로 비주얼 베이직을 실행했을 때, 통합환경의 도구상자에 20개의 아이콘 컨트롤을 말한다.

(1) 윈도우 구성요소 컨트롤

윈도우의 구성요소를 시각화한 컨트롤을 가르키며, 마우스로 도구상자에서 사용하고자 하는 컨트롤을 선택하여 폼 창 위에 드래그 한다.

아이콘	이름	설명
	포인터(Pointer)	컨트롤 편집을 위한 선택 도구
	픽처 박스(Picture Box)	이미지를 읽어올 수 있는 기능뿐만 아니라 그래픽 메소드를 가지고 있는 컨트롤
	레이블(Label)	문자열을 표시해주는 컨트롤
	텍스트 박스(Text Box)	문자열을 표시해 주고 편집할 수 있는 컨트롤
	프레임(Frame)	연관서 있는 컨트롤 모아서 그룹화시키는 컨트롤
	체크 박스(Check Box)	여러 개를 선택할 수 있는 컨트롤
	옵션 박스(Option Box)	한가지 상태를 선택할 수 있는 컨트롤
	콤보 박스(Combo Box)	텍스트 박스와 리스트 박스를 결합한 형태의 선택 컨트롤
	리스트 박스(List Box)	열거된 여러 항목을 선택할 수 있는 컨트롤
	수평 스크롤바(HScroll Bar)	수평 방향의 스크롤바 컨트롤
	수직 스크롤바(VScroll Bar)	수직 방향의 스크롤바 컨트롤
	타이머(Timer)	일정 시간 간격마다 자동으로 타이머 이벤트를 발생시키는 컨트롤

- **레이블**

레이블 컨트롤은 텍스트 박스 컨트롤과 달리 프로그램 실행 중에 포커스를 갖지 못하고, 문자열이나 숫자를 폼에 보여주는 컨트롤로 단순히 문자열을 출력한다.

레이블 컨트롤의 속성은 다음과 같다.

속성	설명
Name	레이블의 이름을 나타내는 속성.
Alignment	레이블 안의 문자 정렬 방식으로 0-왼쪽 정렬, 1-오른쪽 정렬, 2-가운데 정렬이 있다.
Appearance	레이블 모양설정으로 0-평면, 1-입체가 있다.
AutoSize	레이블의 크기를 문자열에 맞게 조절하는 속성으로 속성 값이 True이면 문자열의 크기만큼 컨트롤의 크기를 설정.
BackColor	레이블의 배경색을 나타내는 속성.
BackStyle	컨트롤을 겹쳐놓은 경우 겹쳐서 출력할 것인가 결정.
Caption	레이블에 나타날 문자를 지정.
Font	글꼴 변경하는 속성.
FontColor	글자색을 나타내는 속성.

실 습

▶ 레이블 컨트롤 프로그램.

① 비주얼 프로그램을 실행하여 폼에 레이블 컨트롤을 디자인한다.

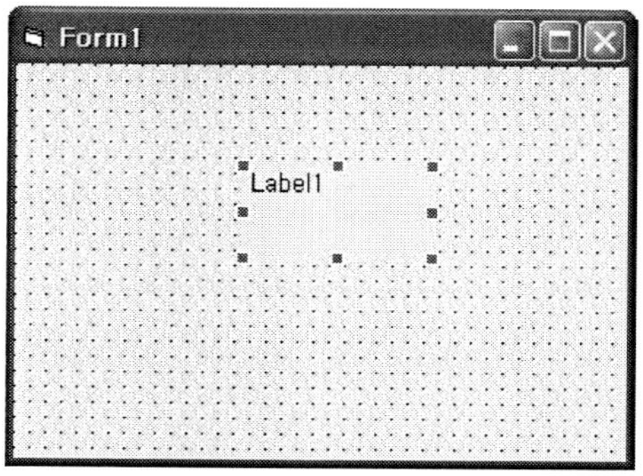

② 레이블 컨트롤의 Caption 속성 값을 "레이블 컨트롤 실습"을 입력한다.

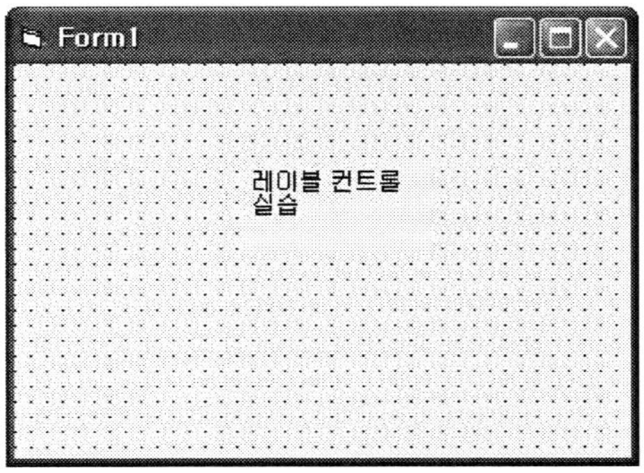

③ Font의 속성 값을 다음과 같이 지정한다.

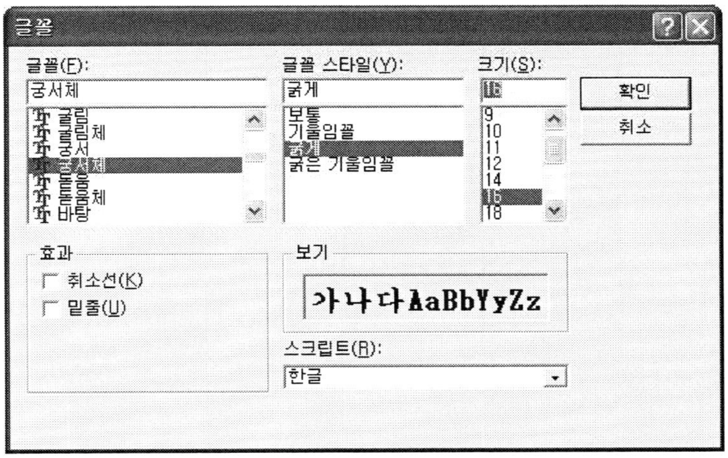

④ BackColor의 속성 값을 "노랑색"으로 지정한다.

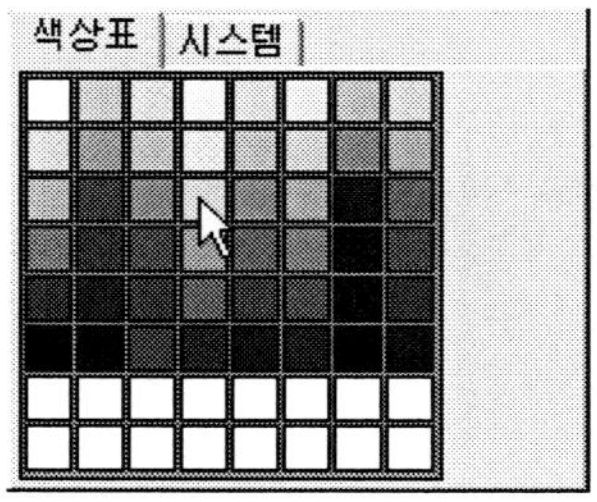

⑤ 폼에 그려진 결과를 확인한다.

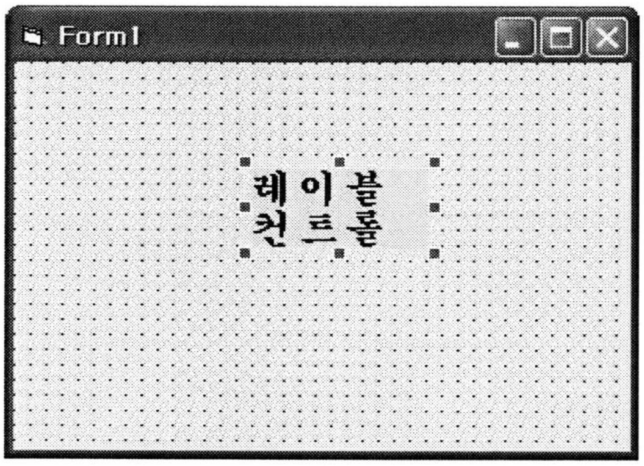

[참고사항]

▸ 포커스

① 포커스란 객체에 마우스 또는 키보드를 이용해서 커서를 위치시키는 것이다. 객체에 대한 특정 이벤트를 발생시키거나, 입력을 할 때 그 객체에 포커스가 맞추어져 있어야 한다.

② 포커스를 객체에 맞추려면 프로그램 실행 중에 객체를 클릭하거나 SetFocus 메소드를 사용한다. 탭 순서가 지정되어 있으면 ↹을 이용한다.

③ 포커스는 가장자리에 점선이 있거나, 텍스트 박스인 경우에는 커서가 있다.

(가장자리)

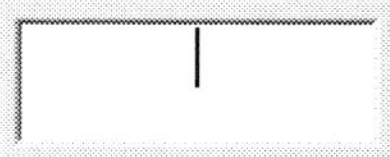
(커서)

● 텍스트 박스

문자열이나 숫자를 표시하기 위해 사용되는 컨트롤이다. 텍스트 박스 컨트롤은 여러 줄의 문자열을 입력할 수 있고, 입력하는 문자열이 컨트롤을 넘어가는 경우 스크롤이 가능하도록 되었다. 텍스트 박스 안에 입력되는 문자열은 2,048자를 초과할 수 없다.

텍스트 박스 컨트롤의 속성은 다음과 같다.

종류		설명
속성	BorderStyle	텍스트 박스의 테두리 모양을 나타내는 속성.
	Enabled	텍스트 박스에 문자 입력이 가능한지, 불가능한지를 결정하는 속성으로 속성 값이 True이면 입력이 가능하다.
	Locked	텍스트 박스 안에 자유롭게 문자를 입.출력 할 수 있는지 결정하는 속성 출력용이고, 입력은 할 수 없다.
	MaxLength	텍스트 박스에 입력되는 문자의 길이를 나타내는 속성으로 속성 값이 0이면 시스템이 허용하는 범위 내에서 무한대로 입력이 가능하다(정상 범위 : 0-64).
	MultiLine	텍스트 박스에 여러 줄로 문장을 입력할 수 있게 하는 속성으로 속성 값이 True이면 여러 줄 입력이 가능하다.
	PassWordChar	텍스트 박스 안에 입력된 문자열 대신 화면에 출력하는 문자.
	ScrollBars	텍스트 박스에 스크롤 바를 나타내는 속성으로 1- 수평 스크롤 바, 2-수직 스크롤 바, 3-수평/수직 스크롤 바가 있다.
	Text	텍스트 박스에 입력되는 문자열을 나타내는 속성이다. 텍스트 박스에는 Caption 속성이 없기 때문에 Text 속성이 그 기능을 대신한다.
	Visible	프로그램 실행시 텍스트 박스를 보이게 할 것인지 안보이게 할 것인지를 결정하는 속성으로 속성 값이 False이면 프로그램 실행시 텍스트 박스가 보이지 않는다.

이벤트	Change	텍스트 속성 값을 변경했을 경우에 발생하는 이벤트.
	Click	텍스트 박스를 마우스로 클릭할 때 발생하는 이벤트.
	Dbclick	텍스트 박스를 마우스로 더블 클릭할 때 발생하는 이벤트.
	Keypress	텍스트 박스에 포커스가 맞춰진 상태에서 특수키(Shift, Ctrl, Alt 키) 이외에 눌렀을 때 발생하는 이벤트.
메소드	Move	폼에서 텍스트 박스의 위치 결정.
	SetFocus	텍스트 박스에서 포커스를 주기 위해 사용.
	Zorder	텍스트 박스 Z-순서를 결정.

실 습

▶ 텍스트 박스 컨트롤 프로그램.

① 비주얼 프로그램을 실행하여 폼에 레이블과 텍스트 박스 컨트롤을 디자인한다.

② 각 컨트롤에 대한 속성을 지정한다.

컨트롤	설명
Form1	Name = Form1 Caption = "텍스트 박스 연습"
CommandButton1	Name = cmdInput Caption = "입 력" Font = 글꼴 : 굴림체, 크기 : 11, 글꼴유형 : 굵게
CommandButton2	Name = cmdExit Caption = "종 료" Font = 글꼴 : 굴림체, 크기 : 11, 글꼴유형 : 굵게
Label1	Name = Label1 Caption = "아 이 디" AutoSize = True Font = 글꼴 : 굴림체, 크기 : 11, 글꼴유형 : 굵게
Label2	Name = Label2 Caption = "비밀번호" AutoSize = True Font = 글꼴 : 굴림체, 크기 : 11, 글꼴유형 : 굵게
Label3	Name = Label3 Caption = "전화번호" AutoSize = True Font = 글꼴 : 굴림체, 크기 : 11, 글꼴유형 : 굵게
Label4	Name = Label4 Caption = "주 소" AutoSize = True Font = 글꼴 : 굴림체, 크기 : 11, 글꼴유형 : 굵게
TextBox1	Name = txtID TabIndex = 1 Text = " " Font = 글꼴 : 굴림체, 크기 : 11, 글꼴유형 : 굵게
TextBox2	Name = txtPassword PasswordChar = "#" TabIndex = 2 Text = " " Font = 글꼴 : 굴림체, 크기 : 11, 글꼴유형 : 굵게

TextBox3	Name = txtTel TabIndex = 3 Text = " " Font = 글꼴 : 굴림체, 크기 : 11, 글꼴유형 : 굵게
TextBox4	Name = txtAddr TabIndex = 4 Text = " " Font = 글꼴 : 굴림체, 크기 : 11, 글꼴유형 : 굵게

③ 사용할 변수를 선언한다.

```
Option Explicit
 '입력한 아이디, 전화번호, 주소를 저장할 변수선언
Dim txt1, txt2, txt3
 '암호 데이터를 저장할 변수선언
Dim Password As String
```

④ 텍스트 박스에 입력되는 내용을 각각의 해당 변수에 저장하기 위해 다음과 같이 코딩한다.

```
Private Sub txtID_Change()
 '아이디 항목에 입력된 내용을 txt1에 기억
  txt1 = txtID.Text
End Sub

Private Sub txtTel_Change()
 '전화번호 항목에 입력된 내용을 txt2에 기억
  txt2 = txtTel.Text
End Sub

Private Sub txtAddr_Change()
 '주소 항목에 입력된 내용을 txt3에 기억
  txt3 = txtAddr.Text
End Sub
```

⑤ 지정된 암호와 입력되는 암호를 비교하여 메시지를 출력하기 위해 다음과 같이 코딩한다.

```
Private Sub cmdInput_Click()
  '암호 지정
  Password = "Basic00"
  '입력한 암호와 지정된 암호 비교
  If Password = txtPassword.Text Then
     '암호가 일치하면 맞는 메시지 출력
     'Chr(10)은 다음 줄로 이동하라는 함수
     MsgBox "아 이 디 : " + txt1 + Chr(10) + Chr(10) + _
            "전화번호 : " + txt2 + Chr(10) + Chr(10) + _
            "주      소 : " + txt3, vbOKCancel, "입력 내용"
  Else
    '비밀번호가 일치하지 않으면 오류메시지 출력
     MsgBox "비밀번호 정보 오류!!!", vbOKCancel + _
     vbExclamation, "오류 대화상자"
  End If
End Sub
```

⑥ 종료하기 위해 다음과 같이 코딩한다.

```
Private Sub cmdExit_Click()
  End
End Sub
```

⑦ 프로그램을 실행하면 다음과 같다.

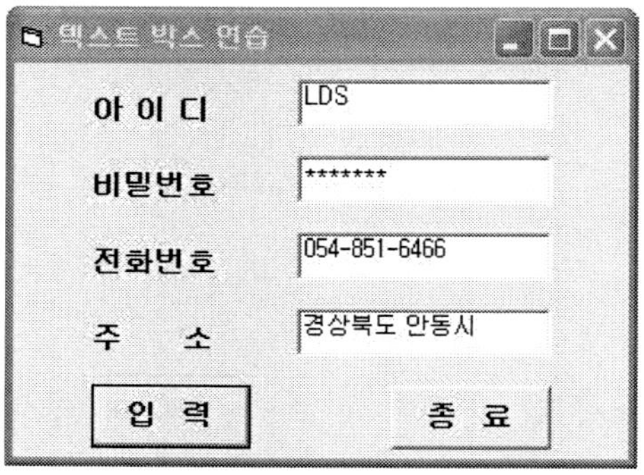

[입력화면]

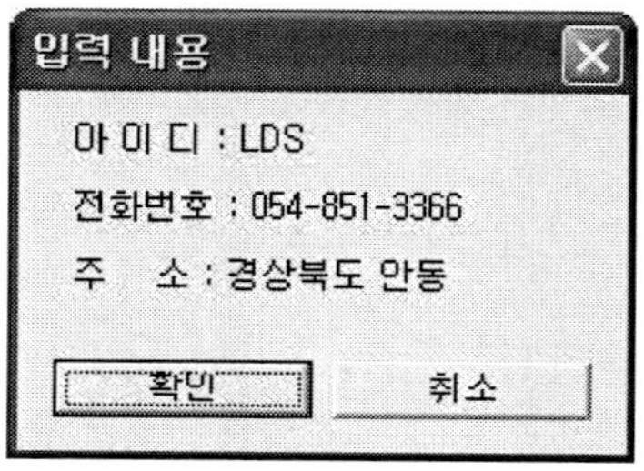

[비밀번호 맞게 입력]

[비밀번호 틀리게 입력]

- **커맨드 버튼**

사용자와 응용 프로그램간에 가장 쉽게 상호 작용 할 수 있는 가장 많이 사용하는 컨트롤이다. 일반적으로 프로그램에 응답하거나 사용자가 마우스로 커맨드 버튼을 클릭했을 때 정해진 작업을 수행하거나 취소하도록 지시할 때 사용된다.

커맨드 버튼 컨트롤의 속성은 다음과 같다.

종류		설명
속성	Caption	커맨드 버튼에 들어갈 문자 표시.
	Default	커맨드 버튼의 속성 값이 True이면 선택된 객체가 Enter↵를 눌렀을 때 기본키가 된다.
	DisabledPicture	Style 속성이 '1-그래픽' 일 경우 커맨드 버튼을 사용하지 못할 때 보여지는 그림 설정.
	DownPicture	Style 속성이 '1-그래픽' 일 경우 커맨드 버튼을 누를 때 보이는 그림 설정.
	Enable	커맨드 버튼의 사용가능 여부를 설정.
	Picture	Style 속성이 '1-그래픽' 일 경우 커맨드 버튼에 사용할 그림 설정.
	Style	커맨드 버튼을 표준 버튼으로 사용할 것인지 그래픽 버튼으로 사용할 것인지 결정.
	Visible	프로그램 실행시 커맨드 버튼을 보이게 할 것인지 안보이게 할 것인지를 결정하는 속성.
	TabIndex	⇆을 눌렀을 때 포커스 받을 순서를 지정.
	ToolTipText	커맨드 버튼에 풍선 도움말 설정.
이벤트	Click	커맨드 버튼을 마우스로 클릭할 때 발생하는 이벤트.
	Keypress	키보드에 있는 키를 눌렀다 놓았을 때 발생하는 이벤트.
	KeyDown	키보드에 있는 키를 눌렀다 때 발생하는 이벤트.
	KeyUp	키보드에 있는 키를 놓았을 때 발생하는 이벤트.
메소드	SetFocus	커맨드 버튼이 포커스를 받았을 때 발생하는 이벤트.

실 습

▶ **커맨드 버튼 컨트롤 프로그램.**

① 비주얼 프로그램을 실행하여 커맨드 버튼 컨트롤을 디자인한다.

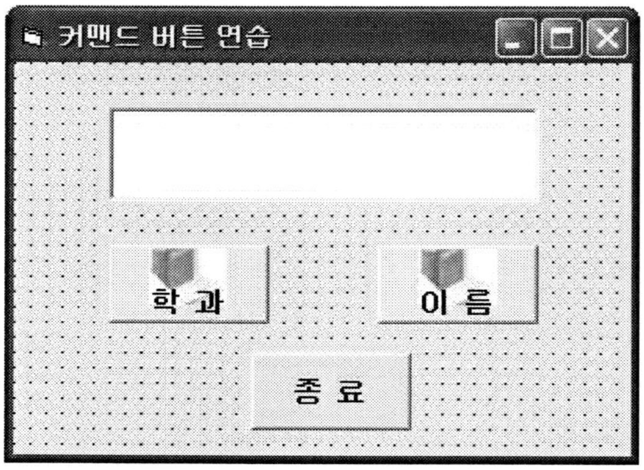

② 각 컨트롤에 대한 속성을 지정한다.

컨트롤	설명
Form1	Name = Form1 Caption = "커맨드 버튼 연습" BackColor = 원하는 색 지정
CommandButton1	Name = cmdLesson Caption = "학 과" Font = 글꼴 : 굴림체, 크기 : 11, 글꼴유형 : 굵게 Picture = 원하는 그림 지정 Style = "1-그래픽"
CommandButton2	Name = cmdName Caption = "이 름" Font = 글꼴 : 굴림체, 크기 : 11, 글꼴유형 : 굵게 Picture = 원하는 그림 지정 Style = "1-그래픽"
CommandButton3	Name = cmdExit Caption = "종 료" Font = 글꼴 : 굴림체, 크기 : 11, 글꼴유형 : 굵게
TextBox1	Name = txtSchool Text = 없음 Font = 글꼴 : 굴림체, 크기 : 11, 글꼴유형 : 굵게

③ 커맨드 버튼을 더블 클릭하여 다음과 같이 코딩한다.

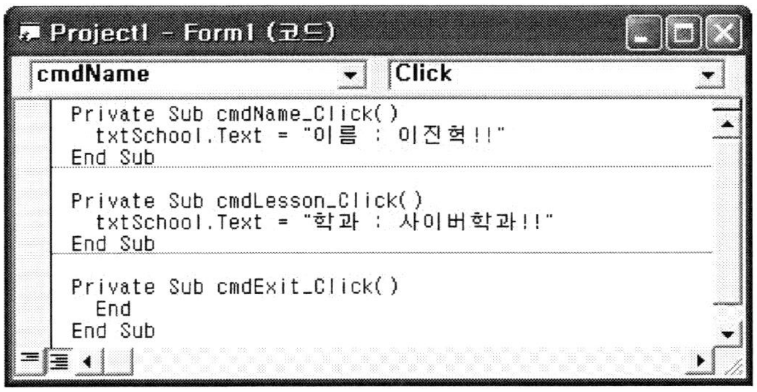

④ 프로그램을 실행하면 다음과 같다.

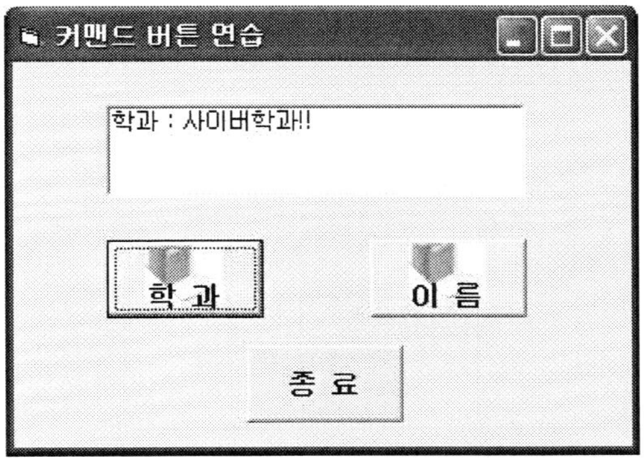

• **프레임**

프레임 컨트롤은 다른 컨트롤들을 그룹화시키는 기능을 갖는다. 프레임에 의해 그룹화된 컨트롤들은 해당 프레임과 함께 이동, 삭제가 가능하다. 보통 CheckBox나 OptionButton을 그룹화하는데 많이 사용된다.

☞ 주의 사항

그룹화 할 경우에 프레임 컨트롤을 먼저 그린 후에 프레임에 속하는 컨트롤들을 프레임 내부에 그려 넣어야 한다. 이렇게 하면 프레임 컨트롤이 이동할 때 그 안에 속한 컨트롤들도 이동된다.

프레임 컨트롤의 속성은 다음과 같다.

속성	설명
Appearance	프레임의 모양을 평면(0-평면)이나 입체(1-3D)로 설정.
BorderStyle	프레임의 테두리 설정.
Caption	프레임에 들어갈 문자 표시.

실 습

▶ 프레임 컨트롤 프로그램.

① 비주얼 프로그램을 실행하여 프레임 컨트롤을 먼저 디자인한다.

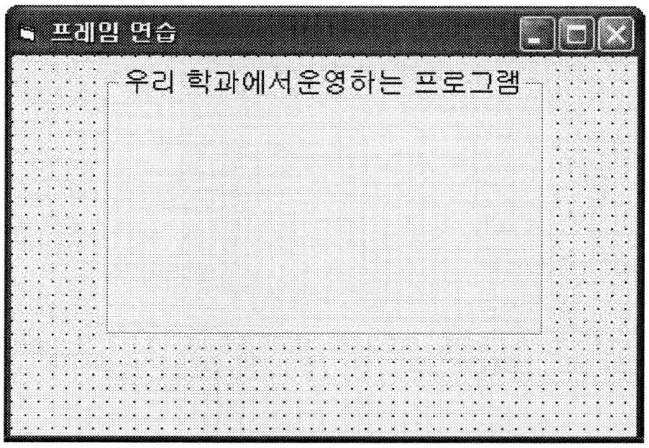

② 체크박스 컨트롤을 디자인한다.

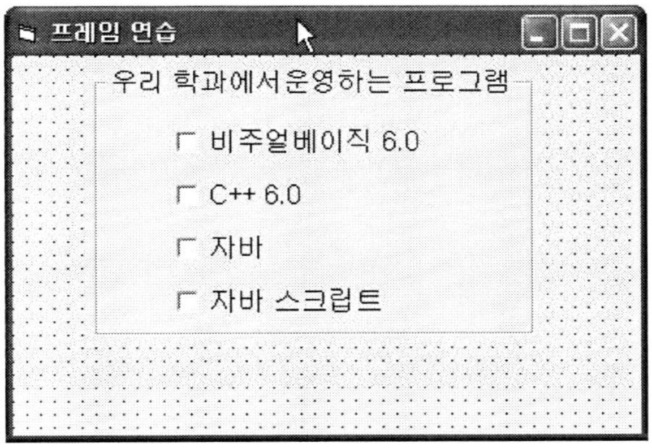

③ 커맨드 버튼과 텍스트 박스 컨트롤을 디자인한다.

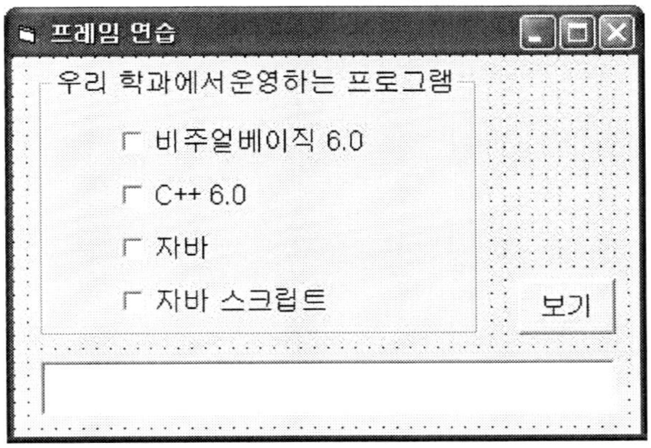

④ 각 컨트롤에 대한 속성을 지정한다.

컨트롤	설명
Form1	Name = Form1 Caption = "프레임 연습"

Frame1	Name = Frame1 Caption = "우리 학과에서 운영하는 프로그램" Font = 글꼴 : 굴림체, 크기 : 10
CheckBox1	Name = chkVB Caption = "비주얼베이직" Font = 글꼴 : 굴림체, 크기 : 10
CheckBox2	Name = chkC Caption = "C++" Font = 글꼴 : 굴림체, 크기 : 10
CheckBox3	Name = chkJava Caption = "자바" Font = 글꼴 : 굴림체, 크기 : 10
CheckBox4	Name = chkJavaScr Caption = "자바 스크립트" Font = 글꼴 : 굴림체, 크기 : 10
CommandButton1	Name = cmdSee Caption = "보기" Font = 글꼴 : 굴림체, 크기 : 10
TextBox1	Name = txtProgram Text = 없음 Font = 글꼴 : 굴림체, 크기 : 10

⑤ 사용할 변수 선언과 [프레임 연습] 폼 로드시 코딩은 다음과 같다.

```
Option Explicit
Dim msg1 As String
Dim msg2 As String

Private Sub Form_Load()
   msg1 = " "
End Sub
```

⑥ 각 컨트롤을 더블 클릭하여 다음과 같이 코딩한다.

```
Private Sub chkVB_Click()
  If chkVB.Value Then
      msg1 = msg1 + chkVB.Caption
  End If
End Sub

Private Sub chkC_Click()
  If chkC.Value Then
      msg1 = msg1 + chkC.Caption
  End If
End Sub

Private Sub chkJava_Click()
  If chkJava.Value Then
      msg1 = msg1 + chkJava.Caption
  End If
End Sub

Private Sub chkJavaScr_Click()
  If chkJavaScr.Value Then
      msg1 = msg1 + chkJavaScr.Caption
  End If
End Sub

Private Sub cmdSee_Click()
    txtProgram.Text = "우리 학과에서 운영하는 프로그램은 " + msg1 + " !!"
End Sub
```

⑦ 프로그램을 실행하면 다음과 같다.

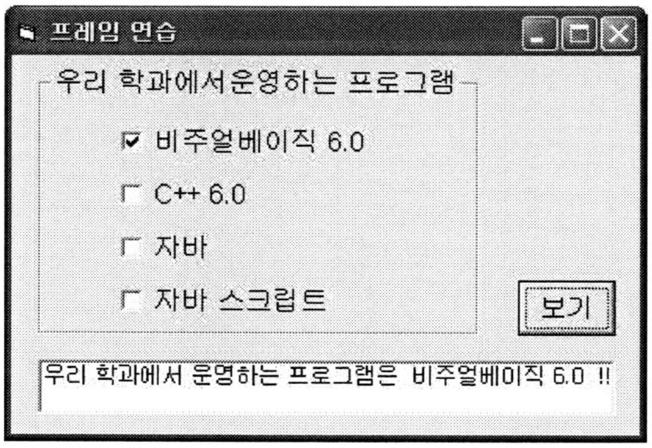

• 체크 박스와 옵션 버튼

체크 박스 컨트롤과 옵션 버튼 컨트롤은 같은 그룹 안에서 항목을 선택하기 위해 사용하는 컨트롤이며, 두 컨트롤 모두 참/거짓 중 한가지 상태만 가질 수 있다.

체크 박스 컨트롤은 사용자가 여러 개의 항목 중 원하는 항목을 다수 개 선택할 때 사용하는 컨트롤이다. 이때 선택된 항목들은 사각형 안에 체크 표시가 된다. 옵션 버튼 컨트롤은 사용자가 여러 개의 항목 중 원하는 항목을 오직 한가지만 선택할 수 있다.

실 습

▶ 체크 박스와 옵션 버튼 컨트롤 프로그램.

① 비주얼 프로그램을 실행하여 다음 컨트롤들을 먼저 디자인한다. 단 프레임 컨트롤 먼저 디자인하고 체크 박스와 옵션 버튼 컨트롤을 디자인한다.

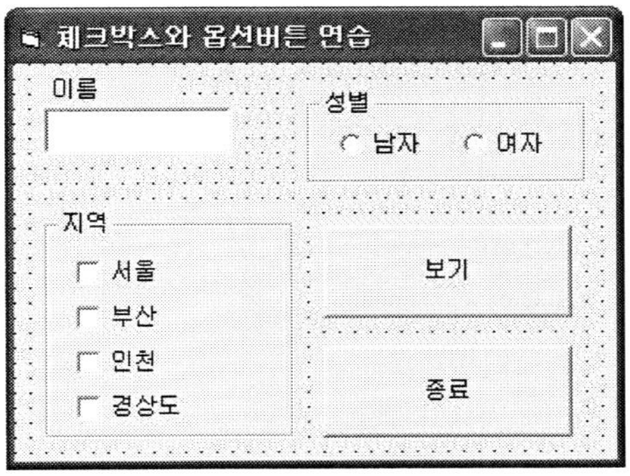

② 각 컨트롤에 대한 속성을 지정한다.

컨트롤	설명
Form1	Name = Form1 Caption = "체크박스와 옵션버튼 연습"
Label1	Name = lblName Caption = "이름" Font = 글꼴 : 굴림체, 크기 : 10
TextBox1	Name = txtName Caption = "이름" Text = " " Font = 글꼴 : 굴림체, 크기 : 10
Frame1	Name = Frame1 Caption = "성별" Font = 글꼴 : 굴림체, 크기 : 10
OptionButton1	Name = optMan Caption = "남자" Font = 글꼴 : 굴림체, 크기 : 10
OptionButton2	Name = optWoman Caption = "여자" Font = 글꼴 : 굴림체, 크기 : 10
Frame2	Name = Frame2 Caption = "지역" Font = 글꼴 : 굴림체, 크기 : 10

CheckBox1	Name = chkSeoul Caption = "서울" Font = 글꼴 : 굴림체, 크기 : 10
CheckBox2	Name = chkBusan Caption = "부산" Font = 글꼴 : 굴림체, 크기 : 10
CheckBox3	Name = chkIncheon Caption = "인천" Font = 글꼴 : 굴림체, 크기 : 10
CheckBox4	Name = chkGyeong Caption = "경상도" Font = 글꼴 : 굴림체, 크기 : 10
CommandButton1	Name = cmdSee Caption = "보기" Font = 글꼴 : 굴림체, 크기 : 10
CommandButton2	Name = cmdExit Caption = "종료" Font = 글꼴 : 굴림체, 크기 : 10

③ [보기]와 [종료] 컨트롤을 더블 클릭하여 다음과 같이 코딩한다.

```
Private Sub cmdSee_Click()
  Dim TextStr As String
  TextStr = "이름 : " & txtName            '이름 선택
   '성별 선택
   'Chr(13) & Chr(10)는 줄바꿈 표시
   '_는 문장을 연결할 때 사용
  TextStr = TextStr & Chr(13) & Chr(10) & Chr(13) & Chr(10) & "성별 : "
  If optMan.Value = True Then
      TextStr = TextStr & "남성"
  Else
      TextStr = TextStr & "여성"
  End If
  TextStr = TextStr & Chr(13) & Chr(10) & _
  Chr(13) & Chr(10) & "거주지역 : "        '거주지역 선택.
  If chkSeoul.Value = 1 Then
      TextStr = TextStr & "서울 "
  End If
```

```
   If chkBusan.Value = 1 Then
        TextStr = TextStr & "부산 "
   End If
   If chkIncheon.Value = 1 Then
        TextStr = TextStr & "인천 "
   End If
   If chkGyeong.Value = 1 Then
        TextStr = TextStr & "경상도 "
   End If
   MsgBox TextStr, vbOKCancel, "설문조사"
End Sub

Private Sub cmdExit_Click()
   End
End Sub
```

④ [이름], [성별], [지역]을 선택하여 [보기] 버튼을 클릭한다.

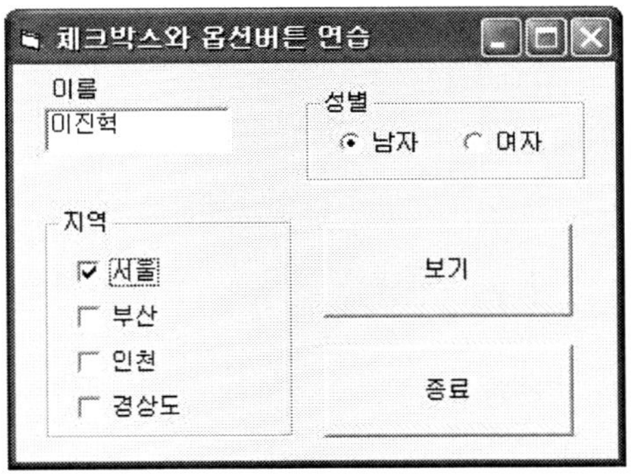

⑤ 실행 결과는 다음과 같다.

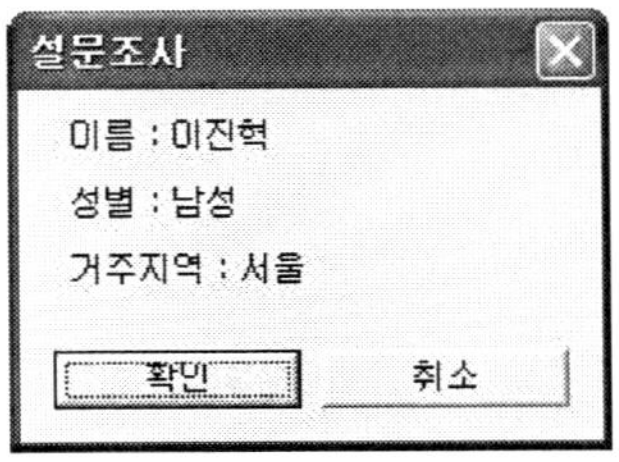

• 리스트 박스

리스트 박스는 사용자가 많은 항목 중에서 필요한 항목을 선택할 수 있으며 경우에 따라서는 항목을 추가할 수도 있다. 나열된 항목 수가 폼에 그려진 ListBox보다 많을 때에는 자동적으로 수평 또는 수직 스크롤 바가 생긴다.

리스트 박스 컨트롤의 속성은 다음과 같다.

<table>
<tr><th>종류</th><th></th><th colspan="2">설명</th></tr>
<tr><td rowspan="14">속성</td><td>ItemData</td><td colspan="2">리스트박스 안에 있는 항목에 특정 값을 부여.</td></tr>
<tr><td>Index</td><td colspan="2">리스트박스에 있는 항목의 값을 나타낸다. 첫 번째 항목은 Index값이 0이 되고 가장 마지막 항목은 Index 값이 전체항목수-1이 된다.</td></tr>
<tr><td>ListIndex</td><td colspan="2">현재 선택된 항목의 Index 값을 나타낸다. 이 속성은 프로그램 실행 과정에서만 사용 가능하다. 선택된 항목이 없으면 속성 값은 -1이 된다.</td></tr>
<tr><td>ListCount</td><td colspan="2">리스트박스에 있는 전체 항목 수 표시.</td></tr>
<tr><td>NewIndex</td><td colspan="2">가장 나중에 추가된 항목의 위치를 결정하는 속성.</td></tr>
<tr><td>Sorted</td><td colspan="2">리스트박스에 있는 항목들을 알파벳순으로 자동 정렬할 것 인지의 여부를 결정.</td></tr>
<tr><td rowspan="2">Style</td><td>0-표준</td><td>일반적인 리스트 박스 생성.</td></tr>
<tr><td>1-확인란</td><td>체크 리스트 박스 생성.</td></tr>
<tr><td>Selected</td><td colspan="2">인덱스 번호를 이용하여 항목이 선택되었는지 결정하는 속성.</td></tr>
<tr><td rowspan="3">MultiSelect</td><td>0-없음</td><td>항목을 1개만 선택</td></tr>
<tr><td>1-단순형</td><td>마우스를 이용하여 여러 개 항목 선택 가능. 이미 선택된 항목을 다시 선택하면 선택이 해제된다.</td></tr>
<tr><td>2-확장형</td><td>Shift 키를 이용해 특정 범위의 항목 선택이 가능 Ctrl 키를 사용하여 각 항목별로 선택할 수 있다.</td></tr>
</table>

이벤트	AddItem	문자열을 항목에 추가하는 메소드.
	RemoveItem	인덱스 번호를 사용하여 항목 삭제하는 메소드.
	Refresh	리스트 박스 컨트롤의 항목을 최근에 입력한 항목으로 수정하는 메소드.
	Clear	리스트 박스 컨트롤 내의 항목을 삭제하는 메소드.

실 습

▶ Style 속성으로 리스트 박스의 형태 설정

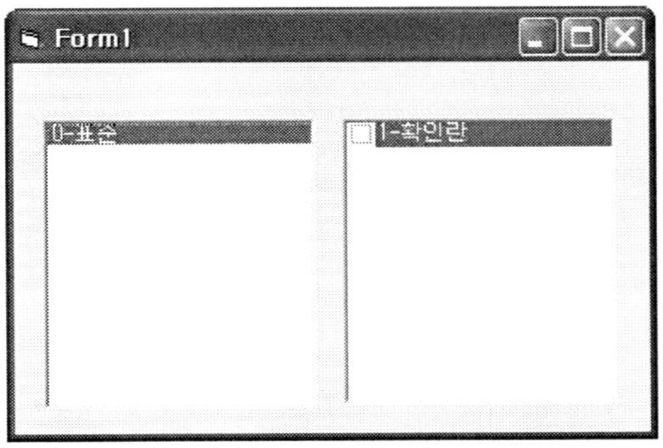

[Style=0-표준]　　[Style=1-확인란]

실 습

▶ 리스트 박스의 메소드 사용

List 속성을 이용해서 항목을 삽입할 때는 Ctrl + Enter를 누르면서 항목을 구분한다. 보통 리스트박스에 항목을 삽입할 때는 List 속성보다는 AddItem 메소드를 많이 사용한다.

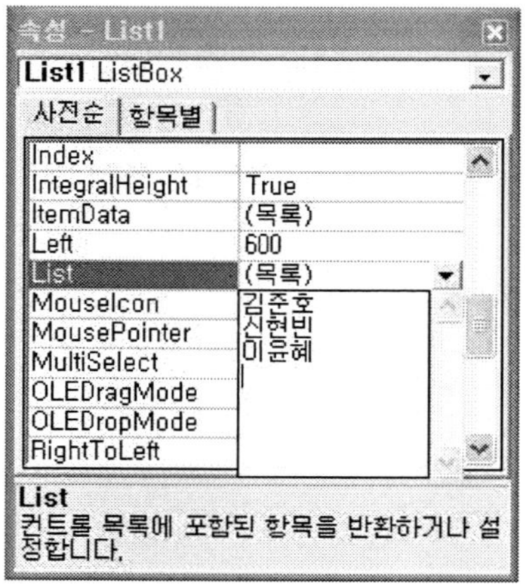

리스트 박스에 항목을 추가하기 위해 사용하는 AddItem 메소드를 사용하면 다음과 같다.

AddItem 메소드
Ex) ① List1.AddItem "오진현" → 리스트박스 마지막 항목에 "오진현"이 추가된다. ② List1.AddItem "김창섭", 2 → 리스트박스 3번째 항목으로 "김창섭"이 추가된다.

RemoveItem 메소드는 리스트박스에 있는 어떤 항목을 삭제하는 메소드이다. 항목을 삭제할 때에는 Index를 이용한다. 사용 예를 보면 다음과 같다.

RemoveItem 메소드
Ex) ① List1.RemoveItem 2 → 리스트 박스(List1)의 3번째 항목을 삭제한다. ② List1.RemoveItem List1.ListCount-1 → 리스트 박스(List1)의 마지막 항목을 삭제한다.

리스트 박스의 모든 항목을 제거할 때에는 Clear 메소드를 사용한다.

Clear 메소드
Ex) List1.Clear → 리스트 박스(List1)의 모든 항목을 제거

- **콤보 박스**

콤보 박스도 리스트 박스와 비슷한 기능을 하지만 콤보 박스는 항목 선택은 물론이고 사용자가 직접 항목을 입력할 수도 있다. 그래서 콤보 박스는 리스트 박스와 텍스트 박스가 결합된 형태이다. 또한 콤보 박스는 리스트 박스에 비해 좁은 공간을 차지한다.

리스트 박스와 거의 같은 속성을 가지고 있다. 여기서는 리스트박스와 다른 Style 속성만 다른 속성을 가지고 있다.

Style : Style 속성 값에는 0-드롭 다운 콤보, 1-단순 콤보, 2-드롭 다운 목록 등 3가지가 있다.

속성값	설명
0-드롭다운 콤보	콤보 박스에 입력이 가능하고, 항목 선택도 가능한 일반적인 콤보 박스.
1-단순 콤보	항목만 표시하는 콤보 박스.
2-드롭다운 목록	드롭다운 콤보와 같지만 입력이 불가능한 콤보 박스.

실 습

▶ **Style 속성으로 콤보 박스의 형태 설정**

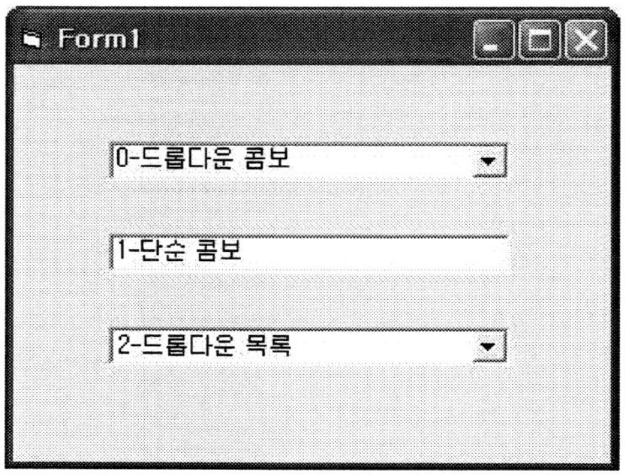

실 습

▶ 사원 등록 프로그램

① 비주얼 프로그램을 실행하여 [Form1]을 디자인하면 다음과 같다.

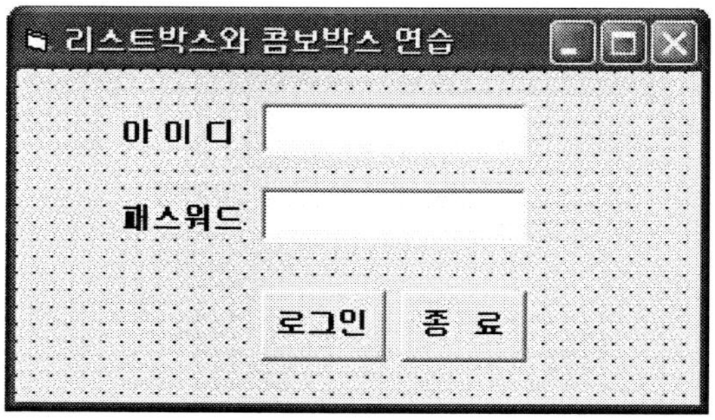

② [Form1]의 각 컨트롤 속성은 다음과 같다.

컨트롤	설명
Form1	Name = Form1 Caption = "리스트박스와 콤보박스 연습"
Label1 - 2	Name = lblID, lblPassword Caption = "아이디", "비밀번호" Font = 글꼴 : 굴림체, 크기 : 10, 글꼴유형 : 굵게
TextBox1	Name = txtID Text = " " Font = 글꼴 : 굴림체, 크기 : 10, 글꼴유형 : 굵게
TextBox2	Name = txtPassword Password Char = "*" Text = " " Font = 글꼴 : 굴림체, 크기 : 10, 글꼴유형 : 굵게
CommandButton1	Name = cmdLog Caption = "로그인" Font = 글꼴 : 굴림체, 크기 : 10, 글꼴유형 : 굵게
CommandButton2	Name = cmdExit Caption = "종료" Font = 글꼴 : 굴림체, 크기 : 10, 글꼴유형 : 굵게

② [Form2]를 추가하고 다음과 같이 디자인한 후 각 컨트롤에 대해 속성을 지정한다.

컨트롤	설명
Form2	Name = Form2 Caption = "사원 등록"
Label1 - 7	Name = Label1 - 7 Caption = "이름", "부서", "주소", "입사년도", "년", "월", "일" Font = 글꼴 : 굴림체, 크기 : 10
TextBox1	Name = txtName Text = " " Font = 글꼴 : 굴림체, 크기 : 10
Combox1	Name = cboDept List = "기획실", "입학실", "행정실", "산학처", "교육실", "도서관" Font = 글꼴 : 굴림체, 크기 : 10
Combox2	Name = cboAddr List = "서울시", "부산시", "대구시", "인천시", "대전시", "강릉시" Font = 글꼴 : 굴림체, 크기 : 10
Combox3	Name = cboYY List = 1999 - 2006년 Font = 글꼴 : 굴림체, 크기 : 10
Combox4	Name = cboMM List = 1 - 12월 Font = 글꼴 : 굴림체, 크기 : 10
Combox5	Name = cboDD List = 1 - 30일 Font = 글꼴 : 굴림체, 크기 : 10
CommandButton1	Name = cmdINS Caption = "삽입" Font = 글꼴 : 굴림체, 크기 : 10
CommandButton2	Name = cmdLog Caption = "확인" Font = 글꼴 : 굴림체, 크기 : 10
CommandButton3	Name = cmdExit Caption = "종료" Font = 글꼴 : 굴림체, 크기 : 10

③ [Form3]을 추가하고 다음과 같이 디자인한 후 각 컨트롤에 대해 속성을 지정한다.

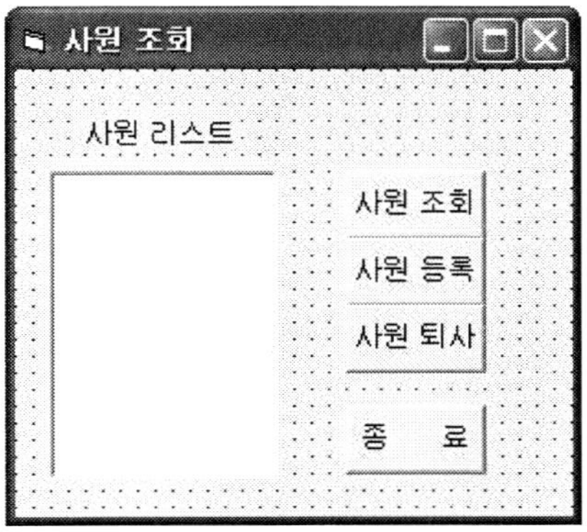

컨트롤	설명
Form2	Name = Form2 Caption = "사원 조회"
Label1	Name = Label1 Caption = "사원 리스트" Font = 글꼴 : 굴림체, 크기 : 10
ListBox1	Name = lstMember Font = 글꼴 : 굴림체, 크기 : 10
CommandButton1	Name = cmdSearch Caption = "사원 조회" Font = 글꼴 : 굴림체, 크기 : 10
CommandButton1	Name = cmdInForm2 Caption = "사원 등록" Font = 글꼴 : 굴림체, 크기 : 10
CommandButton2	Name = cmdDEL Caption = "사원 퇴사" Font = 글꼴 : 굴림체, 크기 : 10
CommandButton4	Name = cmdExit Caption = "종료" Font = 글꼴 : 굴림체, 크기 : 10

④ 지정된 아이디 "delee77" 을 입력하면 [사원 등록(Form2)] 폼이 나타나게 하고, 암호를 잘못 입력했을 때는 다시 입력할 수 있게 [리스트 박스와 콤보 박스 연습(Form1)] 폼에서 다음과 같이 코딩한다.

```
Option Explicit
Dim password As String
Dim log As String

Private Sub cmdLog_Click()
  log = "dslee77"
  If log = txtID Then
     Form1.Hide
     Form2.Show
  Else
     MsgBox "입력오류 : 아이디 오류", vbOKCancel + vbExclamation, "입력 오류"
     txtID.Text = " "
     txtID.SetFocus
     Form1.Show
  End If
End Sub

Private Sub cmdExit_Click()
  End
End Sub
```

⑤ [사원 등록(Form2)] 폼에서 자료를 입력하고 [삽입] 단추를 클릭 하면 입력한 자료를 [사원조회(Form3)] 폼의 사원 리스트에 삽입되게 하고 [확인] 단추를 클릭 하면 자료 삽입 도중에 이미 입력한 자료의 내용을 확인해 볼 수 있게 다음과 같이 코딩한다.

```
Private Sub cmdLog_Click()
  Form3.Show
End Sub

Private Sub cmdExit_Click()
  End
End Sub

Private Sub cmdINS_Click()
  Form3.lstMember.AddItem txtName.Text
  txtName.Text = ""
  txtName.SetFocus
End Sub
```

⑥ [사원 등록] 버튼을 클릭 하면 [사원 등록(Form2)]가 나타나고, [사원 조회] 버튼을 클릭하면 사원 리스트에서 선택된 사원의 내용을 출력할 수 있게 다음과 같이 코딩한다.

```
Option Explicit
Dim in_year, in_month, in_day, in_dep, in_addr

Private Sub cmdExit_Click()
  End
End Sub

Private Sub cmdInForm2_Click()
  Form3.Hide
  Form2.Show
End Sub

Private Sub cmdSearch_Click()
  MsgBox "이름:" + lstMember.List(lstMember.ListIndex) + _
```

```
    Chr(10) + "입사일:" + in_year + "/" + in_month + "/" + in_day + Chr(10) + _
     "부서:" + in_dep + Chr(10) + "주소:" + in_addr + Chr(10) _
    , vbOKCancel + vbInformation, "조회결과"
End Sub

Private Sub cmdDEL_Click()
    Form3.lstMember.RemoveItem lstMember.ListIndex
End Sub

Private Sub Form_Load()
    in_year = Form2.cboYY.List(Form2.cboYY.ListIndex)
    in_month = Form2.cboMM.List(Form2.cboMM.ListIndex)
    in_day = Form2.cboDD.List(Form2.cboDD.ListIndex)
    in_dep = Form2.cboDept.List(Form2.cboDept.ListIndex)
    in_addr = Form2.cboAddr.List(Form2.cboAddr.ListIndex)
End Sub
```

⑦ 지정된 아이디 "dslee77"을 입력하여 사원을 등록한 실행 결과는 다음과 같다.

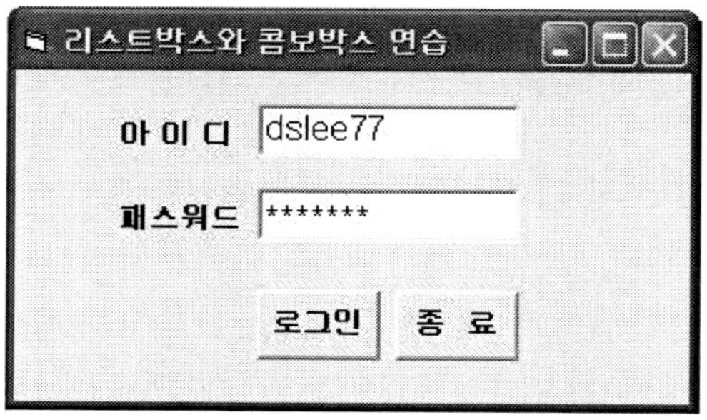

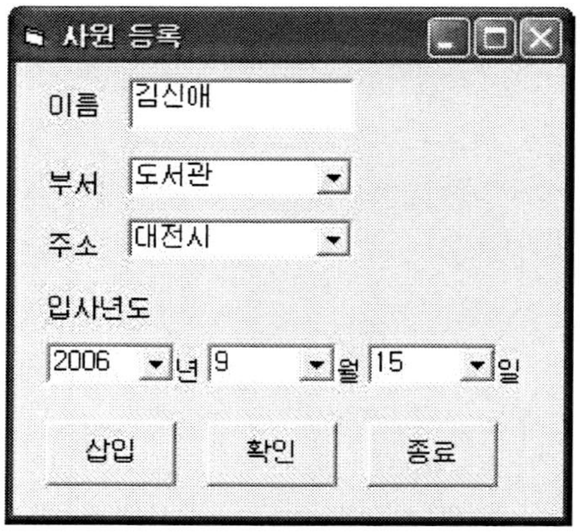

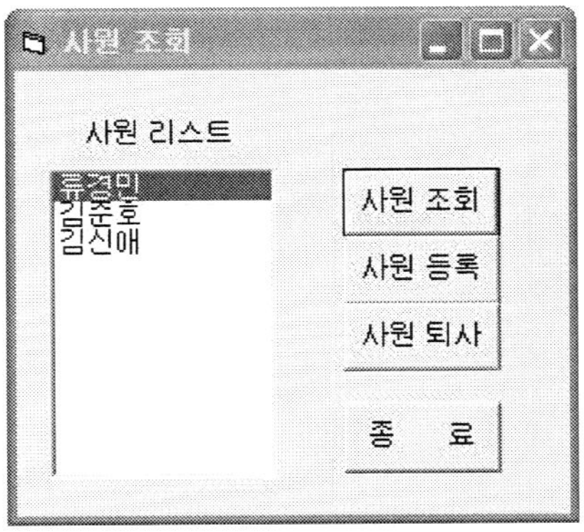

⑧ 사원을 등록하고 싶으면 [사원 등록] 버튼을 클릭하고, 사원 리스트에 등록된 사원을 지정하고 [사원 퇴사] 버튼을 클릭하면 지정된 사원이 삭제된다.

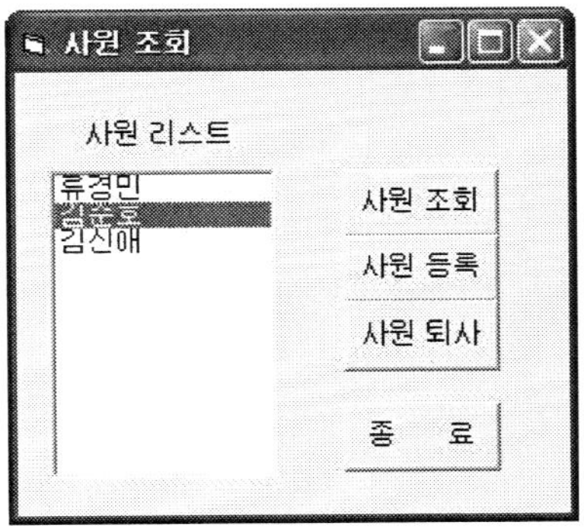

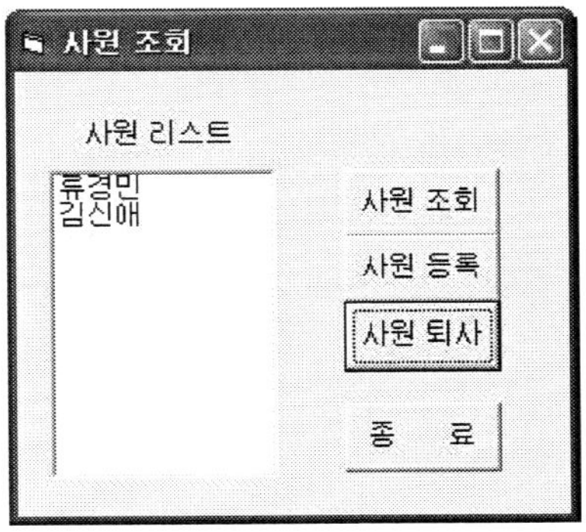

[참고사항]

▶ 시작 폼 실행 방법

프로젝트 안에 여러 개의 폼을 만들었을 때 프로그램을 어떤 폼으로 시작할 것인지 지정할 수 있다. 기본적으로 프로그램에 있는 첫 번째 폼(Form1)이 먼저 실행된다. 그 이유는 프로젝트 시작 폼이 Form1으로 되어있기 때문이다. 응용 프로그램을 시작할 때 다른 폼을 화면에 나타내려면 시작 폼을 바꿔야 한다.

① 시작 폼을 바꾸려면 프로젝트 윈도우에서 프로제트 이름을 마우스 오른쪽 버튼으로 클릭 하면 다음과 같은 메뉴가 나타난다.

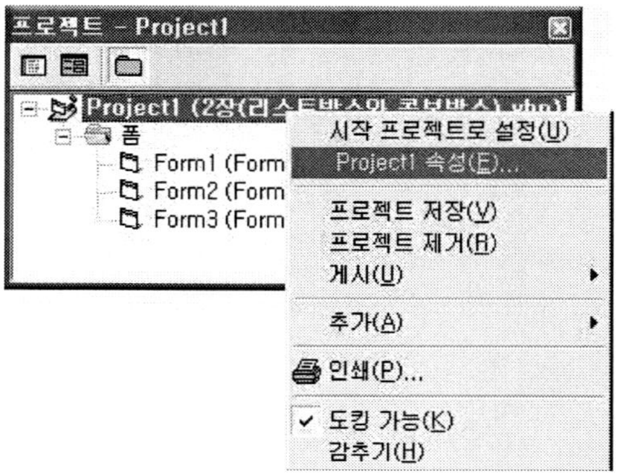

② [Project1 속성]을 선택하면 프로젝트 속성 대화상자가 나타난다. 이 대화상자의 [시작 객체] 항목에서 프로젝트를 실행시킬 때 먼저 실행될 객체를 선택하고 [확인] 단추를 클릭 하면 선택된 객체가 실행된다.

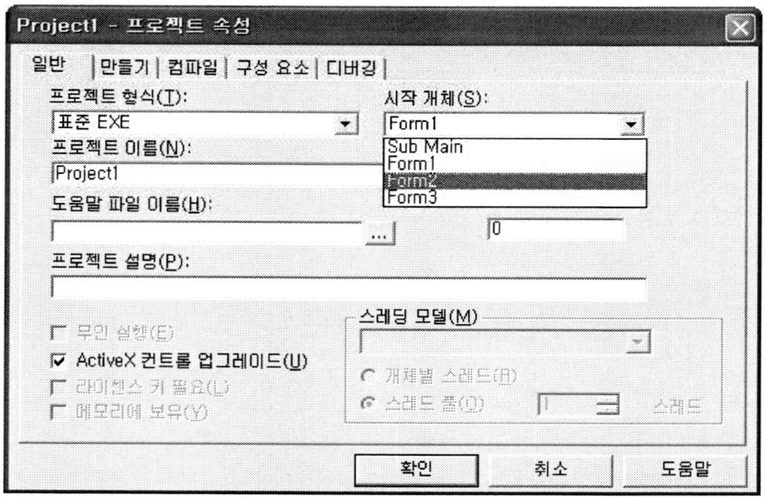

• 수직/수평 스크롤 바

스크롤 바는 원하는 값을 직접 입력하지 않고 마우스로 스크롤 바의 이동 탭을 눌러 많은 양의 정보를 사용자가 한눈에 쉽게 볼 수 있도록 하는 컨트롤이다. 제공하는 스크롤 바는 수평 스크롤 바와 수직 스크롤 바가 있다.

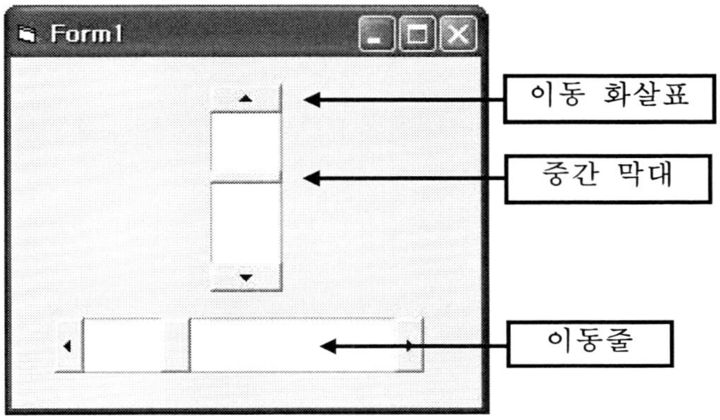

스크롤 바의 주요 속성은 다음과 같다.

속성값	설명
LargeChange	스크롤 바의 이동줄을 클릭했을 때 증가, 감소 간격을 설정한다.
Max	스크롤 바의 최대값(32767)을 설정한다.
Min	스크롤 바의 최소값(-32768)을 설정한다.
SmallChange	스크롤 바의 이동 화살표를 클릭했을 때 증가, 감소 간격을 설정한다.
Value	스크롤 바의 중간 막대의 현재값을 설정한다.

스크롤 바에서 많이 사용되는 이벤트에는 스크롤 바의 중간 막대를 선택하거나 이동 화살표를 클릭했을 때 발생하는 Change 이벤트와 중간 막대를 드래그할 때 발생하는 Scroll 이벤트가 있다.

실 습

▶ 평균을 구하는 프로그램.

① 비주얼 프로그램을 실행하여 Form1을 디자인한다.

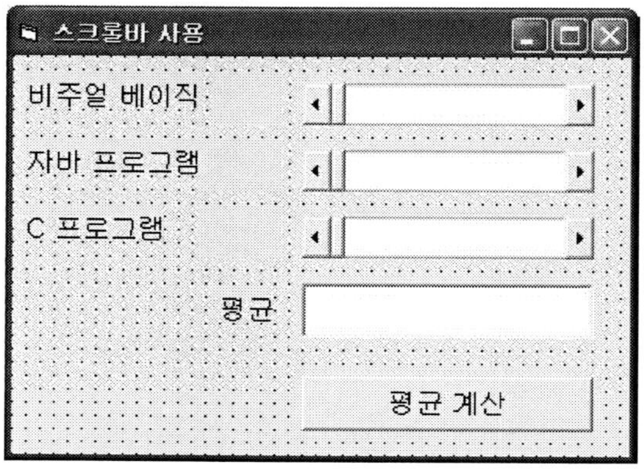

② Form1의 각 컨트롤 속성은 다음과 같다.

컨트롤	설명
Form1	Name = Form1 Caption = "스크롤 바 사용"
Label1	Name = Label1 Caption = "비주얼 베이직" Font = 글꼴 : 굴림체, 크기 : 10
Label2	Name = Label2 Caption = "자바 프로그램" Font = 글꼴 : 굴림체, 크기 : 10
Label3	Name = Label3 Caption = "C 프로그램" Font = 글꼴 : 굴림체, 크기 : 10

Label4-6	Name = Label4-6 Caption = " " Font = 글꼴 : 굴림체, 크기 : 10
Label7	Name = Label7 Caption = "평균" Font = 글꼴 : 굴림체, 크기 : 10
TextBox1	Name = txtAverage Caption = " " Font = 글꼴 : 굴림체, 크기 : 10
CommandButton1	Name = cmdAverage Caption = "평균 계산" Font = 글꼴 : 굴림체, 크기 : 10
HScroll1-3	Name = HScroll1-3 Min = 0, Max = 100 SmallChange = 1, LargeChange = 1

③ 사용할 변수 선언과 "평균 계산"을 다음과 같이 코딩한다.

```
Option Explicit
Dim sub1, sub2 As Integer
Dim sub3 As Integer, ave As Double

Private Sub cmdAverage_Click()
  ave = (sub1 + sub2 + sub3) / 3
   '평균을 소수 둘째자리 지정
  txtAverage.Text = Format(ave, "##.00" )
End Sub
```

④ HScroll1-3을 다음과 같이 코딩한다.

```
Private Sub HScroll1_Change()
   sub1 = Val(HScroll1.Value)
   Label4.Caption = HScroll1.Value
End Sub

Private Sub HScroll2_Change()
   sub2 = Val(HScroll2.Value)
   Label5.Caption = HScroll2.Value
End Sub

Private Sub HScroll3_Change()
   sub3 = Val(HScroll3.Value)
   Label6.Caption = HScroll3.Value
End Sub
```

⑤ 비주얼 베이직, 자바 프로그램, C 프로그램을 스크롤 바를 이용하여 입력하고 평균을 계산하는 실행 결과는 다음과 같다.

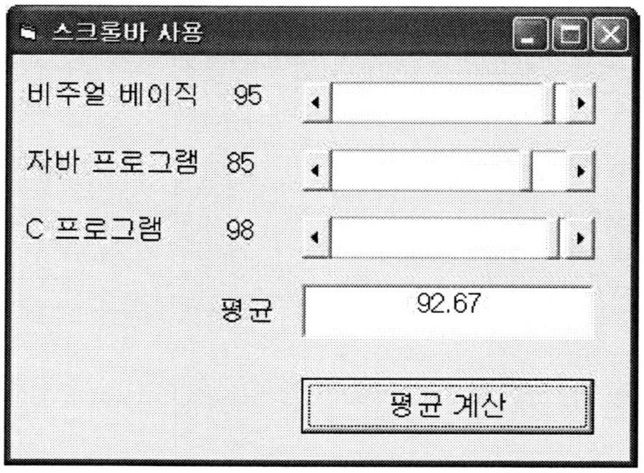

[참고사항]

▶ Format 함수

Format 함수는 숫자, 문자, 날짜 및 시간 등 미리 정의된 형식이나 사용자가 정의하는 형식대로 출력할 때 사용하는 함수이다.

■ [형식]
Format(데이타[정의된 예약어], "양식 지정 문자열")

- **타이머**

타이머 컨트롤은 정해진 시간의 흐름에 따라 타이머 이벤트를 발생시켜 특정 작업을 반복하여 실행할 때 사용하는 컨트롤이다. 타이머 컨트롤은 크기가 고정되어 있으며, 폼 디자인할 때는 화면에 보이지만 프로그램을 실행하면 타이머 모습은 사라지는 특징을 가지고 있다.

타이머 컨트롤의 주요 속성은 다음과 같다.

속성값	설명
Interval	타이머 이벤트가 발생하는 시간 간격을 조절한다. 이 속성 값의 단위는 1/1000초이다. 1초 간격으로 동작을 할 때에는 속성 값을 1000으로 지정.
Enabled	일정 간격으로 반복하던 작업을 중단하고자 할 때 속성 값을 False로 준다.

타이머 컨트롤에는 Timer 이벤트 하나 뿐이다. Timer 이벤트는 Interval 속성에서 지정한 시간 간격마다 발생하는 이벤트이다.

실 습

▶ 시계 동작과 정지를 실행하는 프로그램.

① 비주얼 프로그램을 실행하여 Form1을 디자인한다.

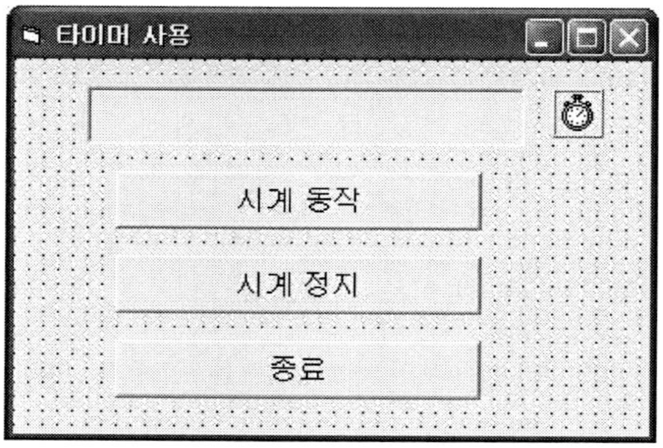

② Form1의 각 컨트롤 속성은 다음과 같다.

컨트롤	설명
Form1	Name = Form1 Caption = "타이머 사용"
Label1	Name = Label1 Caption = "비주얼 베이직" Alignment = "2-가운데 맞춤" Font = 글꼴 : 굴림체, 크기 : 10
Timer	Name = Timer1 Interval = 1000 Font = 글꼴 : 굴림체, 크기 : 10
CommandButton1	Name = cmdStart Caption = "시계 동작" Font = 글꼴 : 굴림체, 크기 : 10

CommandButton2	Name = cmdStop Caption = "시계 정지" Font = 글꼴 : 굴림체, 크기 : 10
CommandButton3	Name = cmdExit Caption = "종료" Font = 글꼴 : 굴림체, 크기 : 10

③ Form1과 Timer를 다음과 같이 코딩한다.

```
Private Sub Form1_Load()
  Timer1.Enabled = False
End Sub

Private Sub Timer1_Timer()
  Label1.Caption = Time
End Sub
```

③ [시계 동작], [시계 정지], [종료]를 다음과 같이 코딩한다.

```
Private Sub cmdStart_Click()
  Timer1.Enabled = True
End Sub

Private Sub cmdStop_Click()
  Timer1.Enabled = False
End Sub

Private Sub cmdExit_Click()
  End
End Sub
```

④ [시계 동작], [시계 정지], [종료]의 실행 결과는 다음과 같다.

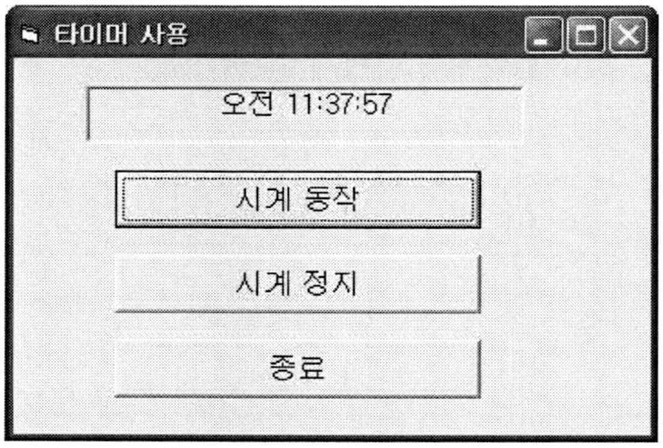

> **[참고사항]**
>
> ▶ Time은 현재 시간을 나타낸다. 이때 시간은 시스템에서 지정된 시간이다.

(2) 파일 컨트롤

파일 컨트롤은 파일 이름이나 디렉토리 구조, 드라이브 정보 등을 나열해 주는 컨트롤로 파일열기, 저장하기 등의 대화상자에 주로 사용된다. 파일 관련 컨트롤에는 드라이브 리스트박스, 디렉토리 리스트박스, 파일 리스트박스가 있다.

아이콘	이름	설명
	드라이브 리스트박스 (Drive ListBox)	디스크 드라이브 목록을 나타내는 컨트롤
	디렉토리 리스트박스 (Directory ListBox)	디렉토리 목록을 나타내는 컨트롤
	파일 리스트박스 (File ListBox)	지정된 디렉토리 안에 파일 목록을 나타내는 컨트롤

- **드라이브 리스트 박스**

드라이브 리스트박스는 시스템의 모든 드라이브를 나타내고 사용자가 선택할 수 있게 하는 역할을 한다. 프로그램 실행 중에 드라이브를 선택할 수 있으며 선택된 드라이브는 ListIndex 속성을 사용하여 위치를 알아내거나 List 속성을 이용하여 선택한 문자열을 알 수 있다.

드라이브 리스트박스 컨트롤의 주요 속성은 다음과 같다.

속성값	설명
List(인덱스 번호)	리스트의 문자열을 알아낼 수 있고, 인덱스 번호는 0부터 시작한다.
ListCount	드라이브 리스트 개수를 설정한다.
ListIndex	선택한 현재 드라이브의 위치를 인덱스로 표시한다.
Drive	드라이브를 설정하거나 선택된 드라이브를 리턴한다.

드라이브 리스트박스 컨트롤은 다음과 같다.

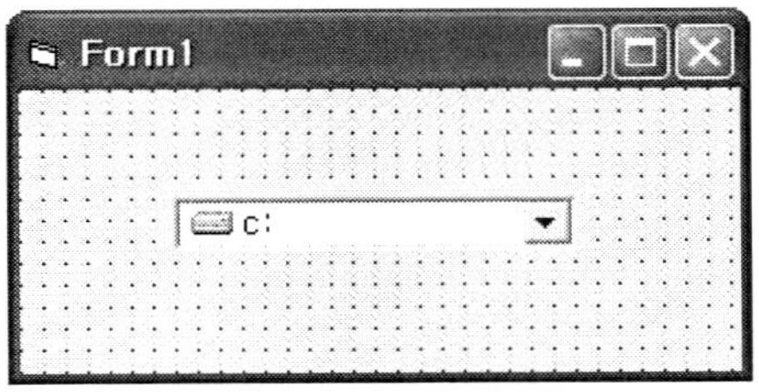

- **디렉토리 리스트박스**

디렉토리 리스트박스는 현재 지정된 드라이브의 디렉토리 구조를 리스트박스에 표시해 디렉토리를 선택할 수 있게 한다. 디렉토리 리스트박스에는 ListIndex라는 속성이 있어서 선택된 디렉토리의 ListIndex 값은 -1이 되고 윗부분에 있는 디렉토리의 ListIndex 값은 1씩 감소하고, 아래쪽의 디렉토리의 ListIndex 값은 1씩 증가한다.

디렉토리 리스트박스 컨트롤의 주요 속성은 다음과 같다.

속성값	설명
List	디렉토리 리스트박스에 포함된 항목을 표시한다.
ListCount	디렉토리 리스트박스에 포함된 항목을 개수를 표시한다.
ListIndex	각 항목에 해당하는 특정수 리턴한다.
Path	디렉토리 리스트박스에서 선택한 경로를 문자열로 변환한다.

다른 드라이브의 디렉토리 구조를 보고 싶으면 Path 속성을 변경한다. 단독으로 사용하기보다는 파일 리스트박스, 디렉토리 리스트박스, 드라이브 리스트박스 컨트롤과 함께 사용한다. 그러나 디렉토리 리스트박스 컨트롤의 Path 속성을 이용하여 경로를 지정하지 않으면 현재 작업중인 디렉토리가 경로로 지정된다. 드라이브 리스트박스 컨트롤은 다음과 같다.

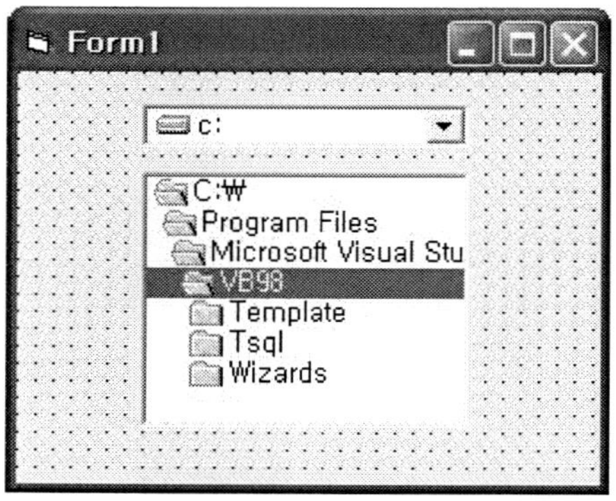

- **파일 리스트박스**

파일 리스트박스는 현재 선택된 디렉토리의 파일 목록을 출력해주는 컨트롤이다. Path 속성에 의해 지정된 디렉토리에 있는 파일 목록을 나타낸다.

주요 속성을 보면 다음과 같다.

속성값	설명
Archive	기록 파일을 나타낼지의 여부를 결정한다.
Hidden	숨겨진 파일을 나타낼지의 여부를 결정한다.
Normal	일반(표준) 파일을 나타낼지의 여부를 결정한다.
ReadOnly	읽기 전용 파일을 나타낼지의 여부를 결정한다.
System	시스템 파일을 나타낼지의 여부를 결정한다.
MultiSelect	여러 개의 파일을 동시에 선택할 수 있게 한다.
Pattern	파일 리스트박스에 나타날 파일명을 설정한다.

파일 리스트박스 컨트롤은 다음과 같다.

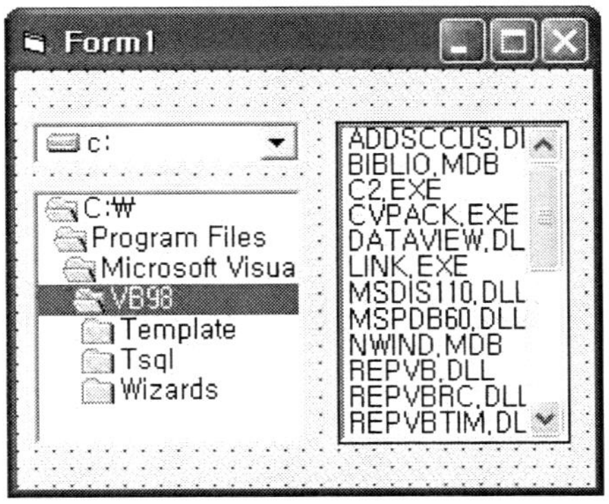

파일 리스트박스, 디렉토리 리스트박스, 드라이브 리스트박스 컨트롤들은 서로 연결되어 있어야 한다. 드라이브 리스트박스와 디렉토리 리스트박스를 연결시키려면 다음과 같이 코딩한다.

드라이브 리스트박스와 디렉토리 리스트박스를 연결
Ex) 디렉토리 리스트박스명.Path = 드라이브 리스트박스명.Drive

디렉토리 리스트박스와 파일 리스트박스를 연결시키려면 다음과 같이 코딩한다.

디렉토리 리스트박스와 파일 리스트박스를 연결
Ex) 파일 리스트박스명.Path = 디렉토리 리스트박스명.Path

[참고사항]

▶ 파일 컨트롤의 이벤트

드라이브 리스트박스에서는 드라이브 명이 바뀔 때마다 Change 이벤트가 발생한다. 디렉토리 리스트박스에서 디렉토리 명이 바뀔 때마다 파일 리스트박스의 내용과 연결하기 위해서도 Change 이벤트가 사용된다.

실 습

▶ 미리보기 프로그램.

① 비주얼 프로그램을 실행하여 Form1을 디자인한다.

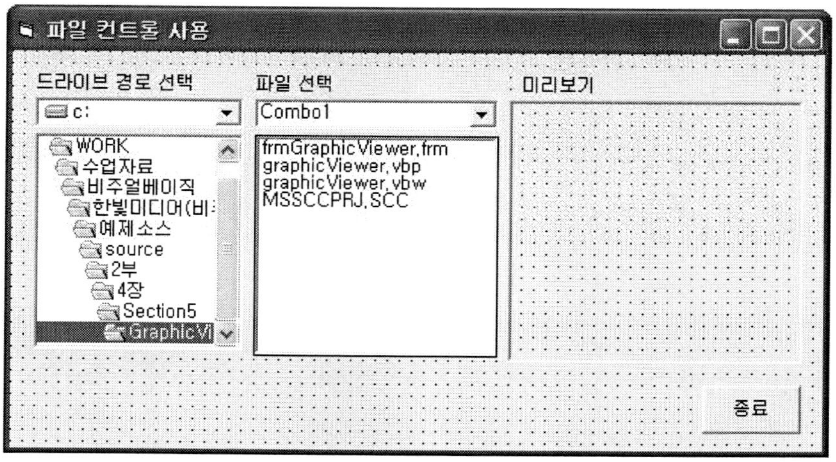

② Form1의 각 컨트롤 속성은 다음과 같다.

컨트롤	설명
Form1	Name = Form1 Caption = "파일 컨트롤 사용"
Label1	Name = Label1 Caption = "드라이브 경로 선택" Font = 글꼴 : 굴림체, 크기 : 10
Drive1	Name = Drive1 Font = 글꼴 : 굴림체, 크기 : 10
Dir1	Name = Dir1 Font = 글꼴 : 굴림체, 크기 : 10
Label2	Name = Label2 Caption = "파일 선택 " Font = 글꼴 : 굴림체, 크기 : 10
Combox1	Name = Combo1 Font = 글꼴 : 굴림체, 크기 : 10
File1	Name = File1 Font = 글꼴 : 굴림체, 크기 : 10
Label3	Name = Label3 Caption = "미리보기" Font = 글꼴 : 굴림체, 크기 : 10
Image1	Name = Image1 Font = 글꼴 : 굴림체, 크기 : 10
CommandButton1	Name = cmdExit Caption = "종료" Font = 글꼴 : 굴림체, 크기 : 10

③ Form 로드시 다음과 같이 코딩한다.

```
Private Sub Form_Load()
    Combo1.AddItem "bmp 파일(*.bmp)" , 0
    Combo1.AddItem "gif 파일(*.gif)" , 1
    Combo1.AddItem "JPG 파일(*.jpg)" , 2
    Combo1.AddItem "png 파일(*.png)" , 3
    Combo1.AddItem "모든 파일(*.*)"
     'Form 로드시 0 번째인 bmp 파일 선택
    Combo1.ListIndex = 0
End Sub
```

④ 드라이브 리스트박스를 변경했을 때 디렉토리 리스트박스의 내용이 변경되고, 디렉토리박스를 변경했을 때 파일 리스트박스의 내용이 변경되도록 다음과 같이 코딩한다.

```
Private Sub Drive1_Change()
    Dir1.Path = Drive1.Drive
End Sub

Private Sub Dir1_Change()
    File1.Path = Dir1.Path
End Sub

Private Sub File1_Click()
    FilePath$ = File1.Path
    If Right(FilePath$, 1) = "\" Then
        FilePath$ = Left(FilePath$, 2)
    End If
        Image1.Stretch = True
        Image1.Picture = LoadPicture(FilePath$ & "\" & File1.FileName)
End Sub
```

⑤ [파일 선택]과 [종료]는 다음과 같이 코딩한다.

```
Private Sub Combo1_Click()
    Select Case Combo1.ListIndex
      Case 0
         File1.Pattern = "*.bmp"
      Case 1
         File1.Pattern = "*.gif"
      Case 2
         File1.Pattern = "*.jpg"
      Case 3
         File1.Pattern = "*.png"
      Case 4
         File1.Pattern = "*.*"
    End Select
End Sub

Private Sub cmdExit_Click()
    End
End Sub
```

⑥ [드라이브 경로 선택]과 [파일 선택]을 선택했을 때 [미리보기]의 실행 결과는 다음과 같다.

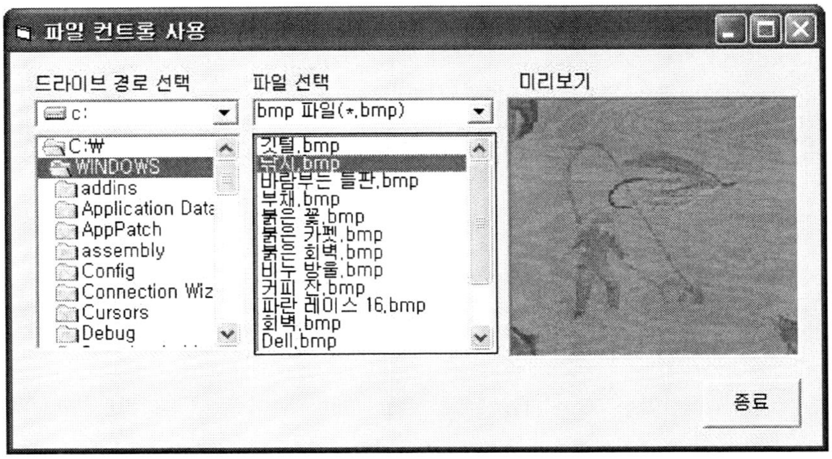

(3) 그래픽 컨트롤

그래픽 컨트롤은 원, 사각형 등의 도형이나 이미지 등을 표시하는데 사용하는 컨트롤을 말한다.

아이콘	이름	설명
	도형(Shape)	원, 타원, 직사각형, 정사각형 등의 도형 컨트롤
	선(Line)	직선을 그리는 컨트롤
	픽처 박스(Picture Box)	이미지를 나타내는 컨트롤
	이미지(Image)	

• 도형(Shape)/선(Line)

도형 컨트롤은 다양한 종류의 다각형을 보여주고, 단지 시각적인 효과를 주기 위해 사용하는 컨트롤이므로 폼 위에 다양한 도형이나 선을 그려 넣을 때 사용하는 컨트롤이다. 이들 컨트롤에는 포커스와 이벤트가 존재하지 않는다.

주요 속성을 보면 다음과 같다.

속성	설명
BackColor	도형의 배경색을 설정한다.
BackStyle	배경을 투명 또는 불투명하게 설정한다.
BorderStyle	도형의 테두리 모양을 설정한다.
BorderWidth	도형의 테두리 굵기를 설정한다.
Fillcolor	도형의 색상을 지정한다.
FillStyle	도형 내부의 채우기 형태를 설정한다.
Left	도형의 왼쪽 모서리가 폼의 왼쪽 모서리에서 떨어진 거리를 나타낸다.
Shape	도형 모양을 지정한다. 0-직사각형, 1-정사각형, 2-타원형, 3-원형, 4-둥근 직사각형, 5-둥근 정사각형을 나타낸다.

Shape 속성을 사용하면 6가지 형태의 다각형을 그릴 수 있다. Shape 속성에서 사용되는 속성 값은 다음과 같다.

속성 값	설정	설명
vbShapeRectangle	0	사각형
vbShapeSquare	1	정사각형
vbShapeOval	2	타원형
vbShapeCircle	3	원형
vbShapeRoundRectangle	4	모서리가 둥근 사각형
vbShapeRoundSquare	5	모서리가 둥근 사각형

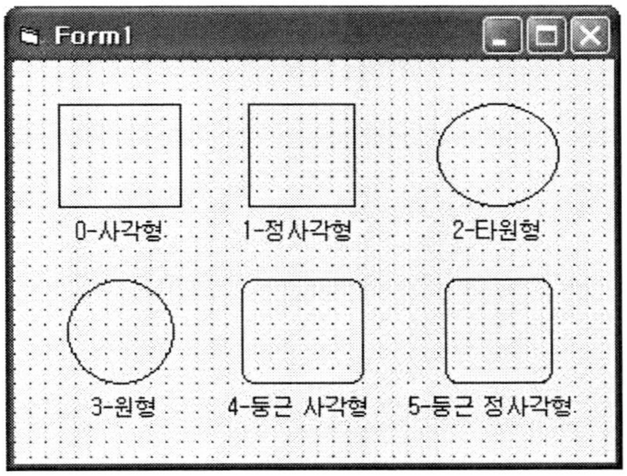

도형 컨트롤은 다각형을 그리는 것뿐만 아니라 다양한 채색 무늬를 제공한다. FillStyle 속성을 사용하여 8가지 종류의 채색 무늬를 나타낼 수 있고, FillColor 속성을 사용하여 채색 무늬의 색을 변경할 수 있다. FillStyle 속성에서 사용하는 속성 값과 채색 무의 종류는 다음과 같다.

속성 값	설정	설명
vbFSSolid	0	FillColor 속성에서 설정한 색을 도형으로 채움
vbFSTransparent	1	초기값으로 아무 것도 나타나지 않음
vbHorizontalLine	2	수평선
vbVerticalLine	3	수직선
vbUpwardDiagonal	4	상향 대각선
vbDownwardDiagonal	5	하향 대각선
vbCross	6	수평선과 수직선의 교차
vbDiagonalCross	7	대각선 교차

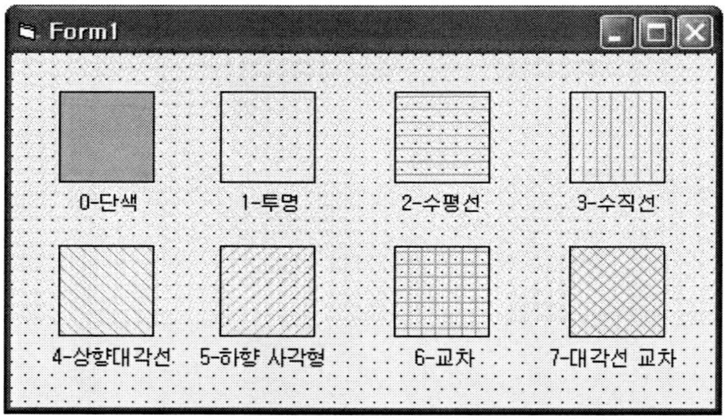

BorderStyle 속성으로 도형 컨트롤의 테두리 선을 7가지 형태로 바꿀 수 있다. 테두리 선의 종류를 설정하기 위해 사용하는 속성 값은 다음과 같다.

속성 값	설정	설명
vbTransparent	0	투명한 선(투명)
vbBSSolid	1	실선(단색)
vbBSDash	2	쇄선(대시)
vbBSDot	3	점선(점)
vbBSDashDot	4	일점 쇄선(대시-점)
vbBSDashDotDot	5	이점 쇄선(대시-점-점)
vbBSInsideSolid	6	내부선(내부 단색)

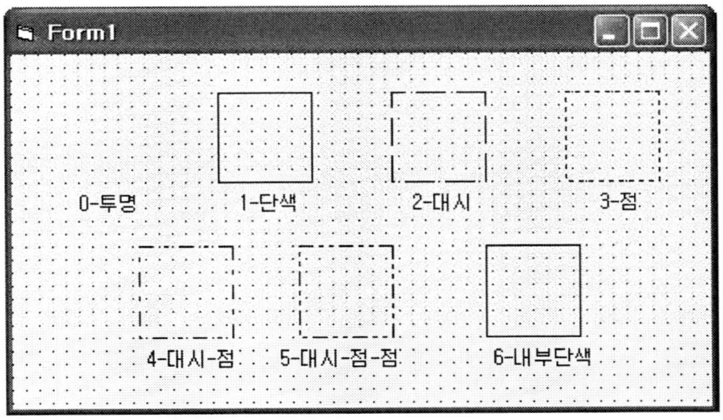

실 습

▶ 원을 움직이는 프로그램.

① 비주얼 프로그램을 실행하여 Form1을 디자인한다.

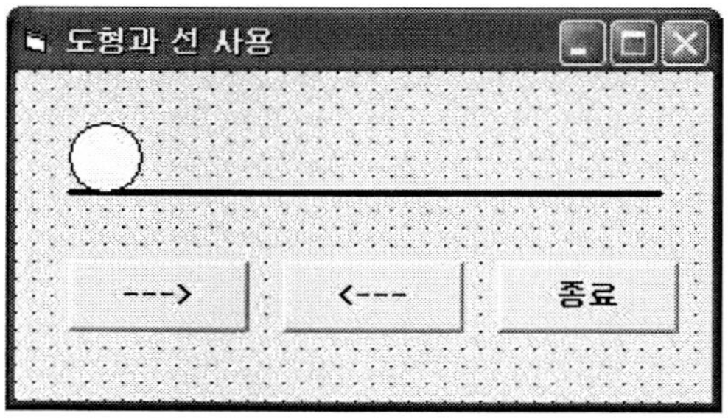

② Form1의 각 컨트롤 속성은 다음과 같다.

컨트롤	설명
Form1	Name = Form1 Caption = "도형과 선 사용"
Shape	Name = shpCircle Shape = 3 - 원형 FillColor = &H00C0FFFF& Font = 글꼴 : 굴림체, 크기 : 10, 글꼴유형 : 굵게
Line	Name = shpLine Shape = 1 - 단색 BorderWidth = 2
CommandButton1	Name = cmdRMove Caption = "--->" 크기 : 10, 글꼴유형 : 굵게
CommandButton2	Name = cmdLMove Caption = "<---" 크기 : 10, 글꼴유형 : 굵게
CommandButton3	Name = cmdExit Caption = "종료" Font = 글꼴 : 굴림체, 크기 : 11, 글꼴유형 : 굵게

③ 일반 변수 선언부와 Form 로드시 다음과 같이 코딩한다.

```
Option Explicit
Dim forwardmove As Boolean

Private Sub Form_Load()
  forwardmove = True
End Sub
```

④ [--->], [<---], [종료] 프로시저를 다음과 같이 코딩한다.

```
Private Sub cmdRMove_Click()
  If forwardmove = True Then
     Do While shpCircle.Left + shpCircle.Width < Form1.ScaleWidth - 100
        shpCircle.Move shpCircle.Left + 3
     Loop
  End If
End Sub

Private Sub cmdLMove_Click()
  If forwardmove = True Then
     Do While shpCircle.Left + shpCircle.Width > Form1.ScaleLeft + 1000
        shpCircle.Move shpCircle.Left - 3
     Loop
  End If
End Sub

Private Sub cmdExit_Click()
  End
End Sub
```

⑤ 실행 결과는 다음과 같다.

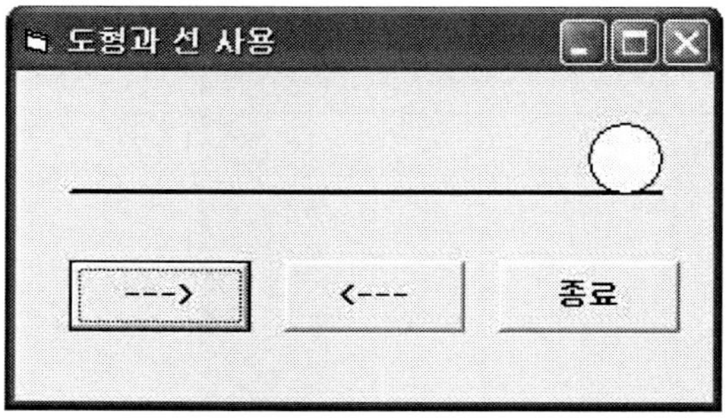

- **픽처 박스(Picture Box)/이미지(Image)**

  픽처 박스 컨트롤과 이미지 컨트롤은 원하는 그림을 읽어오는 시각적인 컨트롤이다. 픽처 박스와 이미지 컨트롤의 주요 속성을 보면 다음과 같다.

속성값	설명
Align	그림상자의 위치를 결정한다.
AutoSize	그림의 크기를 그림상자에 맞게 조절하는 속성이다. 속성 값이 False이면 컨트롤보다 그림의 크기가 큰 경우에는 그림이 잘리게 되고, True이면 그림의 크기가 그림상자의 크기에 맞게 조절된다.
BorderStyle	그림상자와 이미지 컨트롤의 테두리 모양을 설정한다.
Picture	그림상자와 이미지 컨트롤에 그림을 삽입할 때 사용한다.
Stretch	이미지 컨트롤의 그림 크기를 박스 크기에 맞게 자동으로 조정한다.

[참고사항]

▶ 픽처 박스 컨트롤과 이미지 컨트롤의 차이점

픽처 박스	이미지
다른 컨트롤의 컨테이너 역할.	간단한 그림을 단순히 출력할 때만 사용한다.
그림 크기를 조절할 수 없다.	그림 크기를 조절할 수 있다.
다양한 속성, 이벤트, 메소드를 지원한다.	빠르게 그림을 가져올 수 있다.

▶ 컨테이너

컨테이너란 컨트롤 안에 다른 컨트롤을 포함할 수 있는 기능으로 컨테이너 역할을 하는 컨트롤에는 프레임과 픽처 박스 등이 있다.

실 습

▶ 픽처와 이미지를 불러오는 프로그램.

① 비주얼 프로그램을 실행하여 Form1을 디자인한다.

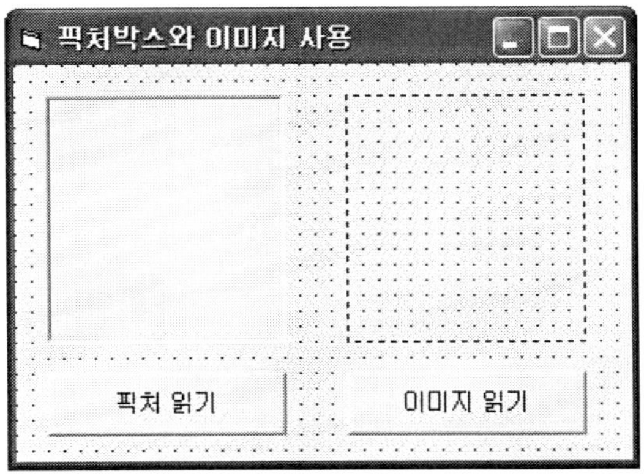

② Form1의 각 컨트롤 속성은 다음과 같다.

컨트롤	설명
Form1	Name = Form1 Caption = "픽처박스와 이미지 사용"
Picture1	Name = Picture1 Autosize = False
Image1	Name = Image1 Stretch = True
CommandButton1	Name = cmdPicture Caption = "픽처 읽기" Font = 글꼴 : 굴림체, 크기 : 10
CommandButton2	Name = cmdImage Caption = "이미지 읽기" Font = 글꼴 : 굴림체, 크기 : 10

③ [픽처 읽기]와 [이미지 읽기]를 다음과 같이 코딩한다.

```
Private Sub cmdPicture_Click()
  Picture1.AutoSize = False
  Picture1.Picture = LoadPicture("C:\WINDOWS\비누 방울.bmp")
End Sub

Private Sub cmdImage_Click()
  Image1.Stretch = True
  Image1.Picture = LoadPicture("C:\WINDOWS\커피 잔.bmp")
End Sub
```

④ [픽처 읽기]와 [이미지 읽기]를 클릭하면 실행결과는 다음과 같다.

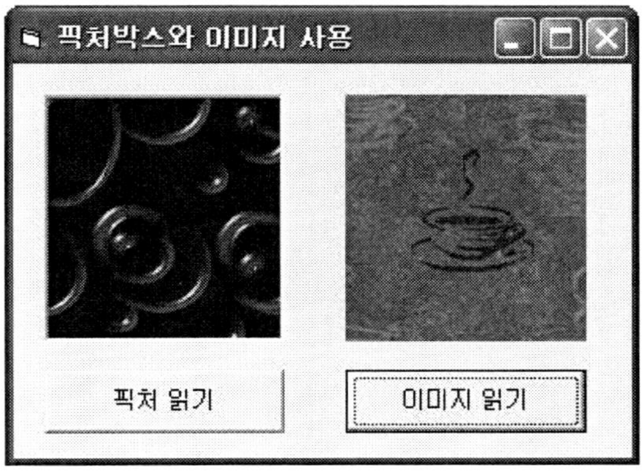

(4) 데이터베이스 컨트롤

데이터베이스 컨트롤은 데이터베이스를 손쉽게 다룰 수 있도록 하기 위해 제공하는 컨트롤이며, 이미 생성된 데이터베이스와 연결한다.

아이콘	이름	설명
	데이터(Data)	기존의 데이터베이스를 연결하여 데이터 처리 작업을 위한 컨트롤

데이터베이스 컨트롤은 데이터베이스 장에서 다루기로 한다.

(5) OLE(Object Linking and Embedding)

OLE는 응용 프로그램들 간에 데이터를 공유할 수 있도록 해주는 기능이다. 예를 들면 워드 문서 안에 엑셀에서 작성한 그래프를 포함시켰을 때 그래프를 더블 클릭하면 엑셀 프로그램이 실행되고, 엑셀에서 그래프 내용을 수정하면 자동적으로 워드 문서 안의 그래프도 같이 수정된다. 비주얼 베이직에서 제공하는 OLE 컨트롤도 비주얼 베이직 응용 프로그램에 다른 윈도우용 응용 프로그램(MS-Word, MS-Excel 등)의 데이터를 공유할 수 있게 해준다.

다음은 OLE 컨트롤의 주요 속성이다.

속성값	설명
AutoActivate	연결 또는 포함된 객체를 활성화시킬 수 있는 동작을 설정한다.
Class	연결 또는 포함된 객체의 클래스 이름을 설정한다.
OLETypeAllowed	OLE 컨트롤이 포함할 수 있는 객체의 형태를 설정한다.
SizeMode	연결 또는 포함된 객체의 크기를 조절하는 방법을 설정한다.
UpdateOptions	연결된 객체의 수정방법을 설정한다.

실 습

▶ 엑셀 파일 "예제.xls"를 OLE 컨트롤로 삽입하는 프로그램.

① 비주얼 프로그램을 실행하여 Form1에 OLE 컨트롤을 드래그하면 [객체 삽입] 대화상자가 나타난다.

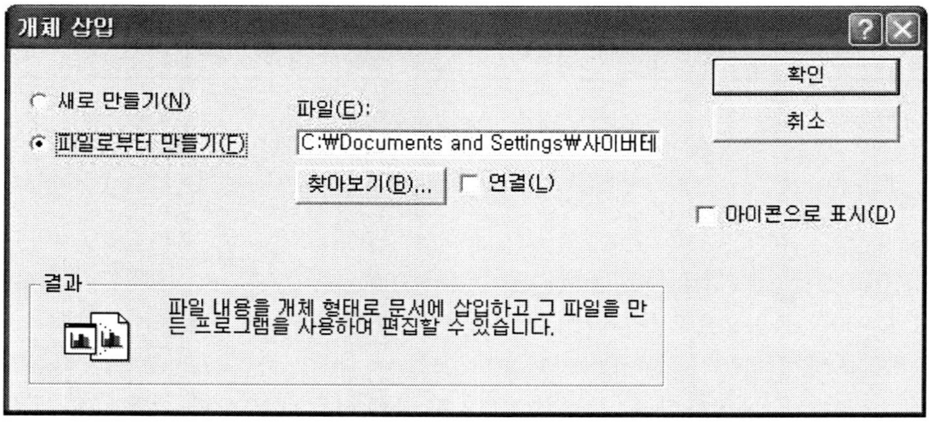

② [파일로 만들기] 옵션을 선택하여 이미 만들어져 있는 '예제.xls'를 선택하고 [확인] 버튼을 클릭한다. '예제.xls' 파일이 삽입된다.

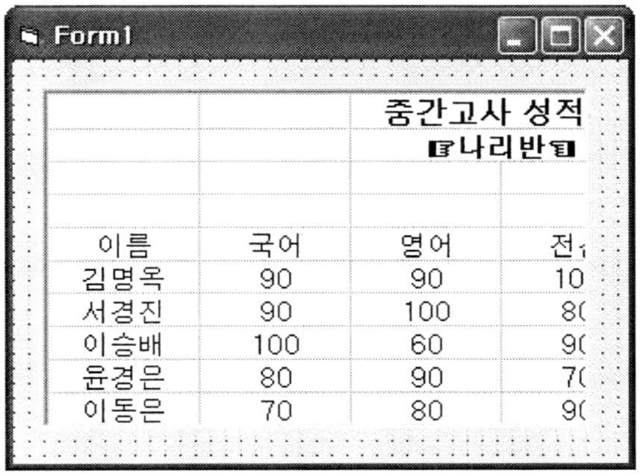

Form1

		중간고사 성적	
		☞나리반☜	
이름	국어	영어	전
김명옥	90	90	10
서경진	90	100	8
이승배	100	60	9
윤경은	80	90	7
이동은	70	80	9

③ 마우스를 이용하여 적당한 크기를 조절한다.

Form1

		중간고사 성적표			
		☞나리반☜			
				作成日子	12월 31일
이름	국어	영어	전산	총점	평균
김명옥	90	90	100	280	93.33
서경진	90	100	80	270	90.00
이승배	100	60	90	250	83.33
윤경은	80	90	70	240	80.00
이동은	70	80	90	240	80.00
정형기	70	80	80	230	76.67
홍성찬	90	100	90	280	93.33

④ 프로그램을 실행하여 셀을 더블클릭하면 엑셀이 실행된 것처럼 셀의 편집도 가능하다.

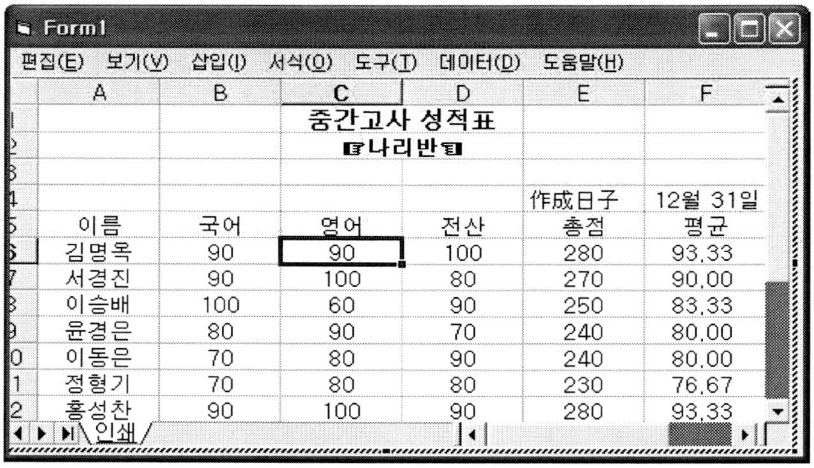

4 ActiveX 컨트롤

비주얼 베이직에는 표준 컨트롤뿐만 아니라 ActiveX라고 하는 커스텀 컨트롤이 존재한다. ActiveX 컨트롤은 필요에 의해 사용자가 추가해서 사용할 수 있다. ActiveX 컨트롤은 비주얼 베이직 4.0이 되면서 비주얼 베이직에서만 사용되는 컨트롤이 아니라 다른 윈도우 응용프로그램에서도 사용할 수 있도록 하여 OLE 컨트롤로 변경되었다. 그런데 인터넷이 발달하고 Web 환경이 일반화됨에 따라 마이크로소프트사에서 인터넷 환경에서도 커스텀 컨트롤을 쓸 수 있도록 하여 그 이름을 ActiveX로 변경하였다. ActiveX 컨트롤 파일의 확장자는 OCX이다. 여러 가지 ActiveX 컨트롤이 있지만 사용빈도가 가장 많은 공용 컨트롤(Common Control)에 대해서만 설명한다.

실 습

▶ ActiveX 컨트롤 도구상자에 추가.

① [프로젝트]-[구성요소]를 선택하면 [구성요소] 대화상자가 나타난다.

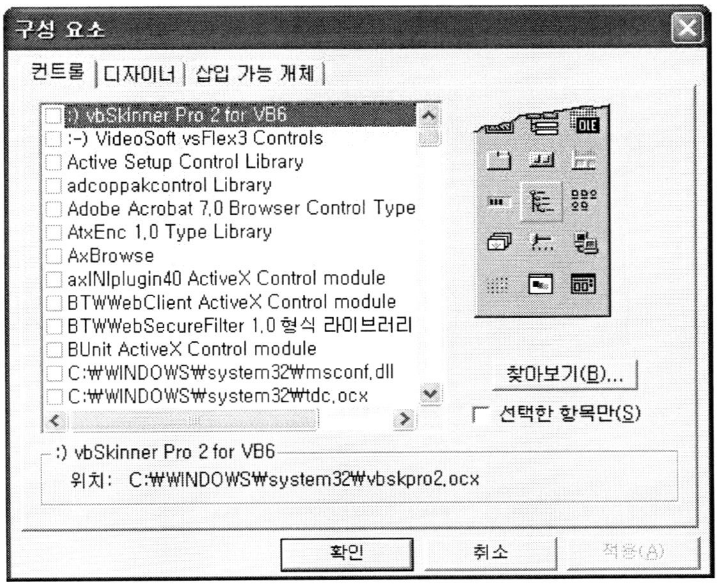

② [컨트롤] 탭에서 [Microsoft Windows Common Controls 6.0]을 선택하고 [확인] 단추를 클릭한다.

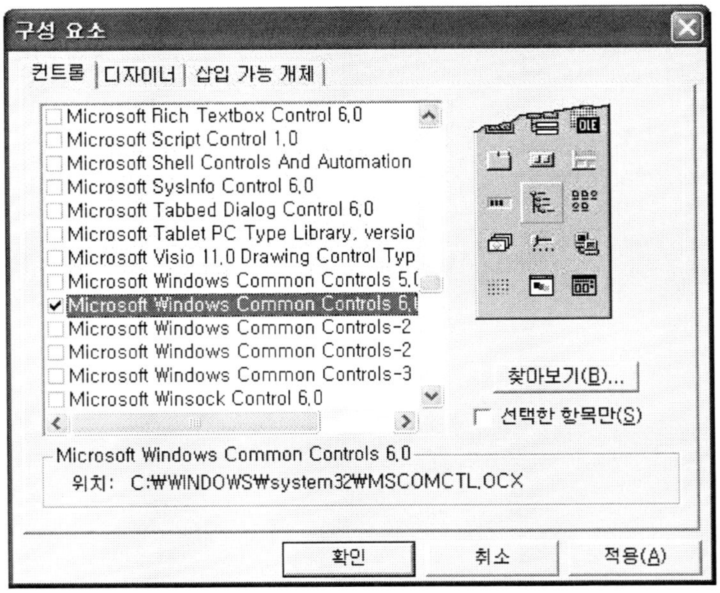

③ 도구상자에 공용 컨트롤이 다음과 같이 추가된다.

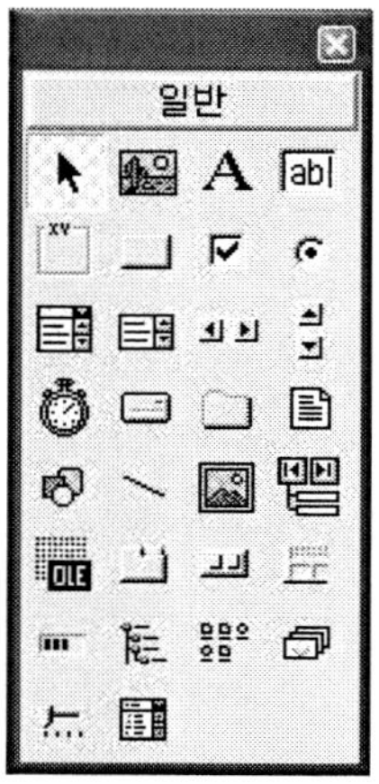

• **공용 컨트롤**

프로그램을 만들 때 사용 빈도가 높은 컨트롤은 윈도우 차원에서 지원해 주는데 이를 공용 컨트롤이라 한다. 공용 컨트롤의 종류는 다음과 같다.

아이콘	이름	설명
	탭스트립(TabStrip)	적은 공간에서 겹쳐진 페이지 탭을 구현할 때 사용한다.
	툴바(ToolBar)	툴바를 쉽게 구현할 수 있게 한다.
	상태바(StatusBar)	윈도우 하단에 상태 표시하는 줄을 만들 때 사용된다. 상태 바는 현재 프로그램의 상태를 알려주는 역할을 한다.
	진행바(ProgressBar)	어떠한 처리의 진행상태를 나타낼 때 사용된다.
	트리뷰(TreeView)	트리 형태를 표현하는 컨트롤이다. 윈도우 탐색기의 왼쪽 화면 즉, 폴더를 보여주는 창이 트리뷰에 해당한다.

	리스트뷰(ListView)	리스트 컨트롤을 말한다. 윈도우 탐색기의 오른쪽 화면 즉, 파일을 보여주는 창이 리스트뷰에 해당한다.
	이미지리스트(ImageList)	이미지를 모아 놓은 컨트롤로 단독으로 사용할 때는 별다른 의미가 없고 주로 다른 컨트롤과 같이 사용된다.
	슬라이더(Slider)	시각적으로 더 강화된 스크롤 바를 구현할 때 사용된다.

[참고사항]

▶ 트리뷰와 리스트뷰의 형태

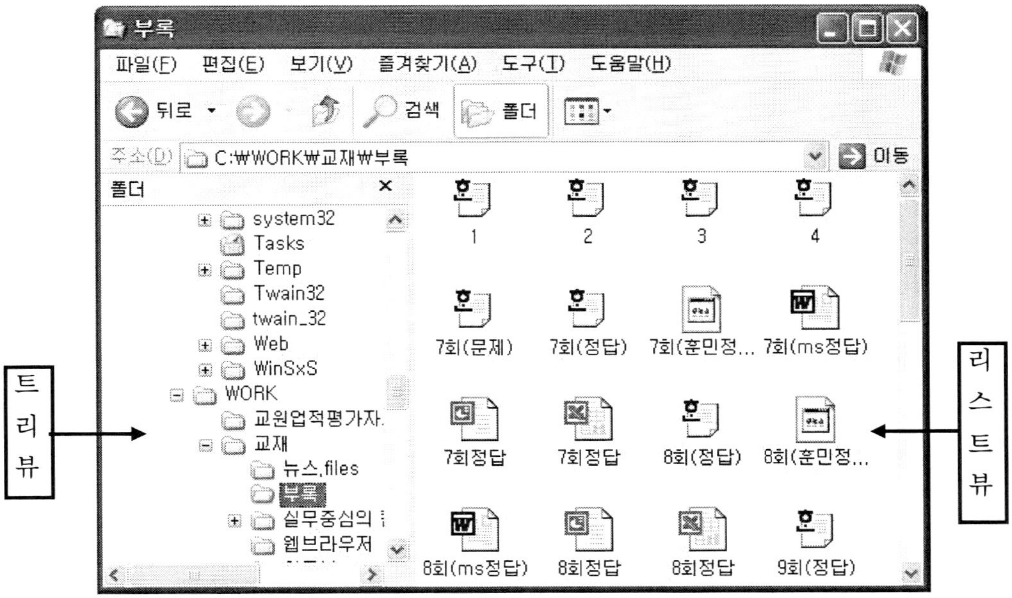

실 습

▶ 도구 바, 이미지 리스트, 상태 바를 이용하여 도구모음 작성

① 비주얼 프로그램을 실행하여 Form1을 디자인한다.

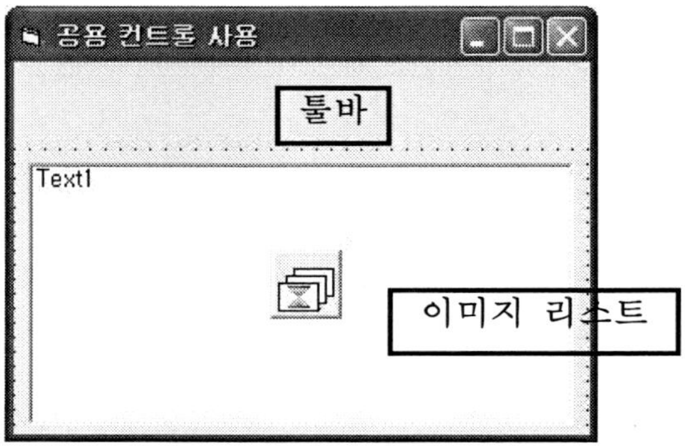

② Form1의 각 컨트롤 속성은 다음과 같다.

컨트롤	설명
Form1	Name = Form1 Caption = "공용 컨트롤 사용"
TextBox1	Name = Text1 Text = " " Font = 글꼴 : 굴림체, 크기 : 10
ToolBar1	Name = ToolBar1
ImageList1	Name = ImageList1

③ 디자인된 도구 바에 단추를 만들어 준다. 단추를 만들기 위해서는 툴 바 속성 창에서 [사용자 정의] 속성을 선택하면 속성 페이지 대화상자가 나타난다.

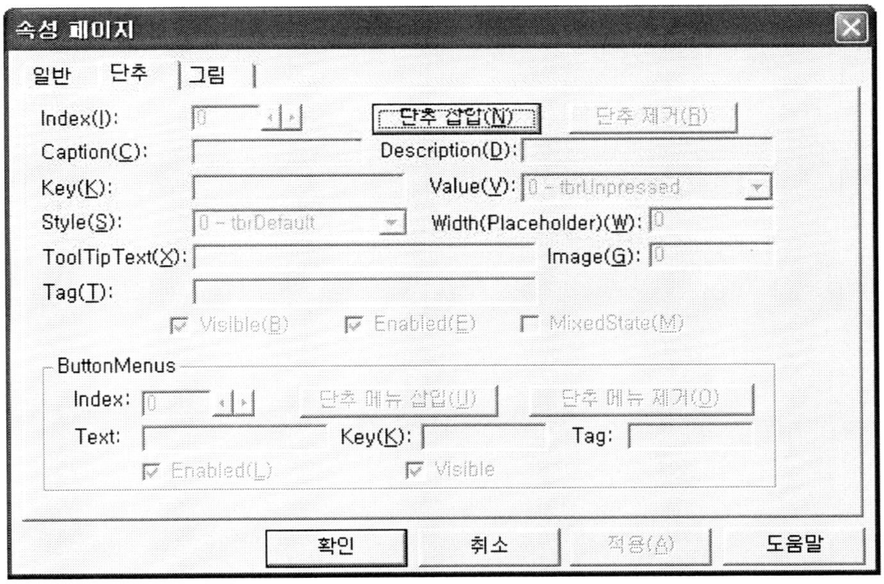

④ [단추] 탭을 선택하고 [단추 삽입]을 5번 클릭하여 폼에 있는 툴바에 5개의 단추를 만든다.

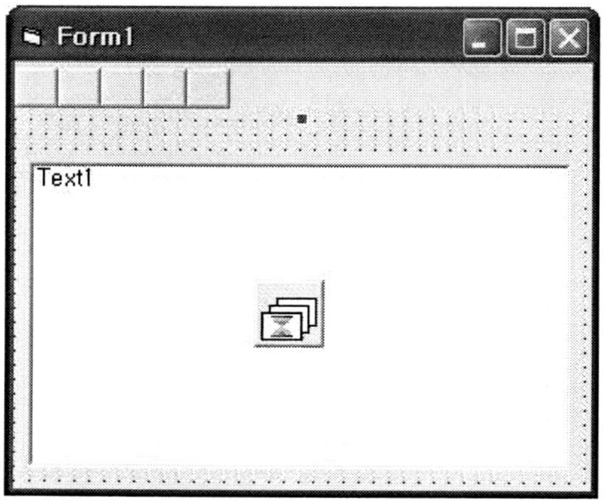

⑤ 도구 바의 이미지를 삽입한다. 이미지를 삽입하기 위해서는 이미지 리스트의 속성 창에서 [사용자 정의] 속성을 선택하면 속성 페이지 대화상자가 나타난다. [일반] 탭에서 도구 바의 이미지 크기를 먼저 설정한다.

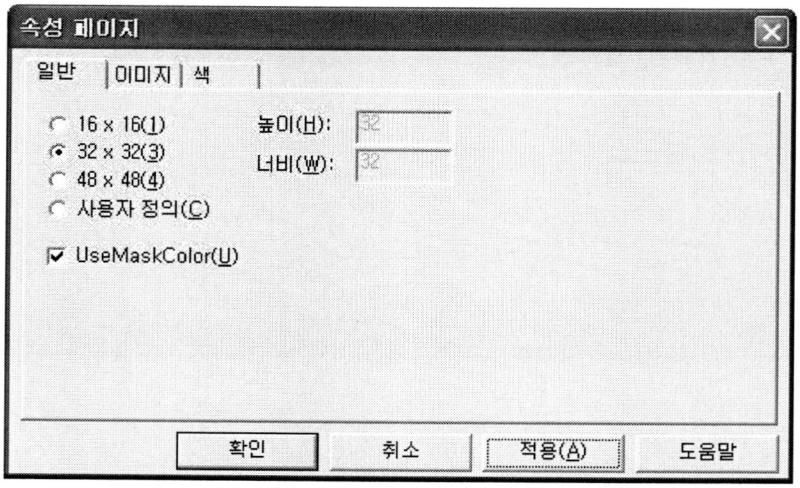

⑥ [일반] 탭에서 도구 바의 이미지 크기를 먼저 설정하고, [이미지] 탭에서 [그림 삽입] 옵션을 선택하여 5개의 그림을 선택한다.

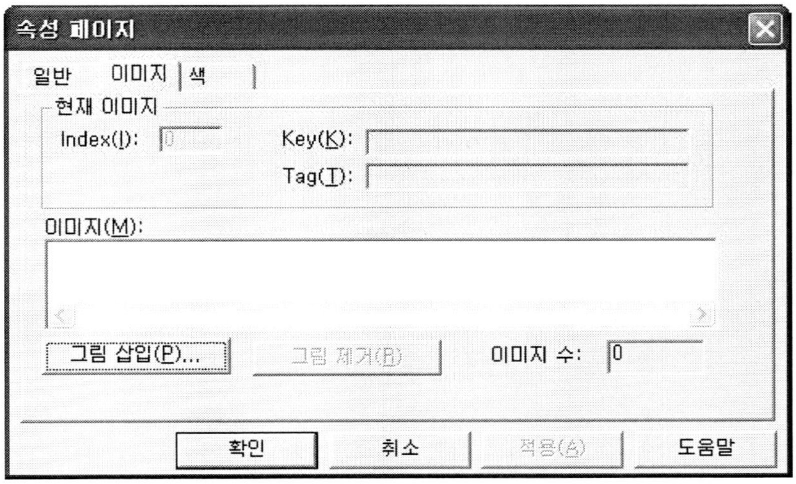
속성 페이지
일반
이미지
색
현재 이미지
Index(I):
Key(K):
Tag(T):
이미지(M):
그림 삽입(P)...
그림 제거(R)
이미지 수:
0
확인
취소
적용(A)
도움말

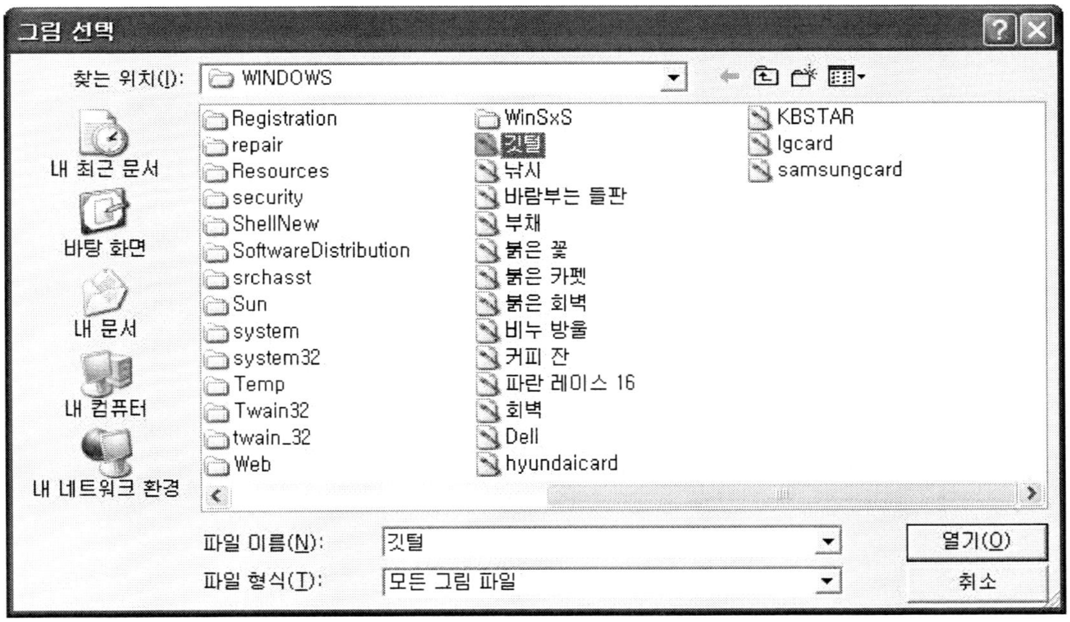
그림 선택
찾는 위치(I):
WINDOWS
내 최근 문서
바탕 화면
내 문서
내 컴퓨터
내 네트워크 환경
Registration
repair
Resources
security
ShellNew
SoftwareDistribution
srchasst
Sun
system
system32
Temp
Twain32
twain_32
Web
WinSxS
깃털
낚시
바람부는 들판
부채
붉은 꽃
붉은 카펫
붉은 회벽
비누 방울
커피 잔
파란 레이스 16
회벽
Dell
hyundaicard
KBSTAR
lgcard
samsungcard
파일 이름(N):
깃털
파일 형식(T):
모든 그림 파일
열기(O)
취소

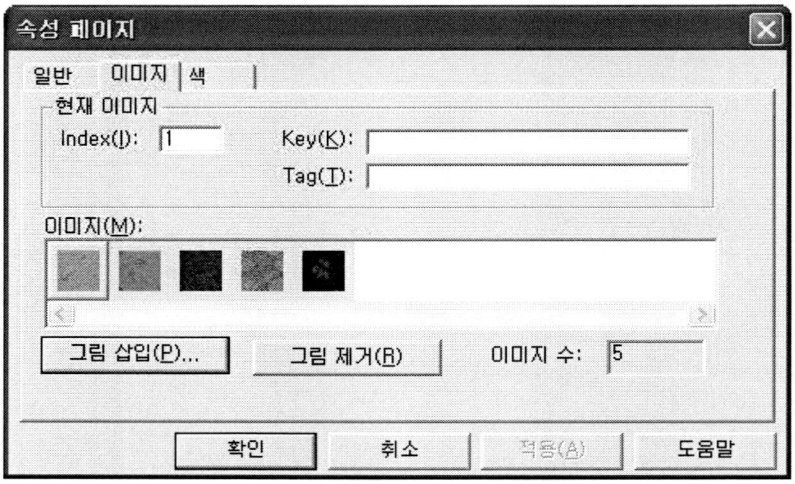

⑦ 이미지 리스트에 삽입된 그림을 도구 바의 단추 위에 나타나게 한다. 우선 도구 바의 속성 페이지 대화상자에서 [ImageList] 항목을 'ImageList1'과 연결시킨다.

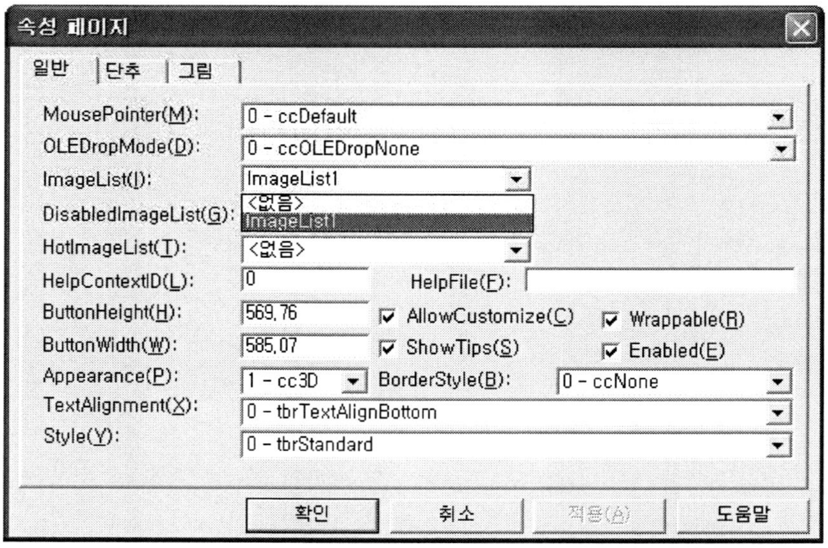

⑧ [단추] 탭의 [이미지] 항목 인덱스를 단추 인덱스와 맞추고, 툴바의 그림 밑에 글자를 삽입하려면 [단추] 탭의 Caption 속성에서 넣어주면 된다.

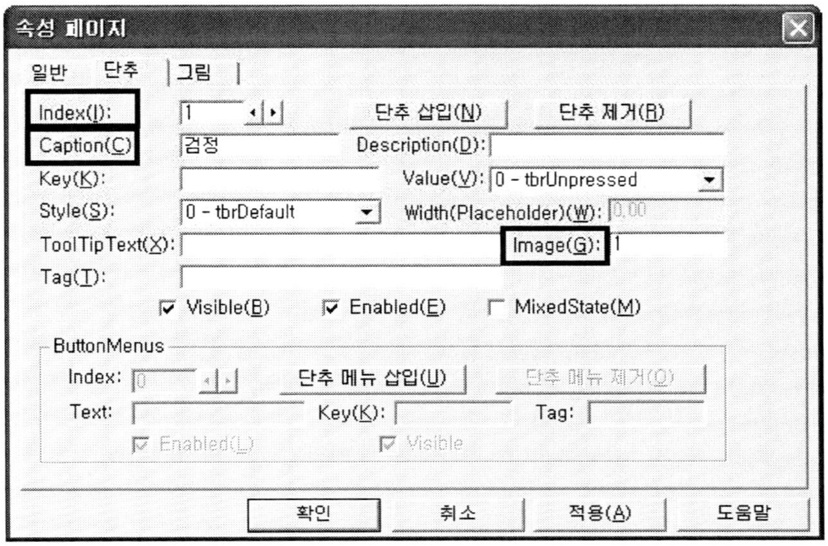

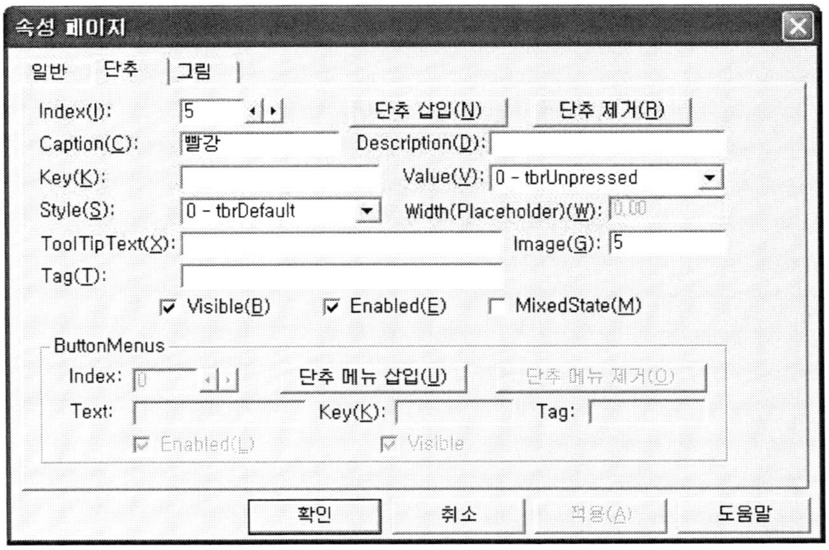

⑨ Form1의 디자인 화면은 다음과 같다.

⑩ 툴바에서 선택한 단추에 따라 텍스트 박스의 글자 색상이 출력되도록 다음과 같이 코딩한다.

```
Private Sub Toolbar1_ButtonClick(ByVal Button As MSComctlLib.Button)
  Select Case Button.Index
    Case 1
      Text1.ForeColor = QBColor(0)
      Text1.Text = "검정색을 나타내는 색상 지정 함수는 QBColor(0)"

    Case 2
      Text1.ForeColor = QBColor(1)
      Text1.Text = "파랑색을 나타내는 색상 지정 함수는 QBColor(1)"

    Case 3
      Text1.ForeColor = QBColor(2)
      Text1.Text = "초록색을 나타내는 색상 지정 함수는 QBColor(2)"

    Case 4
      Text1.ForeColor = QBColor(3)
      Text1.Text = "청록색을 나타내는 색상 지정 함수는 QBColor(3)"

    Case 5
```

```
        Text1.ForeColor = QBColor(4)
        Text1.Text = "빨강색을 나타내는 색상 지정 함수는 QBColor(4)"
    End Select
End Sub
```

⑩ 프로그램을 실행 시켜 툴 바 단추를 클릭하면 다음과 같은 결과를 얻을 수 있다.

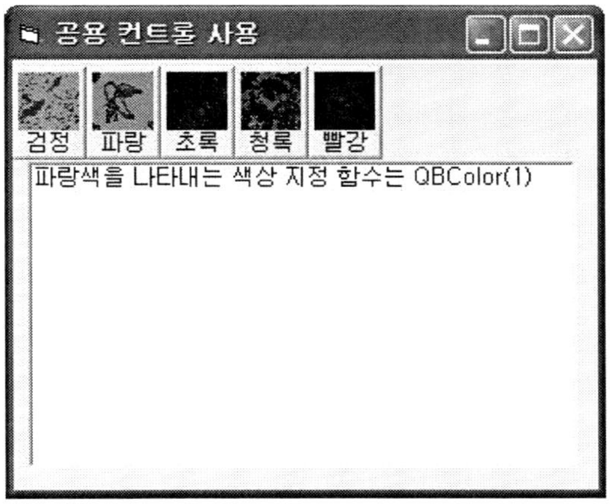

[참고사항]

▶ 색상 지정 함수

색상 지정 방법에는 RGB 함수를 이용하는 방법과 QBColor 함수를 이용하는 방법이 있다. RGB(Red, Green, Blue) 함수는 빨강, 초록, 파랑의 비율로 색을 지정한다. 각각의 색상 값은 0~255의 값을 갖는다. 예를 들면 RGB(0, 0, 0)은 검정색을 나타낸다. QBColor(색상 상수)는 0~15의 색상 상수에 의해 색상이 지정된다.

색상 상수	색상색	색상 상수	색상색
0	검정색	8	회색
1	파랑색	9	밝은 파랑색
2	초록색	10	밝은 초록색
3	청록색	11	밝은 청록색
4	빨강색	12	밝은 빨강색
5	자홍색	13	밝은 자홍색
6	노랑색	14	밝은 노랑색
7	흰색	15	밝은 흰색

⑪ 상태 바 컨트롤을 폼에 다음과 같이 디자인한다.

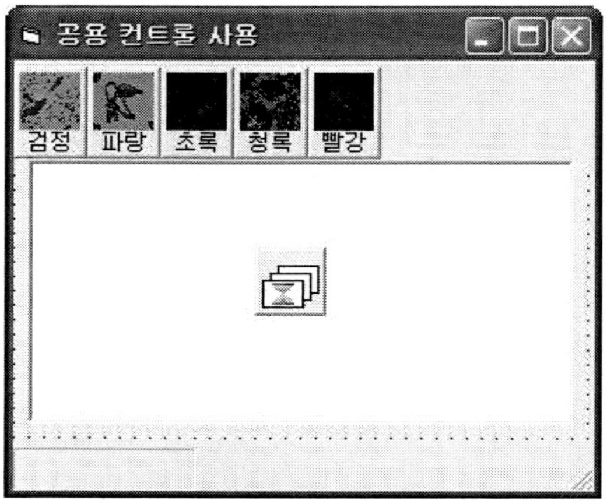

[참고사항]

▶ 상태 바에 나타나는 각각의 영역을 패널(Panel)이라고 부른다. 각 패널은 인덱스 번호를 가지고 있다.

⑫ 상태 바 컨트롤의 속성 창에서 [사용자 정의] 속성을 선택하면 다음과 같이 상태 바에 대한 [속성 페이지] 대화상자가 나타난다.

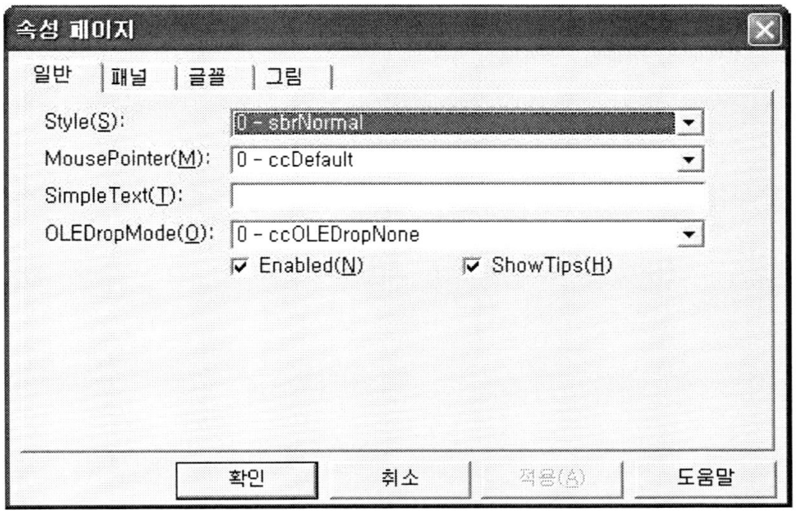

⑬ [패널] 탭을 선택하고 [패널 삽입] 단추를 클릭 하여 3개의 패널을 만든다. 각 패널의 Style 값은 다음과 같이 지정한다.

패널 Index	패널 Alignment	패널 Style
0	1-sbrCenter	1-sbrCaps
1	1-sbrCenter	2-sbrNum
2	1-sbrCenter	3-sbrIns

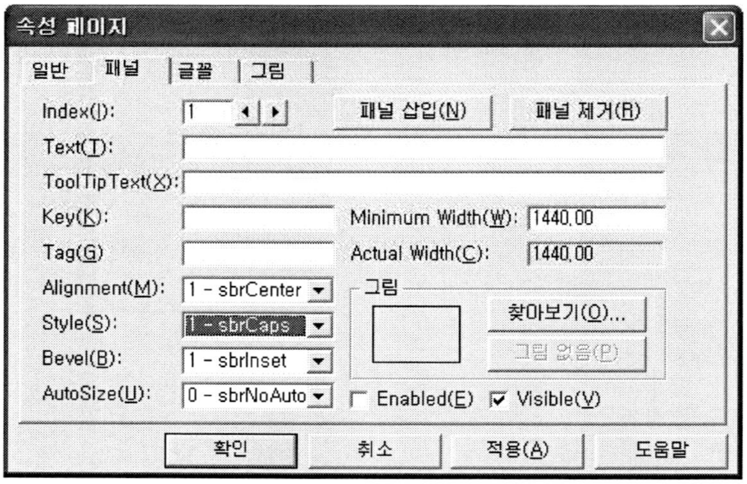

⑭ 프로그램을 실행시키면 다음과 같은 결과를 확인할 수 있다.

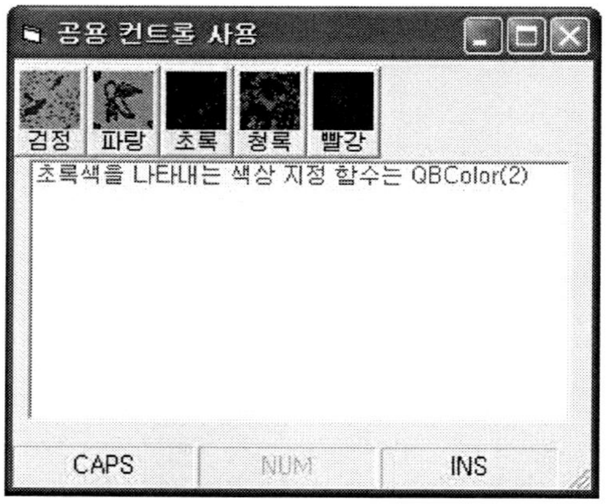

키보드에서 Caps Lock키나 Num Lock, Insert키를 각각 눌러보면 상태 바에서 키 눌림을 확인할 수 있다.

연 습 문 제

1. [Form1] 폼에 [결과] 버튼을 클릭하면 TextBox1에 “!! Good Morning !!", TextBox2에 “!! Good Night !!"이 나타나고, [변환] 버튼을 클릭하면 TextBox1에 있는 내용과 TextBox2에 있는 내용을 바꾸며, [종료] 버튼을 클릭하면 프로그램을 종료하는 프로그램을 작성하시오.

[실행 전 화면]

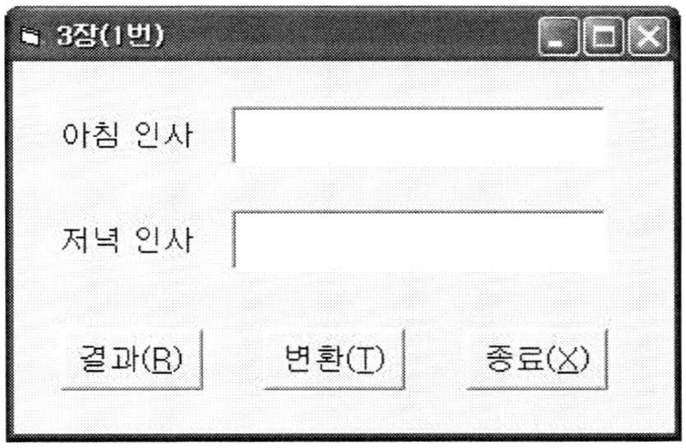

[실행 후 화면]

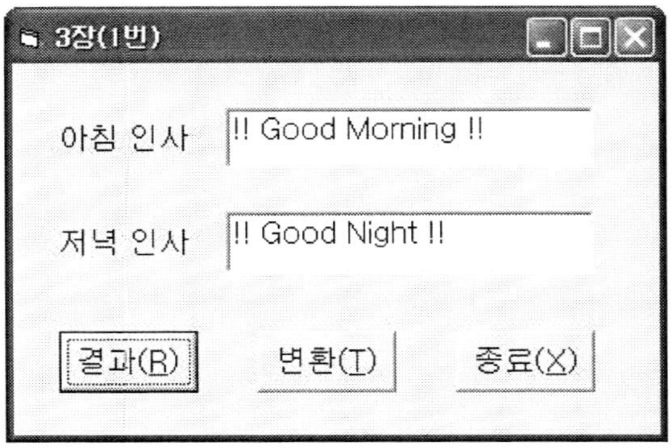

2. 임의의 문자열을 입력받아 문자열 내의 공백수를 구하는 프로그램을 작성하시오,

[실행 전 화면]

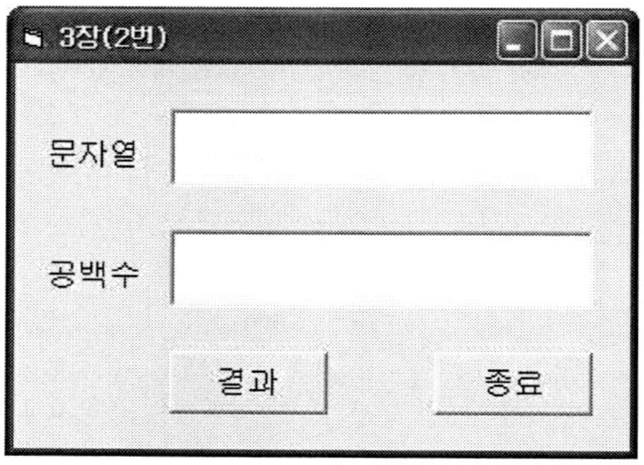

[실행 후 화면]

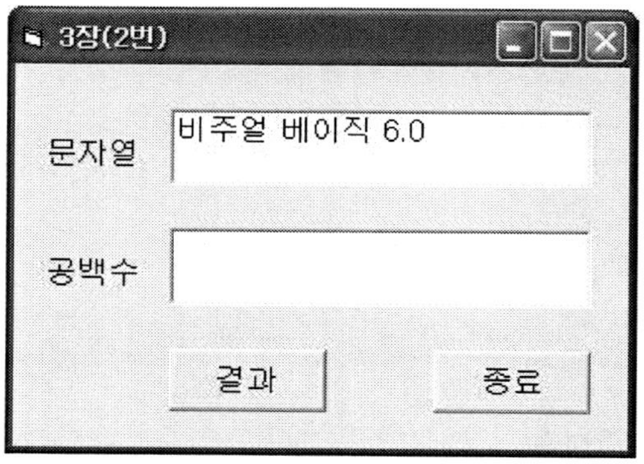

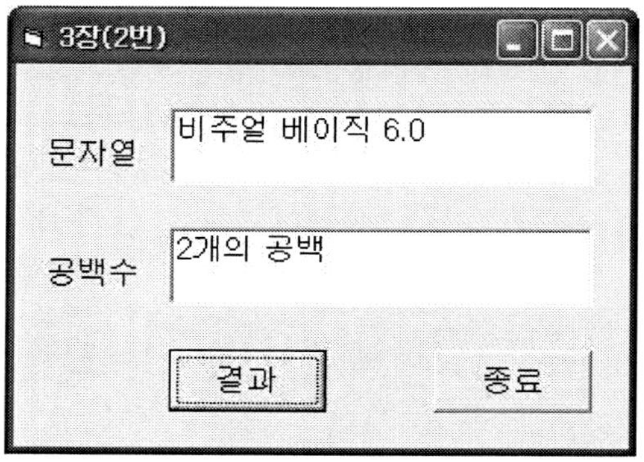

3. 다음의 물품 코드 표를 보고 물품 코드와 수량을 입력받아 품명과 금액을 출력하는 프로그램을 작성하시오.

물품 코드	품명	단가
001	마우스	9,000
002	잉 크	38,000
003	스피커	12,000
004	키보드	8,000
005	플로피	500

[실행 전 화면]

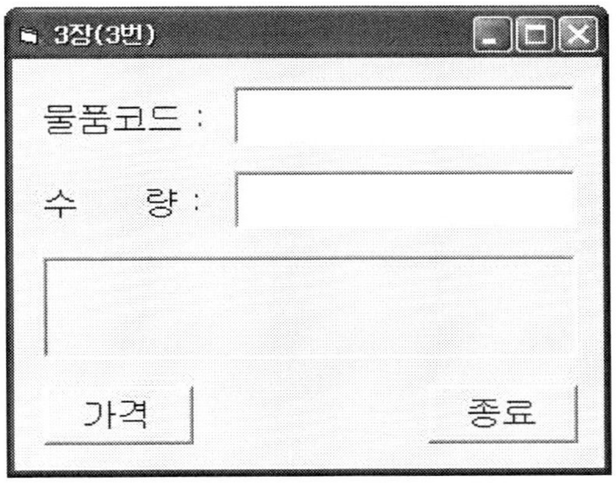

[실행 후 화면]

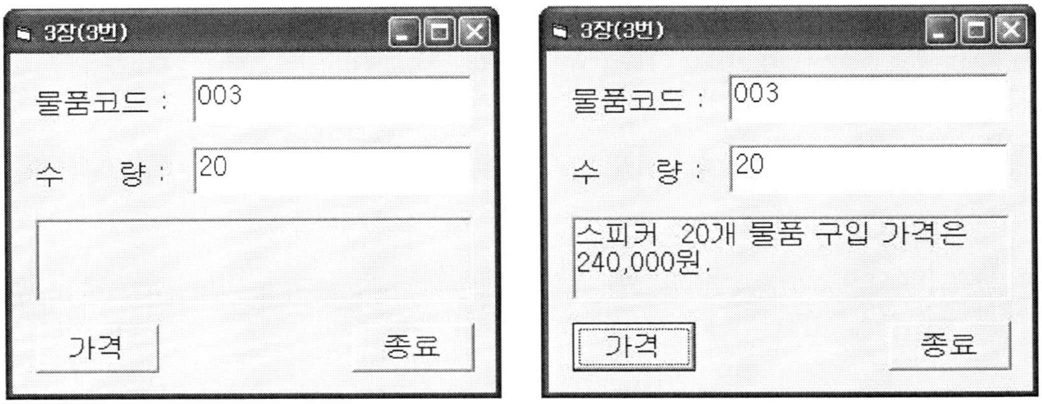

4. A 회사에서 근무 시간이 10시간 미만이면 시간당 5,000원, 5시간 이상이면 시간당 7,000원으로 급여를 계산하고, 근무 시간이 24시간을 초과할 때는 '근무시간 초과'를 출력한다. 근무 시간을 입력하여 급여를 계산하는 프로그램을 작성하시오.

[실행 전 화면]

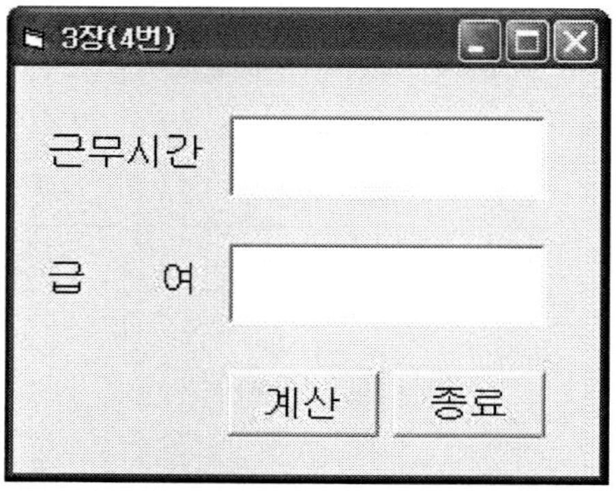

[실행 후 화면]

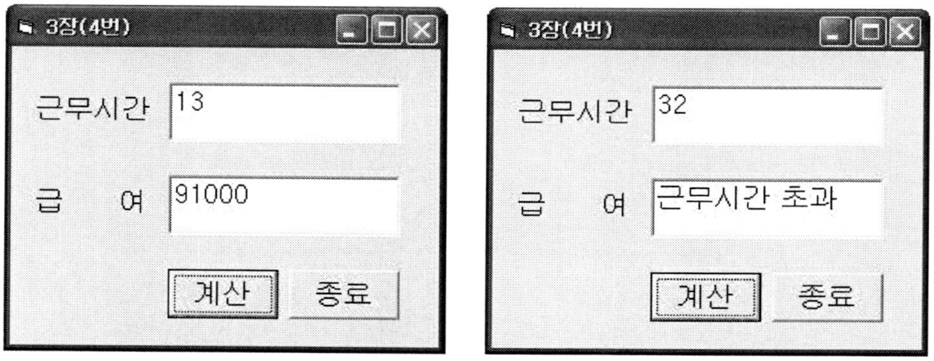

5. 다음 조건을 만족하는 급여 프로그램을 작성하시오.

[처리 조건]

① 사원 번호 : 일련번호 2자리

② 부서명 : 콤보 박스(학생과, 장학과, 전산과, 인사과, 총무과)

③ 등급 : 1-5 등급으로 옵션 버튼

등급	직위	기본급
1	원 장	3,500,000
2	처 장	3,000,000
3	과 장	2,500,000
4	팀 장	2,000,000
5	사 원	1,500,000

④ 부양 가족 : 가족 수당 = 1인당 30,000원

⑤ 부서 코드 테이블과 등급 테이블을 2차원 배열로 폼이 로드될 때 초기 소득세는 급여 총액의 3%로 계산

⑥ 리스트 박스에 AddItem을 사용하여 추가

[실행 전 화면]

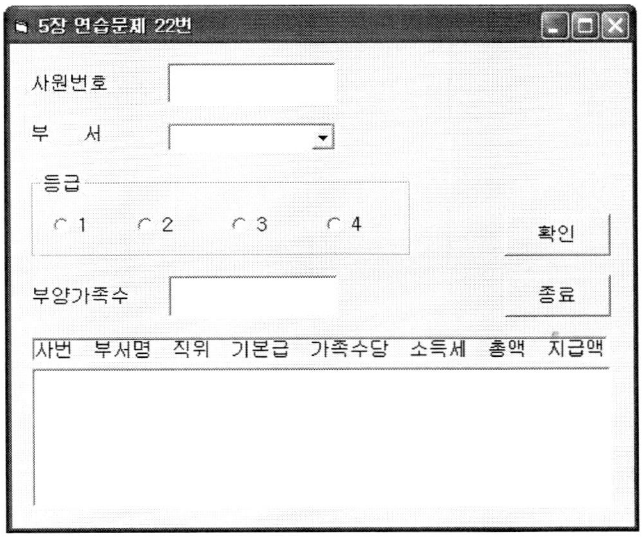

[실행 후 화면]

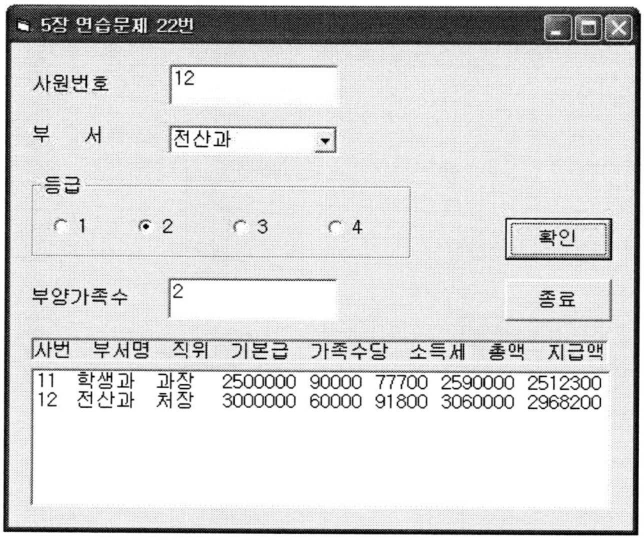

6. 배열을 사용하여 지금까지 살아온 날짜를 계산하는 프로그램을 작성하시오.

☞ 실 습

▶ 실행 실습.

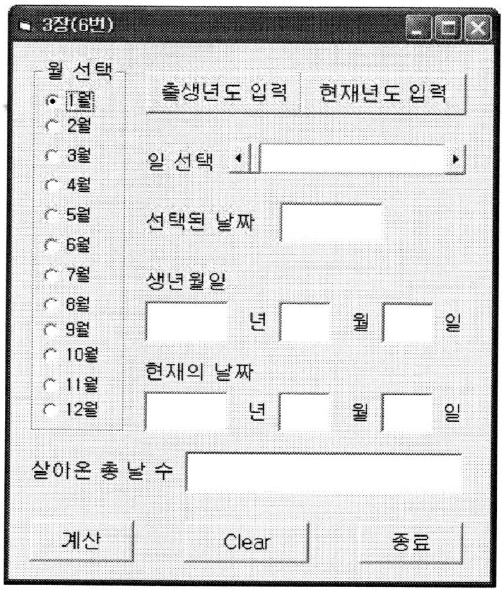

① [월 선택] 한다.
② [일 선택] 한다.
③ [출생년도 입력]을 클릭한다.

④ 입력된 내용은 다음과 같다.

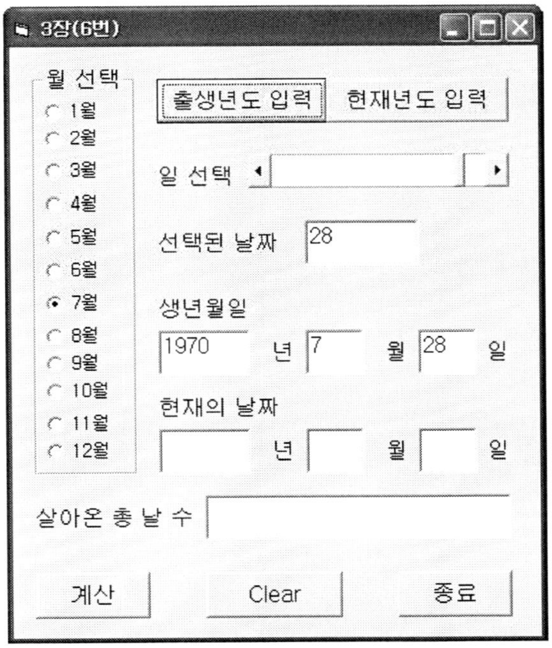

⑤ [출생년도 입력]과 같은 방법으로 [현재년도 입력] 한다.

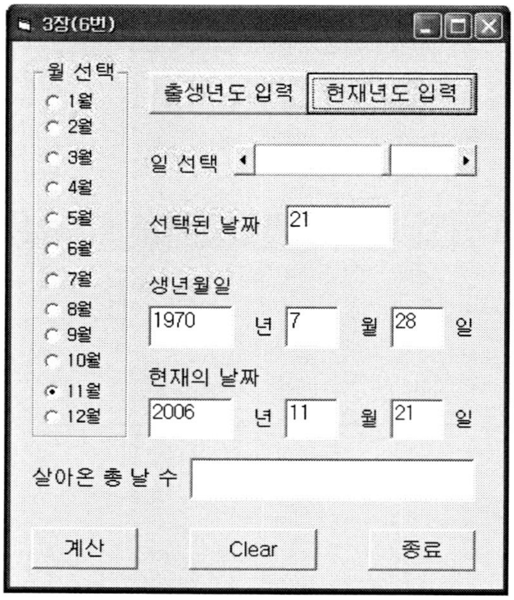

⑥ [계산] 컨트롤을 클릭하면 다음과 같다.

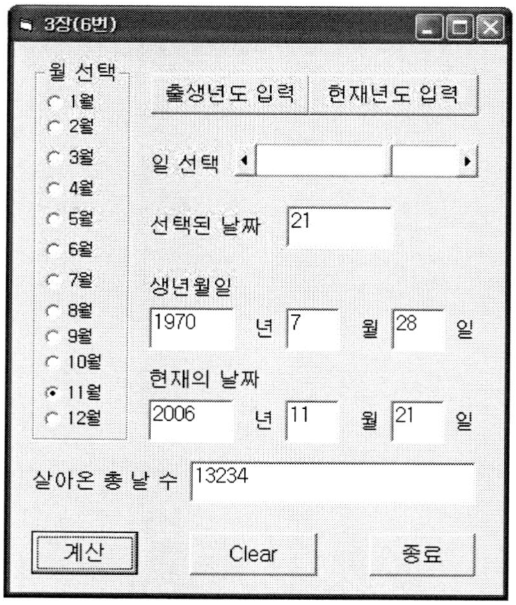

7. 다음 표를 보고 세계 여러 나라의 시차를 계산하는 프로그램을 작성하시오.

나라	시차
미 국	+01
뉴질랜드	+03
멕 시 코	-15
디트로이트	-14
리 시 본	-09

[실행 전 화면]

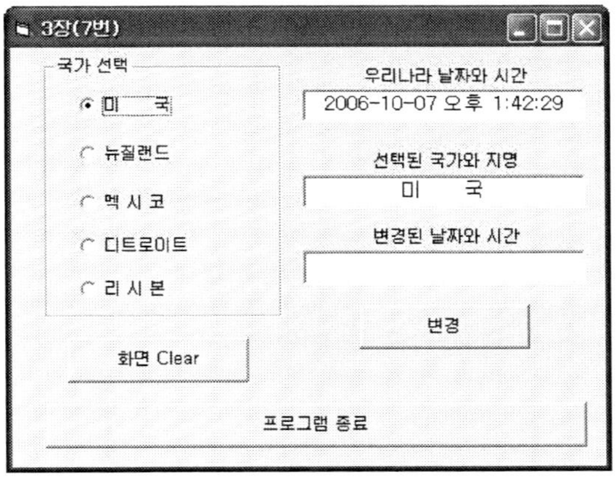

[실행 후 화면]

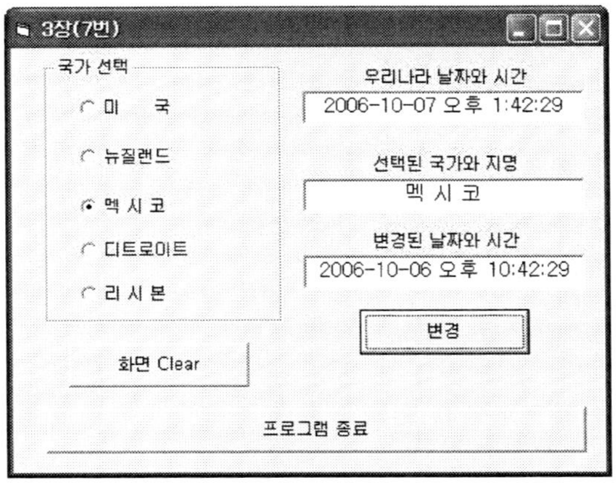

8. 컨트롤 배열을 사용하여 간단한 계산기 프로그램을 작성하시오. [=] 버튼을 클릭 하면 계산된다.

[실행 전 화면]

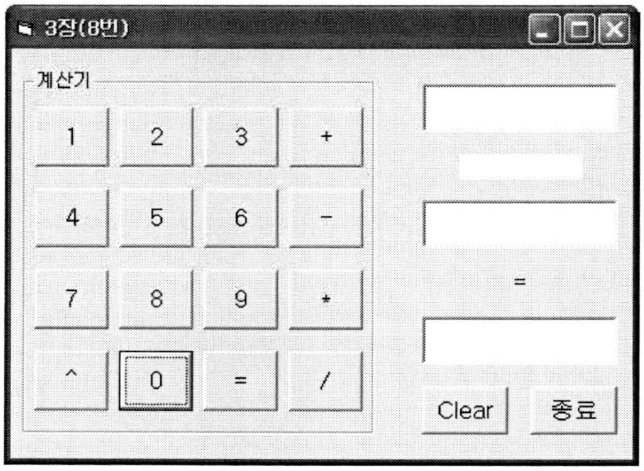

[실행 후 화면]

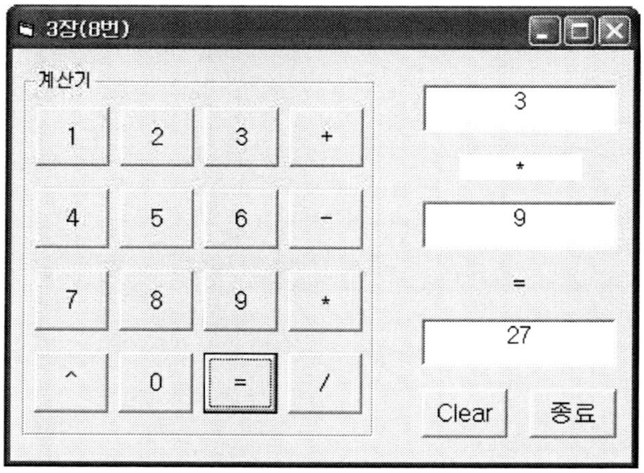

9. RGB 함수를 사용하여 빨강, 녹색, 파랑색을 도형에 적절히 조화하는 프로그램을 작성하시오.

[실행 전 화면]

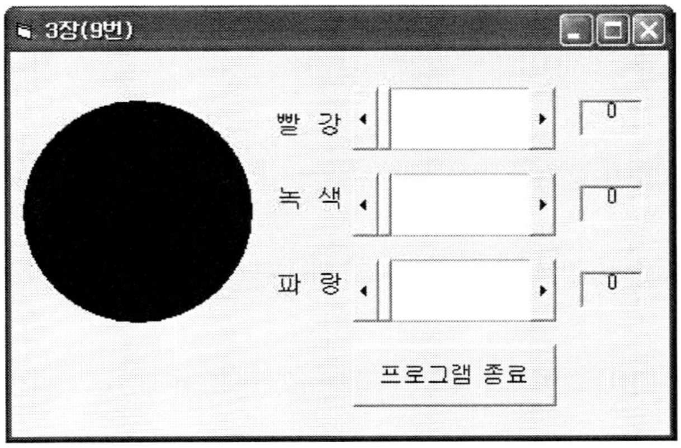

[실행 후 화면]

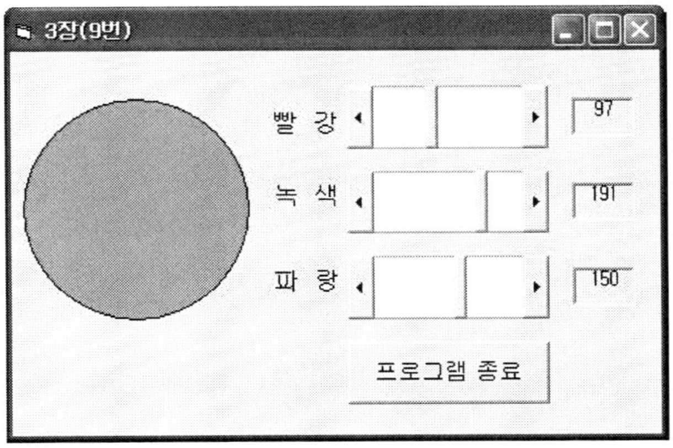

10. 시스템에서 사용하는 글꼴, 글꼴 유형, 크기를 설정하는 프로그램을 작성하시오.

[실행 전 화면]

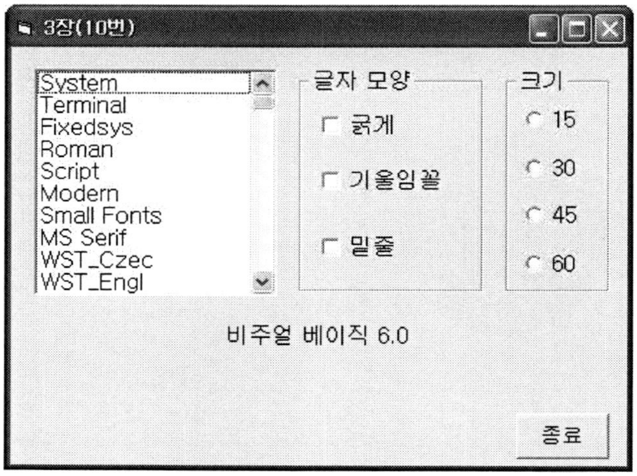

[실행 후 화면]

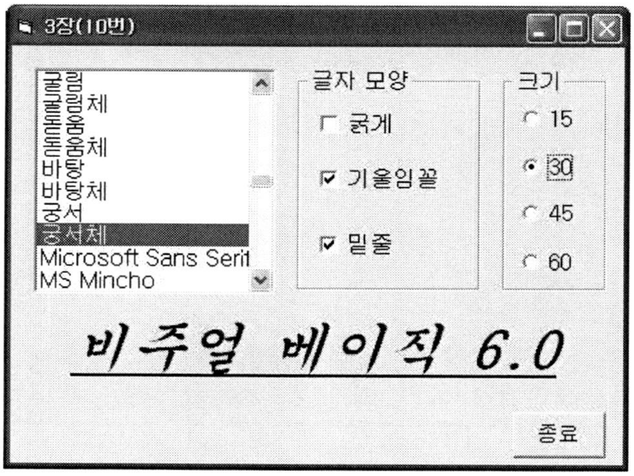

제 4 장

프로시저

제 4 장 프로시저

1 프로시저

프로그램을 작성할 때 프로그램을 기능에 따라 여러 개의 단위로 분해하여 작성하면 쉽게 작성할 수 있고, 프로그램 수정 및 관리가 쉬워지고, 다른 프로그램에서 재사용이 가능해 진다. 이와 같이 프로그램을 여러 개의 단위로 분해한 것을 프로시저(Procedure)라 한다.

프로시저는 크게 서브(Sub) 프로시저와 함수(Function) 프로시저로 구분된다.

서브 프로시저와 함수 프로시저의 특징은 다음과 같다.

서브 프로시저	함수 프로시저
.사용자가 만들 수 있는 프로시저	.사용자가 만들 수 있는 프로시저
.리턴 값을 가지지 않는 프로시저	.매개변수와 리턴값을 가지는 프로시저
.다른 프로시저에서 호출되는 코드의 집합체	.다른 프로시저에서 호출되는 코드의 집합체
.재사용 가능하므로 프로젝트의 어느 프로시저에서도 호출 가능하다.	.재사용 가능하므로 프로젝트의 어느 프로시저에서도 호출 가능하다.

프로시저의 유효 범위에 따라 지역적으로 유효한 프로시저를 Private 프로시저로 구분하고, 전역적인 범위에 유효한 프로시저를 Public 프로시저라 한다.

프로시저의 종류는 다음과 같다.

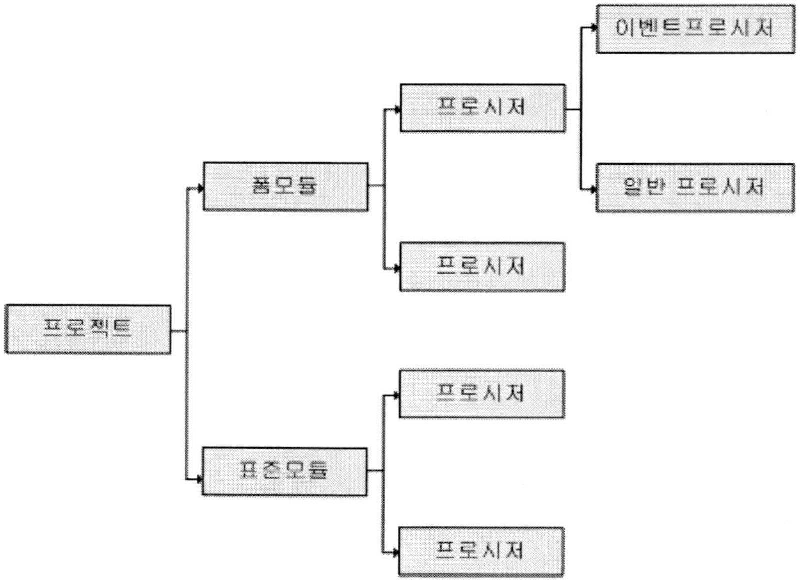

서브 프로시저와 함수 프로시저의 특징을 보면 서브 프로시저와 함수 프로시저가 비슷해 보인다. 그러나 함수 프로시저는 리턴 값을 갖는다는 점에서 서브 프로시저와 다르다. 매개변수는 프로시저에서 정보를 넘겨받을 때 사용하고, 다른 코드로 정보를 넘겨줄 때는 리턴 값을 사용한다.

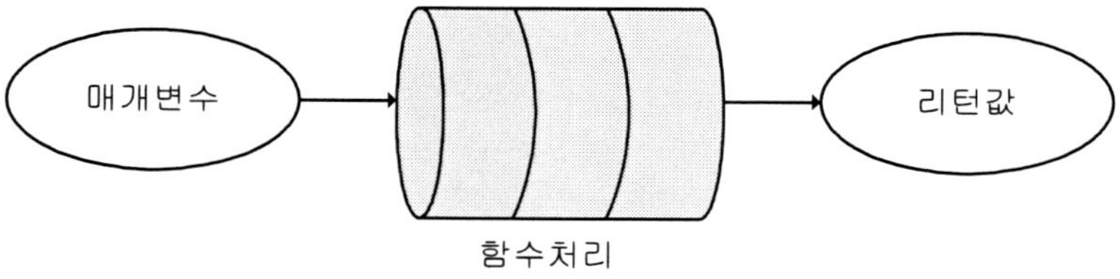

실 습

▶ [프로시저 추가] 메뉴로 프로시저 추가.

① [도구]-[프로시저 추가]를 선택하면 [프로시저 추가] 대화상자가 나타난다.

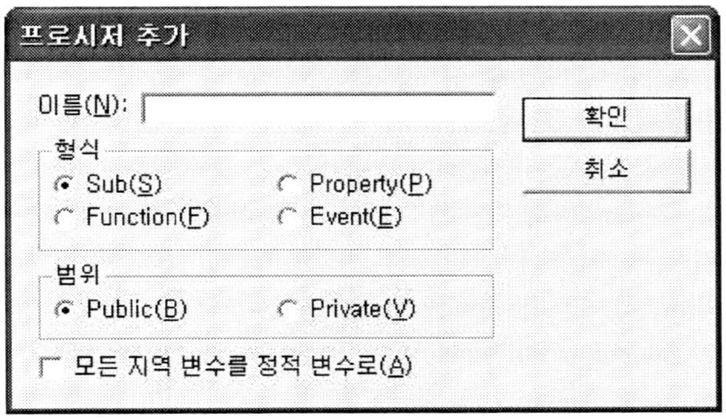

② 프로시저 이름을 Test로 적고 형식 항목에서 Sub를 선택하고, 범위는 Public을 선택한 다음 [확인] 단추를 클릭 한다.

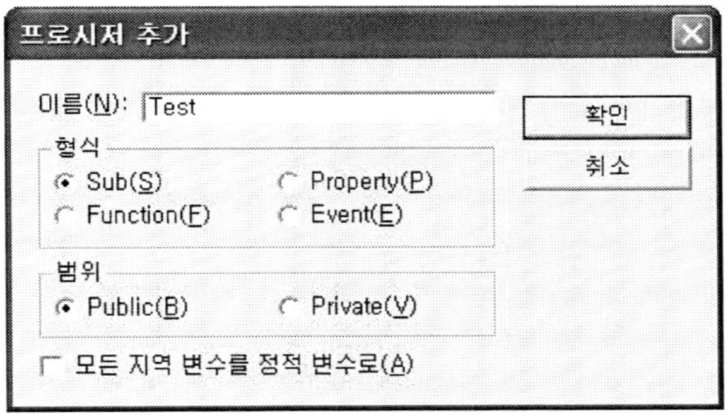

③ 지정한 프로시저가 만들어진다.

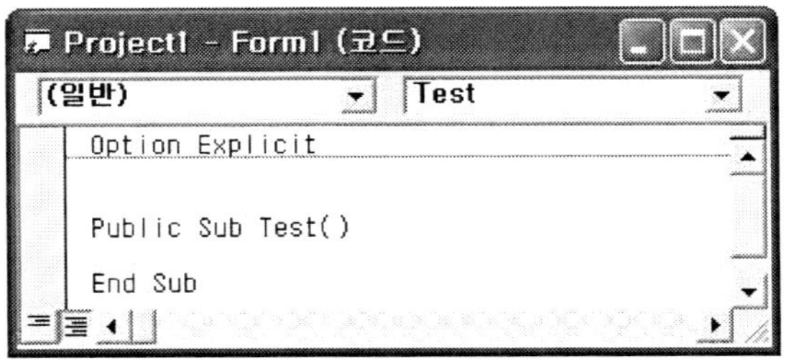

(1) 서브 프로시저

프로그램 내에서 공통으로 반복되는 부분을 하나의 독립된 프로시저로 만들어 사용하게 된다. 이때 프로시저를 수행한 후 결과 값을 반환하지 않는 프로시저를 서브 프로시저라 한다. 서브 프로시저의 형식을 보면 다음과 같다.

서브 프로시저 형식

[Private | Public] [Static] Sub 프로시저명 [(매개 변수)][AS 데이터 형식]
        [명령문1]
[Exit Sub]
        ......
        [명령문n]
End Sub

함수가 호출될 때마다 Sub와 End Sub 사이에 문장이 실행된다. Private, Public은 프로시저의 유효 범위를 나타낸다. Private로 선언되면 모듈과 자신이 속한 폼 내에서만 유효한 프로시저를 의미하고, Public은 전역 프로시저를 의미한다. Static은 정적 프로시저를 의미한다. [매개 변수]는 서로 다른 프로시저간에 정보를 교환하기 위한 수단으로 사용된다. 프로시저 수행 중간에 Exit Sub 문을 만나면 프로시저를 빠져 나온다.

프로시저의 유효범위를 생략하면 기본적으로 Public이 된다.

서브 프로시저는 크게 일반(General) 프로시저와 이벤트(Event) 프로시저로 구분된다. 일반 프로시저는 다른 프로시저에 의해 호출(Call) 되었을 때만 실행된다. 일반 프로시저와 이벤트 프로시저의 특징은 다음과 같다.

일반 프로시저	이벤트 프로시저
· 응용 프로그램이 특정 작업을 수행하도록 응용 프로그래머에게 알려주기 위해 사용자가 정의해서 사용	· 사용자나 시스템에 의해 발생되는 이벤트에 응답하기 위해 호출됨
· 응용 프로그램에 의해 호출되어 사용	· 개체에서 이벤트가 발생한 것을 인지하면 자동으로 이벤트 이름을 사용하는 프로시저를 호출
· 서로 다른 이벤트가 동일한 기능을 수행하는 경우 별도의 일반 프로시저에 공통적으로 수행할 문장을 넣고 이 프로시저를 호출하는 이벤트 프로시저에 의해 사용	· 컨트롤에 대한 이벤트 프로시저는 컨트롤의 실제 이름(Name 속성), 언더 바(_), 이벤트 이름 등으로 조합하여 구성

서브 프로시저를 호출하는 형식은 다음과 같다.

서브 프로시저 호출 형식
[Call] 호출할 프로시저명 [매개 변수 리스트]

Call은 생략이 가능하나 만약, Call을 사용했을 때 매개 변수가 존재하면 괄호로 묶어주어야 한다. 예를 들면 다음과 같다.

서브 프로시저 호출 형식의 예
Call Rectangle (a, b) Rectangle a, b

실 습

▶ Call 문으로 원이 점점 크게 그려지도록 하는 프로그램.

① 비주얼 프로그램을 실행하여 Form1에 다음과 같이 디자인한다.

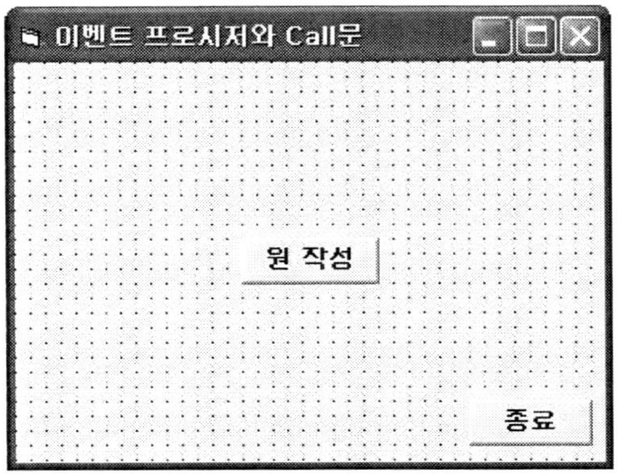

② [도구]-[프로시저 추가]를 선택하여 [이름]은 'Circle_Marking', [형식]은 'Sub', [범위]는 'Public'로 선택한다. 단, [프로시저 추가]할 때는 [코드 보기]를 선택하고 프로시저 추가한다.

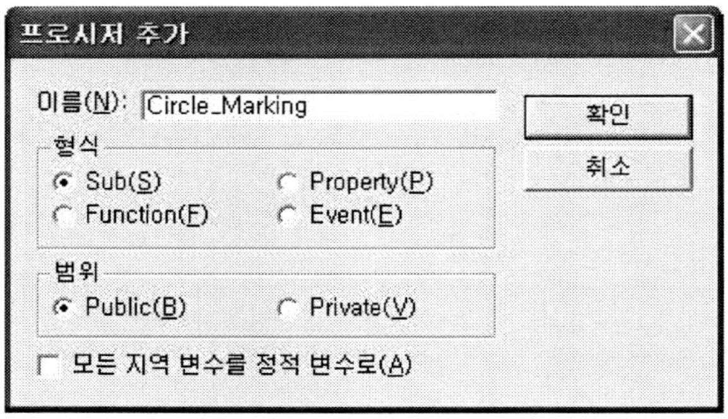

③ Form1의 각 컨트롤 속성은 다음과 같다.

컨트롤	설명
Form1	Name = Form1 Caption = "이벤트 프로시저와 Call문" BackColor = 원하는 색 지정
CommandButton1	Name = cmdCircle Caption = "원 그림" Font = 글꼴 : 굴림체, 크기 : 11
CommandButton2	Name = cmdExit Caption = "종료" Font = 글꼴 : 굴림체, 크기 : 11

④ 사용할 변수 선언과 Call 문을 사용하여 [원 작성]과 [종료] 컨트롤은 다음과 같이 코딩한다.

```
Option Explicit
Dim i As Integer

Private Sub cmdCircle_Click()
  Call Circle_Marking
End Sub

Public Sub Circle_Marking()
  Form1.Circle (Form1.ScaleWidth / 2, Form1.ScaleHeight / 2), 600 + i
  i = i + 200
End Sub

Private Sub cmdExit_Click()
   End
End Sub
```

③ 프로그램을 실행하고 [원 작성] 컨트롤을 클릭할 때마다 점점 큰 원이 그려진다.

[참고사항]

Circle 함수 형식
▸ 객체.Circle (x, y), Radius, [Color, Start, End, Aspect] ·(x, y) : 원의 중심 ·Radius : 원의 반지름 ·Color : 원 외곽선 색상, 생략시 Forecolor 속성 값이 사용된다. ·Start, End : 타원, 호가 그려질 때 호의 시작과 끝 위치 ·Aspect : 원의 가로와 세로 비율

(2) 함수 프로시저

함수 프로시저는 사용자가 정의하여 사용하는 사용자 정의 함수를 말하는데 서브 프로시저와는 달리 프로시저를 수행한 후 결과 값을 호출 프로시저에게 반환한다. 값을 반환하기 위해서는 함수 프로시저 안에 함수 프로시저의 이름과 리턴 값을 '=' 을 사용하여 만들어줘야 한다. 리턴 값과 리턴할 데이터 형식은 반드시 일치해야 한다. 일치하지 않는 경우 잘못된 결과를 리턴하게 되므로 주의해야 한다.

함수 프로시저의 형식은 다음과 같다.

함수 프로시저 형식

[Public | Private] [Static] Function 함수이름 [매개 변수 리스트] [As 자료형]
        [명령문1]
        [자신의 프로시저 이름 = 값 또는 변수]
        ......
        [Exit Function]
        [명령문n]
End Function

As 자료형은 함수가 수행을 완료한 후 반환할 결과 값의 자료형을 나타낸다. 함수

프로시저를 호출하는 형식은 다음과 같다.

함수 프로시저를 호출하는 형식
변수 = 함수 이름 (매개 변수 리스트)

함수 프로시저에서 호출된 프로시저로 반환되는 형식은 다음과 같다.

함수 프로시저에서 호출된 프로시저 반환되는 형식
함수이름 = 결과 값

실 습

▶ 짝수의 합과 홀수의 합을 각각 구하는 프로그램.

① 비주얼 프로그램을 실행하여 Form1에 다음과 같이 디자인한다.

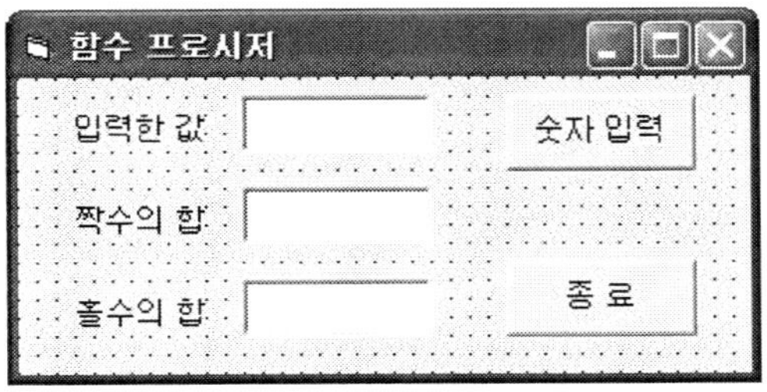

② [도구]-[프로시저 추가]를 선택하여 [이름]은 'Func_Even', [형식]은 'Function', [범위]는 'Public'로 선택한다. 단, [프로시저 추가]할 때는 [코드 보기]를 선택하고 프로시저 추가한다.

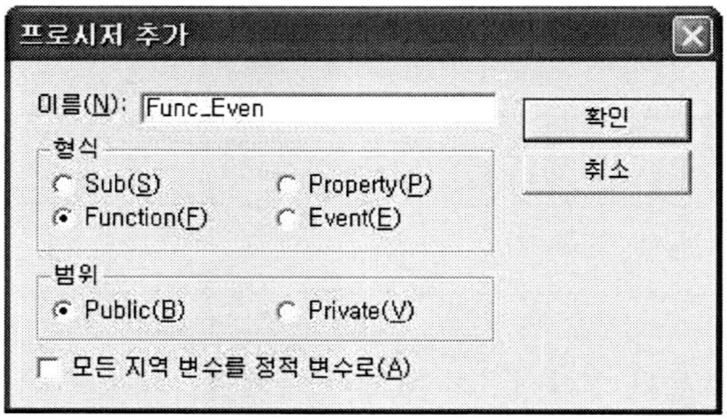

③ ②와 같은 방법으로 [이름]은 'Func_Odd'를 하나 더 추가한다.

④ Form1의 각 컨트롤 속성은 다음과 같다.

컨트롤	설명
Form1	Name = Form1 Caption = "함수 프로시저"
Label1	Name = lblInput AutoSize = True Caption = "입력한 값" Font = 글꼴 : 굴림체, 크기 : 10

Label2	Name = lblEven AutoSize = True Caption = "짝수의 합" Font = 글꼴 : 굴림체, 크기 : 10
Label3	Name = lblOdd AutoSize = True Caption = "홀수의 합" Font = 글꼴 : 굴림체, 크기 : 10
TextBox1	Name = txtInput Text = " " Font = 글꼴 : 굴림체, 크기 : 10
TextBox2	Name = txtEven Text = " " Font = 글꼴 : 굴림체, 크기 : 10
TextBox3	Name = txtOdd Text = " " Font = 글꼴 : 굴림체, 크기 : 10
CommandButton1	Name = cmdInput Caption = "숫자 입력" Font = 글꼴 : 굴림체, 크기 : 10
CommandButton2	Name = cmdExit Caption = "종료" Font = 글꼴 : 굴림체, 크기 : 10

⑤ [숫자 입력]과 [종료] 컨트롤은 다음과 같이 코딩한다.

```
Option Explicit
Dim number As Integer
Dim even, odd

Private Sub cmdExit_Click()
  End
End Sub
```

```
Private Sub cmdInput_Click()
  number = InputBox( "정수를 입력하시오" , "정수 입력" )
  even = Func_Even(number)
  odd = Func_Odd(number)
  txtInput.Text = Str(number)
  txtEven.Text = Str(Even)
  txtOdd.Text = Str(Odd)
End Sub
```

⑥ ②와 ③에서 만든 짝수의 합(Func_Even)과 홀수의 합(Func_Odd) 함수 프로시저를 다음과 같이 코딩한다.

```
Public Function Func_Even(n1 As Integer)
  Dim sum1, i
  sum1 = 0
  For i = 0 To n1
    If (i Mod 2) = 0 Then
        sum1 = sum1 + i
    End If
  Next i
  Func_even = sum1
End Function

Public Function Func_Odd(n2 As Integer)
  Dim sum2, j
  sum2 = 0
  For j = 0 To n2
    If (j Mod 2) <> 0 Then
        sum2 = sum2 + j
    End If
  Next j
  Func_odd = sum2
End Function
```

⑦ 프로그램 실행 결과는 다음과 같다.

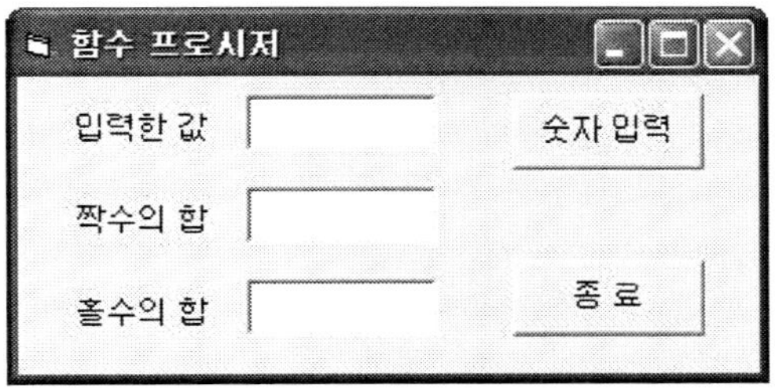

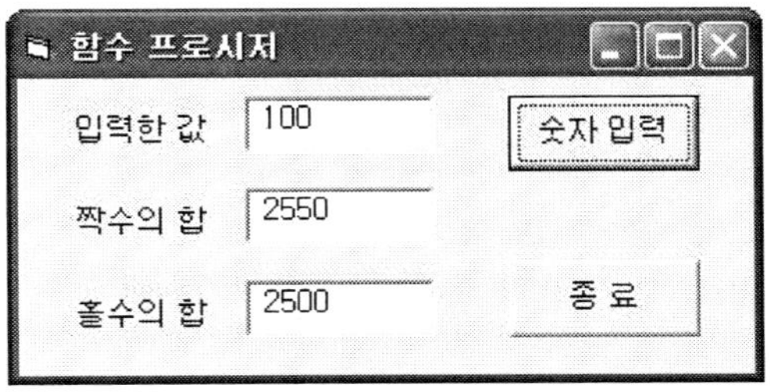

2 대화 상자

대화 상자는 사용자와 정보를 주고받는 가장 간단한 방법으로 응용 프로그램의 실행을 계속하기 위해 필요한 데이터를 사용자에게 물어 정보를 얻거나 정보를 사용자에게 보여주는 역할을 한다. 따라서 사용자가 상황에 따라 적절한 명령을 수행할 수 있도록 대화 상자와 컨트롤을 배치하는 폼을 제공한다. 폼은 컨트롤을 배치하는 시각적인 창으로 일반적인 응용프로그램은 하나 이상의 폼으로 구성되어 있다. 또한 대화 상자는 프로그램에 필요한 데이터를 계속 진행할지를 사용자에게 묻거나 사용자에게 정보를 보여주기 위해 사용한다. 비주얼 베이직에서는 프로그램에서 대화 상자를 간단하게 사용할 수 있도록 MsgBox 함수와 InputBox 함수를 제공한다.

(1) MsgBox 함수

MsgBox 함수는 대화 상자 안에 메시지를 표시하거나 사용자가 커맨드 버튼을 누르기를 기다리거나 사용자가 누른 버튼의 종류(예, 아니요, 확인 등)에 따라 적절하게 정수 값을 반환한다. 다음은 MsgBox 함수의 매개 변수의 상수 값이다.

구분	상수	상수 값	기능
버 튼	vbOKOnly	0	[확인] 버튼
	vbOKCancel	1	[확인] 단추와 [취소] 버튼
	vbAbortRetryIgnore	2	[중지], [재시도] 및 [무시] 버튼
	vbYesNoCancel	3	[예], [아니오] 및 [취소] 버튼
	vbYesNo	4	[예], [아니오] 버튼
	vbRetryCancel	5	[재시도]와 [취소] 버튼
아이콘	vbCritical	16	[오류메시지 : X] 메세지
	vbQuestion	32	[경고질의 : ?] 메세지
	vbExclamation	48	[경고메시지 : !] 메세지
	vbInformation	64	[정보메시지 : I] 메세지

MsgBox 함수는 사용자에게 메시지의 내용을 알려주는 함수 대화상자이다. 사용 형식은 다음과 같다.

MsgBox의 사용형식
·MsgBox 메시지, [대화상자 종류], [제목 표시줄 내용] → 명령문으로 사용 ·변수= MsgBox(메세지, [대화상자 종류], [제목 표시줄 내용]) → 함수로 사용

실 습

▶ 1부터 100까지의 합을 출력하는 프로그램.

① 비주얼 프로그램을 실행하여 Form1에 다음과 같이 디자인한다.

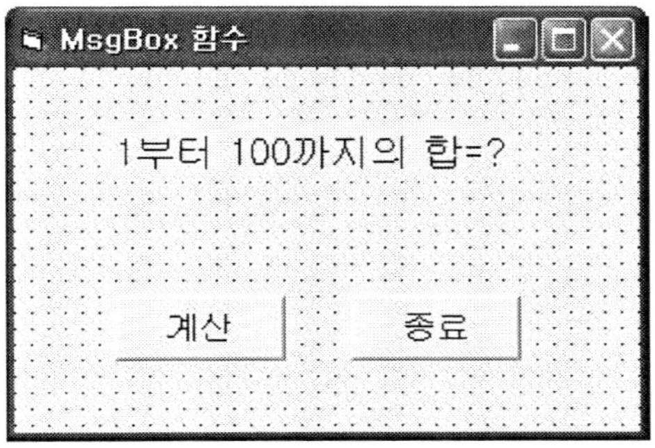

② Form1의 각 컨트롤 속성은 다음과 같다.

컨트롤	설명
Form1	Name = Form1 Caption = "MsgBox 함수"
Label1	Name = Label1 AutoSize = True Caption = "1부터 100까지의 합=?" Font = 글꼴 : 굴림체, 크기 : 10
CommandButton1	Name = cmdCalcul Caption = "계산" Font = 글꼴 : 굴림체, 크기 : 10
CommandButton2	Name = cmdExit Caption = "종료" Font = 글꼴 : 굴림체, 크기 : 10

③ 사용할 변수 선언과 [계산]과 [종료] 컨트롤은 다음과 같이 코딩한다.

```
Option Explicit
Dim i As Integer, j As Integer
Dim Total As Long

Private Sub cmdCalcul_Click()
  For i = 1 To 100
    Total = Total + i
  Next i
  MsgBox Total, vbOKCancel + vbDefaultButton2 + _
  vbInformation, "MsgBox 함수"
End Sub

Private Sub cmdExit_Click()
  End
End Sub
```

④ 프로그램 실행 결과는 다음과 같다.

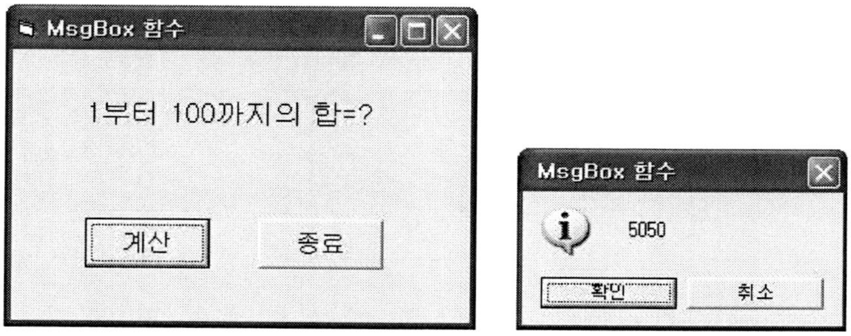

MsgBox 함수 형식에 의해 메시지는 변수나 "문자열"을 지정하고, 대화상자 종류는 확인, 취소 단추(vbOKCancel)로 지정하고 기본값은 두 번째 단추(vbDefaultButton2)에 설정하고, 아이콘은 정보 아이콘(vbInformation)으로 지정하였다. 이와 같이 여러

종류를 이용할 때는 콤마(,)가 아니라 + 기호로 연결시킨다. 제목 표시줄 내용은 "MsgBox 함수"로 지정하였다.

[참고사항]

MsgBox 함수 기능
·코드 입력시 MsgBox 함수를 입력하면 다음과 같이 함수 형식을 나타내는 풍선 도움말이 뜨기 때문에 함수의 형식을 잘 모르더라도 도움말을 참조하여 사용할 수 있다. · 'msgbox "문자열" ' 까지만 입력하고 시스템 지정 상수를 입력할 때도 상수 목록들이 나열된다. 사용자는 원하는 상수를 선택한 후 [Tab]를 누른 다음 계속 입력하면 된다.

(2) InputBox 함수

InputBox는 사용자 입력 대화상자를 만들 때 사용하는 함수이다. 이 함수는 대화상자 안에 텍스트박스가 있어 사용자가 숫자 및 문자를 입력하게 하고, [확인/취소] 단추를 이용해 입력 또는 입력 취소를 할 수 있다. [확인] 단추를 클릭 하면 입력한 값이 해당 변수에 반환된다. 사용 형식은 다음과 같다.

InputBox의 사용형식
·InputBox("메세지" , [제목 표시줄 내용], [기본값])

실 습

▶ 년도를 입력을 받아 [윤년/평년]을 판정하는 프로그램.

① 비주얼 프로그램을 실행하여 Form1에 다음과 같이 디자인한다.

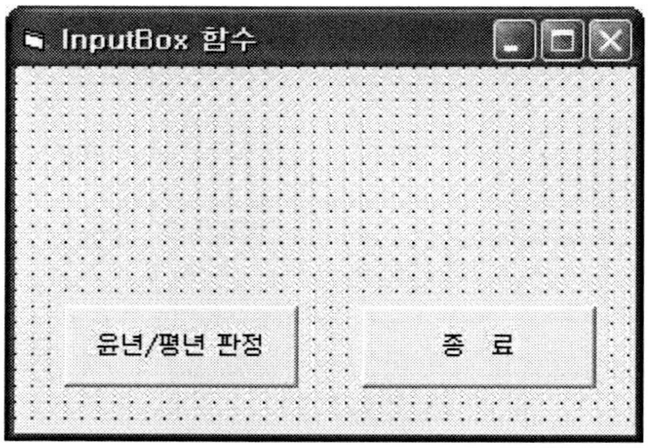

② Form1의 각 컨트롤 속성은 다음과 같다.

컨트롤	설명
Form1	Name = Form1 Caption = "InputBox 함수"
CommandButton1	Name = cmdYY Caption = "윤년과 평년 판정" Font = 글꼴 : 굴림체, 크기 : 10
CommandButton2	Name = cmdExit Caption = "종료" Font = 글꼴 : 굴림체, 크기 : 10

③ [윤년/평년 판정]과 [종료] 컨트롤은 다음과 같이 코딩한다.

```
Private Sub cmdYY_Click()
  Dim YY As String, LeapYY As String
  Dim CommonYY As String
  YY = InputBox( "년도를 입력하세요" , "윤년/평년 판정" )
  If YY = "" Then Exit Sub
    CommonYY = Val(YY)
  If (CommonYY Mod 4 = 0) And (CommonYY Mod 100 <> 0) Then
    LeapYY = "윤년"
```

```
  Else
    LeapYY = "평년"
  End If
MsgBox YY & "년 = " & LeapYY, vbOKCancel, "윤년/평년 판정"
End Sub

Private Sub cmdExit_Click()
  End
End Sub
```

④ 프로그램 실행 결과는 다음과 같다.

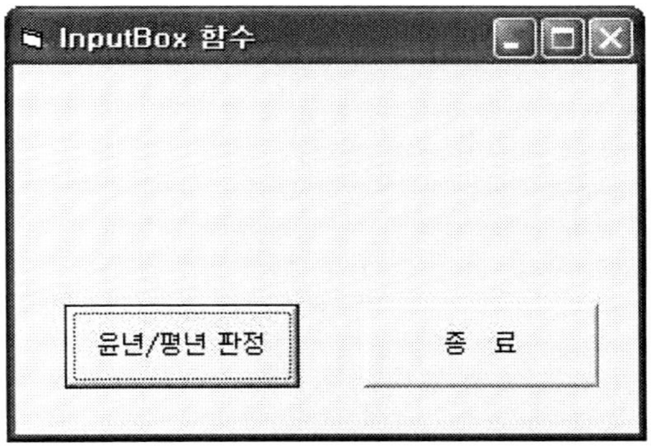

3 모듈

모듈(Module)은 하나의 프로젝트 내에서 데이터를 공유하여 사용하도록 전역적으로 사용할 상수, 변수, 프로시저, 함수 등을 선언하는 프로젝트의 구성 요소 중 하나이다. 그리고 폼과는 달리 컨트롤들을 디자인할 수 없으며 코딩만 가능한 윈도우이다. 프로그램 작성시 반복적으로 공통되는 내용이 필요하다면 모듈을 이용하는 것이 좋다. 모듈의 확장자는 *.bas이다.

실 습

▶ **물품 코드, 수량, 단가를 입력하여 새로운 폼에서 물품 구매 총액을 출력하는 프로그램.**

처 리 조 건
·물품 코드에 따른 품명, 단가를 2차원 배열에 저장하여 물품 코드에 대한 품명을 찾아 출력한다. ·입력 폼과 출력 폼 모두에서 물품 코드 테이블을 사용한다. ·코드와 수량을 전역변수로 사용한다. ·입력된 코드가 없으면 코드가 없다는 메시지 출력한다.

물품 코드	품명	단가
1	마우스	18,000
2	키보드	20,000
3	스피커	30,000
4	CD-ROM	100,000
5	디스크	80,000

① 비주얼 프로그램을 실행하여 Form1에 다음과 같이 디자인한다.

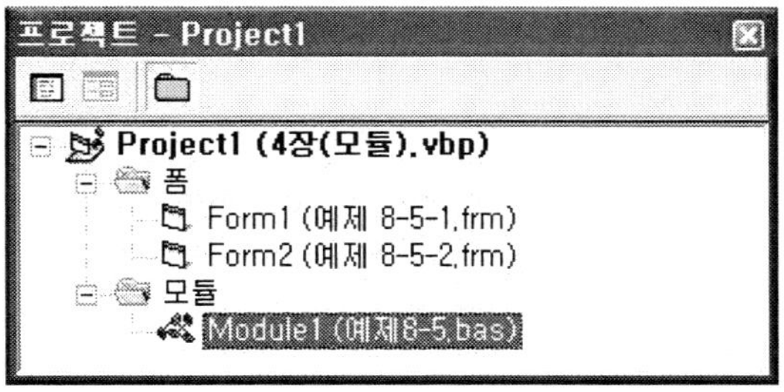

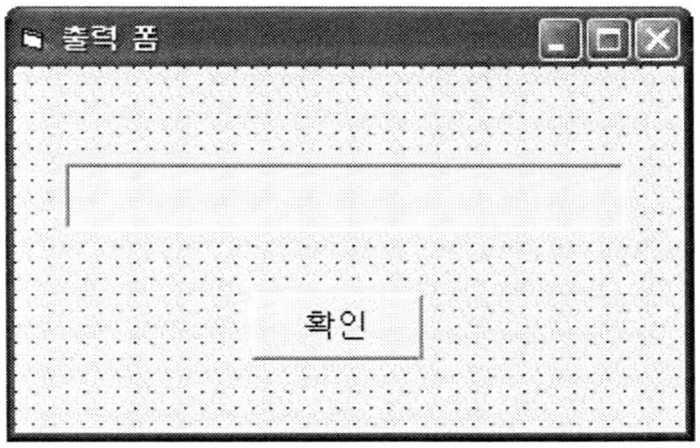

② Form1의 각 컨트롤 속성은 다음과 같다.

컨트롤	설명
Form1	Name = Form1 Caption = "입력 폼"
Label1	Name = lblCode AutoSize = True Caption = "물품 코드" Font = 글꼴 : 굴림체, 크기 : 10
Label2	Name = lblQua AutoSize = True Caption = "수 량" Font = 글꼴 : 굴림체, 크기 : 10

TextBox1	Name = txtCode Text = “ ” Font = 글꼴 : 굴림체, 크기 : 10
TextBox2	Name = txtQua Text = “ ” Font = 글꼴 : 굴림체, 크기 : 10
CommandButton1	Name = cmdCalcul Caption = “구매 총액 계산” Font = 글꼴 : 굴림체, 크기 : 10
CommandButton2	Name = cmdExit Caption = “종료” Font = 글꼴 : 굴림체, 크기 : 10
Form2	Name = Form2 Caption = “출력 폼”
Label1	Name = Label1 AutoSize = True BorderStyle = 1-단일고정 Caption = “ ” Font = 글꼴 : 굴림체, 크기 : 10
CommandButton1	Name = cmdDef Caption = “확인” Font = 글꼴 : 굴림체, 크기 : 10

③ Form1의 [구매 총액 계산]과 [종료] 컨트롤은 다음과 같이 코딩한다.

```
Private Sub cmdCalcul_Click()
  Code = Val(txtCode.Text)
  Cnt = Val(txtQua.Text)
  Form2.Show
End Sub

Private Sub Form_Load()
  Computer(1, 1) = “1”
  Computer(1, 2) = “마우스”
  Computer(1, 3) = “18000”
```

```
  Computer(2, 1) = "2"
  Computer(2, 2) = "키보드"
  Computer(2, 3) = "20000"
  Computer(3, 1) = "3"
  Computer(3, 2) = "스피커"
  Computer(3, 3) = "30000"
  Computer(4, 1) = "4"
  Computer(4, 2) = "CD-ROM"
  Computer(4, 3) = "100000"
  Computer(5, 1) = "5"
  Computer(5, 2) = "디스크"
  Computer(5, 3) = "80000"
End Sub

Private Sub cmdExit_Click()
  End
End Sub
```

④ Form2의 [확인] 컨트롤은 다음과 같이 코딩한다.

```
Private Sub cmdDef_Click()
  Unload Form2
  Form1.txtCode = ""
  Form1.txtQua = ""
End Sub

Private Sub Form_Load()
  If Code >= 1 And Code <= 5 Then
      Label1.Caption = Computer(Code, 2) + "의 총액은" + _
      Str(Cnt * Val(Computer(Code, 3))) + "원입니다."
  Else
      Label1.Caption = "찾는 코드가 없습니다."
  End If
End Sub
```

⑤ 모듈을 추가하고 다음과 같이 코딩한다.

```
Option Explicit
Public Computer(5, 3) As String
Public Code As Integer, Cnt As Long
```

⑥ 프로그램 실행 결과는 다음과 같다.

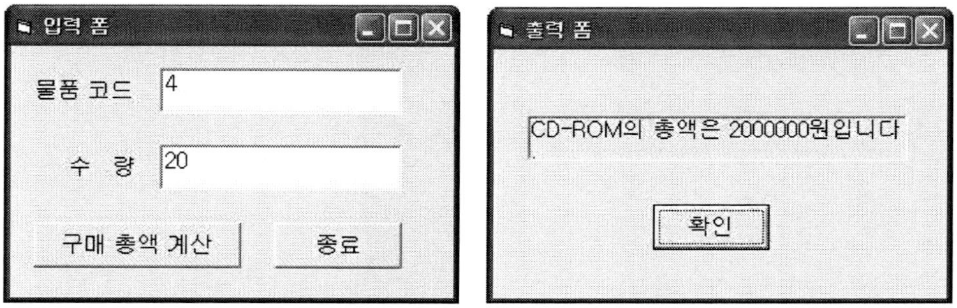

4 표준 함수

모든 프로그래밍 언어에서는 기본적으로 사용되는 함수를 가지고 있다. 이런 함수를 내장함수 또는 표준함수라 한다. 비주얼 베이직에서 제공하는 표준함수는 다음과 같다.

(1) 수학 함수

함수	기능	예
Abs(x)	x의 절대 값	Abs(-5) = 5
Int(x)	x의 정수 부분(x값보다 작은 정수 중 가장 큰 값)	Int(5.5) = 5 Int(-5.6) = -6

Fix(x)	x의 정수 부분	Fix(-5.6) = -5
Sqr(x) Hex(x) Sgn(x) Rnd(x)	x의 제곱근 x의 16진수 값 x가 양수이면 1, x가 음수이면 -1, x가 0이면 0 0<x<1사이의 실수값을 발생	Sqr(9) = 3 Hex(123) = 7B Sgn(3) = 1 Sgn(-9) = -1 난수발생
Sin(x) Cos(x) Tan(x)	x의 Sin 값 x의 Cos 값 x의 Tan 값	x의 단위는 라디안 r=각도/180* π
Exp(x) Log(x)	e^x 값 log x 값	Exp(1) = e

(2) 문자열 함수

함수	기능	예
Len(문자열)	문자열의 길이(바이트 수)	Len("abcd") = 4
LCase(문자열) UCase(문자열)	대문자를 소문자로 전환 소문자를 대문자로 전환	LCase("ABCD") = abcd UCase("abcd") = ABCD
Left(문자열, n) Right(문자열, n) Mid(문자열, m, n) Space(n)	문자열의 왼쪽 n개의 문자 문자열의 오른쪽 n개의 문자 문자열의 m번 이후부터 n개의 문자 n개의 공백 삽입	Left("abcd" , 3) = abc Right("abcd" , 3) = bcd Mid("abcdefg" , 4, 3) = def
LTrim(문자열) RTrim(문자열) Trim(문자열)	문자열을 기준으로 왼쪽 공백 제거 문자열을 기준으로 오른쪽 공백 제거 좌우 공백 모두 제거	LTrim(" abcdef") = abcdef RTrim("abcdef ") = abcdef Trim(" abcdef ") = abcdef

Val(문자열) Str(수식)	문자열을 숫자로 변환 수식을 문자열로 변환	Val("123") = 숫자 123 Str(123) = 문자열 123
InStr([n], 문자열1, 문자열2)	문자열1의 n번째 문자 이후에 문자열2가 있는 위치	InStr("Good Morning" , "n") = 9

실 습

▶ 문자열 함수 출력하는 프로그램.

① 비주얼 프로그램을 실행하여 Form1에 다음과 같이 디자인한다.

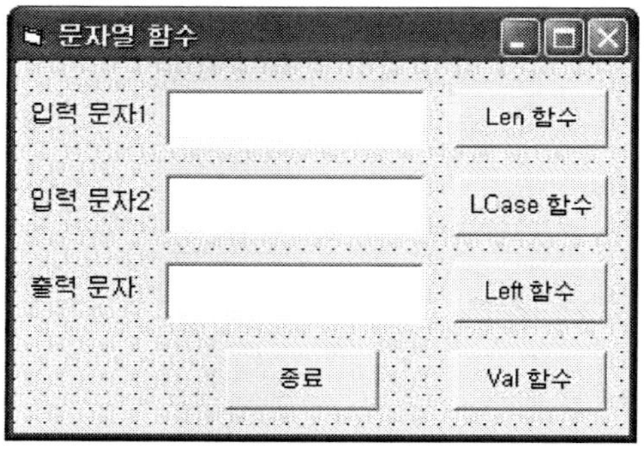

② Form1의 각 컨트롤 속성은 다음과 같다.

컨트롤	설명
Form1	Name = Form1 Caption = "문자열 함수"
Label1	Name = lblInput1 AutoSize = True Caption = "입력 문자1" Font = 글꼴 : 굴림체, 크기 : 10

Label2	Name = lblInput2 AutoSize = True Caption = "입력 문자2" Font = 글꼴 : 굴림체, 크기 : 10
Label3	Name = lblOutput AutoSize = True Caption = "출력 문자" Font = 글꼴 : 굴림체, 크기 : 10
TextBox1	Name = txtInput1 Text = " " Font = 글꼴 : 굴림체, 크기 : 10
TextBox2	Name = txtInput1 Text = " " Font = 글꼴 : 굴림체, 크기 : 10
TextBox3	Name = txtOutput Text = " " Font = 글꼴 : 굴림체, 크기 : 10
CommandButton1	Name = cmdLen Caption = "Len 함수" Font = 글꼴 : 굴림체, 크기 : 10
CommandButton2	Name = cmdLCase Caption = "LCase 함수" Font = 글꼴 : 굴림체, 크기 : 10
CommandButton3	Name = cmdLeft Caption = "Left 함수" Font = 글꼴 : 굴림체, 크기 : 10
CommandButton4	Name = cmdVal Caption = "Val 함수" Font = 글꼴 : 굴림체, 크기 : 10
CommandButton5	Name = cmdExit Caption = "종료" Font = 글꼴 : 굴림체, 크기 : 10

③ Form1의 [Len 함수], [LCase 함수], [Left 함수], [Val 함수], [종료] 컨트롤은 다음

과 같이 코딩한다.

```
Private Sub cmdLen_Click()
   txtOutput = Len(txtInput1)
End Sub

Private Sub cmdLCase_Click()
   txtOutput = LCase(txtInput1)
End Sub

Private Sub cmdLeft_Click()
   txtOutput = Left(txtInput1, 5)
End Sub

Private Sub cmdVal_Click()
 txtOutput = Val(txtInput1) + Val(txtInput2)
End Sub

Private Sub cmdExit_Click()
   End
End Sub
```

④ 프로그램 실행 결과는 다음과 같다.

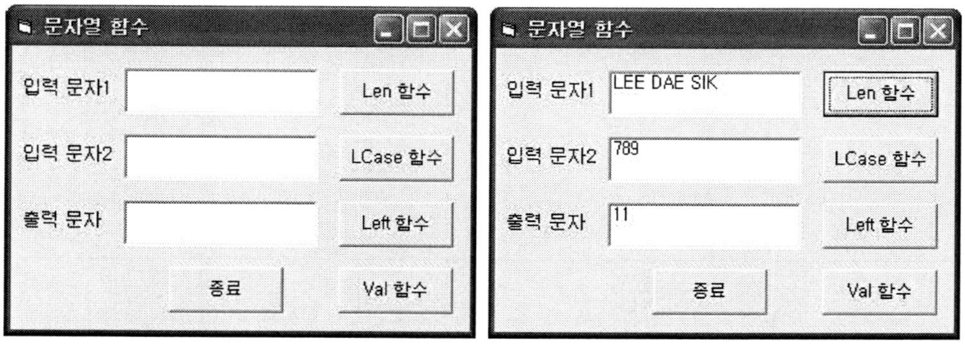

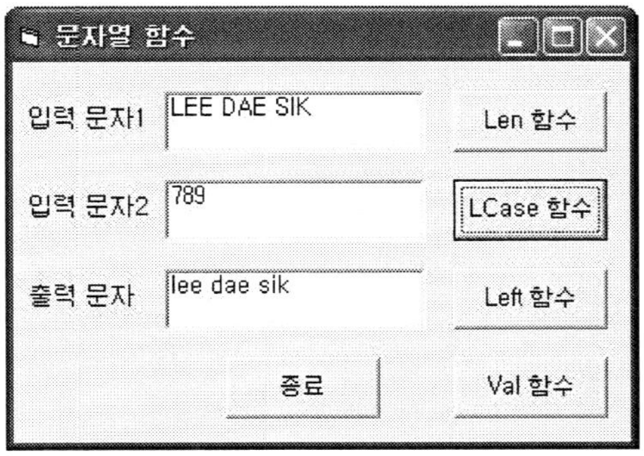

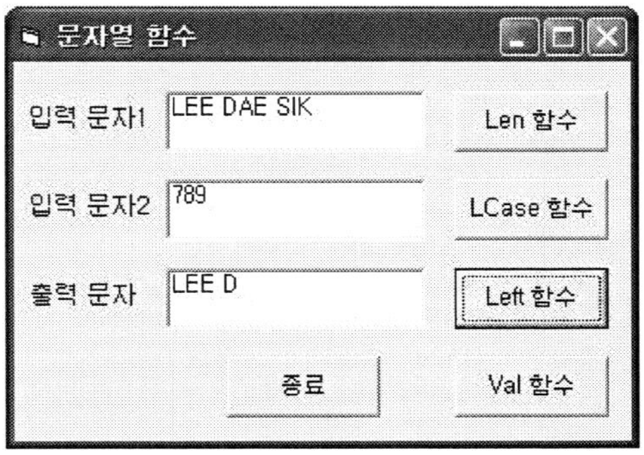

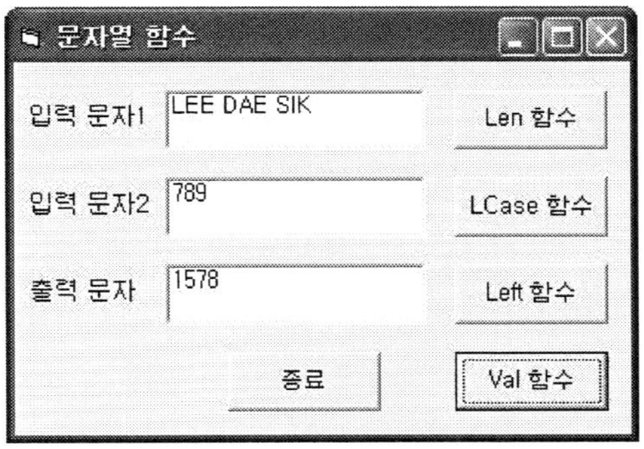

5 유효 범위

(1) Private와 Public 프로시저

Private로 선언된 프로시저는 프로시저가 선언된 모듈(폼 모듈, 표준 모듈, 클래스 모듈 등) 내에서만 호출이 가능하고 다른 모듈에서는 호출이 불가능하다. 반면에 Public이나 또는 프로시저 유형을 생략하고 선언한 프로시저는 공용 프로시저를 의미한다. 즉, 프로시저가 선언된 모듈은 물론이고, 다른 모듈에서도 호출이 가능하다.

실 습

▶ Private와 Public 프로시저 프로그램.

① 비주얼 프로그램을 실행하여 Form1에 다음과 같이 디자인한다.

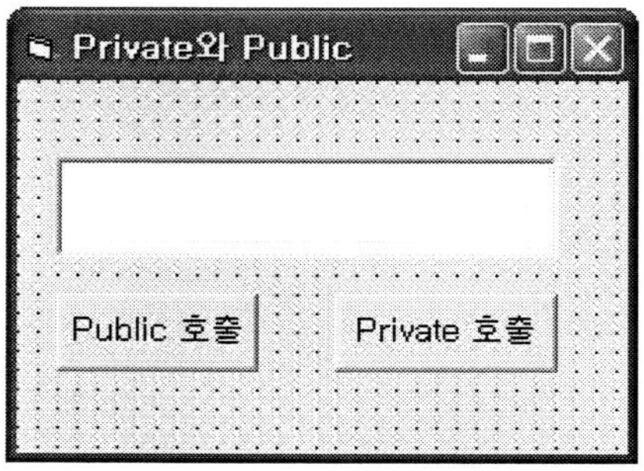

② Form1의 각 컨트롤 속성은 다음과 같다.

컨트롤	설명
Form1	Name = Form1 Caption = "Private와 Public"
TextBox1	Name = txt1 Text = " " Font = 글꼴 : 굴림체, 크기 : 10
CommandButton1	Name = cmdPublic Caption = "Public 호출" Font = 글꼴 : 굴림체, 크기 : 10
CommandButton2	Name = cmdPrivate Caption = "Private 호출" Font = 글꼴 : 굴림체, 크기 : 10

③ [프로젝트]-[모듈추가]를 선택하여 모듈을 추가하고 다음과 같이 코딩한다.

```
Private Sub sub_Private()
  Form1.txt1.Text = "Private는 자신이 속한 모듈에서만 호출 가능"
End Sub

Public Sub sub_Public()
  Form1.txt1.Text = "Public은 모든 모듈에서 호출 가능"
End Sub
```

④ Form1의 [Public 호출]과 [Private 호출] 컨트롤은 다음과 같이 코딩한다.

```
Private Sub cmdPrivate_Click()
  Call sub_Private
End Sub

Private Sub cmdPublic_Click()
  Call sub_Public
End Sub
```

⑤ 프로그램 실행 결과는 다음과 같다.

[Public 호출]을 클릭 하면 정상적으로 프로시저 호출이 되지만 [Private 호

출]을 클릭 하면 오류 메시지가 나타난다.

(2) Static 프로시저

Static은 정적 변수나 정적 프로시저를 선언 할 때 사용하는 예약어이다. 프로시저 내에서 Static으로 선언되지 않은 변수들은 해당 프로시저가 끝나면 소멸되나 정적변수는 해당 프로시저가 끝나도 메모리에 그 값이 남아있게 된다. 프로시저 앞에 Static 예약어를 사용하면 정적 프로시저가 된다.

실 습

▶ Static 프로시저 프로그램.

① 비주얼 프로그램을 실행하여 Form1에 다음과 같이 디자인한다.

② Form1의 각 컨트롤 속성은 다음과 같다.

컨트롤	설명
Form1	Name = Form1 Caption = "Static 프로시저"
TextBox1	Name = txtStatic Text = " " Font = 글꼴 : 굴림체, 크기 : 10
TextBox2	Name = txtGen Text = " " Font = 글꼴 : 굴림체, 크기 : 10
CommandButton1	Name = cmdStatic Caption = "10회 반복 수행" Font = 글꼴 : 굴림체, 크기 : 10
CommandButton2	Name = cmdExit Caption = "종 료" Font = 글꼴 : 굴림체, 크기 : 10

③ 일반 함수(sub1)과 정적 함수(sub2)를 만들고 다음과 같이 코딩한다.

```
Public Sub sub1()
  Dim num
  num = num + 2
  txtGen.Text = num
End Sub

Static Sub sub2()
  Dim num
  num = num + 2
  txtStatic.Text = num
End Sub

Private Sub cmdStatic_Click()
  Dim i
  For i = 1 To 10
```

```
    Call sub1
    Call sub2
  Next i
End Sub

Private Sub cmdExit_Click()
  End
End Sub
```

④ 프로그램 실행 결과는 다음과 같다.

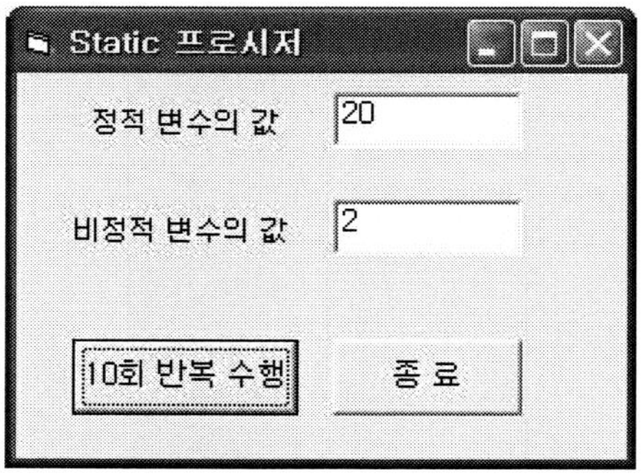

정적 프로시저의 변수 값은 num = num + 2를 10회 반복한 값 20을 유지 하지만, 비정적 프로시저의 변수 값은 호출될 때마다. 새로 계산되므로 결과 값이 2다.

연 습 문 제

1. 함수 프로시저를 사용하여 두 개의 입력 데이터를 계산하는 프로그램을 작성하시오.

[실행 전 화면]

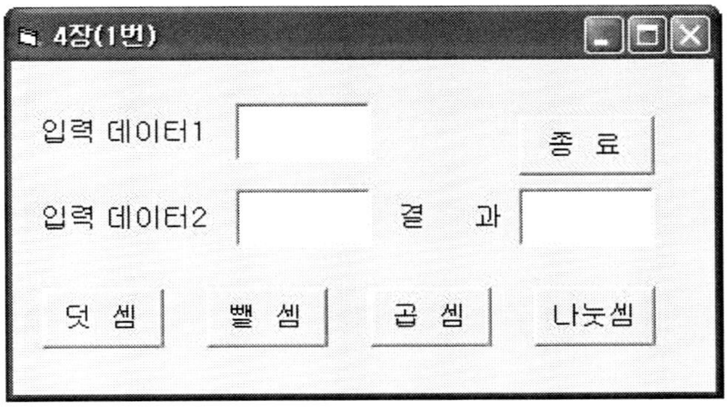

[실행 후 화면]

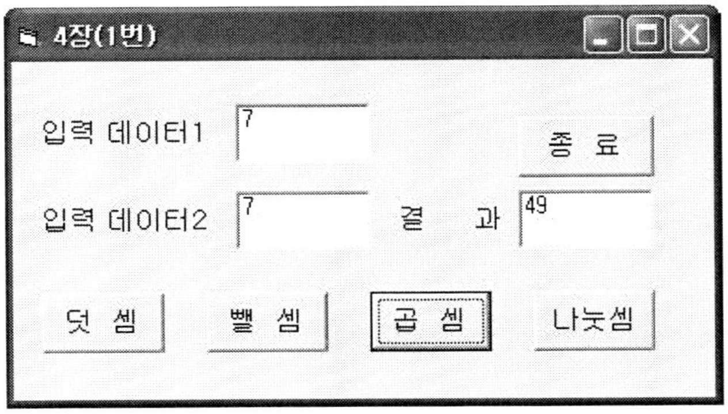

2. InputBox 함수를 사용하여 다음의 프로그램을 작성하시오.

실 습

▶ 실행 실습.

① [입력 상자 표시]를 클릭한다.

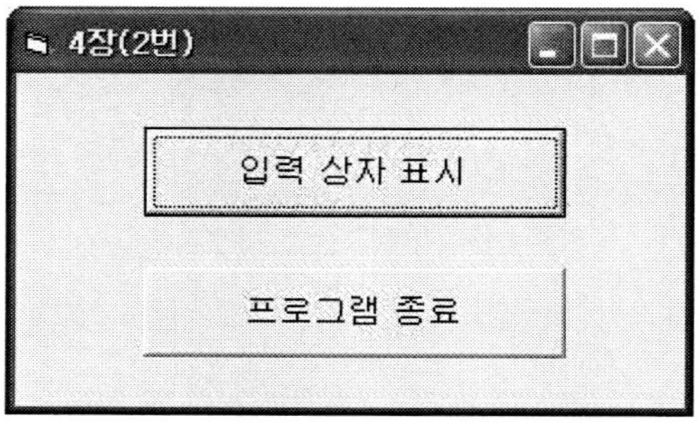

② 문자열을 입력하고 [확인] 버튼을 클릭한다.

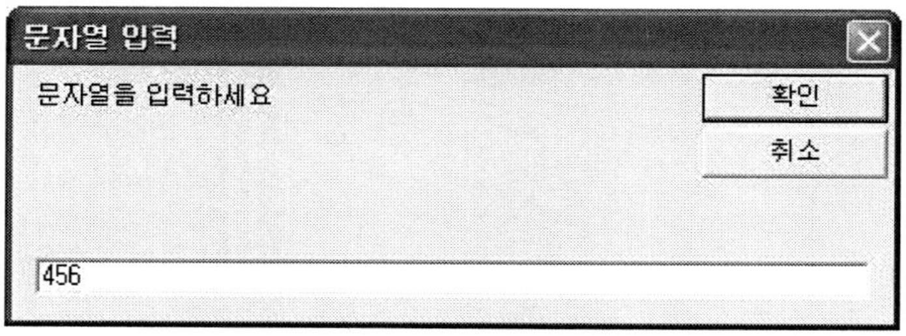

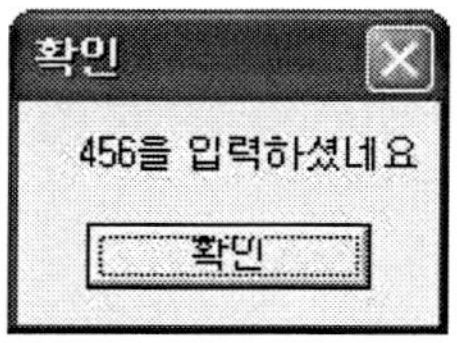

제 5 장

메뉴 작성

제 5 장 메뉴 작성

1 메뉴 표시법

메뉴는 윈도우즈 응용 프로그램의 공통적인 구성요소로 메뉴를 사용하면 폼에 있는 여러 개의 명령을 연관된 그룹끼리 묶어 편리하게 사용할 수 있다.

거의 모든 윈도우용 응용 프로그램에서는 프로그램의 많은 기능들을 메뉴를 통해서 제공한다. 일반적인 메뉴의 형태를 보면 주메뉴가 있고 주메뉴에 따른 여러 가지 항목의 하위 메뉴가 있고, 하위 메뉴들을 기능별로 구분하기 위해 구분 선을 사용해서 표현한다. 또한 사용자에게 단축키를 사용하게 제공함으로써 메뉴 사용을 더욱 더 쉽게 하며, 비주얼 베이직에서 제공하는 컨트롤 중에 하나로 다른 컨트롤과 같이 속성과 이벤트를 가지며, 메소드는 제공하지 않는다. 다음은 비주얼 베이직 [보기] 메뉴의 일부이다.

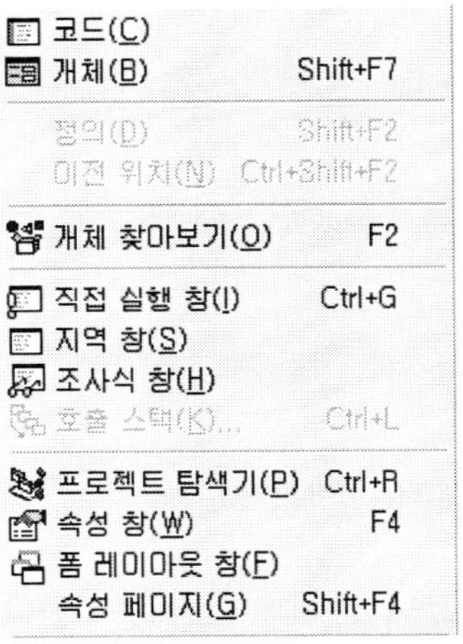

메뉴를 이용하여 응용 프로그램을 작성하려면 우선 메뉴를 기능별로 구분하여 디자인하는 것이 좋다. 예를 들면 파일에 관련된 [파일] 메뉴, 편집과 관련된 [편집] 메뉴

와 이밖에 [보기], [도움말]등으로 구성할 수 있다. 또한, 메뉴를 구성할 때에는 독창적인 메뉴를 만드는 것보다 이미 사용자들에 익숙한 형태인 메뉴 작성 규칙을 따르는 것이 좋다.

(1) 메뉴 표시줄(파일(F) 편집(E) 보기(V) 프로젝트(P) 형식(O) 디버그(D) 실행(R))

항상 제목 표시줄 바로 아래에 나타나며 각 메뉴의 제목을 표시한다.

(2) 주메뉴

메뉴 표시줄의 항목을 클릭할 때 나타나는 명령 목록으로 목록의 맨 위에 메뉴 제목이 표시된다.

(3) 부메뉴

메뉴 항목으로부터 분기되는 메뉴로서 부메뉴를 갖는 명령 옆에는 부메뉴를 가르키기 위한 화살표(▶)가 표시된다.

(4) 메뉴 항목

메뉴 목록에서 선택할 수 있는 것 중의 하나를 말하며, 모든 메뉴는 적어도 하나 이상의 명령을 포함하며 각 메뉴의 항목은 자신만의 하위 메뉴를 가질 수 있다.

(5) 팝업메뉴

응용 프로그램에서 마우스의 오른쪽 버튼을 클릭하면 나타나는 메뉴로 자주 사용하는 명령들을 쉽고 빠르게 액세스하기 위해 생성한다.

(6) 단축키 표시(Shift+F7)

어떤 메뉴를 실행하는데 있어 순서대로 실행하지 않고 정해진 키 조합으로 직접 메뉴를 실행할 수 있는 기능이다. 단축키는 Ctrl, Alt, Shift와 다른 키의 조합이나 기능키(F1 ~ F12)로 이루어진다.

[참고사항]

▸ **가속키(보기(V))**

가속키는 메뉴 항목에 밑줄 그어진 문자를 말하는 것으로 Alt 키와 조합으로 사용된다. 메뉴가 활성 상태일 때 사용 가능하고 비활성 일 때는 Alt 키를 누르고 사용하면 활성 상태로 된다.

(7) 대화상자 표시(프로젝트 열기(O)...)

실행할 메뉴를 선택하면 이 메뉴와 관련된 대화상자가 화면에 나타나도록 할 경우에 사용한다.

(8) 비활성화

프로그램의 상태에 따라 메뉴가 실행될 수 없게 흐린 상태, 즉 그레이 상태로 표시된다. 다음의 [코드]와 [개체]는 활성화 상태이고, [정의]와 [이전 위치]는 비활성화 상태이다.

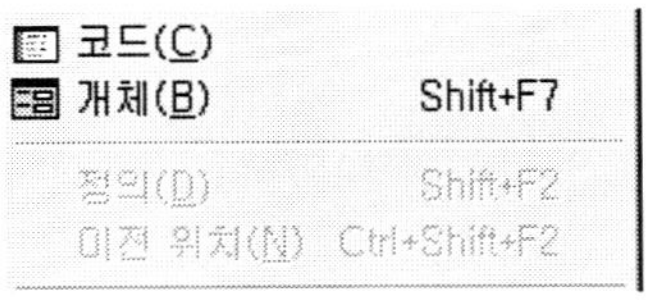

(9) 선택표시

메뉴가 선택되었음을 표시할 때 사용한다. 여러 항목이 있을 경우에는 [선택/해제]를 표시한다. 다음은 [Project1-Form1(코드)]가 선택되었다.

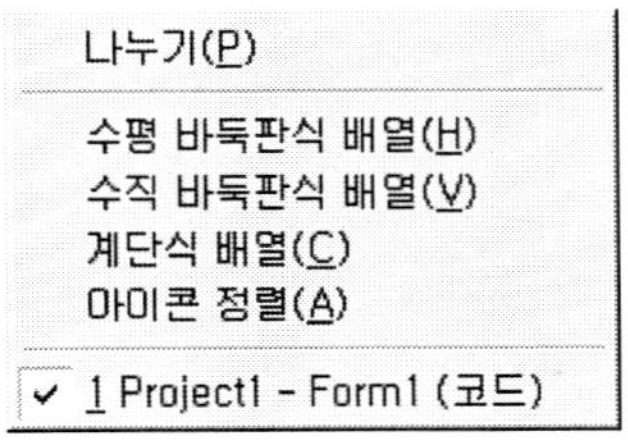

2 풀다운 메뉴 만들기

풀다운(Pull-down) 메뉴는 주메뉴가 있고 그 주메뉴에 따른 여러 가지 항목의 하위 메뉴가 표시되는 메뉴 방식을 말한다. 비주얼 베이직에서는 메뉴 편집기가 있어 메뉴를 작성하고 메뉴 항목을 추가, 수정하는 작업을 쉽게 할 수 있다.

(1) 메뉴 편집기

프로그램 개발자가 보다 쉽게 만들 수 있도록 인터페이스를 제공하는 도구로 메뉴 편집기를 사용한다. 메뉴 편집기는 [도구]-[메뉴 편집기]를 선택하거나 단축키 Ctrl+E를 누르면 다음과 같은 메뉴 편집기 대화상자가 나타난다.

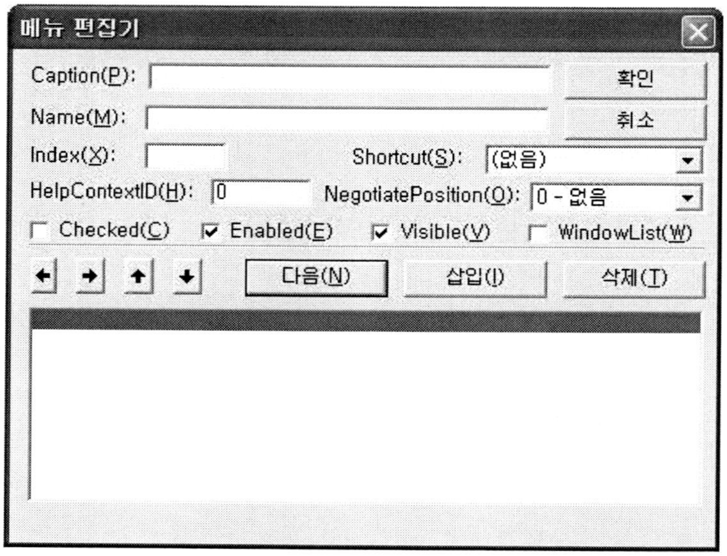

메뉴 편집기는 크게 두 부분으로 구분된다. 윗 부분에는 메뉴 객체의 속성을 지정하는 항목들이 나열되어 있고, 아래 부분은 메뉴 항목을 나타내는 메뉴 항목상자와 메뉴 편집 단추로 구성되어 있다.

- **메뉴 속성**

이벤트	설명
Name	문자열 앞에 &를 입력하면 가속키 기능을 가능하게 한다. 메뉴 객체의 이름을 설정한다. 프로그램에서 사용되므로 중복되는 이름이 있어서는 안되며, 메뉴임을 나타내기 위해 'menu'로 시작하는 이름을 설정하는 것이 좋다.
Caption	메뉴에 나타날 문자열을 입력한다. 하이픈(-)이 입력되면 하위 항목들 사이의 구분 선이 표시된다.
Checked	메뉴 항목 왼쪽에 선택표시를 할 것 인지의 여부를 설정한다.
Enabled	메뉴 항목을 활성화 할 것인지의 여부를 설정한다.
HelpContextID	도움말 파일에서 해당 메뉴의 도움말로 사용될 도움말 ID를 설정한다.
Index	메뉴를 배열로 만들었을 때 구분하기 위한 색인 값으로 사용한다.
Shortcut	하위 메뉴 항목의 단축키를 설정한다.
Visible	메뉴 항목을 보이게 할 것 인지의 여부를 설정한다.
WindowList	폼이 MDI(Multiple Document Interface) 폼일 경우 MDI 폼 내에 생성된 Child 폼의 목록을 메뉴에 표시할 것인지의 여부를 설정한다.

- **메뉴 목록상자와 단추의 기능**

이벤트	설명
	메뉴를 한 단계 상위 메뉴로 생성할 때 사용한다.
	메뉴를 한 단계 하위 메뉴로 생성할 때 사용한다. 클릭할 때마다 메뉴의 항목이 오른쪽으로 이동되며 메뉴 항목 앞에 "...." 이 표시된다. 5단계까지 하위 메뉴를 생성할 수 있다.

↑	메뉴 선택을 한 단계씩 위로 이동시킨다.
↓	메뉴 선택을 한 단계씩 아래로 이동시킨다.
다음(N)	현재 메뉴 항목에서 다음 메뉴 항목으로 이동시킨다. 다음 메뉴 항목이 없는 경우에는 Caption 속성으로 옮겨가 메뉴를 계속 생성할 수 있다.
삽입(I)	현재 메뉴 항목 위치에 새로운 메뉴 항목을 삽입시킨다.
삭제(T)	현재 선택된 메뉴 항목을 삭제한다.

실 습

▶ 메모장 만드는 프로그램 (파일 메뉴)

① 비주얼 프로그램을 실행하여 Form1에 텍스트 박스를 디자인한다.

② Form1의 각 컨트롤 속성은 다음과 같다.

컨트롤	설명
Form1	Name = Form1 Caption = "메모장"
TextBox1	Name= txt1 MultiLine = True Text = " " ScrollBars = 1-수평 Font = 글꼴 : 굴림체, 크기 : 10

③ 먼저 [파일] 메뉴를 작성하기 위한 조건은 다음과 같다. [파일] 메뉴의 [열기]와 [저장], [인쇄] 등은 6장 공용 대화상자에서 작성한다.

Name	Caption	Checked	Enabled	ShortCut
menu_File	파일(&F)			
menu_FileNew	새글(&N)			Ctrl+N
menu_Gubun01	-			
menu_FileExit	종료(&X)			

④ 파일 메뉴를 작성하기 위해 메뉴 편집기를 실행하고 메뉴를 작성한다.

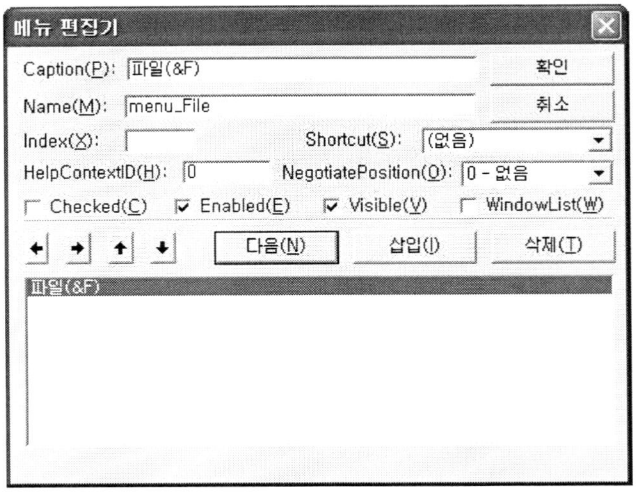

⑤ 다음(N) 과 ➔를 클릭하고 [새글] 메뉴와 단축키(Shortcut)를 선택한다.

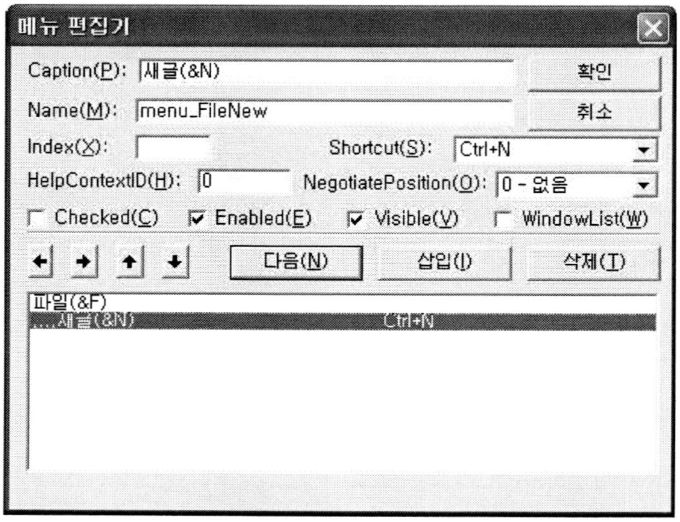

⑥ 다음(N) 을 클릭하고 구분자를 입력한다.

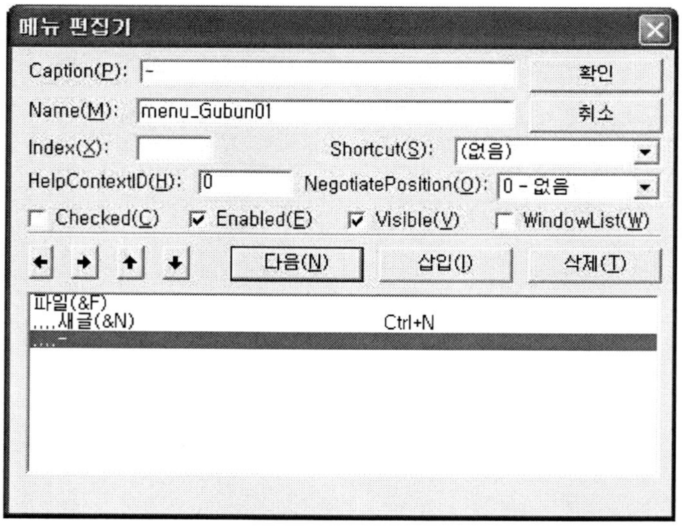

⑦ [종료] 메뉴를 입력하고 [확인]을 클릭한다.

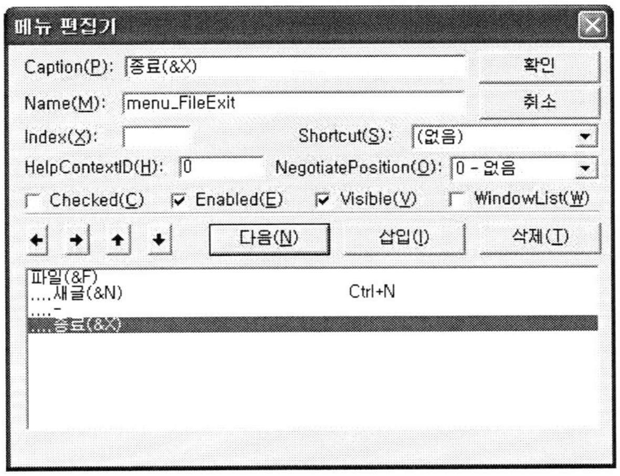

⑧ 작성된 개체의 코드는 먼저 폼이 Load 될 때 초기값 설정은 다음과 같다.

```
Private Sub Form_Load()
  txt1.FontName = "새굴림"
  txt1.FontSize = 11
  txt1.ForeColor = RGB(0, 0, 0)
End Sub
```

⑨ [새글] 메뉴는 다음과 같이 코딩한다.

```
Private Sub menu_FileNew_Click()
  txt1.Text = " "
  txt1.SetFocus
End Sub

Private Sub menu_FileExit_Click()
  End
End Sub
```

⑩ 프로그램을 실행시키면 다음과 같다.

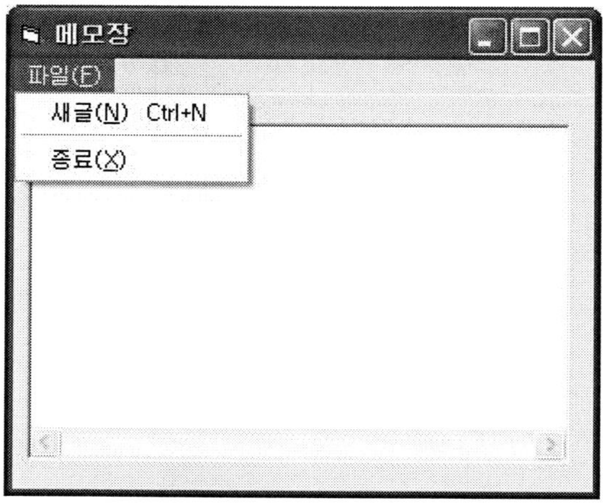

실 습

▶ 메모장 만드는 프로그램 (편집 메뉴)

① 편집 메뉴를 작성하기 위한 조건은 다음과 같다.

Name	Caption	Checked	Enabled	ShortCut
menu_Edit	편집(&E)			
menu_EditCut	잘라내기(&T)			Ctrl+X
menu_EditCopy	복사(&C)			Ctrl+C
menu_EditPaste	붙이기(&P)		해제	Ctrl+V

② 편집 메뉴를 작성하기 위해 메뉴 편집기로 메뉴를 작성하면 다음과 같다.

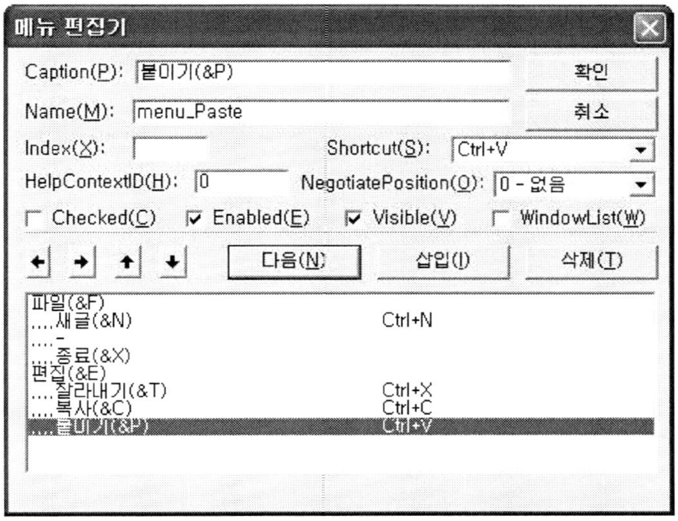

③ [편집] 메뉴는 다음과 같이 코딩한다.

```
Private Sub menu_EditCut_Click()
   Clipboard.SetText txt1.SelText
   txt1.SelText = " "
   menu_EditPaste.Enabled = True
End Sub

Private Sub menu_EditCopy_Click()
   Clipboard.SetText txt1.SelText
   menu_EditPaste.Enabled = True
End Sub

Private Sub menu_EditPaste_Click()
   txt1.SelText = Clipboard.GetText
End Sub
```

④ 프로그램을 실행시켜 다음 문장을 [복사하기]하여 [붙이기]하면 다음과 같다.

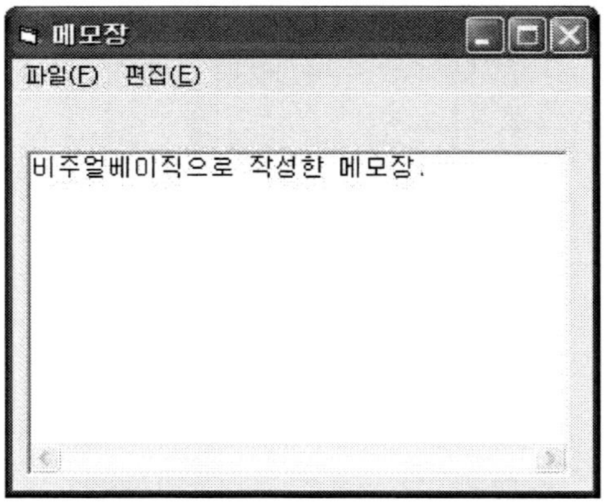

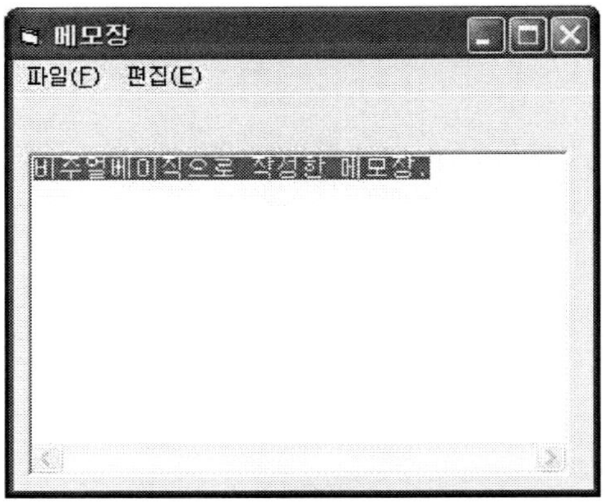

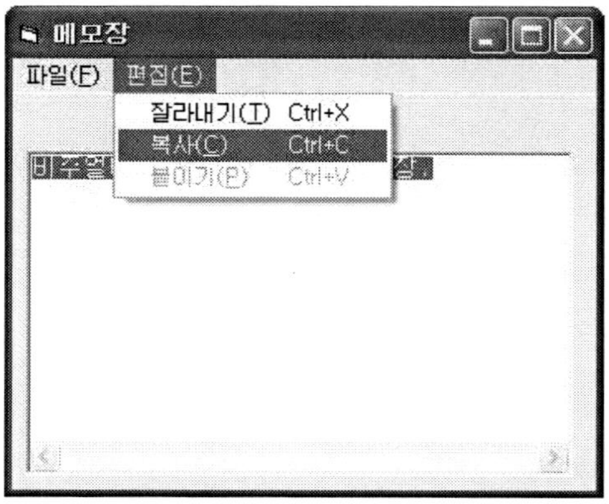

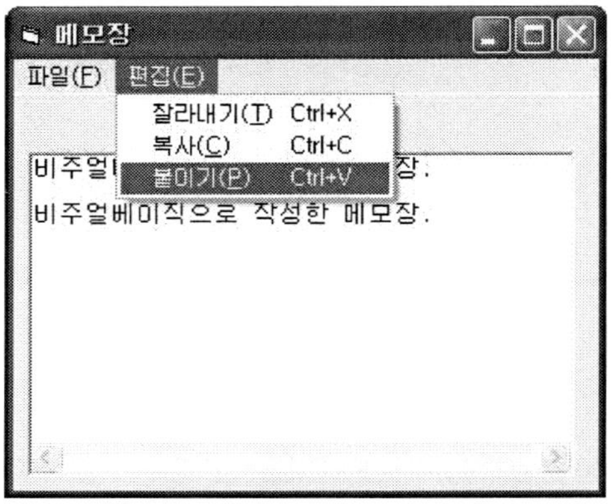

[참고사항]

▸ **클립보드**

복사된 내용을 일시적으로 저장하는 임시적인 기억공간을 의미한다. 클립보드도 하나의 객체가 된다.

① SelText 속성 : 텍스트박스의 속성 중 하나로 텍스트박스에서 마우스로 선택된 부분을 나타내며 속성 창에서는 나타나지 않고 코딩 할 때만 사용할 수 있다.
② SelStart 속성 : 텍스트박스의 속성으로 삽입 처음 위치를 지정한다.
③ SelLength : SelStart 속성과 함께 선택범위를 지정할 때 사용한다. 어떤 문자열의 선택 범위는 SelStart에서 SelLength까지로 한정한다.
④ SetText : 선택된 내용을 클립보드로 복사하는 메소드
⑤ GetText : 클립보드에 있는 내용을 읽어오는 메소드

실 습

▶ 메모장 만드는 프로그램 (서식 메뉴)

① [서식] 메뉴를 작성하기 위한 조건은 다음과 같다.

Name	Caption	Checked	Enabled	ShortCut
menu_Format	서식(&O)			
menu_Font	글꼴모양			
menu_Initial	초기값(&I)	체크		
menu_Gubun02	-			
menu_Gullim	굴림체			Ctrl+G
menu_Gungsu	궁서체			Ctrl+O
menu_Dodum	돋움체			Ctrl+D
menu_Size	글꼴크기			
menu_SizeInitial	초기값(&I)	체크		
menu_Gubun03	-			
menu_12p	12P			
menu_14p	14P			
menu_20p	20P			
menu_Style	글꼴유형			
menu_Bold	굵게			Ctrl+B
menu_Italic	기울림			Ctrl+I
menu_UnderLine	밑줄			Ctrl+U
menu_Color	글꼴색상			
menu_ColorInitial	초기값(&I)	체크		
menu_Gubun04	-			

menu_Red	빨강색			
menu_Green	초록색			
menu_Blue	파랑색			

② [서식] 메뉴를 작성하기 위해 메뉴 편집기를 실행하고 메뉴를 작성하면 다음과 같다.

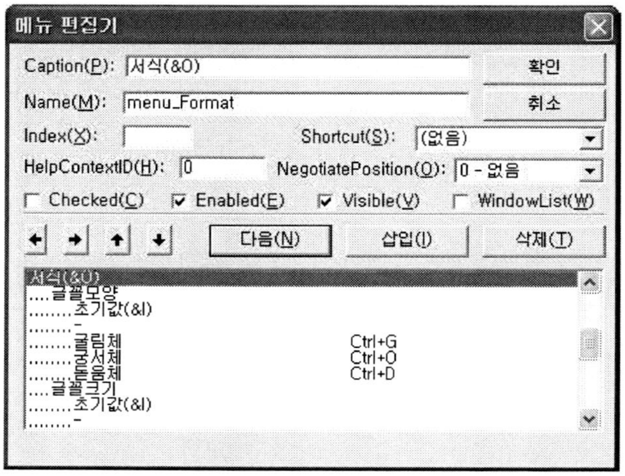

③ [서식] 메뉴의 [글꼴모양] 메뉴는 다음과 같이 코딩한다.

```
Private Sub menu_Gullim_Click()
    txt1.FontName = "굴림체"
End Sub

Private Sub menu_Gungsu_Click()
    txt1.FontName = "궁서체"
End Sub

Private Sub menu_Dodum_Click()
    txt1.FontName = "돋움체"
End Sub
```

④ [서식] 메뉴의 [글꼴크기] 메뉴는 다음과 같이 코딩한다.

```
Private Sub menu_SizeInitial_Click()        '초기값 선택
    txt1.FontSize = 10
End Sub

Private Sub menu_12P_Click()
    txt1.FontSize = 12
End Sub

Private Sub menu_14P_Click()
    txt1.FontSize = 14
End Sub

Private Sub menu_20P_Click()
    txt1.FontSize = 20
End Sub
```

⑤ [서식] 메뉴의 [글꼴유형] 메뉴는 다음과 같이 코딩한다.

```
Private Sub menu_Bold_Click()
    txt1.FontBold = True
End Sub

Private Sub menu_Italic_Click()
    txt1.FontItalic = True
End Sub

Private Sub menu_UnderLine_Click()
    txt1.FontUnderline = True
End Sub
```

⑥ [서식] 메뉴의 [글꼴색상] 메뉴는 다음과 같이 코딩한다.

```
Private Sub menu_Red_Click()
    menu_Green.Checked = False
    menu_Red.Checked = True
    menu_Blue.Checked = False
    txt1.ForeColor = RGB(255, 0, 0)
End Sub

Private Sub menu_Green_Click()
    menu_Green.Checked = True
    menu_Red.Checked = False
    menu_Blue.Checked = False
    txt1.ForeColor = RGB(0, 255, 0)
End Sub

Private Sub menu_Blue_Click()
    menu_Green.Checked = False
    menu_Red.Checked = False
    menu_Blue.Checked = True
    txt1.ForeColor = RGB(0, 0, 255)
End Sub
```

⑦ 프로그램을 실행시키면 다음과 같다.

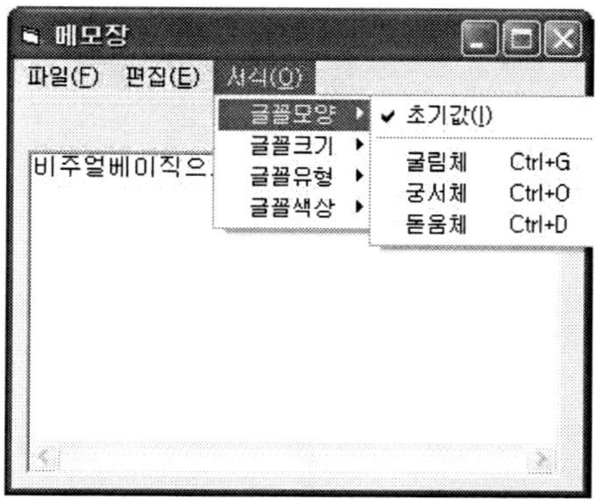

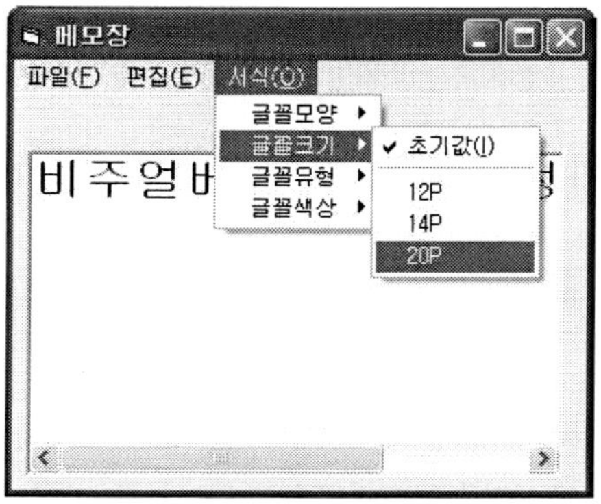

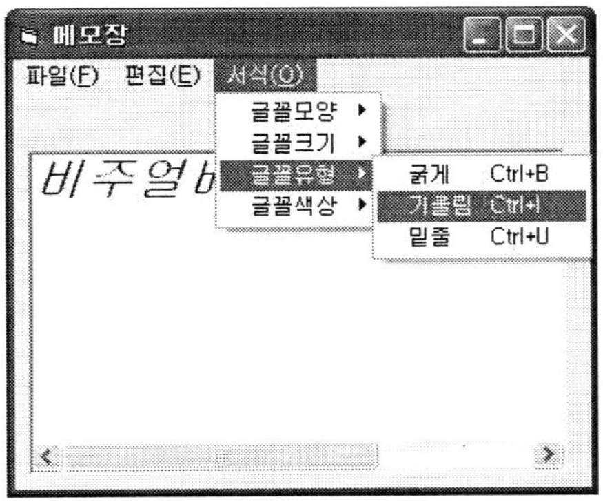

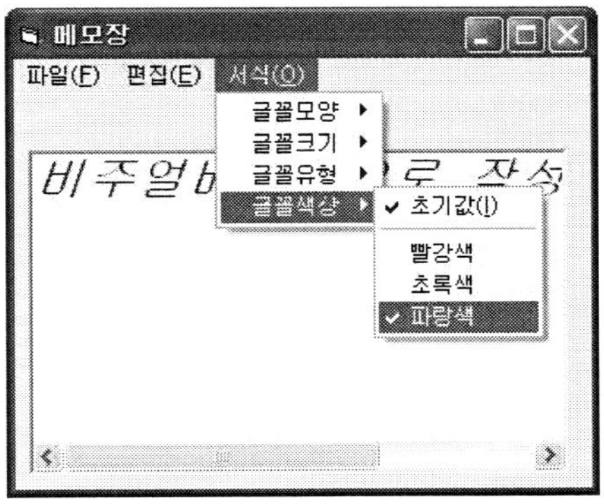

실 습

▶ 메모장 만드는 프로그램 (보기 메뉴)

① [보기] 메뉴를 작성하기 위한 조건은 다음과 같다.

Name	Caption	Checked	Enabled	ShortCut
menu_View	보기(&V)			
menu_ViewTxt	글상자 보기			Ctrl+T
menu_ViewNTxt	글상자 감추기			Ctrl+M

② [보기] 메뉴를 작성하기 위해 메뉴 편집기를 실행하고 메뉴를 작성하면 다음과 같다.

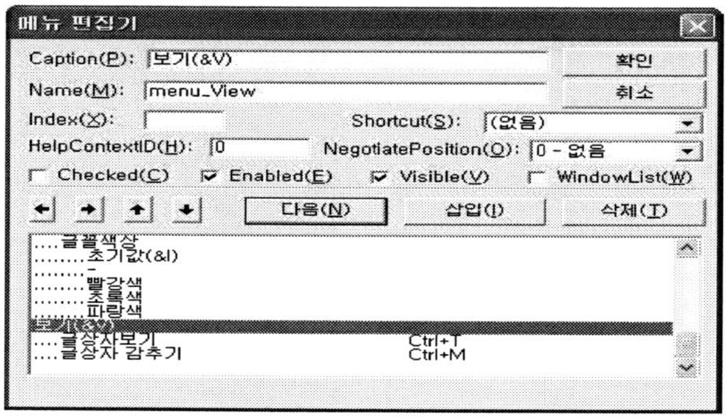

③ [보기] 메뉴는 다음과 같이 코딩한다.

```
Private Sub menu_ViewNTxt_Click()
    txt1.Visible = False
    menu_ViewTxt.Enabled = False
End Sub

Private Sub menu_ViewTxt_Click()
    txt1.Visible = True
    menu_ViewTxt.Enabled = True
End Sub
```

④ 프로그램을 실행시키면 다음과 같다.

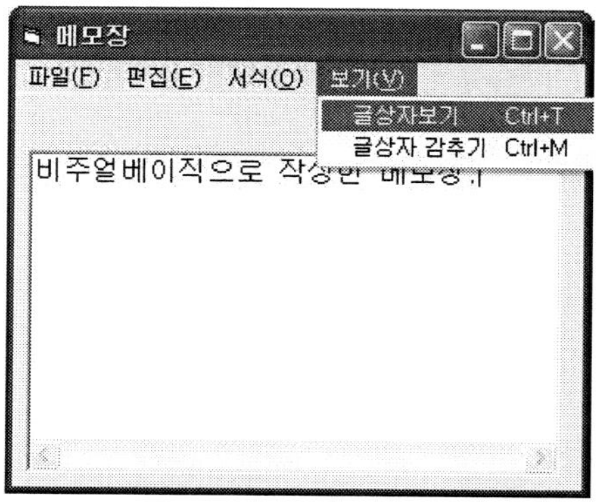

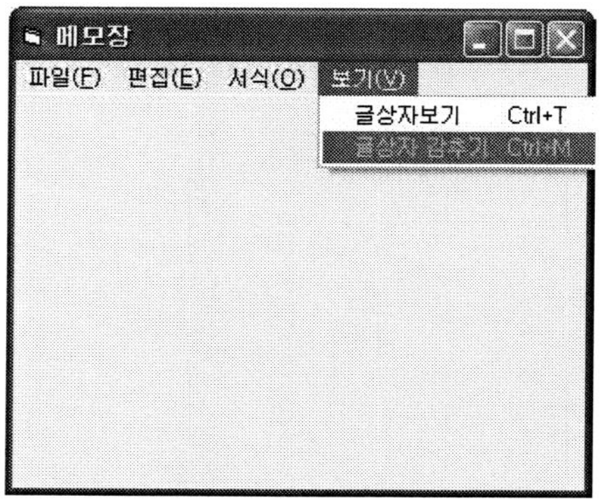

실 습

▶ 메모장 만드는 프로그램 (도움말 메뉴)

① [도움말] 메뉴를 작성하기 위한 조건은 다음과 같다.

Name	Caption	Checked	Enabled	ShortCut
menu_Help	도움말(&H)			
menu_HelpInfor	메모장 정보			F1

② [도움말] 메뉴를 작성하기 위해 메뉴 편집기를 실행하고 메뉴를 작성하면 다음과 같다.

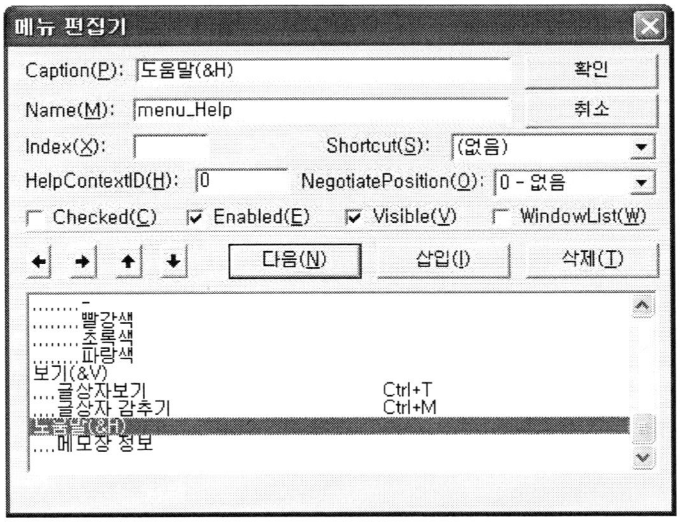

③ [도움말] 메뉴는 다음과 같이 코딩한다.

```
Private Sub menu_HelpInfor_Click()
    MsgBox "메모장 버전 7.0" + Chr(10) + "만든사람 : LeeDS" + _
    Chr(10) + "만든날짜 : 2007년 1월 11일", vbOKOnly + vbInformation, _
     "메모장 정보"
End Sub
```

④ 프로그램을 실행시키면 다음과 같다.

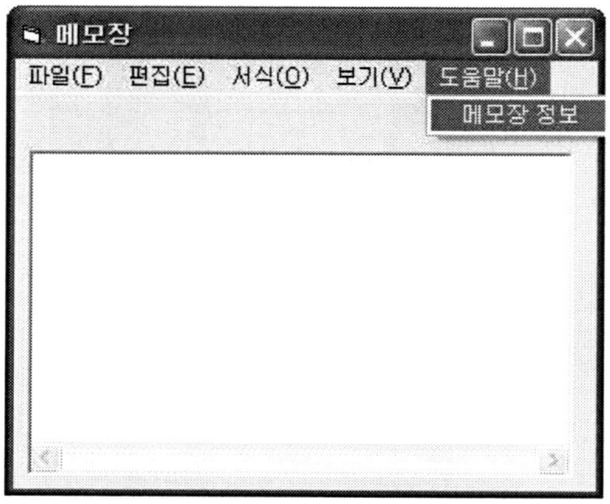

실 습

▶ 도구모음 추가

① 도구 바와 상태 바 컨트롤은 [구성요소]에서 추가해야 한다. [프로젝트]-[구성요소]를 클릭 하면 컨트롤 대화상자가 나타나다. [Microsoft Windows Common Controls 6.0]을 선택하고 [확인] 단추를 클릭하면 도구상자에 9개의 [Microsoft Windows Common Controsl 6.0]이 생긴다.

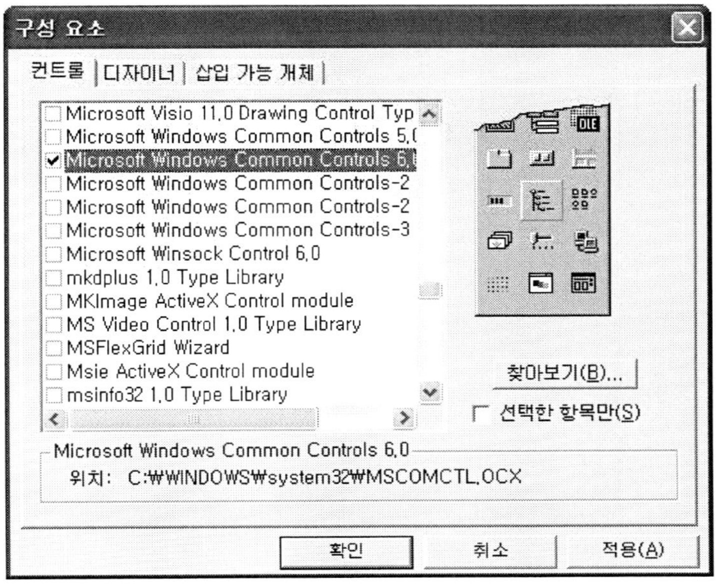

② 도구 상자에서 텍스트 컨트롤을 적당한 크기로 조절한다.

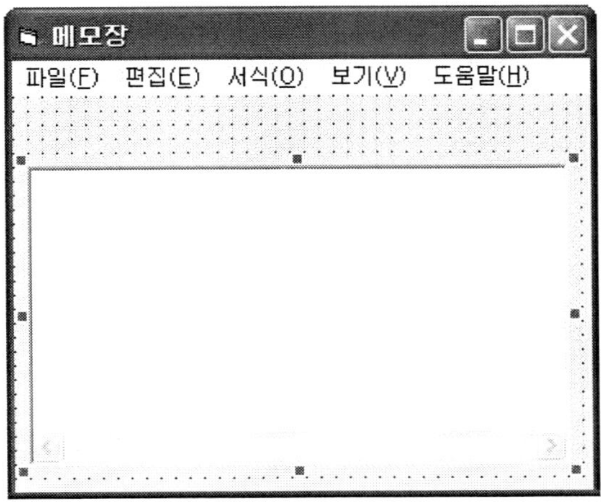

③ [ToolBar] 컨트롤( )을 선택하고 폼에 디자인한다.

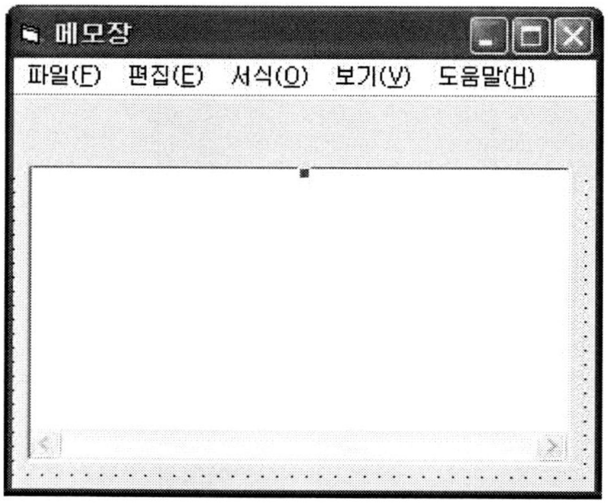

④ 도구 바의 속성 창에서 '사용자 정의'를 선택하면 [속성 페이지] 대화상자가 나타난다. [단추] 탭을 선택하고 [단추 삽입]을 4번 클릭해서 도구 바에 4개의 ToolBar 컨트롤을 추가한다.

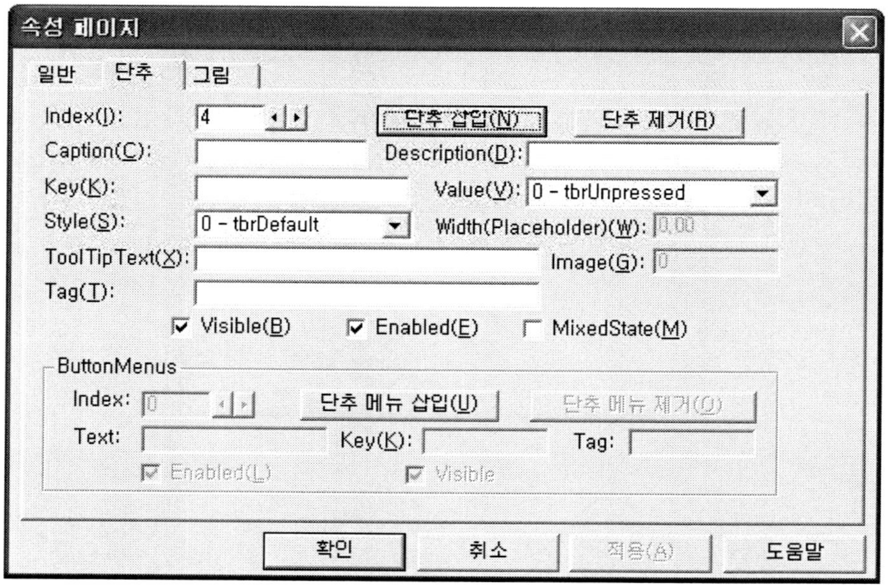

⑤ 폼의 도구 바에 4개의 ToolBar 컨트롤이 추가되었다. 추가된 단추의 각 Caption 속성을 다음과 같이 지정한다.

Index	Caption
1	새글
2	굵게
3	기울림
4	밑줄

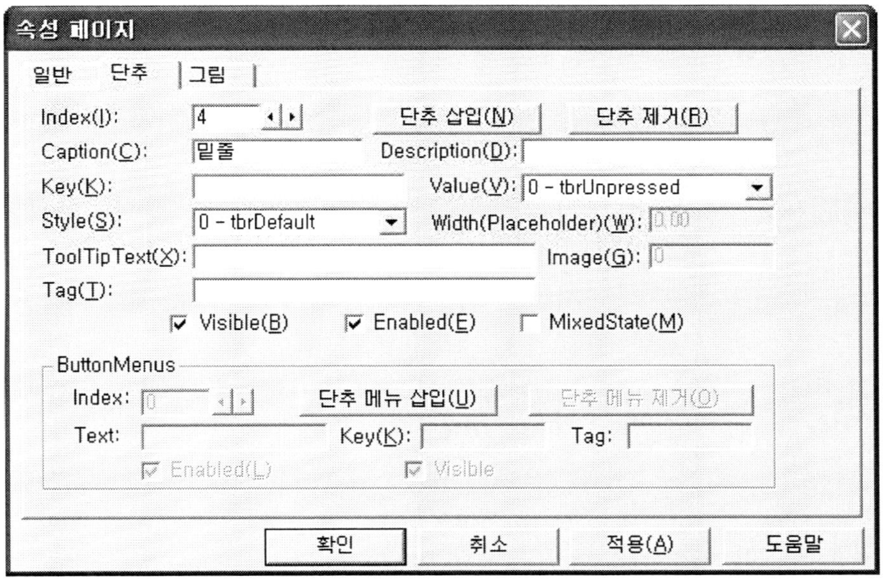

⑥ [속성 페이지] 대화상자에서 [확인] 버튼을 클릭한다.

⑦ [ToolBar] 컨트롤에 그림을 넣기 위해 [ImageList] 컨트롤( )을 폼에 추가한다.

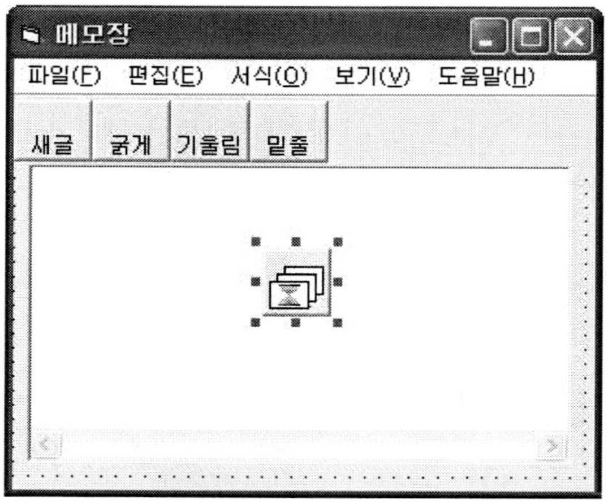

⑧ 추가된 도구 바의 속성 창에서 '사용자 정의'를 선택하면 [속성 페이지] 대화상자가 나타난다. [일반] 탭을 선택하고 이미지 크기를 '16×16(1)'로 지정한다.

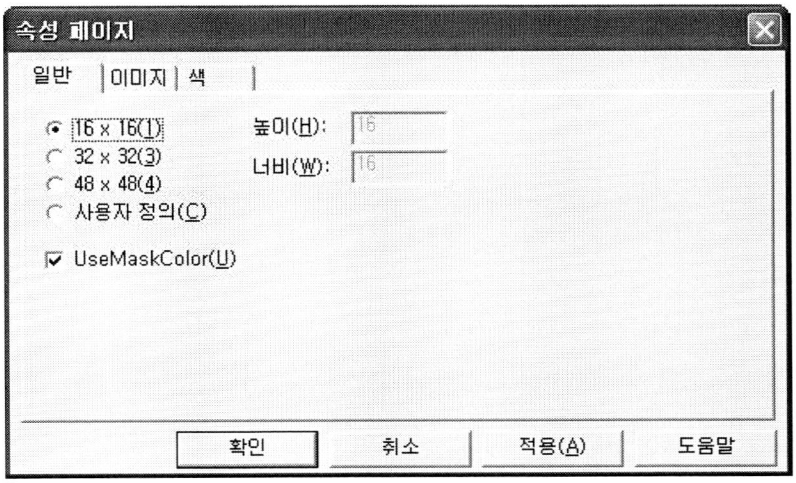

⑨ 그림을 추가하기 위해 [속성 페이지] 대화상자의 [이미지] 탭을 선택한다.

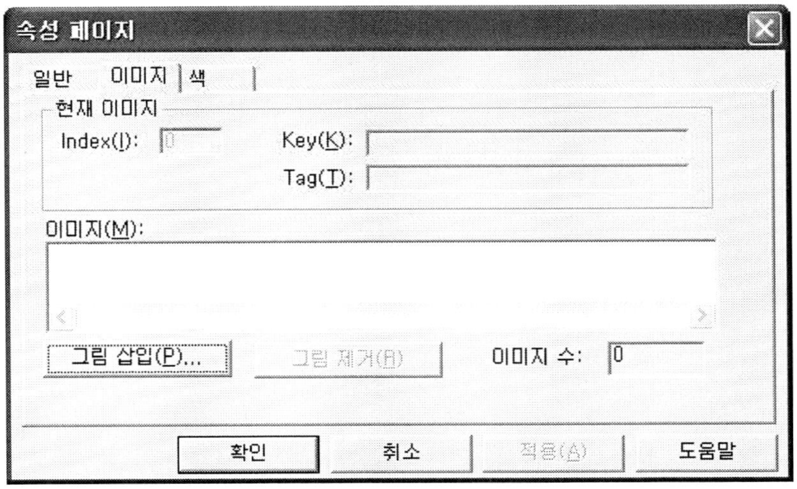

⑩ [그림 삽입] 버튼으로 그림을 4개 삽입하고 [확인] 버튼을 클릭한다.

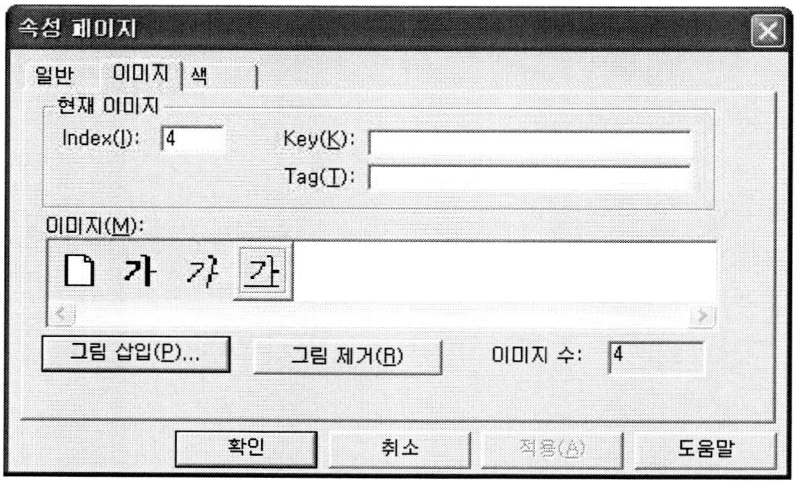

⑪ 도구 바의 [속성 페이지] 대화상자를 열고 [일반] 탭을 선택하고 [ImageList(I)] 항목에서 'ImageList'를 선택한다.

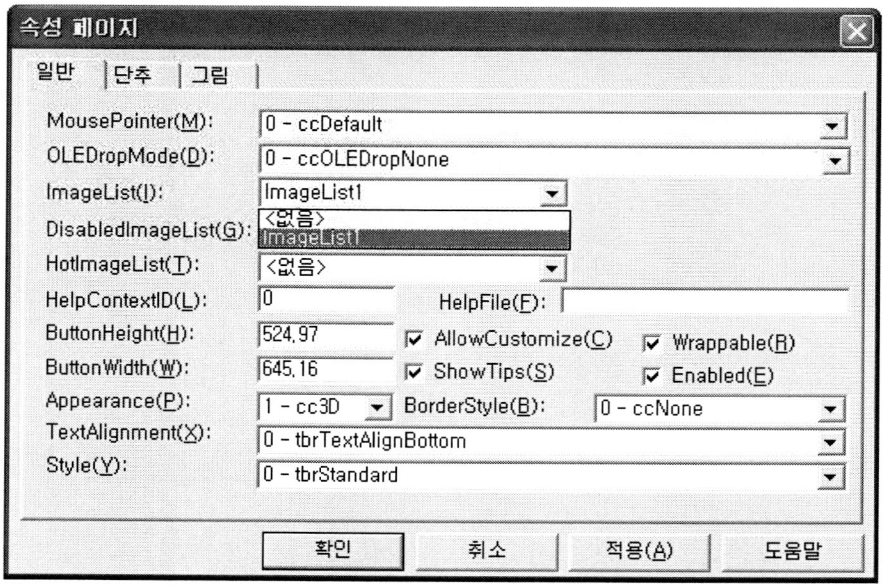

⑫ [단추] 탭을 선택하고 [Index]와 [Caption], [Image] 항목을 다음과 같이 선택한다.

Index	Caption	Image
1	새글	1
2	굵게	2
3	기울림	3
4	밑줄	4

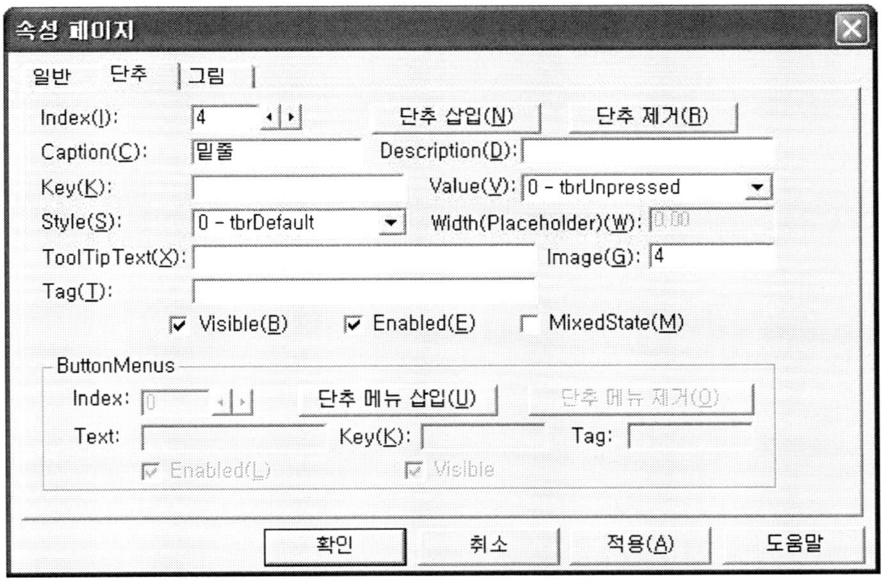

⑬ 프로그램을 실행한 결과는 다음과 같다.

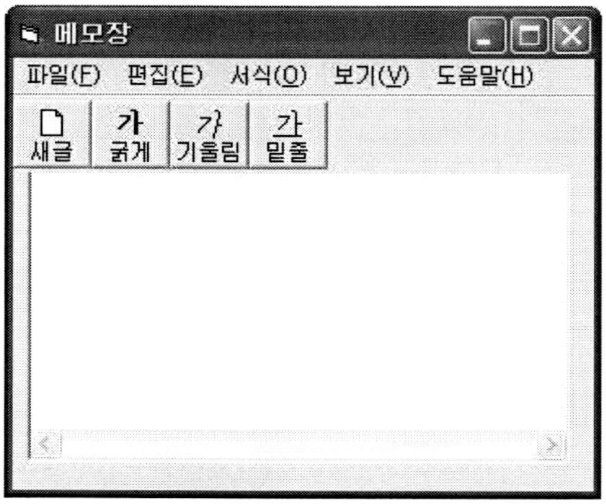

⑭ 도구 바의 각 컨트롤을 클릭하면 해당하는 메뉴의 기능을 하도록 다음과 같이 코딩한다.

```
Private Sub Toolbar1_ButtonClick(ByVal Button As MSComctlLib.Button)
    Select Case Button.Index
        Case 1
            menu_FileNew_Click
        Case 2
            menu_Bold_Click
        Case 3
            menu_Italic_Click
        Case 4
            menu_UnderLine_Click
    End Select
End Sub
```

⑮ 프로그램을 실행시킨 결과는 다음과 같다.

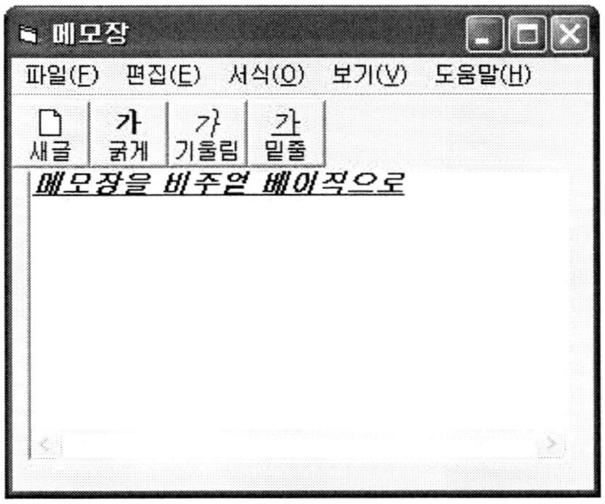

3 팝업(Popup) 메뉴 작성

대부분의 윈도우용 응용 프로그램에서 마우스 오른쪽 단추를 누르면 누른 위치에 팝업 메뉴가 나타난다. 팝업 메뉴는 자주 사용하는 메뉴를 쉽게 선택하고자 할 때 효과적이다. 팝업 메뉴의 작성은 풀다운 메뉴와 동일한 방법으로 사용되고, 단지 풀다운 메뉴와는 달리 PopupMenu 호출 명령을 사용하여 호출한다. PopupMenu 호출 명령의 형식은 다음과 같다.

PopupMenu 호출 명령의 형식
[폼이름.] PopupMenu 메뉴이름 [.Flag [.x [.y [,팝업동작]]]

팝업 메뉴로 사용되는 메뉴는 최상위 메뉴 항목이다. 예를 들면 메모장 실습에서 [파일], [편집], [서식] 등은 팝업 메뉴 대상이 되지만 [궁서체], [12P], [굵게] 등의 하

위 메뉴 항목은 팝업 메뉴 대상이 되지 않는다.

Flag 인수는 팝업 메뉴의 위치와 동작을 지정하는데 사용되는 인수로 설정 상수는 다음 표와 같다.

상수	값	설명
vbPopupMenuLeftAlign	0	지정한 x위치는 팝업 메뉴의 왼쪽 가장자리 지정.
vbPopupMenuCenterAlign	1	지정한 x위치는 팝업 메뉴의 가운데를 지정.
vbPopupMenuRightAlign	2	지정한 x위치는 팝업 메뉴의 오른쪽 가장자리 지정.

또한 팝업 동작을 지정하는 상수 값은 다음 표와 같다.

상수	값	설명
vbPopupMenuLeftButton	0	사용자가 마우스 왼쪽 버튼 클릭시 팝업 메뉴 표시.
vbPopupMenuRightButton	1	사용자가 마우스 오른쪽 또는 왼쪽 버튼 클릭시 팝업 메뉴 표시.

팝업 메뉴를 만들기 위해서는 MouseUp이나 MouseDown 이벤트를 이용한다.

실 습

▶ 팝업 메뉴 작성 프로그램.

① 텍스트박스의 MouseDown 이벤트 프로시저를 만들고 다음과 같이 코딩한다.

```
Private Sub Txt1_MouseDown(Button As Integer, Shift As Integer, X As Single, Y As Single)
  If Button = vbRightButton Then
      Form1.PopupMenu menu_Format
  End If
End Sub
```

② 프로그램을 실행시키고 텍스트박스 안에서 마우스 오른쪽 단추를 클릭 하면 색상 메뉴의 하위 메뉴가 팝업 된다.

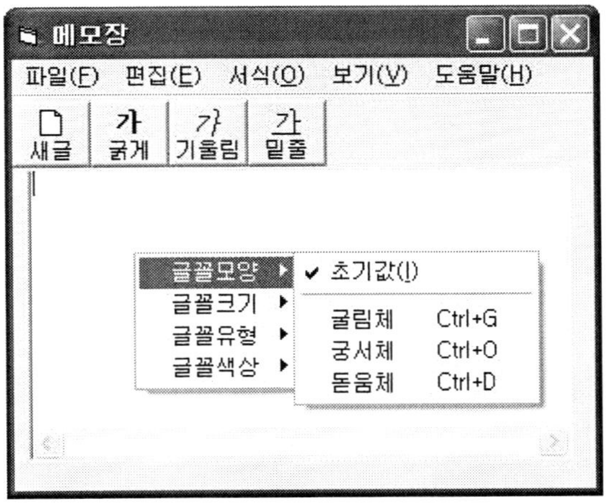

연 습 문 제

1. 메뉴 편집기를 사용하여 다음과 같은 결과 나오는 프로그램을 작성하시오.

[폼 형태]

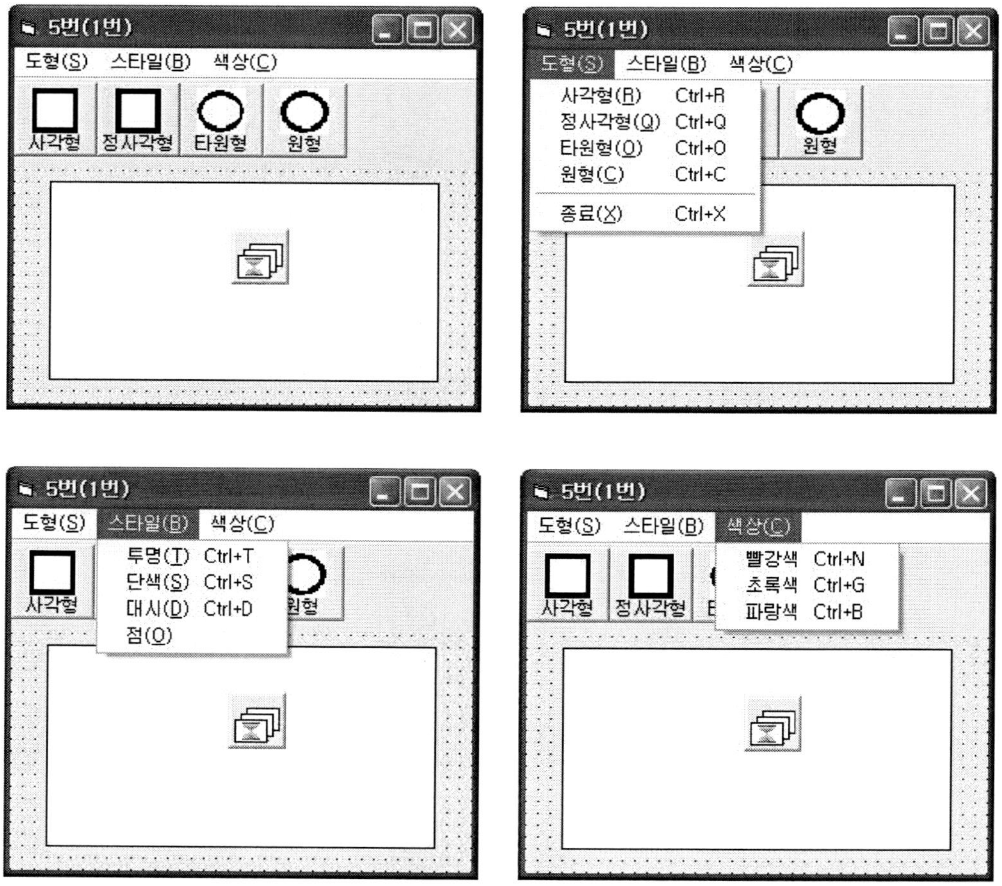

[실행 후 화면]

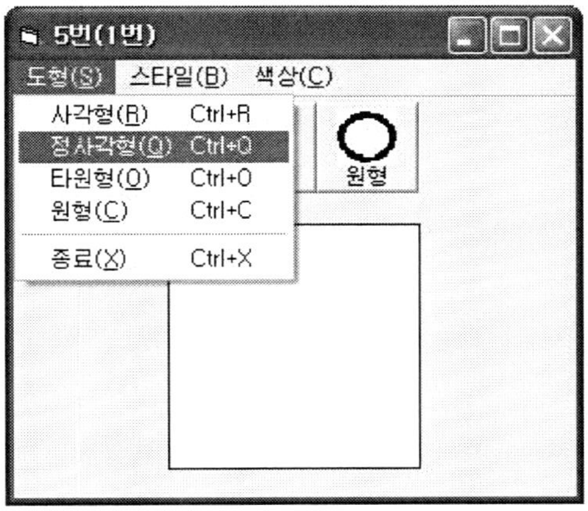
5번(1번)
도형(S) 스타일(B) 색상(C)
사각형(R) Ctrl+R
정사각형(Q) Ctrl+Q
타원형(O) Ctrl+O
원형(C) Ctrl+C
종료(X) Ctrl+X
원형

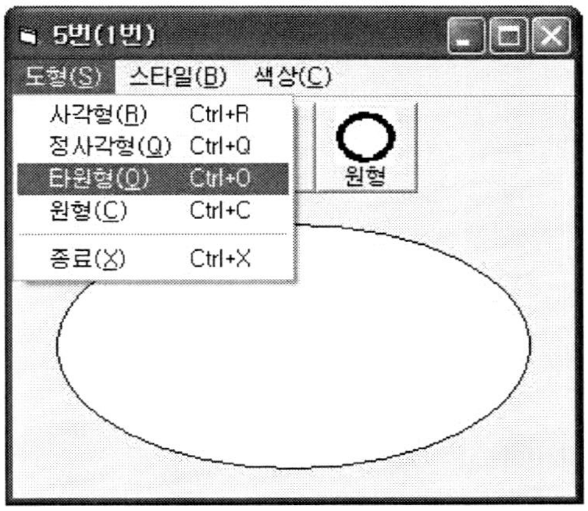
5번(1번)
도형(S) 스타일(B) 색상(C)
사각형(R) Ctrl+R
정사각형(Q) Ctrl+Q
타원형(O) Ctrl+O
원형(C) Ctrl+C
종료(X) Ctrl+X
원형

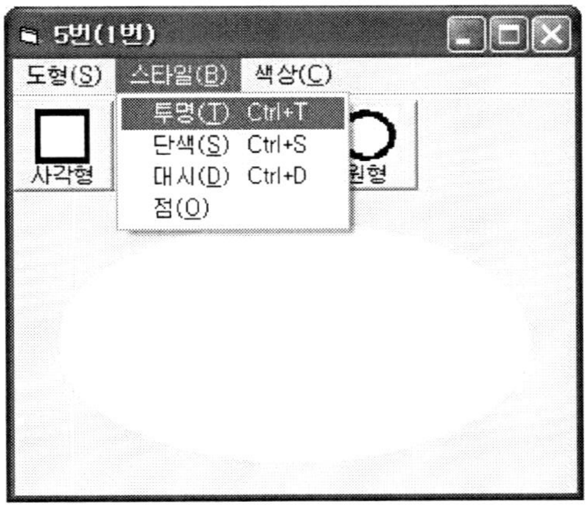
5번(1번)
도형(S) 스타일(B) 색상(C)
투명(T) Ctrl+T
단색(S) Ctrl+S
대시(D) Ctrl+D
점(O)
사각형
원형

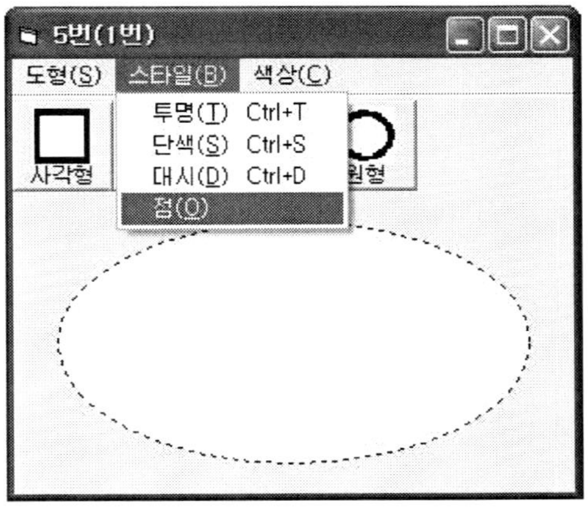
5번(1번)
도형(S) 스타일(B) 색상(C)
투명(T) Ctrl+T
단색(S) Ctrl+S
대시(D) Ctrl+D
점(O)
사각형
원형

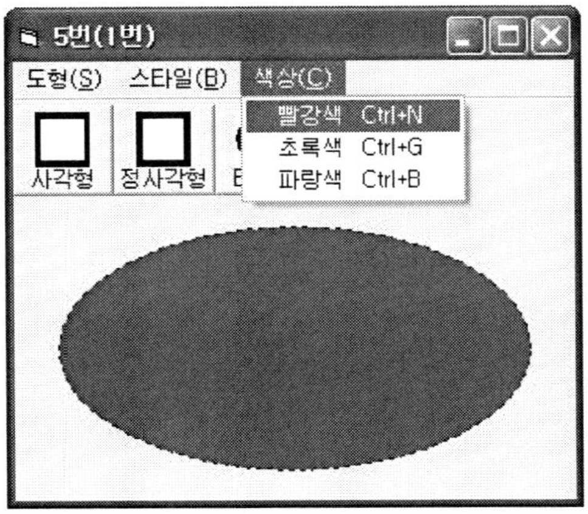
5번(1번)
도형(S) 스타일(B) 색상(C)
빨강색 Ctrl+N
초록색 Ctrl+G
파랑색 Ctrl+B
사각형
정사각형

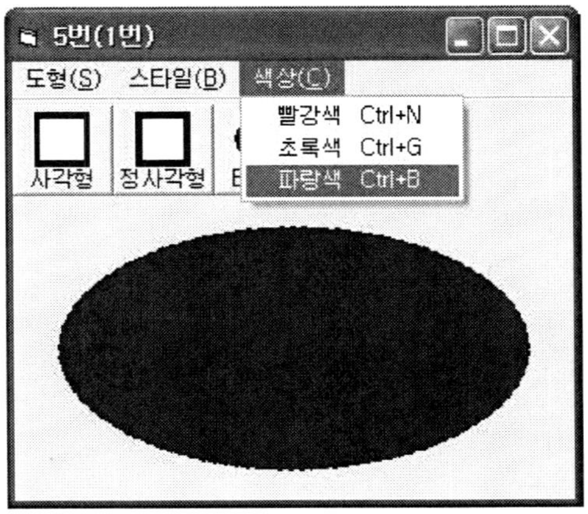
5번(1번)
도형(S) 스타일(B) 색상(C)
빨강색 Ctrl+N
초록색 Ctrl+G
파랑색 Ctrl+B
사각형
정사각형

제 6 장

대화상자

제 6 장 대화상자

1 대화상자

대화상자란 응용 프로그램과 사용자 사이를 연결하는 윈도우를 말한다. 즉, 프로그램 실행 중 사용자의 입력을 받아들여 실행을 계속하거나, 또는 사용자에게 필요한 정보를 제공하기 위해 사용되는 것을 말한다. 비주얼 베이직에서는 이러한 대화상자를 사용자가 직접 만들어 사용할 수도 있고, 이미 프로그램 사에서 제공하는 것을 이용할 수도 있다.

정의된 대화상자에는 InputBox와 MsgBox 함수가 있다. InputBox 함수는 대화상자에 필요한 메시지를 나타내고, 사용자로부터 입력을 받아들일 수 있고, MsgBox 함수는 사용자가 지정한 메시지만 대화상자에 보여주는 대화상자들로 이미 실습 하였다.

2 사용자 정의 대화상자

정의된 대화상자는 사용하기에는 편리하지만 이미 만들어진 형태대로만 사용해야 하기 때문에 사용자의 요구를 충족시켜 줄 수 없다는 단점이 있다. 그래서 비주얼 베이직에서는 사용자가 임의대로 폼 안에 각 컨트롤을 배열시켜 원하는 모양의 대화상자를 만들어 사용할 수 있게 한다. 대화상자에는 크게 모달(Modal)과 모달리스(Modaless) 두 종류가 있다.

(1) 모달 대화상자

모달 대화상자는 자기 자신을 반드시 종료해야 다른 작업을 계속할 수 있고, 종료하기 전에는 다른 작업을 수행할 수 없는 형태의 대화상자를 말한다. 모달 대화상자를 만들려면 해당 객체의 Show 메소드에 vbModal(1) 상수 값을 지정하면 된다.

(2) 모달리스 대화상자

모달리스 대화상자는 대화상자 자신이 종료되지 않아도 다른 작업을 계속 수행할 수 있는 형태의 대화상자를 말한다. 모달리스 대화상자를 만들려면 해당 객체의 Show 메소드에 값을 지정하지 않으면 된다.

실 습

▶ 모달/모달리스 대화상자 프로그램

① 비주얼 프로그램을 실행하여 Form1에 텍스트 박스를 디자인한다.

② [날짜/시간] 메뉴와 [종료] 메뉴를 작성하기 위한 조건은 다음과 같다.

Name	Caption	Checked	Enabled	ShortCut
menu_DataTime	날짜/시간			
menu_Data	오늘 날짜			
menu_Time	현재 시각			
menu_Exit	종료			

③ 다음과 같이 [오늘 날짜]를 나타낼 Form2를 추가한다.

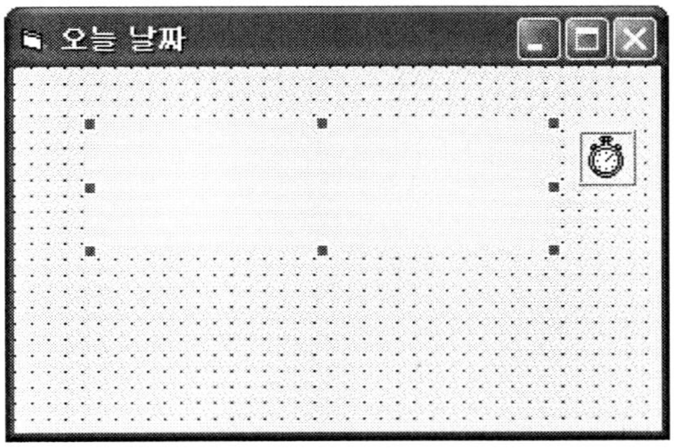

④ Form2의 각 컨트롤 속성은 다음과 같다.

컨트롤	설명
Form2	Name = Form2 Caption = "오늘 날짜"
Label1	Name = lblData Alignment = 2 - 가운데 맞춤 AutoSize = True Caption = " " Font = 글꼴 : 굴림체, 크기 : 14
Timer	Name= Timer1 Enabled = True Interval= 1000

⑤ Form2 로드시 타이머 컨트롤은 다음과 같이 코딩한다.

```
Private Sub Timer1_Timer()
  Label1.Caption = Time
End Sub
```

⑥ 다음과 같이 [현재 시각]을 나타낼 Form3을 추가한다.

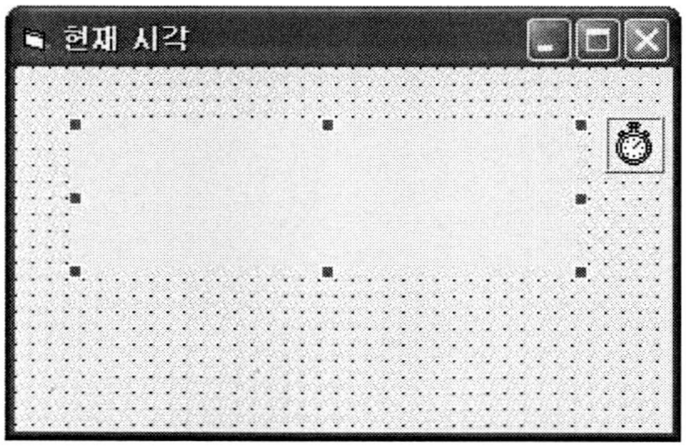

⑦ Form3의 각 컨트롤 속성은 다음과 같다.

컨트롤	설명
Form3	Name = Form3 Caption = "현재 시간"
Label1	Name = lblTime Alignment = 2 - 가운데 맞춤 AutoSize = True Caption = " " Font = 글꼴 : 굴림체, 크기 : 14
Timer	Name= Timer1 Enabled = True Interval= 1000

⑧ Form3 로드시 타이머 컨트롤은 다음과 같이 코딩한다.

```
Private Sub Timer1_Timer()
  Label1.Caption = Date
End Sub
```

⑨ 각 메뉴에 대한 소스 코드를 작성한다.

```
Private Sub menu_Date_Click()
    Form2.Show
End Sub

Private Sub menu_Time_Click()
    Form3.Show vbModal
End Sub

Private Sub menu_Exit_Click()
    End
End Sub
```

[현재 시각]을 나타내는 Form3를 나타내는 Show 메소드에 vbModal을 지정하여 Form3를 모달 대화상자로 지정한다.

⑩ 프로그램을 실행시킨 결과는 다음과 같다.

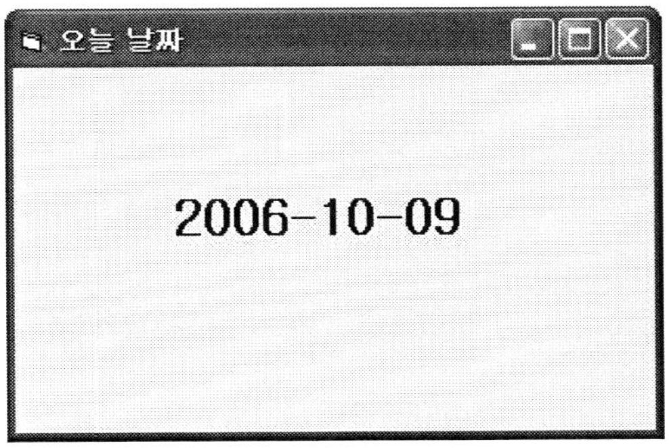

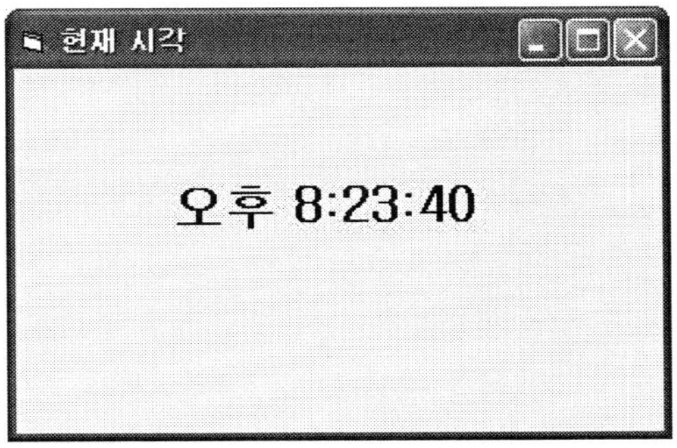

[오늘 날짜]를 실행시킨 후에는 Form1과 Form3도 실행시킬 수 있지만, 모달 대화상자인 [현재 시각]을 실행시킨 후에는 [현재 시각] 대화상자를 종료하기 전에는 다른 작업을 실행시킬 수 없다.

3 공용 대화상자

공용 대화상자(Common DialogBox)란 윈도우용 응용 프로그램에서 많이 사용되고 있는 표준 대화상자들, 예를 들면 파일 열기, 파일 저장, 색 선택, 글꼴 선택, 인쇄 옵션 대화상자를 말한다.

실 습

▶ CommonDialog(▦) 컨트롤 추가.

① [프로젝트]-[구성요소]를 클릭 하면 컨트롤 대화상자가 나타나다. [Microsoft Common Dialog Control 6.0]을 선택하고 [확인] 단추를 클릭하면 도구상자에 CommonDialog(▦) 컨트롤이 추가된다.

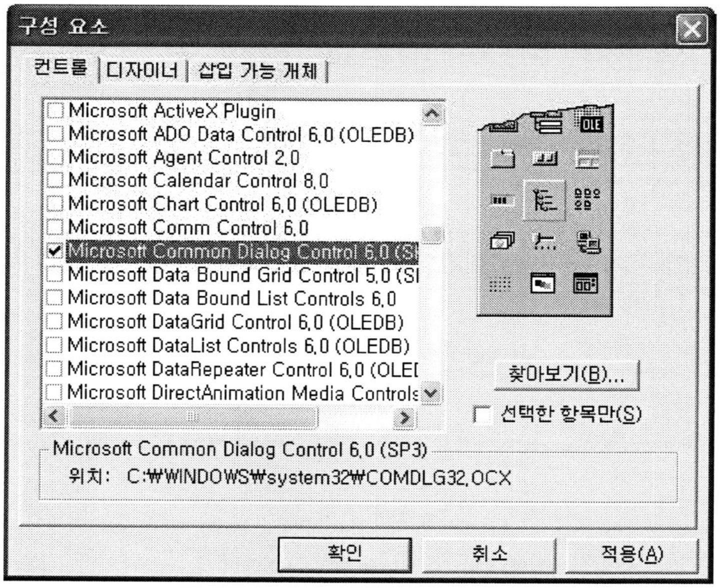

(1) [파일] 메뉴의 [열기]와 [다른 이름으로 저장] 대화상자

CommonDialog 컨트롤은 Timer 컨트롤과 같이 컨트롤의 크기를 변경할 수 없으며 폼에 설계할 때는 보이지만 프로그램이 실행되면 보이지 않는다. CommonDialog 메소드는 다음과 같다.

메소드	설명
ShowOpen	파일 열기 대화상자를 표시 해준다.
ShowSave	다른 이름으로 저장 대화상자를 표시해 준다.
ShowColor	색 선택 대화상자를 표시해 준다.
ShowFont	글꼴 대화상자를 표시해 준다.
ShowPrinter	인쇄 대화상자를 표시해 준다.
ShowHelp	윈도우 도움말 대화상자를 호출한다.

CommonDialog 컨트롤의 주요 속성은 다음과 같다.

속성	설명
NameShow	CommonDialog 컨트롤의 이름을 설정한다.
CancelError	대화상자의 [취소] 단추를 선택할 때 오류발생 여부를 설정한다.
DefaultExt	대화상자의 파일 기본 확장자를 설정한다.
DialogTitle	대화상자의 제목 바에 나타날 문자열을 설정한다.
Flags	대화상자의 옵션을 설정한다. 종류가 많고, 각 대화상자마다 다르게 쓰인다.
FileName	대화상자에서 선택한 파일이름을 설정한다.
Filter	대화상자의 파일형식 항목에 나타날 파일의 종류를 설정한다.
FilterIndex	대화상자의 기본 파일의 종류를 나타낸다.

실 습

▶ 공용 대화상자를 사용하여 메모장의 [파일] 메뉴에 [열기]와 [저장] 대화상자 추가.

① 5장의 메모장 폼에 CommonDialog 컨트롤 다음과 같이 디자인한다.

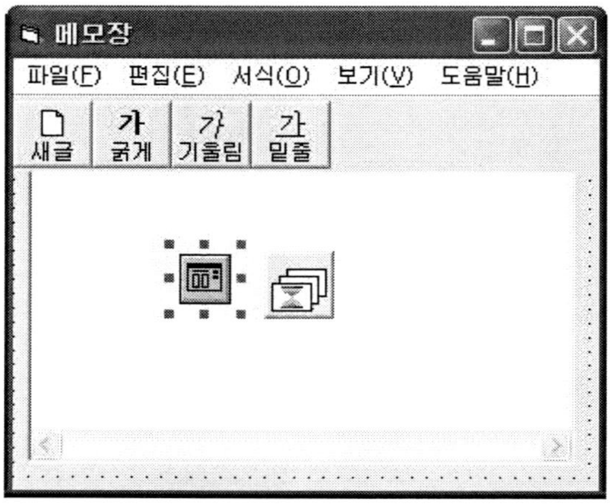

② CommonDialog 컨트롤 속성을 지정한다.

컨트롤	설명
CommonDialog1	Name = CDialog1 CancelError = True

③ 메뉴 편집기를 실행하여 [파일] 메뉴에 [열기], [저장] 메뉴를 추가한다.

Name	Caption	Checked	Enabled	ShortCut
menu_File	파일(&F)			
menu_FileNew	새글(&N)			Ctrl+N
menu_FileOpen	열기...			Ctrl+O
menu_FileSave	저장...			Ctrl+S
menu_FileClose	문서닫기(&C)			
menu_Gubun01	-			
menu_FilePrint	인쇄...			Ctrl+P
menu_Gubun05	-			
menu_FileExit	종료(&X)			Ctrl+X

④ 삽입(I) 을 클릭하여 [열기], [저장], [인쇄] 메뉴를 추가한다.

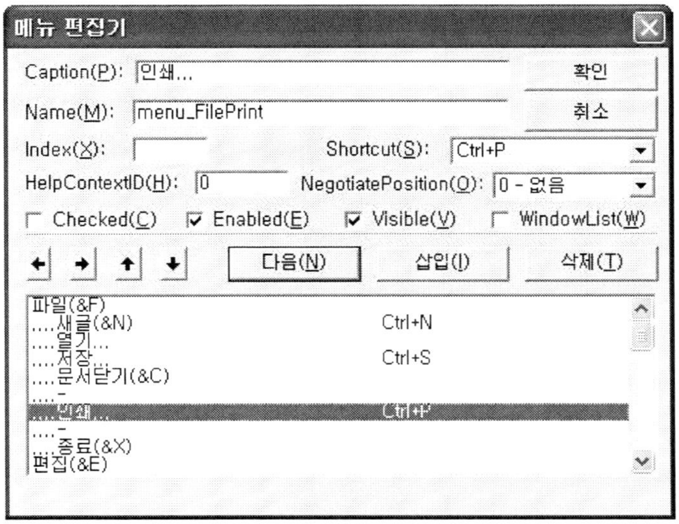

⑤ [파일]-[열기] 메뉴를 선택하면 [열기] 대화상자가 나타나도록 다음과 같이 코딩한다.

```
Private Sub menu_FileOpen_Click()
    On Error GoTo OnError
    '에러가 발생하면 OnError 레이블로 이동(대화상자에서 [취소] 단추를 클릭했을 때)
    CDialog1.Filter = "폼 파일(*.frm)|*.frm|모든 파일(*.*)|*.*"
    '열기 대화상자의 파일 형식 지정
    CDialog1.DialogTitle = "열기"
    '열기 대화상자의 제목 지정
    CDialog1.Flags = cdlOFNHelpButton
    '대화상자에 [도움말] 추가
    CDialog1.ShowOpen
    '열기 대화상자를 나타나게 한다.
    txt1.Text = CDialog1.FileName
    '선택한 파일을 텍스트박스에 나타낸다.

OnError:
    Exit Sub
End Sub
```

⑥ 프로그램을 실행 시켜 [파일]-[열기]를 선택하면 다음과 같은 파일 [열기] 대화상자가 나타난다.

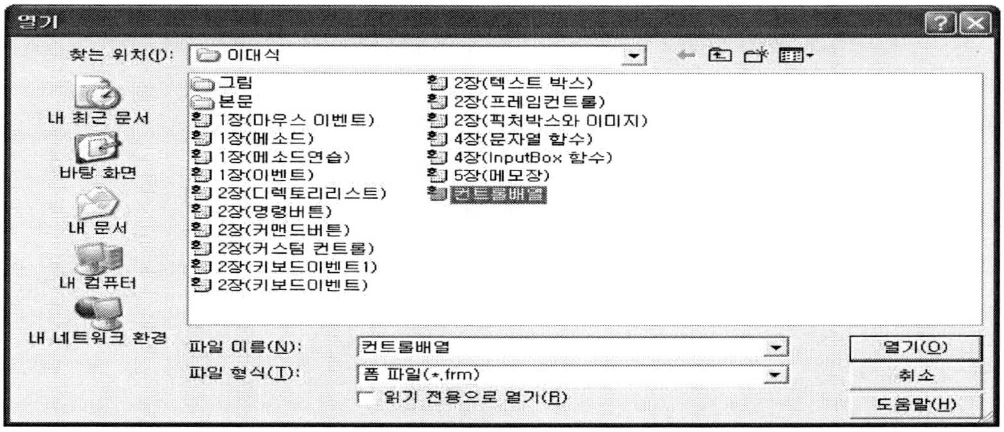

⑤ 원하는 파일을 선택하고 [열기] 버튼을 클릭하면 텍스트박스에 선택한 파일명과 경로가 나타난다.

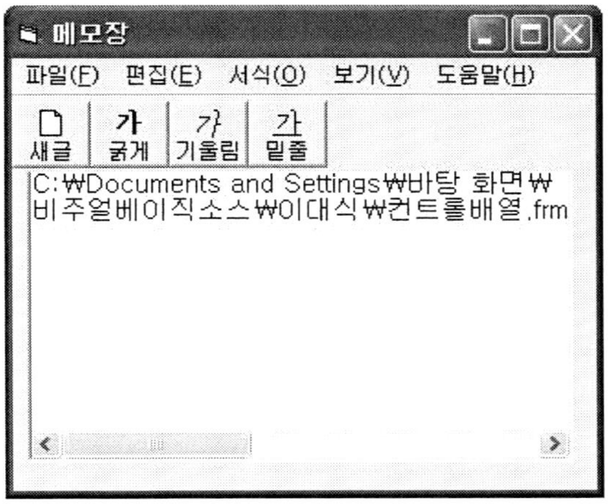

⑥ 실행된 프로그램을 종료한다.

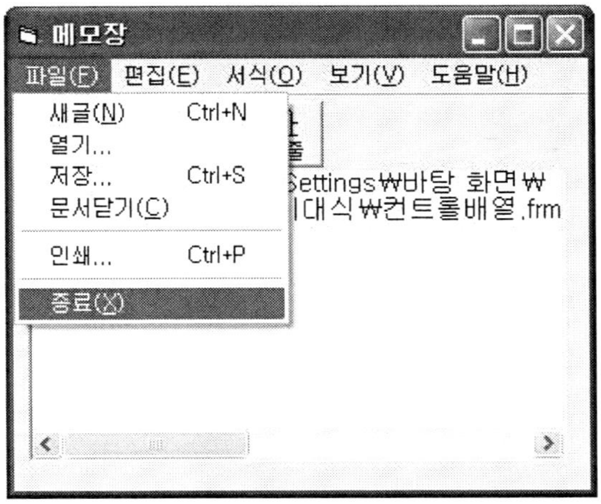

⑦ [파일]-[저장] 항목을 선택하면 [다른 이름으로 저장] 대화상자가 나타나도록 다음과 같이 코딩한다.

```
Private Sub menu_FileSave_Click()
   On Error GoTo OnError
   CDialog1.Filter = "폼 파일(*.frm)|*.frm|모든 파일(*.*)|*.*"
   CDialog1.DialogTitle = "다른 이름으로 저장"
   CDialog1.ShowSave

OnError:
   Exit Sub
End Sub
```

⑧ 프로그램을 실행시킨 결과는 다음과 같다.

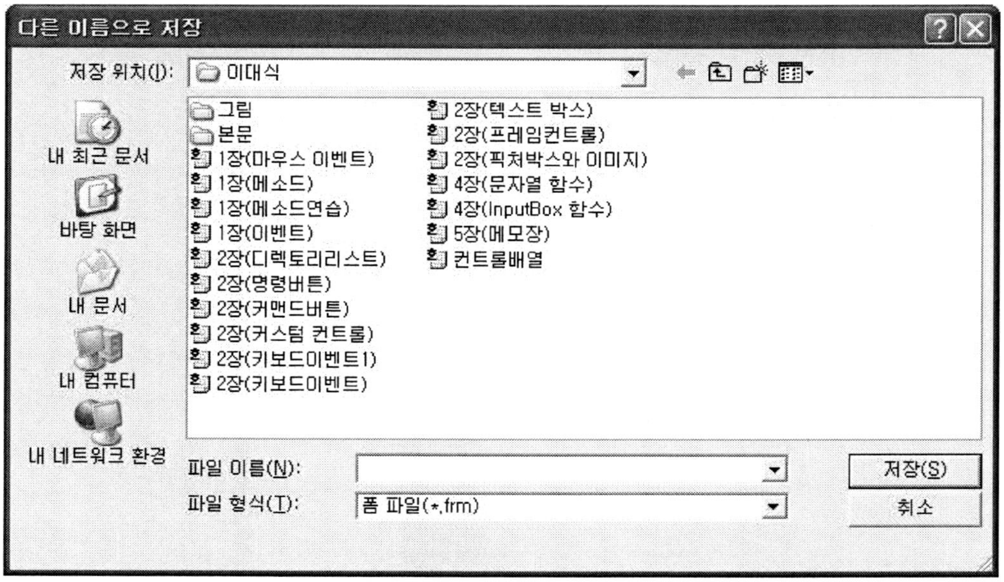

[참고사항]

▸ **파일 열기와 다른 이름으로 저장에서 Flags 상수**

Flag 상수	설명
cdlOFNAllowMultiselect	Shift 키를 이용하여 여러 개의 파일 선택을 가능하게 한다.
cdlOFNCratePrompt	새로운 파일을 생성한다.
cdlOFNHelpButton	대화상자에 도움말 단추를 표시하게 한다.
cdlOFNNoChangeDir	파일 경로 변경이 불가. 현재 디렉토리로 대화상자를 연다.
cdlOFNPathMusExist	유효한 경로명만 입력 가능하게 한다.
cdlOFNOverwritePrompt	이미 존재하는 파일의 경우, 다른 이름으로 저장 대화상자를 나타낸다.
한가지 이상의 Flags 값을 지정 할 때는 Or로 연결한다.	

(2) [인쇄] 대화상자

사용자는 [인쇄] 대화상자를 이용하여 인쇄 범위, 인쇄 품질, 인쇄 매수 등을 지정할 수 있다. [인쇄] 대화상자의 [확인] 단추를 클릭했다고 해서 인쇄되지 않는다. 인쇄를 하기 위해서는 거기에 대한 코드 작성을 사용자가 따로 해주어야 한다.

실 습

▶ **공용 대화상자를 사용하여 메모장의 [파일] 메뉴에 [인쇄] 대화상자 추가.**

① [파일]-[인쇄]를 선택하면 [인쇄] 대화상자가 나타나도록 다음과 같이 코딩한다.

```
Private Sub menu_FilePrint_Click()
   On Error GoTo OnError
   CDialog1.ShowPrinter

OnError:
   Exit Sub
End Sub
```

② 프로그램을 실행시키고 [파일]-[인쇄]를 선택하면 [인쇄] 대화상자가 나타난다.

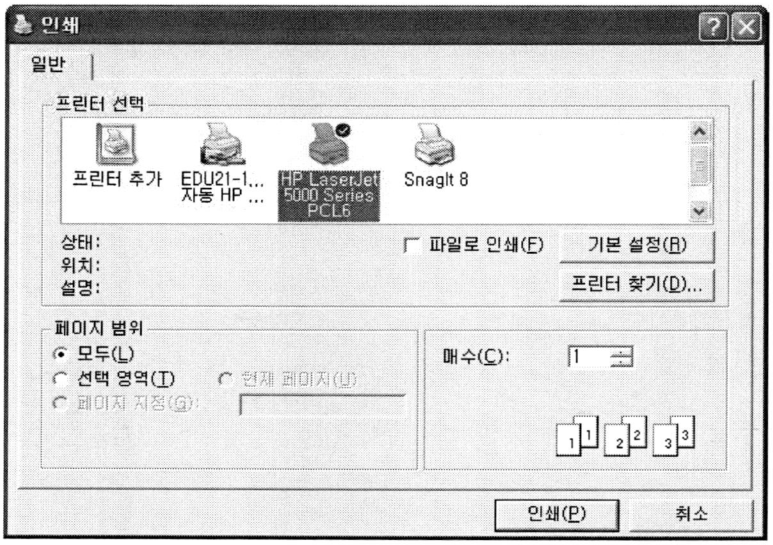

(3) [서식] 메뉴에 [글꼴]과 [색상] 대화상자

[글꼴] 대화상자의 주요 속성은 다음과 같다.

컨트롤	설명
Color	선택한 색을 의미한다. 이 속성을 사용할 때는 공용 대화상자 컨트롤의 Flags 값을 cdlCFEffects로 설정해야 한다.
FontBold	[굵게] 속성을 선택했는지의 여부를 나타낸다.
FontItalic	[기울임꼴] 속성을 선택했는지의 여부를 나타낸다.
FontStrikethru	[취소선] 속성을 선택했는지의 여부를 나타낸다. 이 속성을 사용할 때는 공용 대화상자 컨트롤의 Flags 값을 cdlCFEffects로 설정해야 한다.
FontUnderline	[밑줄] 속성을 선택했는지의 여부를 나타낸다. 이 속성을 사용할 때는 공용 대화상자 컨트롤의 Flags 값을 cdlCFEffects로 설정해야 한다.
FontName	글꼴 이름을 나타낸다.
FontSize	글꼴의 크기를 나타낸다.

글꼴에서 Flags 값은 다음과 같다.

Flag 상수	설명
cdlCFBoth	프린터와 화면 글꼴을 모두 나타낸다.
cdlCFEffects	글꼴 대화상자에 취소선, 밑줄, 색상을 나타낸다.
cdlCFForceFontExist	존재하지 않는 글꼴에 대해 오류메시지를 나타낸다.
cdlCFHelpButton	대화상자에 도움말 단추를 표시한다.
cdlCFScreenFonts	대화상자에는 화면지원 글꼴만 나타낸다.
cdlCFTTOnly	TrueType의 글꼴 선택만 허용한다.

글꼴 대화상자를 사용할 때는 Flags 값을 cdlCFScreenFonts, cdlCFPrinterFonts, cdlCFBoth 중 하나로 지정해 주어야 한다. 지정해 주지 않으면 "설치된 글꼴이 없습니다" 라는 메시지가 나타난다.

실 습

▶ 메모장의 [서식] 메뉴에 [글꼴]과 [색상] 대화상자 추가

① 5장 메모장 폼에 메뉴 편집기를 실행하여 [서식] 메뉴에 [글꼴]과 [색상] 대화상자를 추가한다.

Name	Caption	Checked	Enabled	ShortCut
menu_Format	서식(&O)			
menu_FFormat	글꼴...			Ctrl+L
menu_FColor	색상...			Ctrl+F
다른 메뉴는 5장과 동일.				

② 삽입(I) 을 클릭하여 [글꼴]과 [색상] 메뉴를 추가한다.

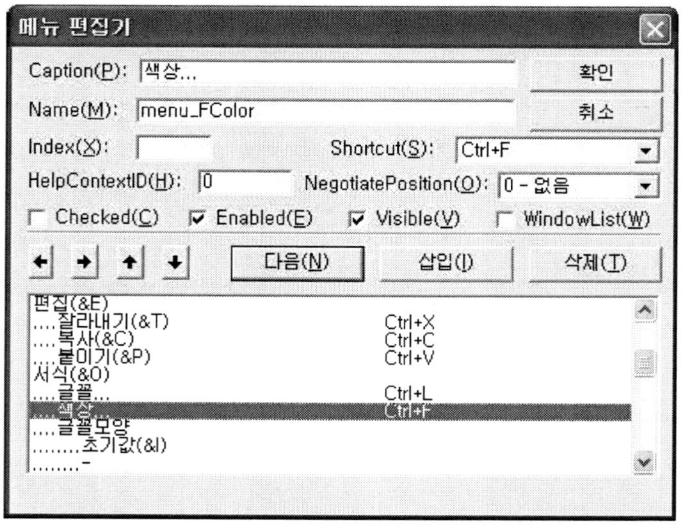

③ [서식]-[글꼴] 메뉴를 선택하면 [글꼴] 대화상자가 나타나도록 다음과 같이 코딩한다.

```
Private Sub menu_FFooramt_Click()
  On Error GoTo OnError
  CDialog1.Flags = cdlCFEffects Or cdlCFBoth
   'Flags 값을 글꼴의 효과와 색상(cdlCFEffects)과 화면과 프린터 모두사용 가능한
글꼴
   '(cdlCFBoth)로 지정
  CDialog1.ShowFont
  txt1.Font = CDialog1.FontName
  txt1.FontSize = CDialog1.FontSize
  txt1.Font.Bold = CDialog1.FontBold
  txt1.Font.Italic = CDialog1.FontItalic
  txt1.Font.Underline = CDialog1.FontUnderline
  txt1.Font.Strikethrough = CDialog1.FontStrikethru

OnError:
  Exit Sub
End Sub
```

④ 프로그램을 실행 시켜 [서식]-[글꼴]을 선택하면 다음과 같은 [글꼴] 대화상자가 나타난다.

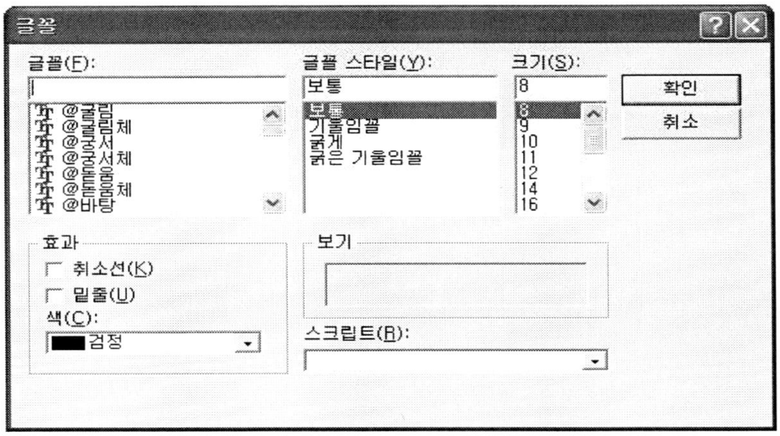

⑤ [서식]-[색상]을 선택하면 [색상] 대화상자가 나타나도록 다음과 같이 코딩한다.

```
Private Sub menu_FColor_Click()
  On Error GoTo OnError
  CDialog1.DialogTitle = "색상"
  CDialog1.ShowColor
  txt1.ForeColor = CDialog1.Color

OnError:
  Exit Sub
End Sub
```

⑥ 프로그램을 실행시키고 [서식]-[색상]을 선택하면 [색상] 대화상자가 나타난다.

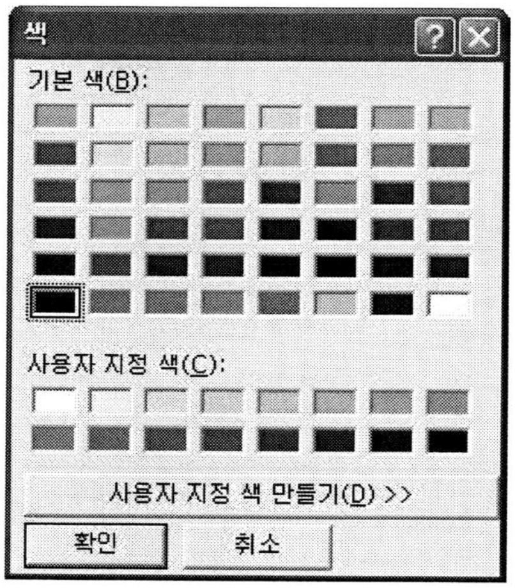

⑦ [색상] 대화상자에서 색상을 선택하고 [확인] 단추를 클릭하면 텍스트박스에 적용된다.

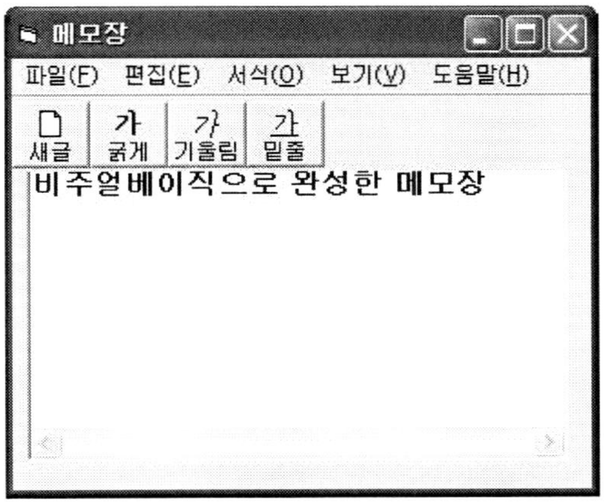
메모장
파일(F) 편집(E) 서식(O) 보기(V) 도움말(H)
새글
가
굵게
가
기울림
가
밑줄
비주얼베이직으로 완성한 메모장

연 습 문 제

1. [글꼴 대화상자] 버튼을 클릭하여 선택된 [글꼴 종류], [글꼴 크기], [글꼴 색]이 레이블에 표시되도록 프로그램을 작성하시오.

[폼 형태]

[실행 화면]

① [글꼴 대화상자] 버튼을 클릭하면 [글꼴] 대화상자가 나타나다. [글꼴] 대화상자에서 글꼴, 스타일, 크기, 색을 선택한다.

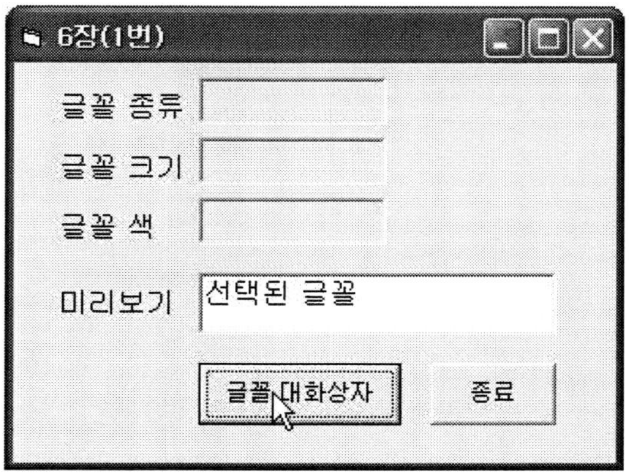

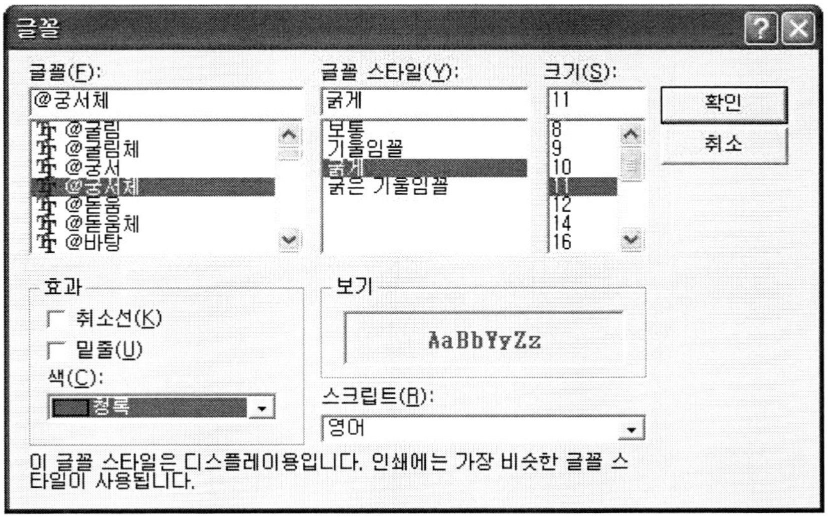

② 선택된 글꼴은 다음 화면에 나타난다.

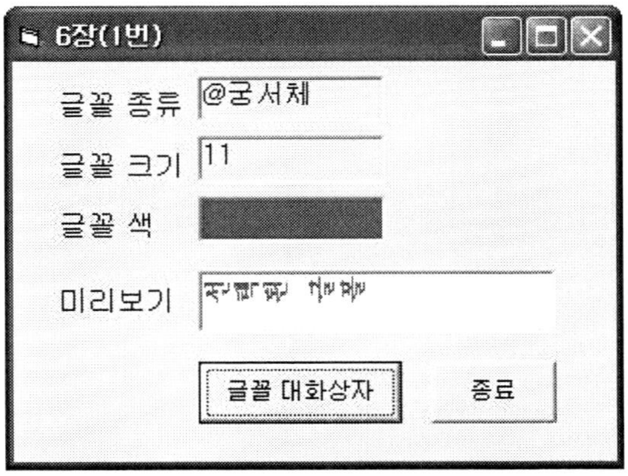

2. [글꼴 색 변경]과 [배경색 변경] 버튼을 클릭하여 글꼴색과 배경색을 변경하는 프로그램을 작성하시오.

[폼 형태]

[실행 화면]

① [글꼴 색 변경] 버튼을 클릭하면 [색] 대화상자가 나타난다.

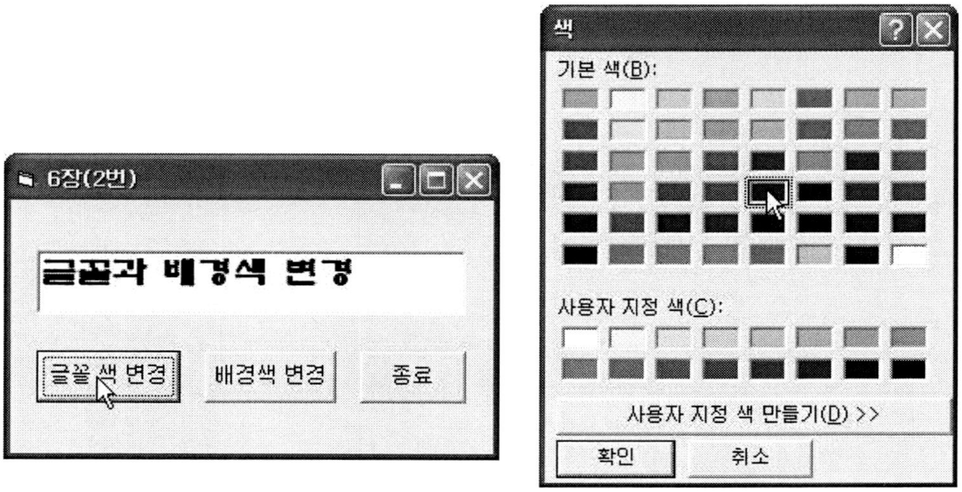

② [배경색 색 변경] 버튼을 클릭하면 [색] 대화상자가 나타난다.

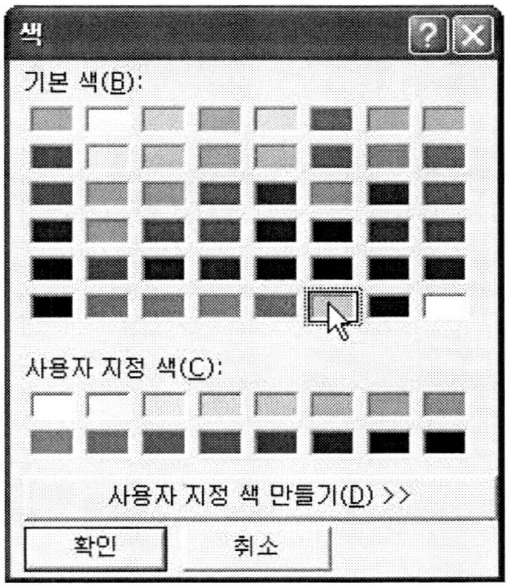

③ 변경된 글꼴 색과 배경색은 다음과 같다.

제 7 장

파일

제 7 장 파일

1 파일

우리는 폼에 작성된 컨트롤을 사용하여 데이터의 입.출력을 하였다. 그러나 이러한 방법은 프로그램 실행이 종료되면 실행 중에 사용했던 자료는 없어지고, 다시 처음부터 자료를 입력해서 처리해야 하는 불편한 점이 있다. 파일을 이용하면 이런 불편한 점을 해결 할 수 있다. 모든 프로그램에서 작업한 내용들은 파일 단위로 저장하고, 저장되어 있는 파일을 불러와서 사용 및 수정을 할 수도 있다. 즉, 파일은 컴퓨터에서 처리되는 기본 단위라고 생각하면 된다. 비주얼 베이직에서는 데이터 구성 형태에 따라 순차파일, 랜덤 파일, 이진 파일 형태로 파일을 처리한다.

파일 방식	설명
순차 파일	파일을 처음부터 차례대로 읽고 기록해야만 하는 파일로 주로 텍스트 파일(*.txt, *.doc, *.dat, *.bat등)을 처리하는데 사용된다.
랜덤 파일	임의적으로 접근이 가능하므로 임의적 파일이라고도 한다. 동일한 크기를 갖는 레코드 단위로 파일을 구성하는 방식으로 순차 파일과는 달리 임의의 위치에 레코드를 기록하고, 임의의 위치에서 레코드를 읽어오는 것이 가능한 파일 처리 방식이다. 레코드 길이가 고정적이어야 하기 때문에 기억공간을 낭비 할 수 있다는 단점이 있다.
이진 파일	랜덤 파일과 비슷하지만 자료형이나 레코드 길이에 대한 제약이 없다. 그러나 파일을 엑세스할 때 어떤 형식으로 저장되었는지 알아야 한다는 단점이 있다.

어떠한 형태의 파일을 사용하는지에 따라 사용 방법은 조금씩 다르지만 다음의 세 단계는 항상 처리를 하게 된다.

① 파일 열기 : Open 문을 사용하여 파일 방식에 따라 파일을 연다.

② 파일 편집 : 필요한 함수나 문을 사용하여 파일의 내용을 읽거나 저장한다.
③ 파일 닫기 : Close 문을 사용하여 열린 파일을 닫는다.

파일을 읽거나 저장하기 위해 사용하는 함수는 다음과 같다.

종류	설명
Input 함수	파일에서 일정한 길이의 문자를 읽어옴
InputB 함수	파일에서 일정한 길이의 문자를 바이트 단위로 읽어옴
Input 문	파일의 데이터를 읽어옴
Line Input 문	라인 단위로 데이터를 읽어옴
Print 문	순차 파일에 데이터를 저장
Get 문	레코드 위치를 이용하여 파일을 읽어옴
Put 문	레코드 위치를 이용하여 파일을 저장
Seek 문	파일의 포인터 설정
Seek 함수	파일의 포인터 위치를 알아내고, 최근에 옮긴 포인터의 위치를 다음 포인터에 넘겨줌
Loc 함수	파일의 포인터 위치를 알아내고, 최근에 옮긴 포인터의 위치를 알려줌
LOF 함수	파일의 길이를 알아낼 때 사용
Write 문	파일의 데이터 저장

파일에 따라 사용할 수 있는 명령문이나 함수는 다음과 같다.

명령문/함수	순차 파일	랜덤 파일	이진 파일
Close	○	○	○
Get		○	○
Input()	○		○
Input #	○		

Line Input #	○		
Open	○	○	○
Print #	○		
Put		○	○
Type ~ End Type		○	
Write #	○		

[참고사항]

▸ **파일 주요 코드**

코드	설명
BOF(Begin Of File)	파일의 처음 시작 부분을 나타낸다.
EOF(End Of File)	파일의 마지막 부분을 나타낸다.
CR (Carriage Return)	파일 포인터의 위치가 처음을 가리키게 한다.
LF(Line Feed)	파일 포인터의 위치를 다음 줄로 넘긴다.
LOF(Length Of File)	파일의 총 길이를 나타낸다.

2 순차 파일

순차 파일은 전형적인 텍스트 편집기로 작성된 파일, 즉 레코드의 순차 데이터로 분류되지 않은 데이터로 된 파일과 텍스트로만 구성된 파일을 처리하는데 적합한 방식이다. 따라서 레코드 단위로 구성되어 있지 않고, 눈으로 직접 무슨 글자인지 확인이 가능한 방식이다.

(1) 파일 열기

순차 파일에서 파일 열기 형식은 다음과 같다.

파일 열기 형식
Open 파일명(또는 경로명) For [모드] As [#]파일번호 [Len=버퍼크기]

모드에는 Input, Output, Append가 있다.

① Input 모드

파일 읽기 모드이다. 디스크에 있는 파일을 메모리로 읽어 들인다. 만약 파일이 존재하지 않으면 오류가 발생한다.

② Output 모드

파일 기록(출력) 모드이다. 메모리에 존재하는 데이터를 디스크에 기록할 때 사용하는 모드이다. 같은 파일이 이미 존재하면 기존에 파일 내용은 사라지고, 새로운 내용이 기록되고, 파일이 없으면 지정한 파일을 생성한 후 내용이 기록된다. 따라서 파일이 존재하지 않아도 오류가 발생하지 않는다.

③ Append 모드

데이터 추가 모드이다. 파일이 이미 존재하고 있으면 기존의 데이터 밑으로 새로운 데이터가 추가되고, 파일이 존재하지 않으면 파일을 생성한 후 데이터를 추가한다. 따라서 파일이 존재하지 않아도 오류가 발생하지 않는다.

④ 파일 번호

여러 가지 텍스트에서 처리할 파일을 구분하기 위한 번호이다. 파일을 열기 위해서는 파일 번호가 지정돼 있어야 한다. FreeFile 함수를 이용하면 현재 사용할 수 있는 파일 번호를 만들 수 있다.

FreeFile 함수 형식
FreeFile [범위값]

범위값이 0이면 1~255범위, 1이면 256~511범위의 파일 번호를 지정할 수 있다.

(2) 파일에서 데이터 읽기

파일을 편집하려면 우선 프로그램 변수로 그 내용을 읽은 다음 변수들을 변경하고, 마지막으로 변수들을 다시 파일로 작성해야 한다. 텍스트 파일에서 데이터를 읽으려면 Line Input #, Input() 또는 Input # 문을 사용하여 한 줄씩 읽거나 Input() 함수를 사용하여 파일 전체를 읽을 수 있다.

Input # 형식
Input [#]파일 번호, 변수1, 변수2, …

현재 Open된 파일 번호의 파일에서 데이터를 읽어 변수에 복사한다. 데이터의 자료형과 변수의 자료형은 일치해야 한다. 공백도 변수로 구분해야 한다.

Input # 형식의 예

Ex)
    Dim A$, B%
    Input #5, A, B
 	
파일 번호 1의 내용 : 이수진 50 정환석 100 남영글 80
결과 : A = 이수진, B = 50, A = 정환석, B = 100, A = 남영글, B = 80

Input () 형식
Input (크기, #파일 번호)

지정된 크기만큼의 문자열을 읽어 들이다. 콤마, LF, 공백, CR 등을 모두 포함하여 읽어들인다.

Input () 형식의 예
Ex) Dim AB As String FileNum = FreeFile Input (50, FileNum) → 50바이트 크기의 문자열을 읽어 들인다.

Line Input # 형식
Line Input [#]파일 번호, 변수1, 변수2, …

한번에 한 줄씩 읽어 들인다. CR, LF는 읽어 들이지 않기 때문에 코드 작성시 Chr(13)이나 Chr(10)을 써서 따로 구분해 주어야 한다.

(3) 파일에 데이터 기록

파일에 데이터를 기록하려면 Print #, Write # 명령을 사용한다. 형식을 보면 다음과 같다.

Print # 형식
Print #파일번호, 출력 리스트

출력 리스트들은 Tab, Space등으로 구분되며 파일 읽기 형식이 Line Input #, Input() 일 때는 Print #을 많이 사용한다.

Write # 형식
Wirte #파일번호, 출력 리스트

출력 리스트들은 공백, 콤마, 세미콜론 등으로 구분하고 파일 읽기 형식이 Input # 일 때는 Write # 을 많이 사용한다.

Print #, Write # 형식의 예
Ex) Dim A%, B%, C$, Num A=100: B=150: C= "DSLee" Num = FreeFile Print #Num, A, B, C → 100 150 DSLee Write #Num, A, B, C → 100, 150, "DSLee" Close Num

(4) 파일 닫기

파일을 열어서 사용했으면 파일을 닫아 주어야 나중에 그 파일을 다시 열어서 사용할 수 있다. 파일을 닫을 때는 Close 명령을 사용한다.

Close # 형식
Close[#][파일번호]

Close, Close # 형식의 예
Ex) Close # 5 : 열려진 5번 파일을 닫는다. Close : 열려진 모든 파일을 닫는다.

실 습

▶ **성적관리 프로그램.(순차 파일을 사용하여 각 학생의 성적을 화면에 입력하고, 입력된 내용이 순차 파일에 기록되고 화면으로 출력)**

① 비주얼 프로그램을 실행하여 Form1을 디자인한다.

② Form1의 각 컨트롤 속성은 다음과 같다.

컨트롤	속성
Form1	Name = Form1 Caption = "성적관리 프로그램"
Label1 - Label5	Name = lblName, lblHak, lblCom1, lblCom2, lblVisual AutoSize =True Caption = "이름", "학번", "컴퓨터개론", "컴퓨터활용", "비주얼" Font = 글꼴 : 굴림체, 크기 : 10
TextBox1 - TextBox5	Name = txtName, txtHak, txtCom1, txtCom2, txtVisual, txtTotal Text = " " Font = 글꼴 : 굴림체, 크기 : 10
CommandButton1	Name = cmdTotal Caption = "총점(&T)" Font = 글꼴 : 굴림체, 크기 : 10
CommandButton2	Name = cmdRead Caption = "파일 읽기(&R)" Font = 글꼴 : 굴림체, 크기 : 10

CommandButton3	Name = cmdSave Caption = "파일 저장(&S)" Font = 글꼴 : 굴림체, 크기 : 10
CommandButton4	Name = cmdPrint Caption = "파일 출력(&P)" Font = 글꼴 : 굴림체, 크기 : 10
CommandButton5	Name = cmdExit Caption = "파일 종료(&E)" Font = 글꼴 : 굴림체, 크기 : 10

[참고사항]

▸ **단축키**

커맨드 버튼도 메뉴 편집기의 ShortKey처럼 단축키를 만들 수 있다. 예를 들면 Caption = "총점(&T)" 라 하면 단축키는 [Alt+T]이다.

③ 모듈을 하나 추가하고 전역 변수를 선언한다.

```
Option Explicit
Public SaName, SaHak, SaCom1, SaCom2, SaVisual, SaTotal
Public FileNum As Integer
```

④ [도구]-[프로시저 추가]를 선택하고 새로운 서브 프로시저를 추가한다. 프로시저 추가시 [코드 보기]를 클릭한다.

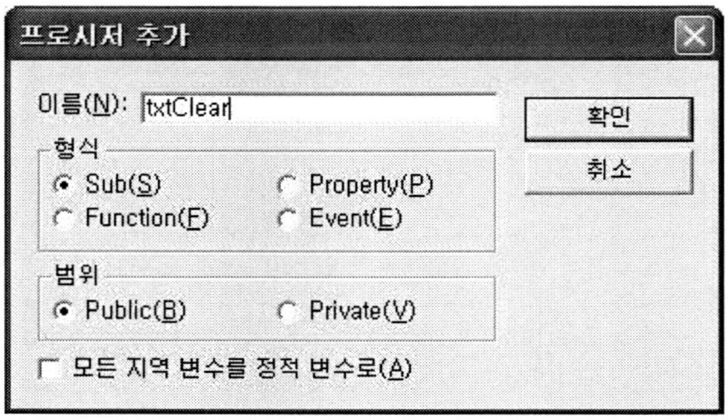

⑤ 텍스트 박스를 초기화하기 위해 서브 프로시저 코드를 초기화한다.

```
Public Sub txtClear()
  Form1.txtName.Text = “ ”
  Form1.txtHak.Text = “ ”
  Form1.txtCom1.Text = “ ”
  Form1.txtCom2.Text = “ ”
  Form1.txtVisual.Text = “ ”
  Form1.txtTotal.Text = “ ”
  Form1.txtName.SetFocus
End Sub
```

⑥ [총점] 버튼을 클릭하면 총점이 계산되도록 다음과 같이 코딩한다.

```
Private Sub cmdTotal_Click()
  Dim Total
  Total = Val(txtCom1.Text) + Val(txtCom2.Text) + Val(txtVisual.Text)
  txtTotal.Text = Str(Total)
End Sub
```

⑦ [총점] 버튼이 계산되는지 실행한다.

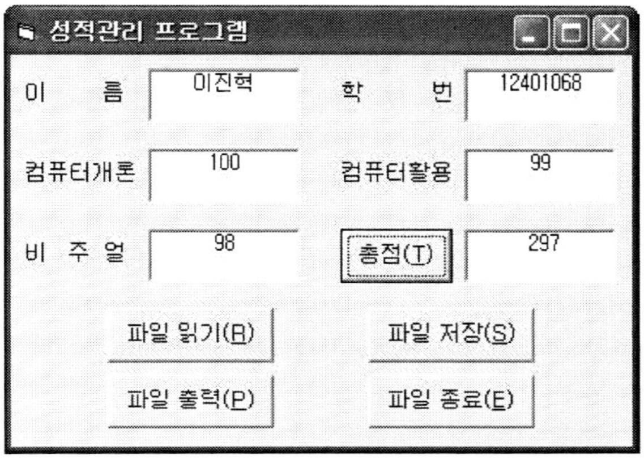

⑧ [파일 저장] 버튼을 클릭하면 입력한 내용이 [성적.txt]에 저장되도록 다음과 같이 코딩한다. 단 [성적.txt] 파일은 성적관리 프로그램과 같은 폴더에 저장된다.

```
Private Sub cmdSave_Click()
   SaName = txtName.Text
   SaHak = txtHak.Text
   SaCom1 = txtCom1.Text
   SaCom2 = txtCom2.Text
   SaVisual = txtVisual.Text
   SaTotal = txtTotal.Text
   FileNum = FreeFile
   Open "성적.txt" For Append As FileNum      'Append 모드
   Write #FileNum, SaName, SaHak, SaCom1, SaCom2, SaVisual, SaTotal
   Close FileNum
   Call txtClear     '다음 자료를 입력하기 위해 텍스트박스를 초기화
End Sub
```

⑨ [파일 저장] 버튼을 클릭하면 입력한 내용이 메모장에 [성적.txt]로 저장되었는지 실행한다.

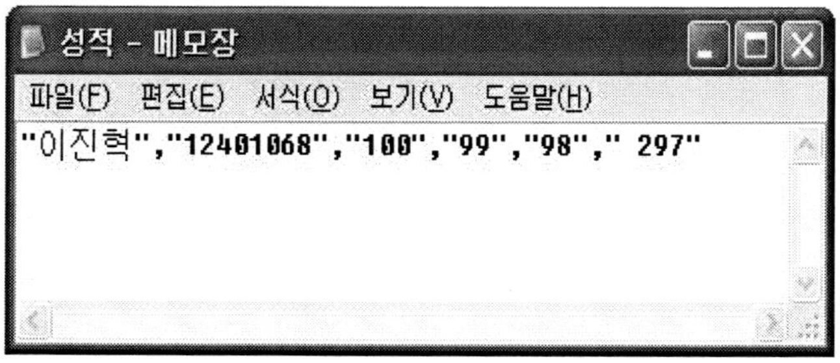

⑩ [파일 읽기] 버튼을 클릭하면 바로 전에 입력한 내용이 화면으로 확인할 수 있도록 다음과 같이 코딩한다.

```
Private Sub cmdRead_Click()
    Call txtClear
    FileNum = FreeFile
    Open "성적.txt" For Input As FileNum
    txtName.Text = SaName
    txtHak.Text = SaHak
    txtCom1.Text = SaCom1
    txtCom2.Text = SaCom2
    txtVisual.Text = SaVisual
    txtTotal.Text = SaTotal
    Close FileNum
End Sub
```

⑪ [파일 읽기] 버튼을 클릭하면 바로 전에 입력한 내용이 화면으로 확인할 수 있는지 실행한다.

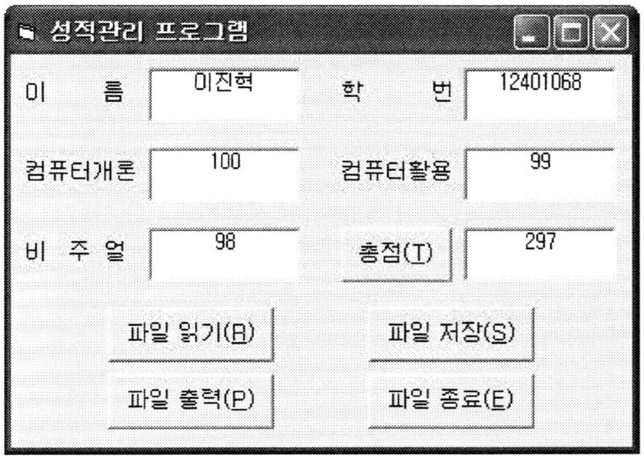

⑫ Form2를 추가하여 다음과 같이 디자인한다.

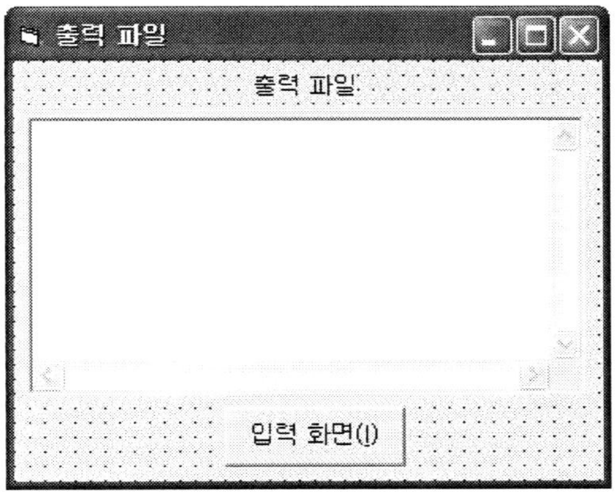

⑬ Form2의 각 컨트롤 속성은 다음과 같다.

컨트롤	속성
Form2	Name = Form2 Caption = "출력 파일"

Label1	Name = lblOutput AutoSize =True Caption = “출력 파일” Font = 글꼴 : 굴림체, 크기 : 10
TextBox1	Name = txtOutput Text = “ ” Font = 글꼴 : 굴림체, 크기 : 10 MultiLine = True ScrollBars = 3 - 양방향
CommandButton1	Name = cmdInDisplay Caption = “파일 종료(&E)” Font = 글꼴 : 굴림체, 크기 : 10

⑭ [파일 출력] 버튼을 클릭하면 입력한 내용이 화면으로 확인할 수 있도록 다음과 같이 코딩한다.

```
Private Sub cmdPrint_Click()
   Dim FileNum As Integer
   Dim Temp As String
   Dim FileLine As String
   Form2.Show
   FileNum = FreeFile
   Open "성적.txt" For Input As FileNum
   Do Until EOF(FileNum)
       Line Input #FileNum, Temp     '파일의 내용을 Temp에 줄 단위로 읽어온다.
       FileLine = FileLine + Temp + Chr(13) + Chr(10)
   Loop
   Form2.txtOutput.Text = FileLine
   Close FileNum
End Sub

Private Sub cmdInDisplay_Click()
   Unload Me
   Form1.Show
End Sub
```

⑮ [파일 출력] 버튼을 클릭하면 입력한 내용이 화면으로 확인할 수 있는지 실행한다.

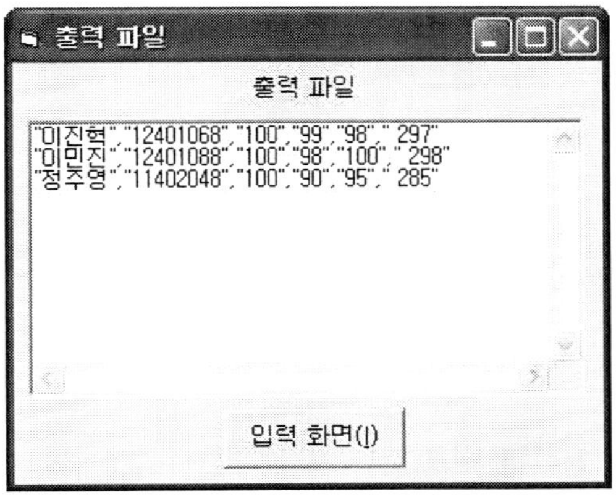

⑯ [파일 저장] 버튼을 클릭하면 입력한 내용이 메모장에 [성적.txt]로 모든 데이터가 저장되었는지 실행한다.

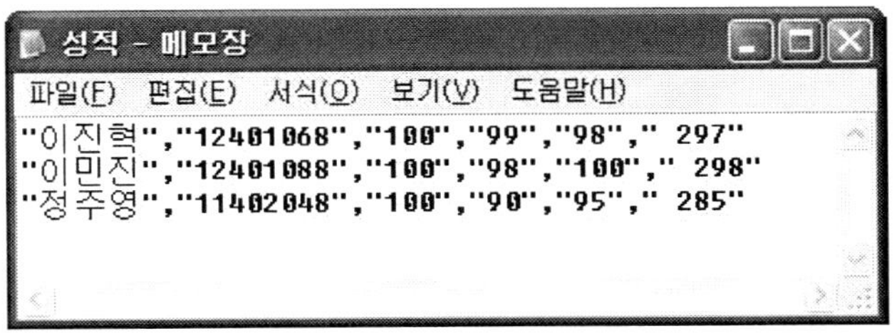

3 랜덤 파일

랜덤 파일은 특정한 형식을 갖는 일정한 길이의 레코드들의 집합으로 임의의 위치 읽고 쓰기가 가능한 파일이다. 여기서 레코드 크기는 일정해야 한다. 예를 들면 성적표를 만드는데 학생의 이름, 학번, 컴퓨터 개론, 컴퓨터 활용, 비주얼베이직, 총점을 각 학생마다 표시해야한다면 학생수가 100명일 경우 학생 수만큼 성적이 반복적으로 들어간다. 이렇게 반복되는 부분을 묶어서 처리할 수 있도록 하는 단위를 레코드라 하며 비주얼 베이직에서는 레코드를 '사용자 정의형' 이라고 부른다.

순차 파일과 마찬가지로 파일을 열기 위해서는 Open 문을 사용한다. 랜덤 파일 열기 형식은 다음과 같다.

파일 열기 형식
Open 파일명(또는 경로명) [For Random] As 파일번호 [Len=레코드의 길이]

랜덤 파일 형식의 예
Ex) Open "성적.txt" for Random As Random FileNum Len=RecLength '새파일 열기

(1) 레코드 선언

레코드 선언(사용자 정의형 선언)은 다음과 같다.

레코드 선언 형식

```
[Private | Public] Type 사용자 정의 변수명
  필드명1 As 자료형
  필드명2 As 자료형
  . . . . . .
  필드명n As 자료형
End Type
```

레코드 선언 형식의 예

```
Ex)
  Type Success                  → Success는 사용자 정의 변수(레코드명)가 된다.
    Name   As String * 10       → *기호는 필드의 길이를 고정시키기 위해 사용한다.
    InNum  As String * 15
    HP     As String * 15
    Succ   As String * 10
    Addr   As String * 30
  End Type

  Public r_Succ As Success → 변수 r_Succ를 Success형으로 선언
```

레코드는 서로 다른 동일한 자료형을 갖는 데이터의 모임, 즉 필드의 모임을 말한다. 하나의 레코드는 여러 개의 필드로 구성되어 있다. 예를 들어 합격자 관리 파일을 만든다면 필요한 내용은 이름, 주민번호, 핸드폰, 합격 여부, 주소 등이 필요하다. 여기서 이름, 주민번호, 핸드폰, 합격 여부, 주소가 필드가 되고 이들을 모아놓은 것이 레코드가 된다.

이름	주민번호	핸드폰	합격여부	주소	
정주영	910831-2145615	016-235-6987	합 격	인천시 중구 신월동	← 레코드
이민진	920832-4342310	010-333-7777	합 격	서울시 강남 방배동	← 레코드
이진혁	920915-3412775	010-666-7788	합 격	강원도 강릉시 교동	← 레코드
김신철	910885-1385471	016-555-8797	불합격	경상도 안동시 송현동	← 레코드
유신주	920517-5893647	010-661-8564	불합격	충청도 제천시 대원동	← 레코드

(2) 파일 열기

랜덤 파일을 열기 위한 Open문의 형식은 다음과 가다.

Open 형식

```
Open 파일명 [For Random] As [#]파일번호 Len = 레코드길이
```

Len은 바이트 단위로 레코드 크기를 지정하는 경우에 사용한다. 랜덤 파일의 경우 레코드의 크기를 반드시 지정해야 하며, 지정한 레코드 크기보다 작으면 나머지는 잘리게 되고, 크면 에러가 발생한다. For Random이 생략되면 랜덤 파일로 인식한다.

파일 열기 형식의 예
Ex) Dim FileNum As Integer, r_Length As Long, Employ As Person r_Length = Len(Name) → 레코드 길이 계산 FileNum = FreeFile → 사용 가능한 파일을 가져옴 Open "MyFile.txt" For Random As FileNum Len = r_Length → 새파일 열기

(3) 파일에서 읽기와 기록

Open된 파일의 레코드들의 Get #을 이용해서 읽어올 수 있다. 또한 입력받은 데이터의 내용을 임의의 파일에 기록하기 위해서는 Put #을 사용한다. Get #과 Put #의 사용 형식을 보면 다음과 같다.

Get #과 Put #의 형식
[파일에서 레코드를 읽을 때] Get [#]파일번호, 레코드 위치, 사용자 정의 변수명 [파일에서 레코드를 기록할 때] Put [#]파일번호, 레코드 위치, 사용자 정의 변수명

파일 번호는 생략이 가능하나 생략할 때는 레코드 번호 자리에 콤마(,)를 표시해야 한다. 또한 코드의 위치를 생략하면 기본적으로 현재의 레코드 위치를 읽고 쓰게 된다.

파일에 액세스할 때 레코드를 삭제하는 것은 생각보다 까다롭다. 파일의 중간에 있는 레코드를 삭제하면 이후의 레코드가 한칸씩 밀려 들어와야 하는데, 레코드의 필드를 삭제하면 레코드를 삭제할 수 있지만, 레코드는 계속 남게된다. 공간도 낭비되고, 속도도 떨어지므로 새파일에 레코드를 복사한 다음 삭제하는 것이 좋다. 실질적으로 비주얼 베이직에서는 레코드 삭제를 지원하지 않는다. 때문에 사용자가 직접 구현하여야 한다. 우선 삭제 과정을 보면 다음과 같다.

① 새 파일을 하나 만든다.
② 원래 파일의 모든 유효한 레코드를 새파일에 복사한다.
③ 원래의 파일을 닫고, Kill 명령으로 삭제한다.
④ Name 문을 사용하여 새파일의 이름을 원래 파일의 이름으로 바꾼다.
⑤ 다시 파일을 연다.

실 습

▶ 합격자 관리 프로그램(.랜덤 파일을 사용하여 "합격"과 "불합격"된 학생의 신상정보를 화면에 입력하고, 입력된 내용이 랜덤 파일에 저장되고 화면으로 출력)

① 비주얼 프로그램을 실행하여 Form1을 디자인한다.

② Form1의 각 컨트롤 속성은 다음과 같다.

컨트롤	속성
Form1	Name = Form1 Caption = "합격자 입력 화면"
Label1 - Label5	Name = lblName, lblInNum, lblHP, lblSucc, lblAddr AutoSize =True Caption = "이름", "주민번호", "핸드폰", "합격여부", "주소" Font = 글꼴 : 굴림체, 크기 : 10
TextBox1 - TextBox4	Name = txtName, txtInNum, txtHP, txtAddr Text = " " Font = 글꼴 : 굴림체, 크기 : 10
CoboBox	Name = cboSucc List = "합 격", "불합격" Text = " " Font = 글꼴 : 굴림체, 크기 : 10
CommandButton1	Name = cmdComm Caption = "레코드 조회(&C)" Font = 글꼴 : 굴림체, 크기 : 10
CommandButton2	Name = cmdSave Caption = "레코드 저장(&S)" Font = 글꼴 : 굴림체, 크기 : 10
CommandButton3	Name = cmdExit Caption = "파일 종료(&E)" Font = 글꼴 : 굴림체, 크기 : 10

③ 모듈을 하나 추가하고 전역 변수를 선언한다.

```
Option Explicit

 '합격자 입력 레코드 정의
Public Type Success
    Name   As String * 10
    InNum As String * 15
    HP     As String * 15
```

```
   Succ    As String * 10
   Addr    As String * 30
End Type

Public r_Succ As Success
Public FileNum As Integer
Public r_currentrec%, r_countrec%
```

④ [도구]-[프로시저 추가]를 선택하고 새로운 서브 프로시저를 추가한다. 프로시저 추가시 [코드 보기]를 클릭한다.

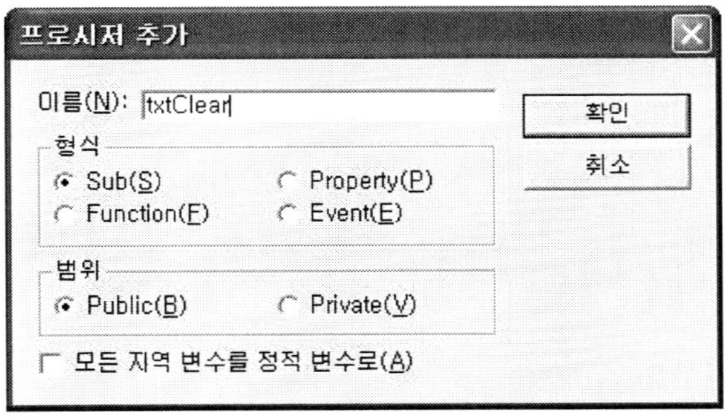

⑤ 텍스트 박스를 초기화하기 위해 서브 프로시저 코드를 초기화한다.

```
Public Sub txtClear()
  txtName.Text = " "       'Form1.txtName.Text = " " 로 설정해도 된다.
  txtInNum = " "
  txtHP.Text = " "
  cboSucc.Text = " "
  txtAddr.Text = " "
  txtName.SetFocus
End Sub
```

⑥ [Form1] 로드시 다음과 같이 코딩한다.

```
Private Sub Form_Load()
   r_currentrec = 0    '폼이 로드될 때 현재 레코드는 0으로 지정.
End Sub
```

⑦ [레코드 저장] 버튼을 클릭하면 입력한 내용이 [합격자 관리.txt]에 저장되고, [파일 종료] 버튼을 다음과 같이 코딩한다. 단 [합격자 관리.txt] 파일은 성적관리 프로그램과 같은 폴더에 저장된다.

```
Private Sub cmdSave_Click()
   r_currentrec = r_currentrec + 1    '기록할 때마다 레코드 번호 증가
   FileNum = FreeFile
   Open "합격자 관리.txt" For Random As FileNum Len = Len(r_Succ)
     '각 필드의 내용 저장
    r_Succ.Name = txtName.Text
    r_Succ.InNum = txtInNum.Text
    r_Succ.HP = txtHP.Text
    r_Succ.Succ = cboSucc.Text
    r_Succ.Addr = txtAddr.Text
    Put #FileNum, r_currentrec, r_Succ
   Close FileNum
   Call txtClear
End Sub

Private Sub cmdExit_Click()
  End
End Sub
```

⑧ 다음 레코드를 각각 입력하고 각각 [레코드 저장] 버튼을 클릭한다.

이름	주민번호	핸드폰	합격여부	주소
정주영	910831-2145615	016-235-6987	합 격	인천시 중구 신월동
이민진	920832-4342310	010-333-7777	합 격	서울시 강남 방배동
이진혁	920915-3412775	010-666-7788	합 격	강원도 강릉시 교동
김신철	910885-1385471	016-555-8797	불합격	경상도 안동시 송현동
유신주	920517-5893647	010-661-8564	불합격	충청도 제천시 대원동

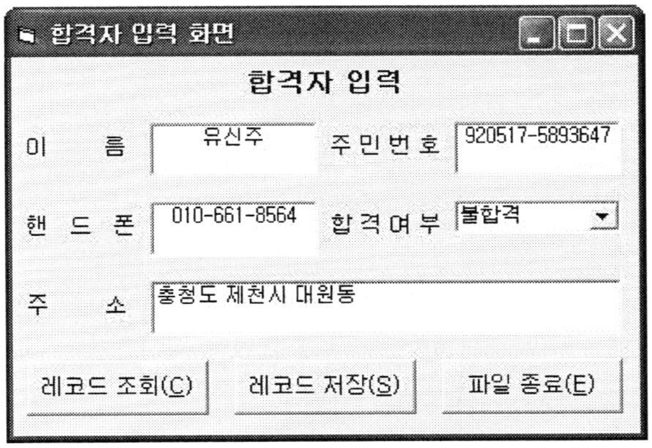

⑨ 입력한 내용이 메모장에 [합격자 관리.txt]로 저장되었는지 실행한다

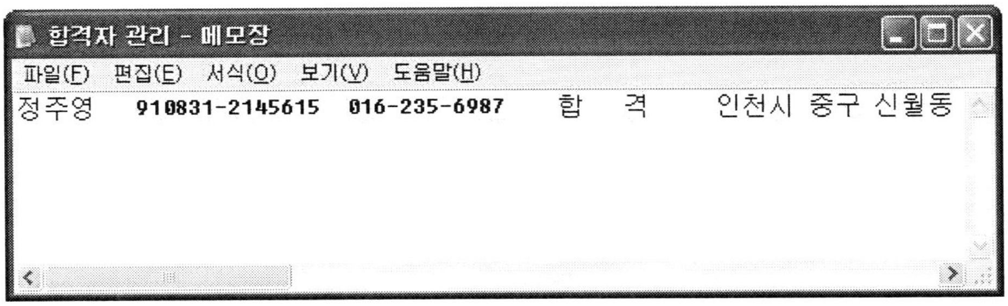

⑩ [레코드 조회] 버튼을 클릭하면 입력한 내용이 화면으로 확인할 수 있도록 다음과 같이 코딩한다.

```
Private Sub cmdComm_Click()
  Form2.Show
End Sub
```

⑪ Form2를 추가하여 다음과 같이 디자인한다.

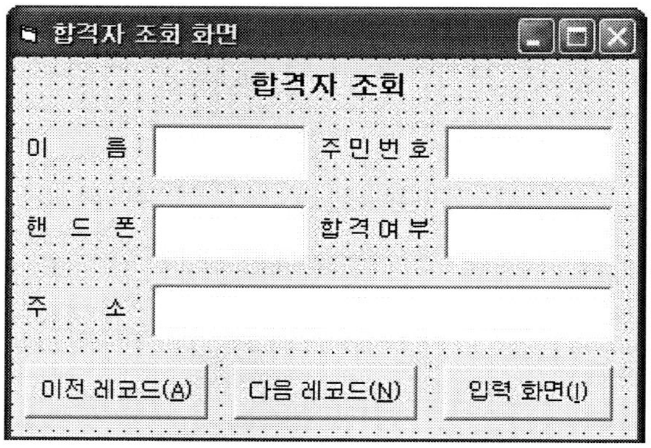

⑫ Form2의 각 컨트롤 속성은 다음과 같다.

컨트롤	속성
Form2	Name = Form2 Caption = "합격자 조회 화면"
Label1 ~ Label5	Name = lblName, lblInNum, lblHP, lblSucc, lblAddr AutoSize =True Caption = "이름", "주민번호", "핸드폰", "합격여부", "주소" Font = 글꼴 : 굴림체, 크기 : 10
TextBox1 ~ TextBox5	Name = txtName, txtInNum, txtHP, txtSucc, txtAddr Text = " " Font = 글꼴 : 굴림체, 크기 : 10

CommandButton1	Name = cmdAhead Caption = "이전 레코드(&A)" Font = 글꼴 : 굴림체, 크기 : 10
CommandButton2	Name = cmdNext Caption = "다음 레코드(&N)" Font = 글꼴 : 굴림체, 크기 : 10
CommandButton3	Name = cmdInDisplay Caption = "파일 종료(&I)" Font = 글꼴 : 굴림체, 크기 : 10

⑬ [Form2] 로드시 다음과 같이 코딩한다.

```
Private Sub Form_Load()
  FileNum = FreeFile
  Open "합격자 관리.txt" For Random As FileNum Len = Len(r_Succ)
    r_countrec = LOF(FileNum) / Len(r_Succ)   '총 레코드 수
    r_currentrec = 1
    Call txtDisplay
End Sub

Public Sub txtDisplay()
  Get #FileNum, r_currentrec, r_Succ
  'Get #FileNum, r_currentrec, r_Succ
  '읽어온 값들을 조회화면의 각 필드에 저장한다.
    txtName.Text = r_Succ.Name
    txtInNum.Text = r_Succ.InNum
    txtHP.Text = r_Succ.HP
    txtSucc.Text = r_Succ.Succ
    txtAddr.Text = r_Succ.Addr
End Sub
```

⑭ [이전 레코드] 버튼을 클릭하면 이전 레코드를 화면으로 확인할 수 있도록 다음과 같이 코딩한다.

```
Private Sub cmdAhead_Click()
  If r_currentrec > 1 Then                ‘현재 레코드가 처음레코드인지 아닌지를 비교
    r_currentrec = r_currentrec - 1       ‘처음 레코드가 아니면 전 레코드를 조회한다.
    Call txtDisplay
  Else                    '처음 레코드이면 처음 레코드라는 메시지상자 나타나게 한다.
    MsgBox  “처음 레코드”, vbOKCancel + vbInformation,  “메시지상자”
  End If
End Sub
```

⑮ [이전 레코드] 버튼을 실행하면 다음과 같다.

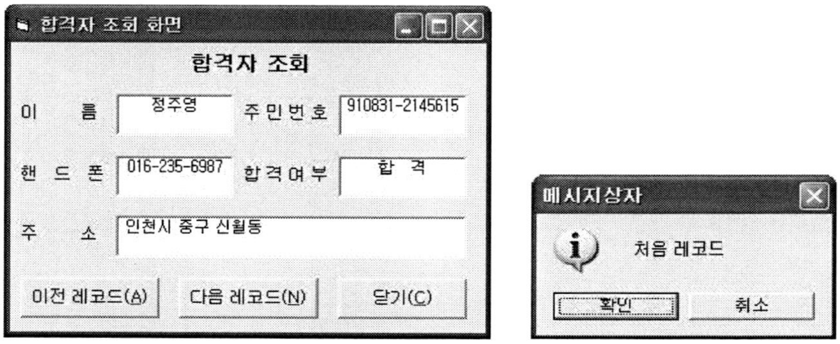

⑯ [다음 레코드] 버튼을 클릭하면 다음 레코드를 화면으로 확인할 수 있도록 다음과 같이 코딩한다.

```
Private Sub cmdNext_Click()
  If r_currentrec < r_countrec Then    ‘현재 레코드가 마지막 레코드인지 아닌지
를 비교
    r_currentrec = r_currentrec + 1    ‘마지막레코드가 아니라면 다음 레코드를 조
회한다.
    Call txtDisplay
  Else   '마지막 레코드이면 마지막 레코드라는 메시지를 나타나게 한다.
    MsgBox  “마지막 레코드”, vbOKCancel + vbInformation,  “메시지상자”
  End If
End Sub
```

⑰ [다음 레코드] 버튼을 실행하면 다음과 같다.

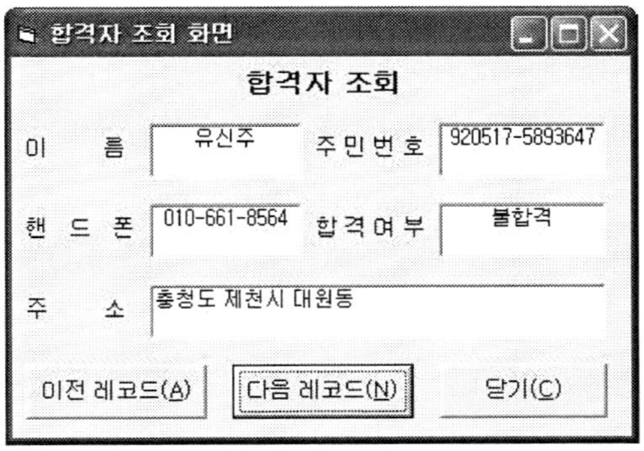

⑱ [입력 화면] 버튼을 클릭하면 [합격자 입력] 화면으로 되돌아갈 수 있도록 다음과 같이 코딩한다.

```
Private Sub cmdInDisplay_Click(Index As Integer)
  Unload Me
  Form1.Show
End Sub
```

⑲ [입력 화면] 버튼을 실행하면 다음과 같다.

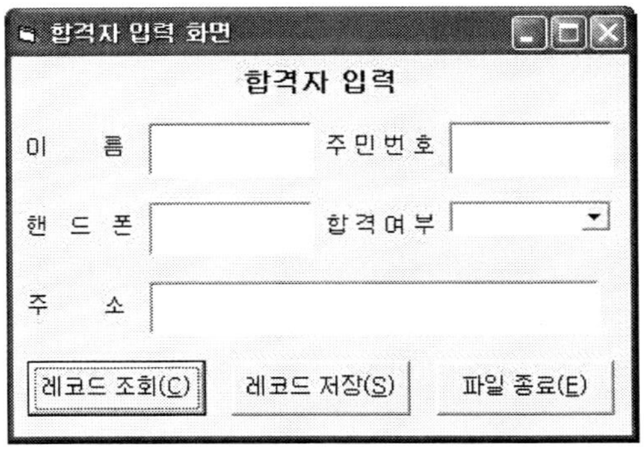

4 이진 파일

이진 파일은 모든 형태의 데이터 표현이 가능하나 파일을 사용하기 위해서는 어떤 형식으로 저장되어 있는지 알아야만 한다. 입.출력은 기본적으로 랜덤 파일과 유사하게 Get, Put 문을 사용하고, 형식도 거의 유사하다. 다른 점이 있다면 레코드 단위가 아니라 바이트 단위라는 점이다. 또한 파일의 크기를 작게 만들어야하는 경우에 주로 사용하고, 레코드 길이가 고정적이지 않은 자료를 처리할 때는 이진 파일을 사용하면 기억 공간 낭비를 줄일 수 있다.

(1) 파일 열기

이진 파일에서도 파일을 열기 위해서 Open 문을 사용한다. 형식은 다음과 같다.

Open 문의 형식
Open 파일명(또는 경로명) For Binary As [#]파일번호

이진 파일은 레코드 크기에 관계없이 자료처리가 가능하므로 레코드 크기를 지정하는 Len은 사용하지 않아도 된다.

이진 파일 열기 형식의 예

```
Ex)
  Dim FileNum As Integer
  FileNum = FreeFile
  Open "합격자.txt" For Binary As FileNnm
```

이진 파일 레코드를 정의할 때는 랜덤 파일과 비슷하지만 이진 파일은 레코드 길이가 필요하지 않기 때문에 레코드 길이를 명시하지 않는다.

레코드 선언 형식의 예
Ex) Type Success Name As String InNum As String HP As String Succ As String Addr As String End Type

(2) **파일에서 읽기와 기록**

랜덤 파일도 마찬가지로 데이터의 내용을 임의의 파일에 기록하기 위해서는 레코드들의 Get #을 이용해서 읽어올 수 있다. 또한 입력받은 데이터의 내용을 임의의 파일에 기록하기 위해서는 Put #을 사용한다. Get #과 Put #의 사용 형식을 보면 다음과 같다.

Get #과 Put #의 형식
[파일에서 레코드를 읽을 때] Get [#]파일번호, 레코드 위치, 사용자 정의 변수명 [파일에서 레코드를 기록할 때] Put [#]파일번호, 레코드 위치, 사용자 정의 변수명

Get # 형식의 예
Ex) BinA = String(20, " ") Get FileNum, 15, BinA → 이진 파일의 15번째 바이트에서부터 20바이트 만큼만 BinA 변수에 내용을 복사한다.

Put # 형식의 예
Ex) BinA = "andong" Put FileNum, 100, BinA BinA = "seoul" Put FileNum, , BinA → 첫 번째 Put 명령문에 의해 100번째 바이트에 "andong"가 기록되고 파일 위치는 자동적으로 106바이트로 설정되어 두 번째 Put 명령문을 수행하면 106번째 바이트부터 "seoul"이 기록된다.

[참고사항]

▸ String 함수

String(반환되는 길이, 문자열)
문자열을 지정된 길이(byte) 만큼 반환하는 함수이다.

5 데이터 처리 프로그램

실 습

▶ 메뉴 폼 작성 프로그램.

① 비주얼 프로그램을 실행하여 Form1을 디자인한다.

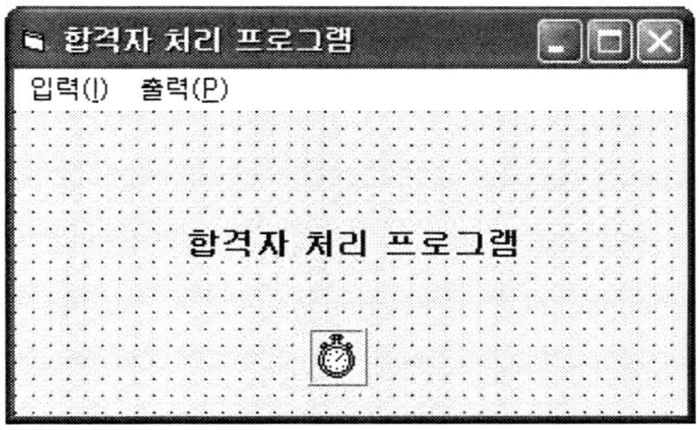

② Form1의 각 컨트롤 속성은 다음과 같다.

컨트롤	속성
Form1	Name = frmMain Caption = "합격자 처리 프로그램"
Label1	Name = Label1 AutoSize =True Caption = "합격자 처리 프로그램" Font = 글꼴 : 굴림체, 크기 : 11, 스타일 : 굵게
Timer	Name = Timer1 Interval = 200

③ [도구]-[메뉴 편집기]를 선택하여 메뉴를 작성하기 위한 조건은 다음과 같다.

Name	Caption	Checked	Enabled	ShortCut
menu_Input	입력(&I)			
menu_DataInput	데이터 입력			Ctrl+I
menu_Modify	데이터 수정			Ctrl+M
menu_Gubun01	-			
menu_Exit	종료			Ctrl+E

menu_Print	출력(&P)			
menu_DisplayPrint	화면 출력			Ctrl+D
menu_FilePrint	파일 출력			Ctrl+P

④ [데이터 입력] 폼음 랜덤 파일에서 사용했던 폼을 이용하기로 하자 기존에 있는 폼을 추가하기 위해서는 우선 [폼 추가] 단추를 클릭한다.

⑤ [폼 추가] 대화상자가 나타나면 [기존 파일] 탭을 선택한다.

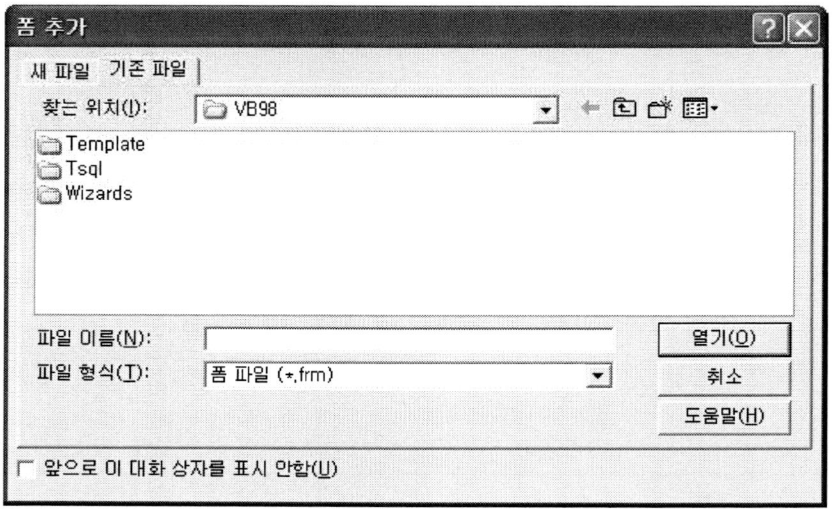

⑥ 랜덤 파일에서 [합격자 입력 화면] 폼을 선택하고 [열기] 단추를 클릭하면 현재 프로젝트에 폼이 삽입된다.

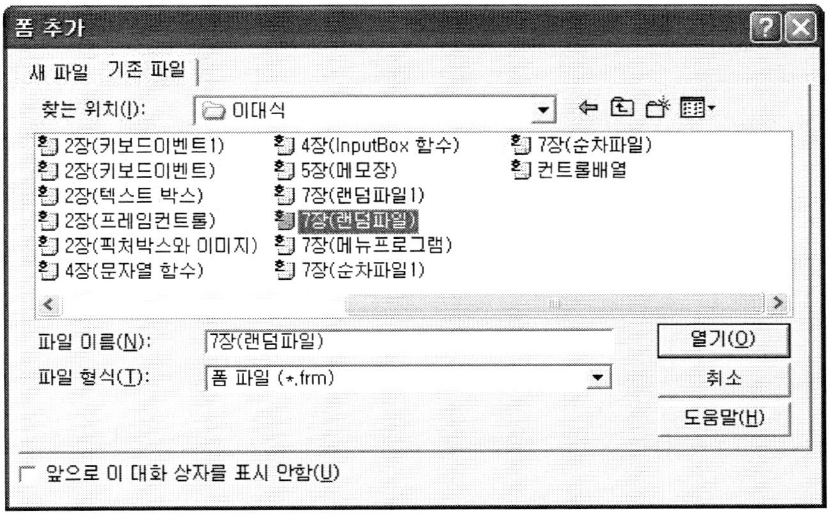

⑦ [데이터 입력] 새로 삽입한 폼의 Name을 [frmDataInput]이라고 수정하고 다음과 같이 변경시킨다.

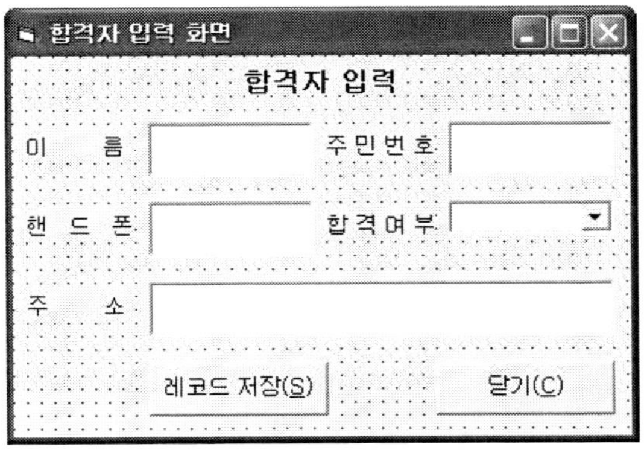

⑧ [데이터 조회 및 수정] 폼도 위와 같은 방법으로 랜덤 파일에서 사용했던 폼을 추가하고 폼 이름을 [frmModify]으로 변경하고 폼을 다음과 같이 수정한다.

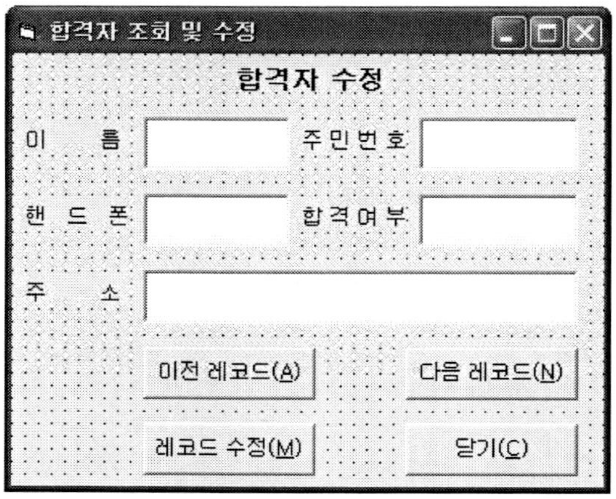

⑨ [데이터 조회 및 수정] 폼의 각 컨트롤 속성은 다음과 같다. 단 [데이터 입력] 폼과 같고, 합격여부 텍스트, 이전 레코드, 다음 레코드, 레코드 수정, 닫기 컨트롤만 표시한다.

컨트롤	속성
Form1	Name = frmModify Caption = "합격자 수정 및 삭제"
합격여부 TextBox	Name = txtSucc Alignment = 2-가운데 맞춤 Text = " " Font = 글꼴 : 굴림체, 크기 : 10
CommandButton1	Name = cmdAhead Caption = "이전 레코드(&A)" Font = 글꼴 : 굴림체, 크기 : 10
CommandButton2	Name = cmdNext Caption = "다음 레코드(&N)" Font = 글꼴 : 굴림체, 크기 : 10
CommandButton3	Name = cmdModify Caption = "레코드 수정(&M)" Font = 글꼴 : 굴림체, 크기 : 10
CommandButton4	Name = cmdClose Caption = "닫기(&C)" Font = 글꼴 : 굴림체, 크기 : 10

⑩ [화면 출력] 폼은 새로운 폼을 하나 삽입하고 다음과 같이 디자인한다.

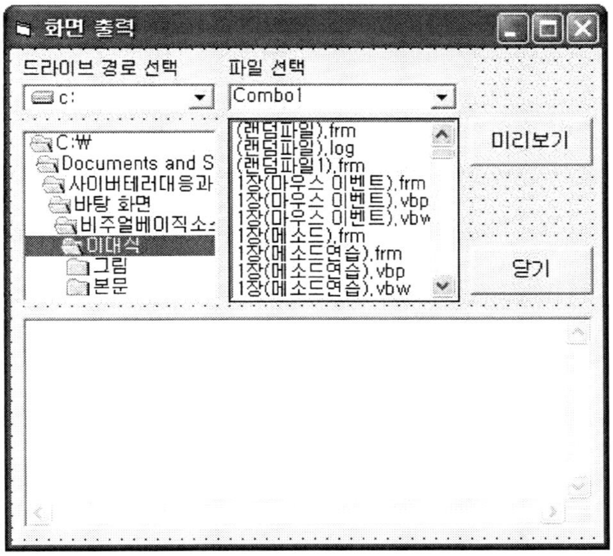

⑪ [화면 출력] 폼의 각 컨트롤 속성은 다음과 같다.

컨트롤	설명
Form1	Name = Form1 Caption = "파일 컨트롤 사용" BackColor = 원하는 색 지정
Label1 ~Label2	Name = Label1, Label2 Caption = "드라이브 경로 선택", "파일 선택 " Font = 글꼴 : 굴림체, 크기 : 10
Drive1	Name = Drive1 Font = 글꼴 : 굴림체, 크기 : 10
Dir1	Name = Dir1 Font = 글꼴 : 굴림체, 크기 : 10
Combox1	Name = Combo1 Font = 글꼴 : 굴림체, 크기 : 10

File1	Name = File1 Font = 글꼴 : 굴림체, 크기 : 10
TextBox1	Name = txtDisplay Text = " " Font = 글꼴 : 굴림체, 크기 : 10 MultiLine = True ScrollBar = 3-양방향
CommandButton1	Name = cmdDisplay Caption = "미리보기" Font = 글꼴 : 굴림체, 크기 : 10
CommandButton2	Name = cmdClose Caption = "닫기" Font = 글꼴 : 굴림체, 크기 : 10

실 습

▶ 메뉴 코드 작성 프로그램.

① 처음 프로그램을 실행하면 "합격자 처리 프로그램"이라는 문자열을 시간에 맞게 이동하는 코드는 다음과 같다.

```
Private Sub Timer1_Timer()
  Label1.Left = Label1.Left - 50   'Label1의 caption 내용을 왼쪽으로 50씩 이동.
  If Label1.Left < -50 Then   '만약 Caption 내용이 폼을 벗어났으면
    Label1.Left = frmMain.ScaleWidth   '다시 우측으로 이동
  End If
End Sub
```

② 프로그램을 실행시켜 결과를 확인한다.

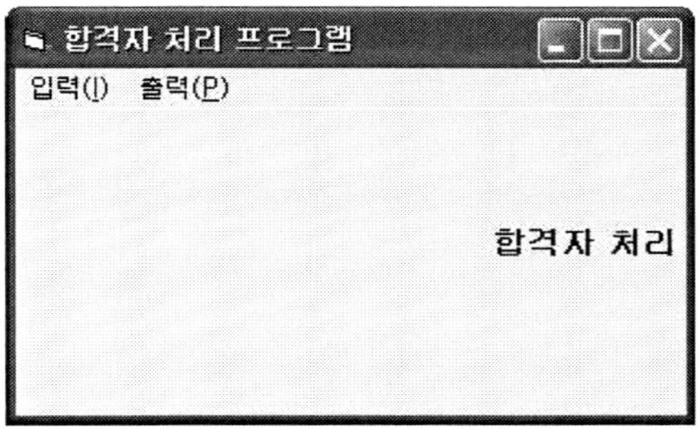

③ 모듈을 하나 추가하고 전역 변수를 선언한다.

```
Option Explicit

 '합격자 입력 레코드 정의
Public Type Success
    Name As String * 10
    InNum As String * 15
    HP As String * 15
    Succ As String * 10
    Addr As String * 30
End Type

Public r_Succ As Success
Public FileNum As Integer
Public r_currentrec%, r_countrec%
```

④ [txtClear] 서브 프로시저와 코드 추가한다.

```
Public Sub txtClear()
  txtName.Text = " "
  txtInNum.Text = " "
  txtHP.Text = " "
```

```
    cboSucc.Text = " "
    txtAddr.Text = " "
    txtName.SetFocus
End Sub
```

⑤ [입력]-[데이터 입력]을 선택하면 [데이터 입력] 대화 상자가 나타나게 다음과 같이 코딩한다.

```
Private Sub menu_DataInput_Click()
    frmDataInput.Show
End Sub
```

⑥ 프로그램을 실행시켜 결과를 확인한다.

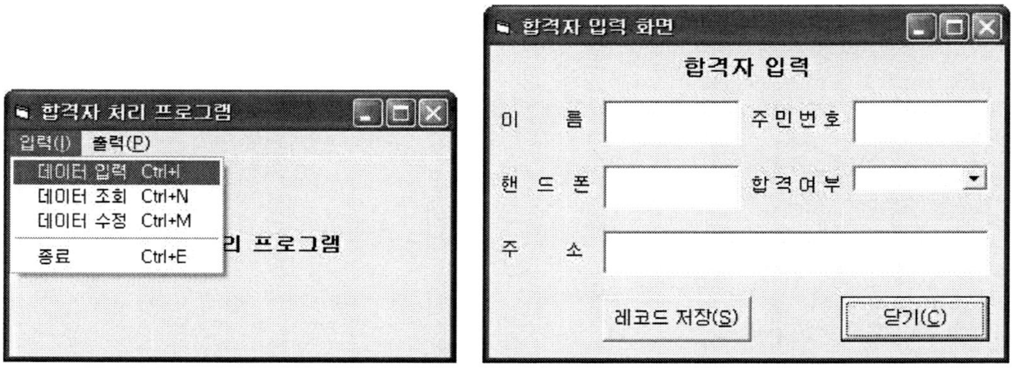

⑦ [합격자 입력] 대화상자에서 데이터를 입력하고 [레코드 저장] 버튼을 클릭 했을때 파일로 데이터가 추가되도록 다음과 같이 코딩한다.

```
Private Sub Form_Load()
    r_currentrec = 0
End Sub
```

```
Private Sub cmdSave_Click()
  r_currentrec = r_currentrec + 1    '기록할 때마다 레코드 번호 증가
  FileNum = FreeFile
  Open "합격자 관리.txt" For Random As FileNum Len = Len(r_Succ)
     '각 필드의 내용 저장
    r_Succ.Name = txtName.Text
    r_Succ.InNum = txtInNum.Text
    r_Succ.HP = txtHP.Text
    r_Succ.Succ = cboSucc.Text
    r_Succ.Addr = txtAddr.Text
    Put #FileNum, r_currentrec, r_Succ
  Close FileNum
  Call txtClear
End Sub
```

⑧ [닫기] 버튼을 클릭하면 다시 메인 폼으로 돌아가게 다음과 같이 코딩한다.

```
Private Sub cmdExit_Click()
  Close   '현재 열려져 있는 파일이 있으면 모두 닫고
  frmDataInput.Hide    '[합격자 입력] 대화상자를 사라진다.
End Sub
```

⑨ 랜덤 파일에서 저장한 '합격자 관리.txt'에 하나의 데이터를 입력하고 저장한다.

이름	주민번호	핸드폰	합격여부	주소
정주영	910831-2145615	016-235-6987	합 격	인천시 중구 신월동
이민진	920832-4342310	010-333-7777	합 격	서울시 강남 방배동
이진혁	920915-3412775	010-666-7788	합 격	강원도 강릉시 교동
김신철	910885-1385471	016-555-8797	불합격	경상도 안동시 송현동
유신주	920517-5893647	010-661-8564	불합격	충청도 제천시 대원동
남영글	910607-1323111	010-267-6743	합 격	경상도 대구시 원대동

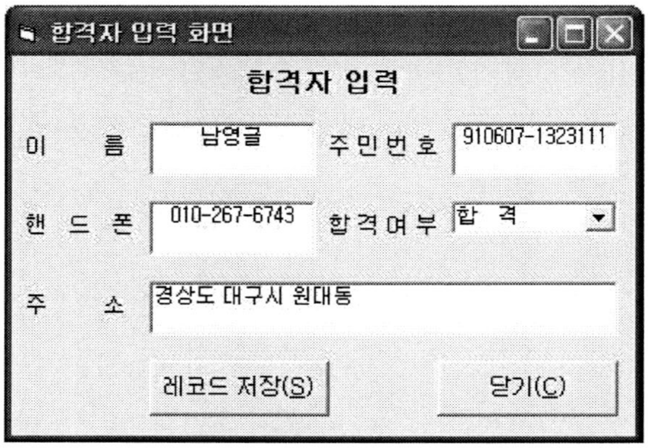

⑩ [입력]-[데이터 수정] 메뉴를 선택하면 [합격자 수정 및 삭제] 대화상자가 나타나게 다음과 같이 코딩한다.

```
Private Sub menu_Modify_Click()
 frmModify.Show
End Sub
```

⑪ [합격자 수정 및 삭제] 대화상자의 [Form] 로드시 다음과 같이 코딩한다.

```
Private Sub Form_Load()
   FileNum = FreeFile
   Open "합격자 관리.txt" For Random As FileNum Len = Len(r_Succ)
   r_countrec = LOF(FileNum) / Len(r_Succ)
   r_currentrec = 1
   Call txtDisplay
End Sub

Public Sub txtDisplay()
   Get #FileNum, r_currentrec, r_Succ
     '읽어온 값들을 조회화면의 각 필드에 저장한다.
```

```
    frmModify.txtName.Text = r_Succ.Name
    frmModify.txtInNum.Text = r_Succ.InNum
    frmModify.txtHP.Text = r_Succ.HP
    frmModify.txtSucc.Text = r_Succ.Succ
    frmModify.txtAddr.Text = r_Succ.Addr
End Sub
```

⑫ 프로그램을 실행하면 다음과 같은 결과를 확인할 수 있다.

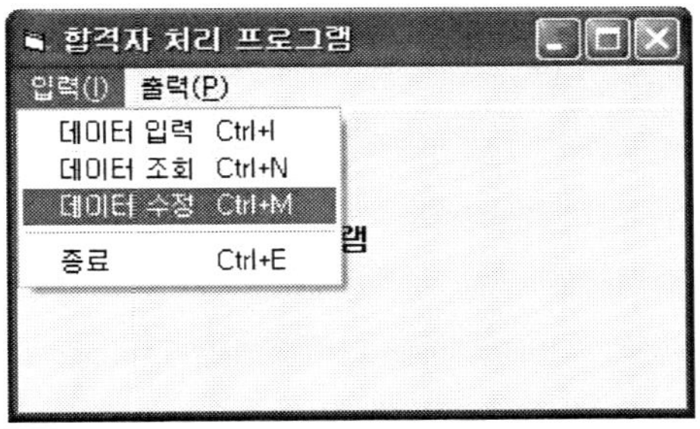

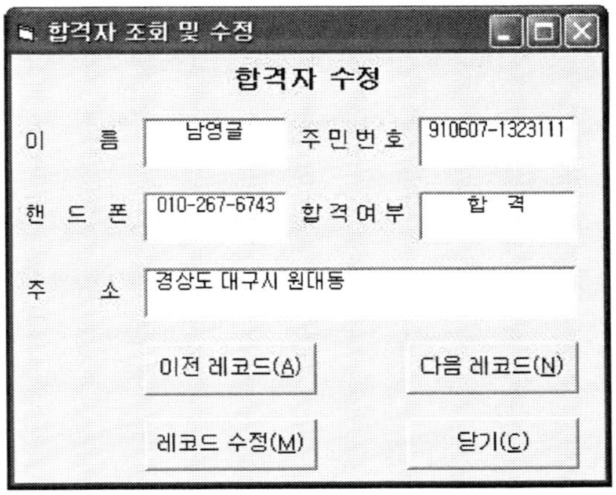

⑬ [이전 레코드]와 [다음 레코드] 버튼을 클릭하면 입력한 내용이 화면으로 확인할 수 있도록 다음과 같이 코딩한다.

```
Private Sub cmdAhead_Click()
  If r_currentrec > 1 Then    '현재 레코드가 처음레코드인지 아닌지를 비교
    r_currentrec = r_currentrec - 1    '처음 레코드가 아니면 전 레코드를 조회한다.
    Call txtDisplay
  Else '처음 레코드이면 처음 레코드라는 메시지상자 나타나게 한다.
    MsgBox "처음 레코드", vbOKCancel + vbInformation, "메시지상자"
  End If
End Sub
```

```
Private Sub cmdNext_Click()
  If r_currentrec < r_countrec Then    '현재 레코드가 마지막 레코드인지 아닌지를 비교
      r_currentrec = r_currentrec + 1    '마지막레코드가 아니라면 다음 레코드를 조회한다.
      Call txtDisplay
  Else    '마지막 레코드이면 마지막 레코드라는 메시지를 나타나게 한다.
      MsgBox "마지막 레코드", vbOKCancel + vbInformation, "메시지상자"
  End If
End Sub
```

⑭ [이전 레코드]와 [다음 레코드] 버튼을 실행하면 다음과 같다.

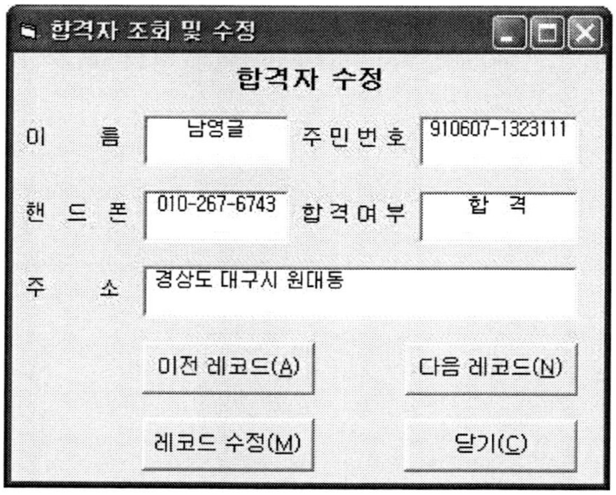

⑮ [수정] 버튼을 클릭하면 수정된 필드의 내용이 저장되도록 다음과 같이 코딩한다.

```
Private Sub cmdModify_Click()
   '각 필드의 수정된 내용을 저장
   r_Succ.Name = frmModify.txtName.Text
   r_Succ.InNum = frmModify.txtInNum.Text
   r_Succ.HP = frmModify.txtHP.Text
   r_Succ.Succ = frmModify.txtSucc.Text
   r_Succ.Addr = frmModify.txtAddr.Text
   '수정된 내용을 파일에 기록한다.
   Put #FileNum, r_currentrec, r_Succ
End Sub
```

⑯ 화면의 내용 중 [주소] 필드의 '원대동' 을 '대치동' 으로 수정하고, [수정] 버튼을 클릭하면 수정된 필드 내용이 저장된다.

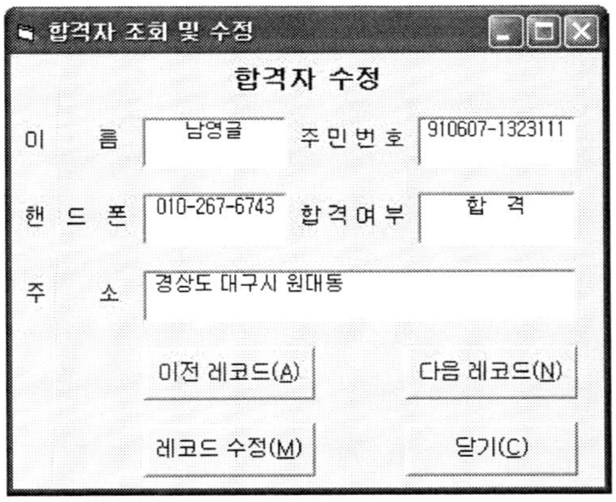

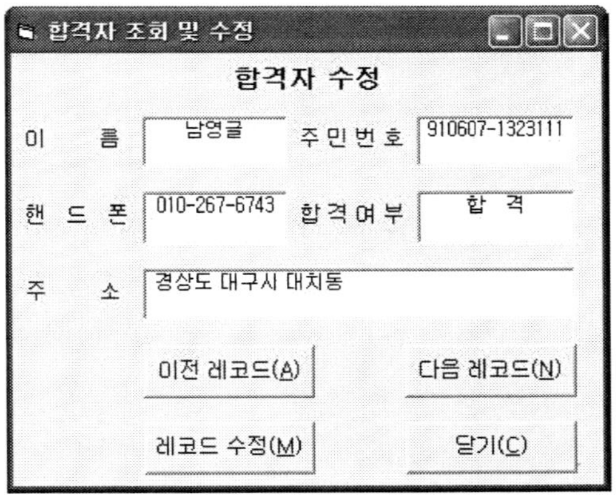

⑰ [닫기] 버튼을 클릭하면 다시 메인 폼으로 돌아가게 다음과 같이 코딩한다.

```
Private Sub cmdClose_Click()
   Close
   frmModify.Hide
End Sub
```

⑱ [입력]-[종료] 메뉴를 선택하면 [합격자 프로그램]을 종료하도록 다음과 같이 코딩한다.

```
Private Sub menu_Exit_Click()
  End
End Sub
```

⑲ [출력]-[화면 출력]을 선택하면 [화면출력] 대화상자가 나타나게 다음과 같이 코딩한다.

```
Private Sub menu_DisplayPrint_Click()
  frmDisplay.Show
End Sub
```

⑳ [Form] 로드시 다음과 같이 코딩한다.

```
Option Explicit
Dim FileName As String    '파일이름 저장 변수선언
Dim FileNum As Integer    '파일번호 저장 변수선언
Dim Temp As String
Dim FileLine As String    '파일내용 저장 변수선언

Private Sub Form_Load()
  Combo1.AddItem "텍스트 파일(*.txt)", 0
  Combo1.AddItem "한글 파일(*.hwp)", 1
  Combo1.AddItem "모든 파일(*.*)"
  Combo1.ListIndex = 0
End Sub
```

㉑ 프로그램을 실행하면 다음과 같은 결과를 확인할 수 있다.

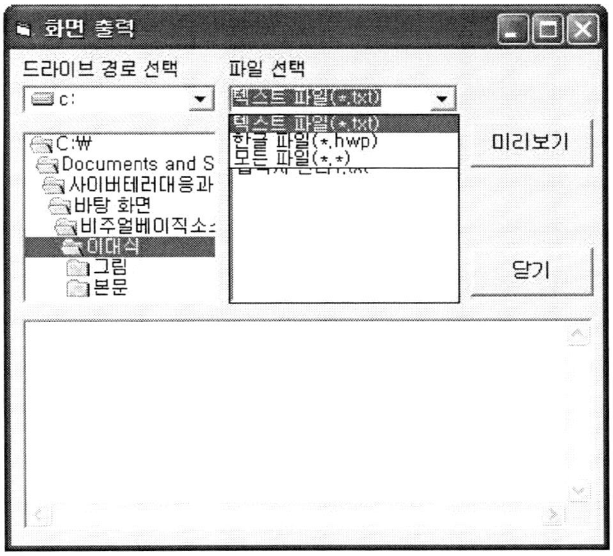

㉒ [드라이브 경로 선택]시 드라이브와 폴더가 나타나도록 다음과 같이 코딩한다.

```
Private Sub Drive1_Change()
  Dir1.Path = Drive1.Drive
End Sub

Private Sub Dir1_Change()
  File1.Path = Dir1.Path
End Sub
```

㉓ [파일 선택]시 원하는 종류의 파일이 선택되도록 다음과 같이 코딩한다.

```
Private Sub Combo1_Click()
  Select Case Combo1.ListIndex
    Case 0
      File1.Pattern = "*.txt"
```

```
    Case 1
      File1.Pattern = "*.hwp"
    Case 2
      File1.Pattern = "*.*"
  End Select
End Sub
```

㉔ [미리보기] 버튼을 선택하면 파일의 내용이 텍스트 박스에 나타나도록 다음과 같이 코딩한다.

```
Private Sub cmdDisplay_Click()
  If Right(Dir1.Path, 1) = "\" Then
     FileName = Dir1.Path + File1.FileName
  Else
     FileName = Dir1.Path + "\" + File1.FileName
  End If
  FileNum = FreeFile
  Open FileName For Input As FileNum
  Do Until EOF(FileNum)   '파일이 마지막이 될때까지
     Line Input #FileNum, Temp  '파일의 내용을 Temp에 줄 단위로 읽는다.
      '캐리지 리턴(chr(13))과 라인피드는 출력하지 않기 때문에 따로 더하고(연결하고)
      'FileLinedp 저장한다.
     FileLine = FileLine + Temp + Chr(13) + Chr(10)
  Loop
  txtDisplay.Text = FileLine   '읽어온 파일내용을 텍스트 박스에 저장한다.
  Close FileNum
End Sub
```

여기서 파일을 더블 클릭해도 파일의 내용이 텍스트 박스에 나타나도록 할려면 코드는 위에 내용과 같고 함수명만 다음과 같이 한다.

```
Private Sub File1_DblClick()
......
End Sub
```

㉕ [출력]-[파일 출력]을 추가할려면 [프로젝트]-[구성요소]를 클릭 하면 컨트롤 대화상자가 나타나다. [Microsoft Common Dialog Control 6.0]을 선택하고 [확인] 단추를 클릭하면 도구상자에 CommonDialog( ) 컨트롤이 추가된다.

㉖ [합격자 처리 프로그램]에 CommonDialog 컨트롤을 다음과 같이 디자인한다.

㉗ CommonDialog 컨트롤 속성을 지정한다.

컨트롤	설명
CommonDialog1	Name = CDialog CancelError = True

㉘ [출력]-[파일 출력] 메뉴를 선택하면 [인쇄]가 나타나도록 다음과 같이 코딩한다.

```
Private Sub menu_FilePrint_Click()
  On Error GoTo OnError
  CDialog.ShowPrinter

OnError:
  Exit Sub
End Sub
```

㉙ 프로그램을 실행하면 다음과 같은 결과를 확인할 수 있다.

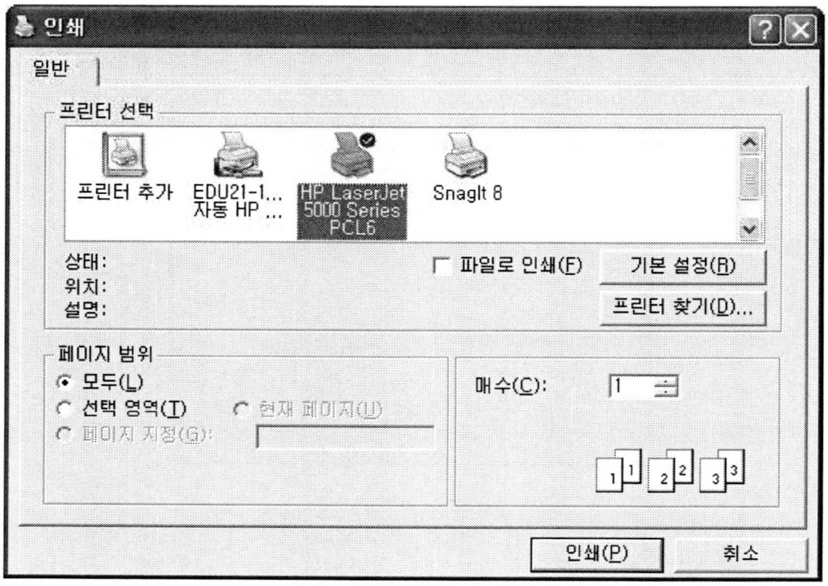

[참고사항]

▸ 파일경로

파일 경로는 디렉토리 리스트 박스의 Path 속성으로 지정해 줄 수 있다. 따라서 FileName = Dir1.Path + "\" + File1.FileName 문장은 경로를 포함하여 파일 리스트박스에서 선택한 파일 파일이름을 FileName으로 할당해 준다. 예를 들어 C 드라이브의 Work 폴더에 [합격자 관리.txt] 파일을 선택했다면 "C:\Work\합격자 관리.txt"가 FileName으로 할당된다. 그러나 루트 디렉토리의 경우는 "\"을 Path 속성에 포함하기 때문에 만약에 [합격자 관리.txt]가 루트 디렉토리에 존재한다면 파일경로는 "C:\\합격자 관리.txt"가 되어 에러가 발생한다. 따라서 Right() 함수를 이용하여 Dir1.Path의 오른쪽 끝 문자가 "\" 문자이면 "\"은 포함하지 않는다.

6 에러 처리 및 디버깅

프로그램을 실행 도중 의도하지 않은 결과가 나오는 경우 에러(Error)를 만나게 되고, 에러를 제거하는 것을 디버깅(Debugging)이라고 한다. 에러는 다음과 같은 경우이다.

① 디스크가 꽉 차서 더 이상 자료를 저장할 수 없는 경우
② 디스크 드라이브에 디스켓이 없는 경우
③ 지정한 파일이 없는 경우
④ 프린터가 안 켜져 있는 상태 등의 환경일 때 에러가 발생할 수 있다.

비주얼 베이직뿐만 아니라 모든 프로그래밍에서 발생할 수 있는 에러의 유형은 다음과 같이 3가지로 분류할 수 있다.

① 구문 에러(Syntax Error)

구문 에러란 컴파일 에러라고도 하며, 코드 작성시 구문을 잘못 입력하는 경우에 발생하는 에러로 예약어를 잘못 사용하는 경우, 구두점을 사용하지 않는 경우, For 문장없이 Next 문장을 사용하는 경우, IF 예약어를 조건 연산자 없이 사용하는 경우 많이 발생된다.

② 실행에러 또는 런타임 에러(Run-Time Error)

런타임 에러란 프로그램 실행 중에 발생하는 에러로 실행 불가능한 작업을 시도할 때 발생하는 에러로 접근할 수 없는 객체를 참조하려고 하는 경우, 존재하지 않는 파일로부터 데이터를 읽으려고 하는 겨우, 0으로 나누는 등 잘못된 연산을 수행하려고 하는 경우에 많이 발생된다.

③ 논리 에러(Logic Error)

논리 에러란 가장 발견하기 어려운 에러로 구문 에러나 실행 에러없이 프로그램이 실행되지만 예상치 않은 결과를 만들어낸다.

많은 에러들이 있지만 여기서는 '디스크가 들어 있지 않은 드라이브를 선택' 했을 때 에러를 디버깅해 보자.

실 습

▶ 에러 프로그램1.(디스크가 들어 있지 않은 드라이브를 선택)

① [화면출력] 대화상자에서 [a:] 드라이브를 선택한다.

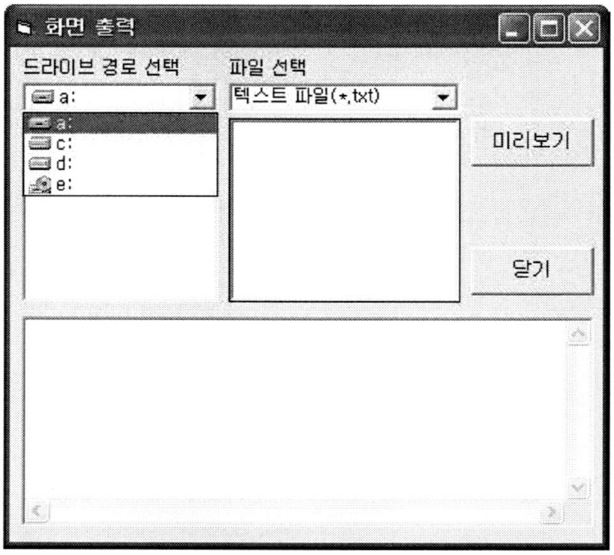

② [a:] 드라이브에 디스켓이 들어 있지 않은 상태라면 발생한 에러 종류와 에러 번호와 함께 아래와 같은 에러 메시지 대화상자가 나타난다.

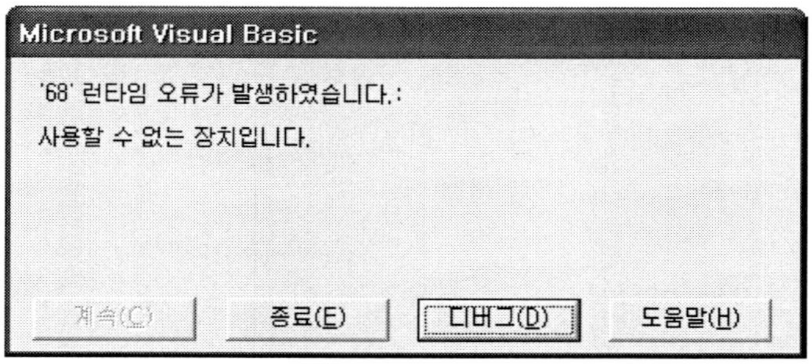

③ [디버그] 단추를 클릭하면 어느 부분에서 에러가 발생했는지 확인할 수 있다.

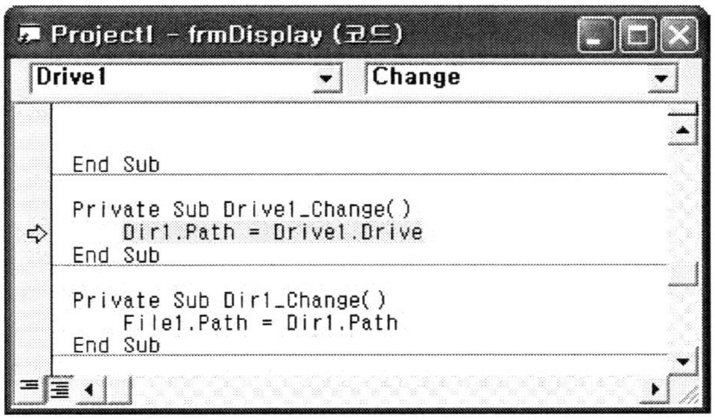

보통 에러가 발생하면 에러가 발생한 시점에서 프로그램은 중지되고 에러를 수정한 후에 다시 실행시켜야 한다. 짧은 프로그램일 경우에는 잘 모르겠지만 긴 프로그램 같은 경우는 에러가 발생 할 때마다 수정하고 다시 실행하고 하는 작업이 여간 번거롭지 않다. 따라서 에러가 발생하면 에러를 수정할 수 있는 프로그램을 작성하여 삽입하면 훨씬 효율적으로 에러 처리를 할 수 있다.

(1) 에러 디버깅

① 에러 발생 위치 확인 및 에러 종료 알림

프로그램 실행 중에 에러가 발생되면 에러 메시지를 보이는 대화 상자가 나타나고, 디버그 버튼을 누르면 에러 발생 지점으로 이동해야 한다. 에러 메시지의 디버그 버튼을 클릭하면 코드 창에 에러 발생 위치를 표시하여 수정 가능하게 한다.

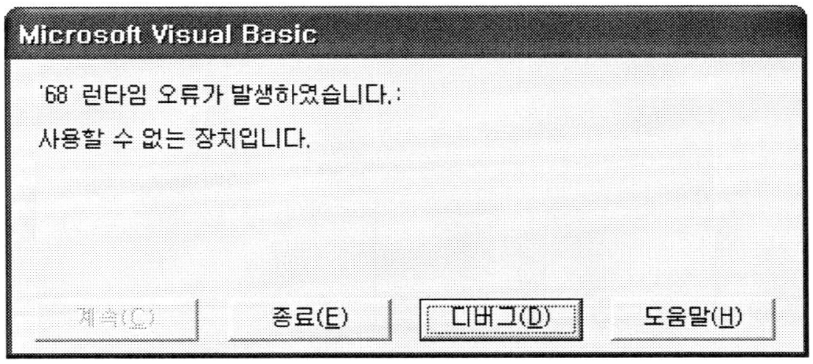

② 중단점

프로그램의 실행 결과가 원하는 대로 동작하지 않는 경우에 의심이 가는 문장이나 프로시저에 중단점을 설치하여 프로그램을 실행하다가 중단점을 만나게 되면 그 위치에서 프로그램이 중단된다. 중단점 설치할 문장이 있는 위치에서 [디버그]-[중단점 설정/해제]를 각각 선택한다.

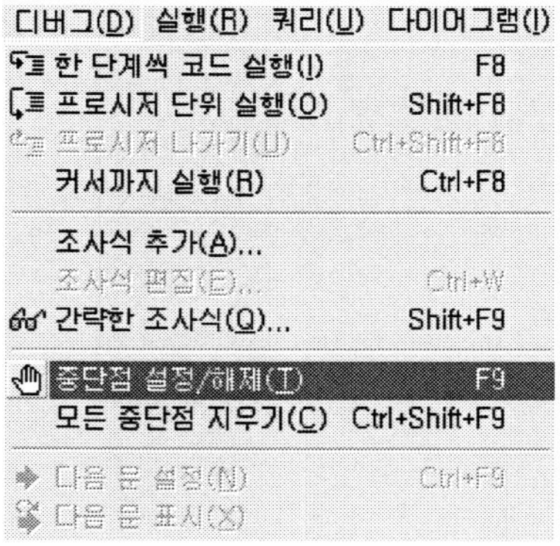

③ 한 단계씩 코드 실행

한 문장씩 실행되면서 상태를 확인하여 에러를 찾아내는 방법으로 [디버그]-[한 단계씩 코드 실행]을 각각 선택하거나 <F8>키를 이용하여 진행시키며, 확인하고 싶은 변수 앞에 마우스 포인터를 두면 현재 변수가 가지는 값을 확인할 수 있다.

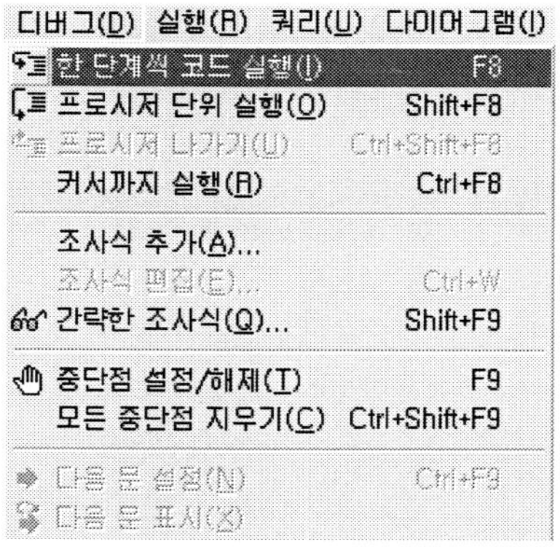

(2) On Error 문

프로그램 실행 중에 에러가 발생했을 때 이에 대처하기 위한 명령으로 에러 발생 가능성을 예측하여 해당 에러에 대하여 처리한다. On Error 문의 형식은 다음과 같다.

On Error 문 형식1

```
Private Sub subProcedure()
  On Error Goto Label
    실행문1
    ......
  Label:
    실행문2
    ......
End Sub
```

→ 에러 발생시 에러 처리 구문이 있는 Label로 이동한다.

On Error 문 형식2

```
Private Sub subProcedure()
  On Error Resume Next
    실행문1
    ......
End Sub
```

→ 에러가 발생한 문장을 무시하고 다음 문장을 계속 수행한다.

On Error 문 형식3

```
Private Sub subProcedure()
  On Error Goto 0
    실행문1
    ......
End Sub
```

→ 에러 발생시 프로그램 실행이 중지한다.

실 습

▶ 에러 프로그램2.(에러가 발생했을 때 에러 메시지를 출력하게 하고, 에러를 처리한 후 프로그램을 계속 실행하는 프로그램)

① 앞에서 에러가 발생된 프로시저 Drive1_Change()를 다음과 같이 수정한다.

```
Private Sub Drive1_Change()
   Dim Cont As String
   On Error GoTo OnError     '에러가 발생하면 OnError로 이동.
   Dir1.Path = Drive1.Drive

   OnError:
   Cont = "A: 드라이브에 디스켓을 넣으세요!"
   MsgBox Cont, vbOKCancel + vbCritical, "디스크 삽입 오류"
   Drive1.Drive = "C:"      '드라이브를 C로 이동한 후 계속 실행.
End Sub
```

② 프로그램을 실행시켜 [a:] 드라이브를 선택하면 다음과 같은 결과를 확인할 수 있다.

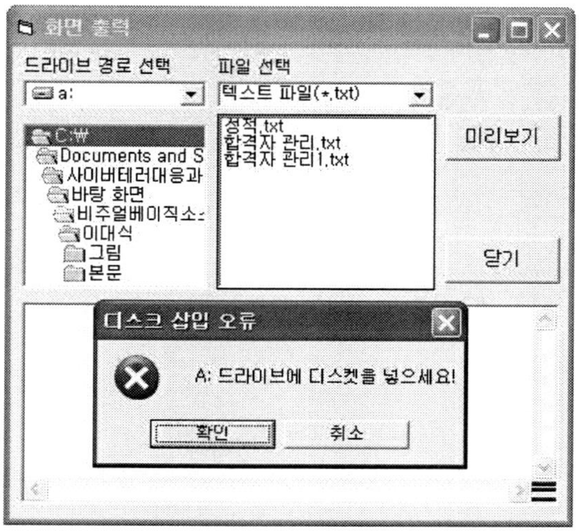

(3) 에러 관련 함수

에러가 발생하면 발생한 에러가 어떤 에러인지 알아보기 위한 함수가 있다.

① Err 함수 : 발생한 에러의 번호를 반환하는 함수이다.
② Error$(에러번호) : 발생한 에러의 내용을 반환하는 함수이다.

실 습

▶ 에러 프로그램3.(발생한 에러의 내용과 에러 번호를 표현하는 프로그램)

① Drive1_Change() 프로시저에 내용을 다음과 같이 수정한다.

```
Private Sub Drive1_Change()
  Dim Cont As String
  On Error GoTo OnError    '에러가 발생하면 OnError로 이동.
  Dir1.Path = Drive1.Drive

  OnError:
  Cont = "에러번호 : " & Err & vbCrLf & "에러내용 : " & Error$(Err)
  MsgBox Cont, vbOKCancel + vbCritical, "디스크 삽입 에러"
  Drive1.Drive = "C:"    '드라이브를 C로 이동한 후 계속 실행.
End Sub
```

② 프로그램을 실행시켜 [a:] 드라이브를 선택하면 에러 번호와 에러 내용을 다음과 같이 확인할 수 있다.

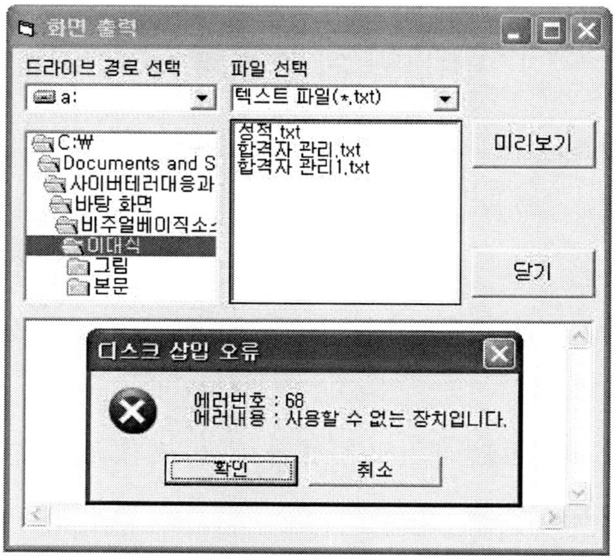
화면 출력
드라이브 경로 선택
파일 선택
a:
텍스트 파일(*.txt)
C:₩
Documents and S
사이버테러대응과
바탕 화면
비주얼베이직소스
미대식
그림
본문
성적.txt
합격자 관리.txt
합격자 관리1.txt
미리보기
닫기
디스크 삽입 오류
에러번호 : 68
에러내용 : 사용할 수 없는 장치입니다.
확인
취소

연 습 문 제

1. 순차 파일로 텍스트 박스에 내용을 불러오고 저장하는 프로그램을 작성하시오.

[폼 형태]

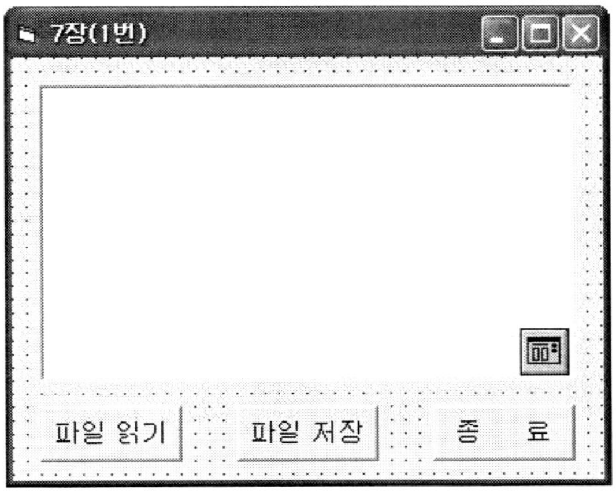

[실행 화면]

① [파일 읽기] 버튼을 클릭하고, 읽을 파일을 선택한다.

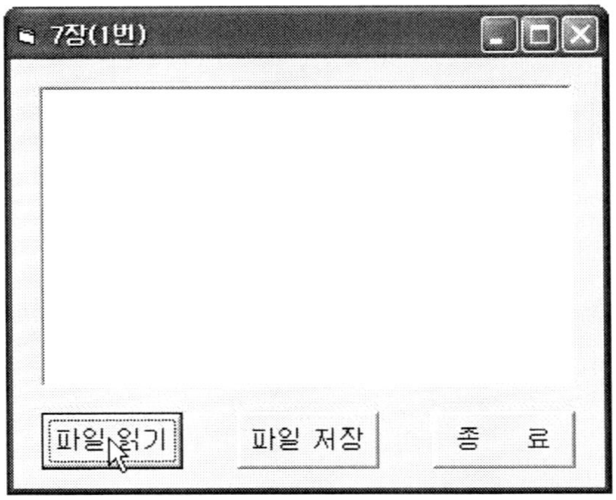

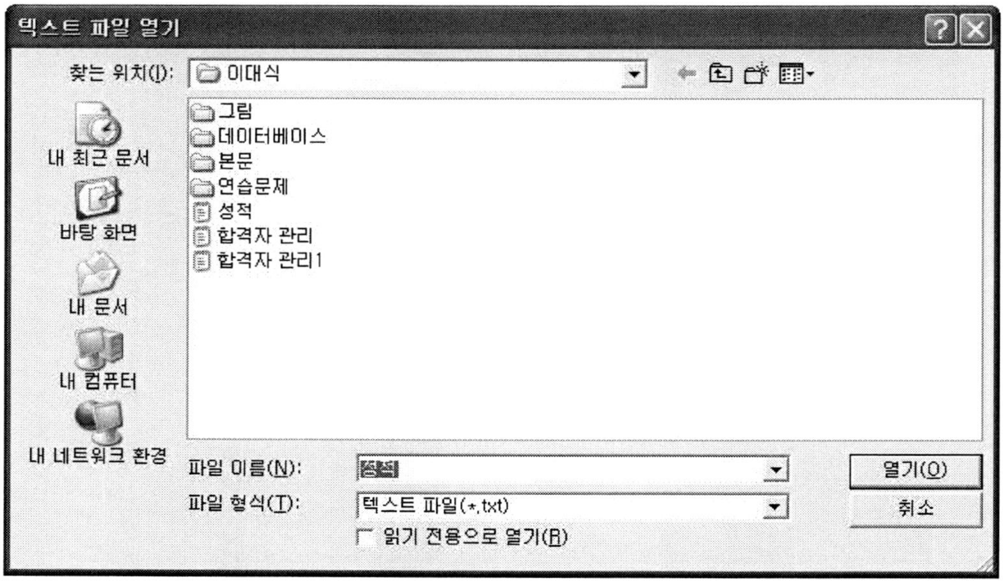

② [파일 저장] 버튼을 클릭하면 [확인] 메시지가 나온다. [확인] 버튼을 클릭하면 새 파일로 자동 저장된다.

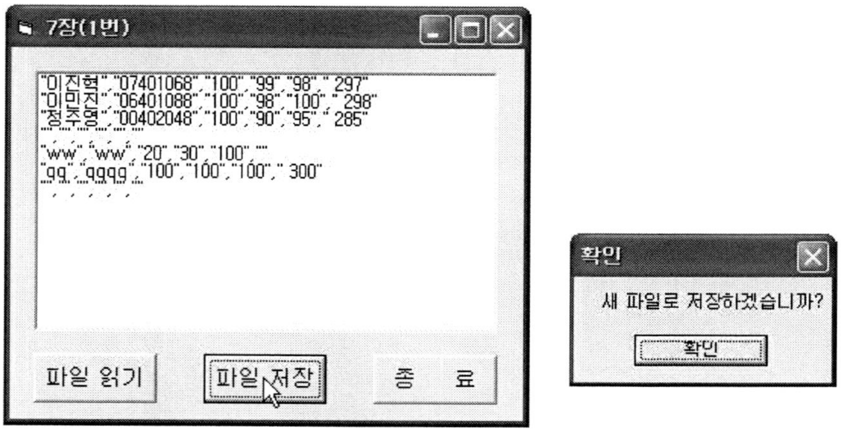

2. 이진 파일로 텍스트 박스에 내용을 불러오고 저장하는 프로그램을 작성하시오.

[폼 형태]

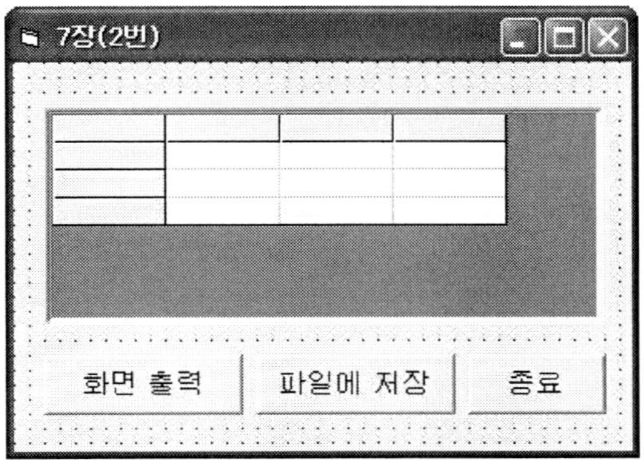

[실행 화면]

① [화면 출력] 버튼을 클릭하면 배열에 저장되어 있는 데이터가 화면에 출력된다.

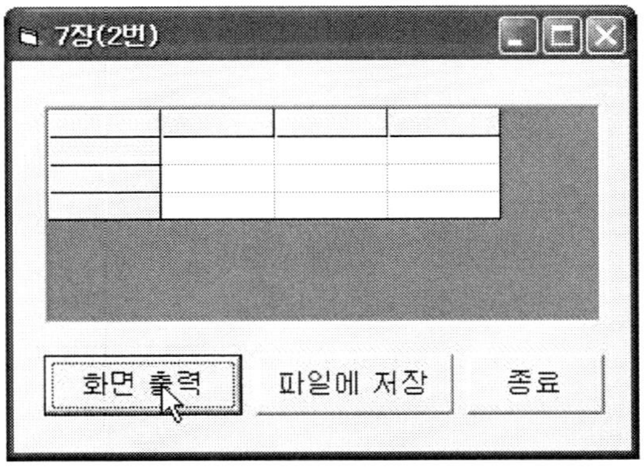

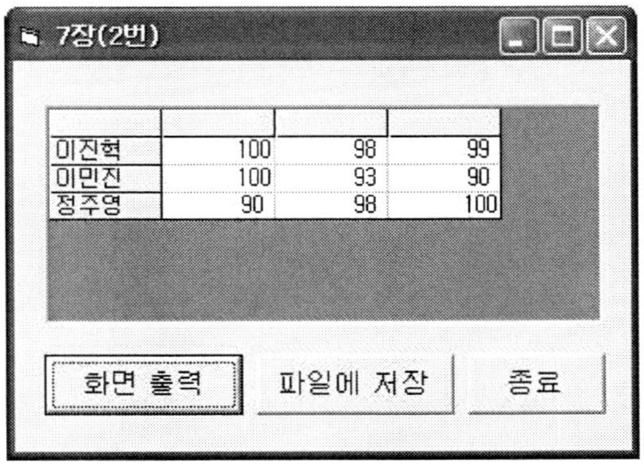

② [파일에 저장] 버튼을 클릭하면 파일로 생성된다.

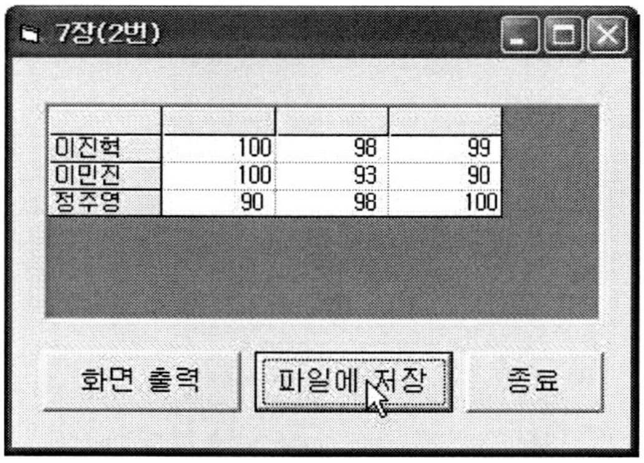

③ 생성된 파일을 보면 다음과 같다.

제 8 장

데이터베이스 연결

제 8 장 데이터베이스 연결

1 데이터베이스 개요

비주얼 베이직의 강력한 기능 중에 하나는 데이터베이스와 연관된 작업이 편리하다는 것이다. 현재 사용하고 있는 데이터베이스의 종류도 많고 사용하는 방법도 다양하지만 비주얼 베이직은 프로그래머가 복잡한 내부 처리 과정을 모르더라도 쉽게 데이터베이스를 다루게 해준다.

데이터베이스는 연관성 있는 데이터들의 집합체라 할 수 있다. 단순히 데이터의 집합이 아니라 사용자와 데이터베이스를 연결시켜주는 역할을 하는 데이터베이스 관리 시스템(DBMS : DataBase Management System)을 이용하여 데이터를 분류하고 정리하여 일관성 있는 참조와 갱신, 검색 등이 가능하도록 구선된 것을 데이터베이스라 한다. 예를 들면 한메일 동우회 주소록을 만든다면 가장 먼저 할 일은 동우회 주소록 작성에 필요한 항목을 정리하는 것이다. 동우회 주소록은 다음과 같이 만들 수 있다.

이름	주민번호	핸드폰	이메일	주소
정주영	910831-2145615	016-235-6987	tomato@hanmail.net	인천시 중구 신월동
이민진	920832-4342310	010-333-7777	min@hanmail.net	서울시 강남 방배동
이진혁	920915-3412775	010-666-7788	jin@hanmail.net	강원도 강릉시 교동
김신철	910885-1385471	016-555-8797	sin@hanmail.net	경상도 안동시 송현동
유신주	920517-5893647	010-661-8564	sun@hanmail.net	충청도 제천시 대원동
…	…	…	…	…

위의 표에서 이름, 주민번호 등의 자료를 행과 열에 맞추어 정리한 것이다. 이렇게 분류해 놓았을 때 열에 해당하는 각각의 항목을 '필드(Field)' 라고 한다. 이 표에서는 5개의 필드가 존재한다. 또한 표에서 '이민진' 이라는 한 행은 '이민진' 이라는 사람에 대

한 데이터가 들어있으며, 한 행에는 각 필드에 대한 데이터들이 그대로 담겨있다. 이렇게 필드 구조에 맞게 저장된 한 행의 데이터를 '레코드(Record)'라 한다. 레코드는 실제 데이터의 내용을 담고 있으며, 데이터를 저장하거나 검색할 때 기본적인 접근 단위가 된다.

정해진 필드와 그 구조에 따라 생성된 레코드들이 모인 구조를 '테이블(Table)'이라 한다. 테이블은 필드 구조를 의미하는 동시에 레코드의 구조와 레코드를 합쳐서 부르는 단어이다. 또한 테이블에는 '키(Key) 또는 인덱스(Index)'가 있는데, 키는 데이터베이스 내에 들어있는 레코드를 찾기 위해 필드에 지정된다. 이렇게 테이블과 인덱스 등의 데이터가 하나 이상 모여 이루어진 것을 '데이터베이스(Database)'라 한다.

지금까지 설명한 데이터베이스의 용어를 보면 다음과 같다.

① 데이터베이스

데이터베이스(database)는 논리적으로 연관된 레코드나 자료의 집합으로 다수의 사용자들이 공동으로 사용할 수 있도록 자료를 통합하여 저장하며 새로운 정보의 추가나 삭제, 검색 등을 빠르게 처리할 수 있는 기능들을 제공한다.

② 관계형 데이터베이스

1970년대 말에 오라클(Oracle)회사에 의해서 최초로 만들어진 데이터베이스로 논리적으로 연관된 레코드나 자료의 집합인 테이블로 구성된다.

테이블 사이에는 관계를 설정함으로써 원하는 정보를 여러 테이블로부터 얻을 수 있다. 또한 데이터를 검색하고 관리하기 위해 SQL(Standard Query Language) 언어를 지원한다.

③ 테이블

테이블(table)이란 관계형 데이터베이스를 구성하는 핵심적인 요소로서 항목별로 정리하여 저장된 자료들을 저장하는 장소이며, 데이터의 목록으로 행과 열로 구성된 논리적인 그룹을 나타낸다. 또한 하나의 데이터베이스에는 연관된 여러 테이블을 가질 수 있다.

④ 레코드

레코드(record)란 테이블을 구성하는 핵심 요소로 테이블에서 행에 해당되는 데이터를 말한다.

⑤ 필드

필드(field)란 레코드를 구성하는 기본 요소로 테이블에서 열에 해당되는 데이터를 말하며, 필드명과 필드 형식, 필드 크기를 갖는다.

⑥ 키

원하는 자료를 빨리 찾을 수 있게 하기 위해 설정된 테이블의 필드를 말하며, 키(key)에는 기본 키와 외래 키가 있다.

기본 키는 테이블에 있는 레코드들을 유일하게 식별할 수 있는 필드이며, 외래 키는 테이블과 테이블의 관계를 설정할 때 사용되는 필드이다.

2 데이터베이스와 비주얼 베이직

비주얼 베이직에서 데이터베이스를 사용하기 위해서는 데이터베이스를 생성하여, 프로그램 내부에서 데이터베이스의 데이터에 접근하여 관리할 수 있어야 한다.

비주얼 베이직에서 추가 기능으로 제공되는 '비주얼 데이터 관리자'는 데이터베이스 파일을 생성하여 데이터베이스를 구성하는 테이블을 작성하고 데이터를 추가, 삭제, 갱신할 수 있다.

비주얼 베이직에서 데이터베이스를 다루는 방법은 다음과 같다.

① 데이터 컨트롤

데이터 컨트롤(data control)은 기존의 데이터베이스와 연결해서 내용을 조회하고 변경할 수 있으나 클라이언트/서버 환경 또는 원격 데이터베이스 환경에서는 속도가 느리다는 단점이 있다.

② DAO

DAO(Data Access Object)란 기존의 데이터베이스와 연결해서 내용을 조회하고 변경하는 것은 물론 새로운 데이터베이스를 생성할 수도 있다. 데이터베이스에 대한 모든 프로그래밍 인터페이스를 제공한다. 그러나 데이터 컨트롤과 마찬가지로 클라이언트/서버 환경 또는 원격 데이터베이스 환경에서는 속도가 느리다는 단점이 있다.

③ RDO

RDO(Remote Data Object)란 SQL 서버, Oracle 및 대규모 관계형 데이터베이스 개발자를 위한 인터페이스를 제공하며 ODBC API를 이용하여 서버 측에 즉시 데이터가 전송되므로 빠른 처리가 가능하다.

④ ADO

ADO(ActiveX Data Object)란 Visual Basic 6.0에서 새로 추가된 기능으로 DAO와 RDO의 장점을 모아 단일 객체로 간결화해 놓은 객체이다.

⑤ ODBC

ODBC(Open Database Connectivity)란 서로 다른 데이터베이스를 동일한 방법으로 접근할 수 있게 인터페이스를 구성하며 클라이언트/서버 환경에서 원격 데이터베이스를 다룰 때 적합하다.

3 비주얼 데이터 관리자

비주얼 베이직에서 제공하는 데이터 관리 도구로 데이터베이스 파일을 생성, 추가, 삭제, 갱신할 수 있다. 따라서 비주얼 데이터 관리자는 Jet 엔진을 이용하여 *.MDB 형식의 데이터베이스를 생성하고, 관리할 수 있다. 주로 마이크로 소프트 액세스를 사용하는데, 이는 데이터베이스를 만들기가 쉽기 때문이다.

액세스 파일을 만드는 방법에는 비주얼 데이터 관리자를 이용하는 방법과 액세스 프로그램을 사용하는 방법 두 가지가 있다. 비주얼 데이터 관리자로 읽어오거나 만들 수 있는 파일의 종류는 다음과 같다.

파일 방식	설명
마이크로 소프트 액세스	액세스 2.0과 7.0을 사용하고 확장자는 MDB
dBase	dBase III, IV, 5.0을 사용하고 확장자는 DBF
폭스프로	폭스프로 2.0, 2.5, 2.6을 사용하고 확장자는 DB
파라독스	파라독스 3.x, 4.x, 5.x를 사용하고 확장자는 DB
엑셀	엑셀 파일을 사용하고 확장자는 XSL
텍스트 파일	ISAM 파일을 사용하고 확장자는 TXT
ODBC	ODBC를 통해 데이터베이스 사용

실 습

▶ 비주얼 데이터 관리자를 사용하여 데이터베이스 작성.

① 비주얼 베이직 프로그램을 실행하여 [추가기능]-[비주얼 데이터 관리자]를 선택한다.

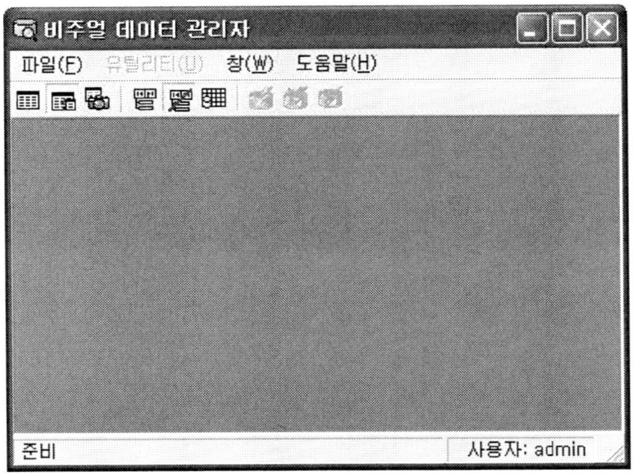

② [비주얼 데이터 관리자] 대화상자에서 [파일]-[새 파일]-[Microsoft Access]-[Version 7.0]을 선택한다. 새로운 데이터베이스 지정 대화상자가 나타나면 [저장 위치]와 [파일 이름]을 지정한다.

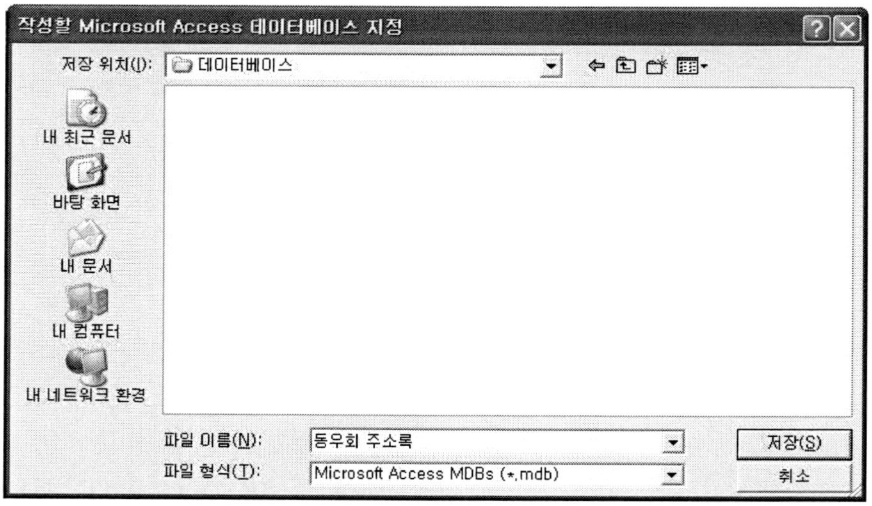

③ [Properties]에서 마우스의 오른쪽 버튼을 클릭하여 바로가기 메뉴에서 [새 테이블] 항목을 선택한다.

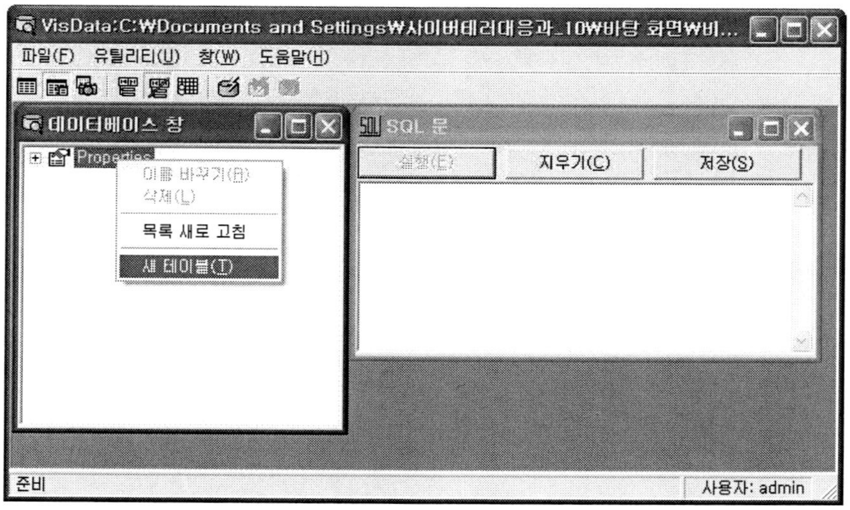

④ [테이블 구조] 대화상자에서 새롭게 작성할 테이블의 이름을 입력하고, [필드 추가] 항목을 클릭한다.

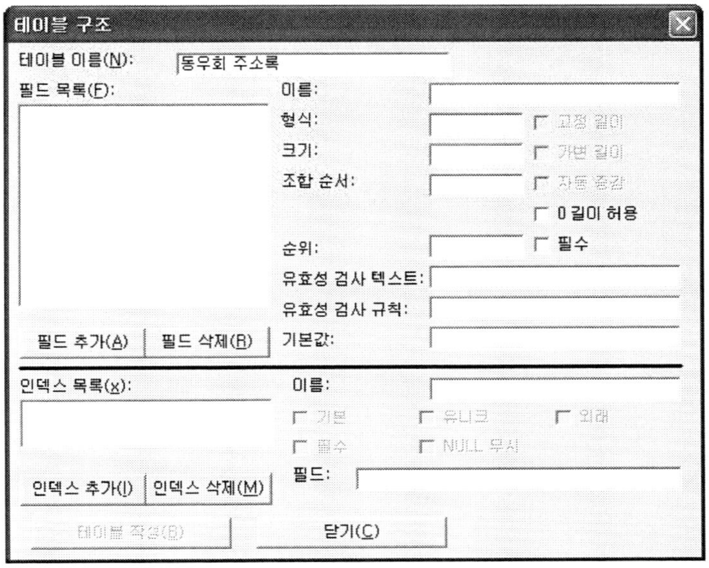

⑤ 다음 표를 보고 필드를 추가한다.

필드 이름	형식
IDNum	Integer
이름	Text
주민번호	Text
핸드폰	Text
이메일	Text
주소	Text

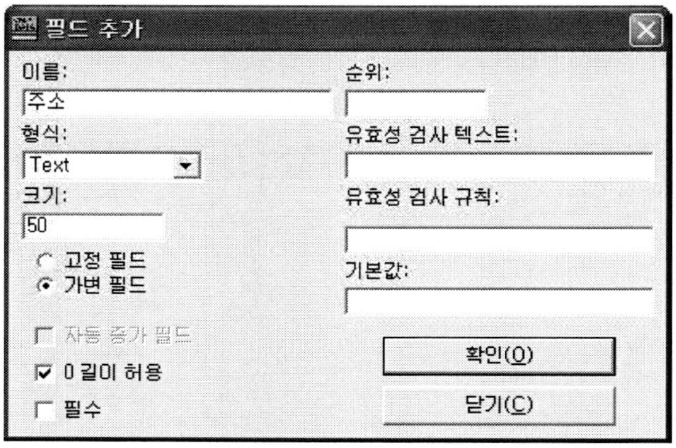

[참고사항]

▸ **필드의 형식**

필드 형식	설명
Boolean	True/False 값
Byte	0 - 255까지 숫자
Integer, Long, Single, Currency, Double	숫자 저장
Text	문자열 저장
Data/Time	날짜, 시간형 데이터 저장
Binary	이진 데이터 저장
Memo	가변 문자열 저장

⑥ 필드를 모두 추가하고 [닫기] 버튼을 누르면 [테이블 구조] 대화상자에 추가된 필드를 확인할 수 있다.

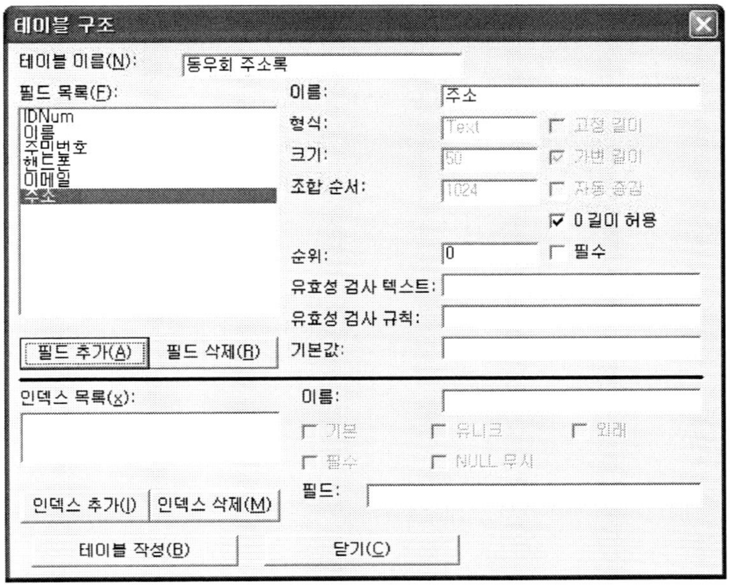

⑦ [테이블 구조] 대화상자에 [테이블 작성] 버튼을 눌러 테이블을 작성한다. ⊞를 눌러 필드를 확인한다.

⑧ 데이터를 입력하거나 수정, 삭제 등의 작업을 하기 위해서는 테이블을 열어야 한다. 테이블을 열기 위해서는 마우스의 오른쪽 버튼을 클릭하여 바로가기 메뉴에서 [열기] 항목을 선택한다.

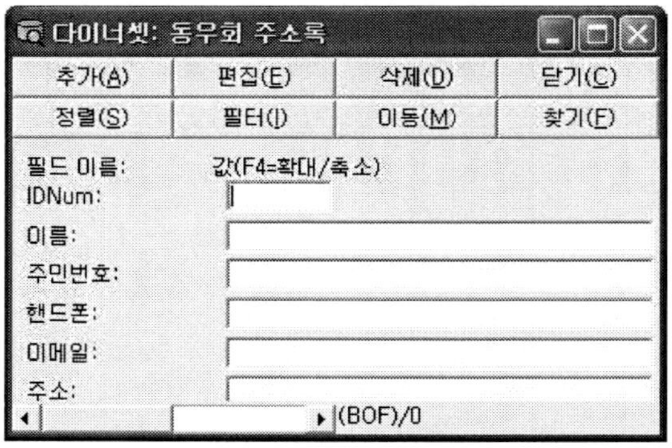

⑨ 레코드를 추가하기 위해서는 [추가] 버튼을 누르고, 다음 표의 레코드를 입력한다. 레코드를 입력하고 [새로 고침] 버튼을 눌러 레코드를 저장한다.

이름	주민번호	핸드폰	이메일	주소
정주영	910831-2145615	016-235-6987	tomato@hanmail.net	인천시 중구 신월동
이민진	920832-4342310	010-333-7777	min@hanmail.net	서울시 강남 방배동
이진혁	920915-3412775	010-666-7788	jin@hanmail.net	강원도 강릉시 교동
김신철	910885-1385471	016-555-8797	sin@hanmail.net	경상도 안동시 송현동
유신주	920517-5893647	010-661-8564	sun@hanmail.net	충청도 제천시 대원동

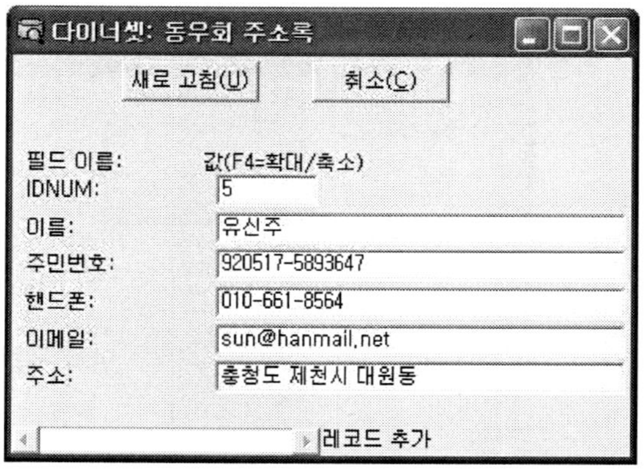

⑩ 이미 만들어진 레코드를 수정하기 위해서는 [편집] 버튼을 눌러 편집한다. 편집이 끝나면 [새로 고침] 단추를 눌러 저장한다. 레코드 이동은 이나 [이동] 버튼으로 한다.

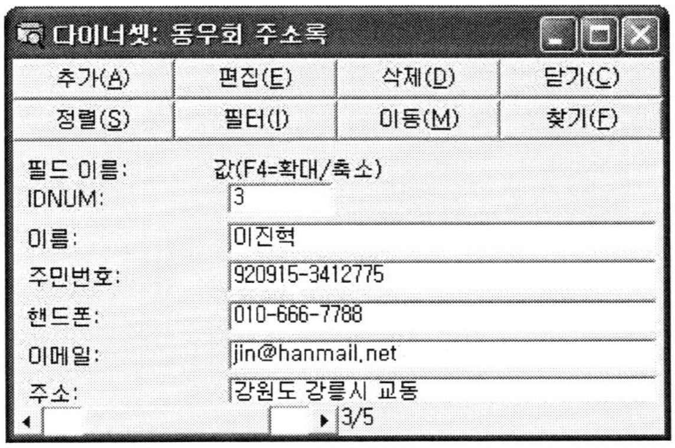

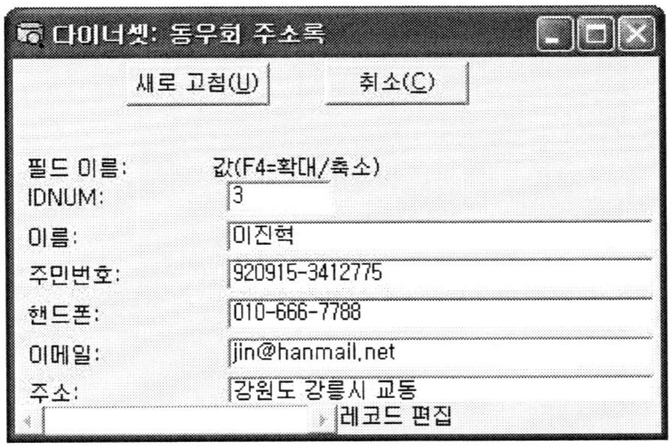

⑪ 레코드를 특정 순서대로 정렬하려면 [정렬] 버튼을 눌러 정렬하고자 하는 필드 이름을 입력한다.

⑫ [필터] 버튼은 특별한 조건을 만족하는 레코드만 보고 싶은 경우에 사용한다. 다음은 이름이 '이진혁' 인 레코드만 보여준다.

⑬ 레코드가 많을 때 특정 레코드만 찾으려면 [찾기] 버튼을 눌러 다양한 조건을 지정할 수 있다.

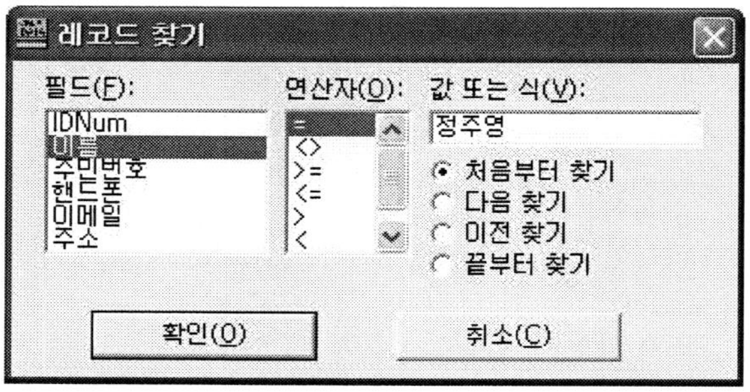

4 데이터 컨트롤

생성된 데이터베이스 파일을 비주얼 베이직 프로그램에 활용하기 위해서는 폼에 데이터베이스 파일을 사용하기 위한 데이터 컨트롤을 추가하고, 데이터베이스 파일과 폼에 있는 데이터 컨트롤을 연결한다.

데이터 컨트롤은 표준 컨트롤에 포함된 컨트롤로 생성되어 있는 MDB 형식의 데이터베이스와 손쉽게 연결하여 사용할 수 있도록 해준다. 또한 데이터 컨트롤을 사용하여 데이터베이스와 연결하고, 텍스트 박스 컨트롤, 리스트 박스 컨트롤, 이미지 컨트롤 등을 사용하여 연결된 테이블의 필드를 화면에 보여준다.

가장 손쉽게 데이터베이스 파일에 접근할 수 있는 방법으로 특별한 프로그래밍 과정을 거치지 않아도 데이터베이스 파일의 조회 및 수정이 가능하다. 데이터베이스를 이용하여 검색, 추가, 삭제 등의 처리를 위한 컨트롤로 데이터베이스 파일을 내부적으로 관리하는 기능을 한다. 데이터 컨트롤에서 자주 사용되는 속성은 다음과 같다.

속성	설명
BOFAction	데이터베이스의 첫 번째 레코드에 위치했을 때 동작 설정
Caption	버튼 사이의 가운데 문자열 출력
Connect	데이터베이스를 사용할 수 있도록 연결하고, 초기값은 Access로 설정
DatatBaseName	데이터베이스 컨트롤에 연결할 데이터베이스의 파일 이름을 설정한다. 이 속성을 설정하면 Connect 속성은 자동으로 설정
DefaultType	ODBC, Jet 엔진 중 사용 여부 결정
EOFAction	데이터베이스의 마지막 번째 레코드에 위치했을 때 동작 설정
Exclusive	데이터베이스의 공유 여부 설정으로 True이면 단일사용자, False이면 다중 사용자로 설정
Option	레코드 셋을 사용하는 권한 설정
RecordsetType	레코드 셋 타입 설정
RecordSource	데이터 컨트롤에 사용할 테이블을 연결한다. 여러 개의 테이블이 존재하면 그 중 하나를 선택한다. 연결된 테이블의 필드 사용 가능

ReadOnly	데이터베이스를 읽기 전용으로 설정한다. 속성 값이 True이면 데이터의 수정과 삭제 불가능
Visible	데이터 컨트롤을 폼에 보여줄 것인지 설정

(1) RecordsetType 속성

데이터베이스의 레코드를 사용하기 위해서는 레코드셋(Recordset) 객체를 이용한다. 데이터 컨트롤이 작성하는 레코드 셋의 형식을 설정한다. 레코드셋 속성은 특성에 따라 의 세가지 형태가 있다. 기본 값은 '1 - 다이너셋' 으로 설정되어 있다. 데이터 컨트롤의 레코드셋 형식은 다음과 같다.

RecordsetType	설명
0 - 테이블	데이터베이스 파일에 직접 연결하는 형식으로 인덱스를 사용한다. 3가지 RecordSet 형태 중 가장 빠른 반면 한번에 하나의 테이블만 처리할 수 있다. 상수값은 vbRSTypeTable(0)이다.
1 - 다이너셋	일정량의 데이터를 메모리에 로드하여 사용하기 때문에 자료의 추가, 삭제, 수정 등이 가능하다. 여러 개의 테이블을 동시에 사용할 수 있고, SQL문 사용하여 원하는 자료만 걸러낼 수 있어 손쉽게 레코드에 대한 작업이 가능하다. 상수값은 vbRSTypeDynaset(1)이다.
2 - 스냅샷	다이너셋과 유사하나 데이터의 조회, 출력만 가능하고, 추가, 수정, 삭제는 불가능하다. 상수 값은 vbRSTypeSnapshot(2)이다.

(2) 데이터 컨트롤의 메소드

메소드	설명
Refresh	데이터베이스의 내용을 다시 출력한다.
UpdateRecord	현재까지 작업된 레코드셋의 갱신된 내용을 데이터베이스에 저장한다.

(3) 레코드 이동 메소드

속성	설명
BOF, EOF	데이터베이스 파일의 처음 끝으로 이동
AbsolutePosition	레코드 위치 이동
MoveFirst	처음 레코드로 이동
MoveLast	마지막 레코드로 이동
MoveNext	다음 레코드로 이동
MovePrevious	이전 레코드로 이동

(4) 레코드 추가, 삭제, 갱신 메소드

속성	설명
AddNew	공백의 새로운 레코드를 추가한다.
Edit	현재의 레코드를 편집한다.
Delete	현재의 레코드를 삭제한다.
Update	현재의 갱신된 레코드를 저장한다.

(5) 레코드 검색

① Table 형식에서의 검색

Seek 색인에서 데이터 검색 형식
Datal.RecordSet.Seek 조건, 키 값

② 다이너셋, 스냅샷 형식에서의 검색

.FindFirst : 조건을 만족하는 첫 번째 레코드 검색

·FindLast : 조건을 만족하는 마지막 레코드 검색
·FindNext : 조건을 만족하는 다음 레코드 검색
·FindPrevious : 조건을 만족하는 이전 레코드 검색

다이너셋, 스냅샷에서의 검색 형식
Data1.RecordSet.FindFirst "[필드 명] 조건 찾을 데이터 값"

③ 검색에 이용되는 연산자

·비교 연산자 : =, >, >=, <, <=
·Between : 식의 값이 특정 범위에 있는가를 확인하는 연산자

Between 데이터 검색 형식
필드 이름 Between 값1 And 값2

실 습

▶ DBGrid 컨트롤을 사용하여 데이터를 검색하는 프로그램.

① 비주얼 베이직 프로그램을 실행하여 [추가기능]-[비주얼 데이터 관리자]를 선택한다. [비주얼 데이터 관리자] 대화상자에서 [파일]-[새 파일]-[Microsoft Access]-[Version 7.0]을 선택한다. 새로운 데이터베이스 지정 대화상자가 나타나면 [저장 위치]와 [파일 이름]을 지정한다.

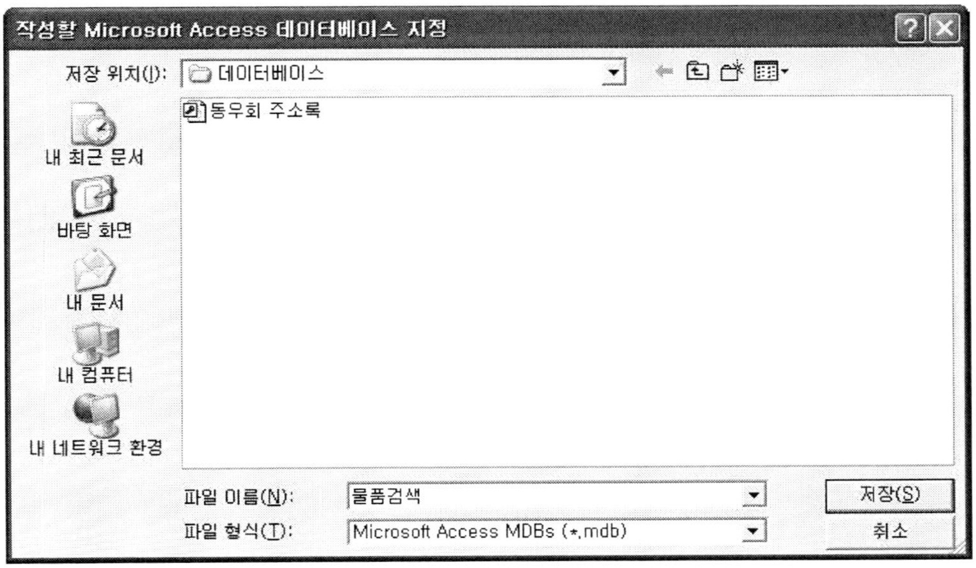

② [Properties]에서 마우스의 오른쪽 버튼을 클릭하여 바로가기 메뉴에서 [새 테이블] 항목을 선택한다.

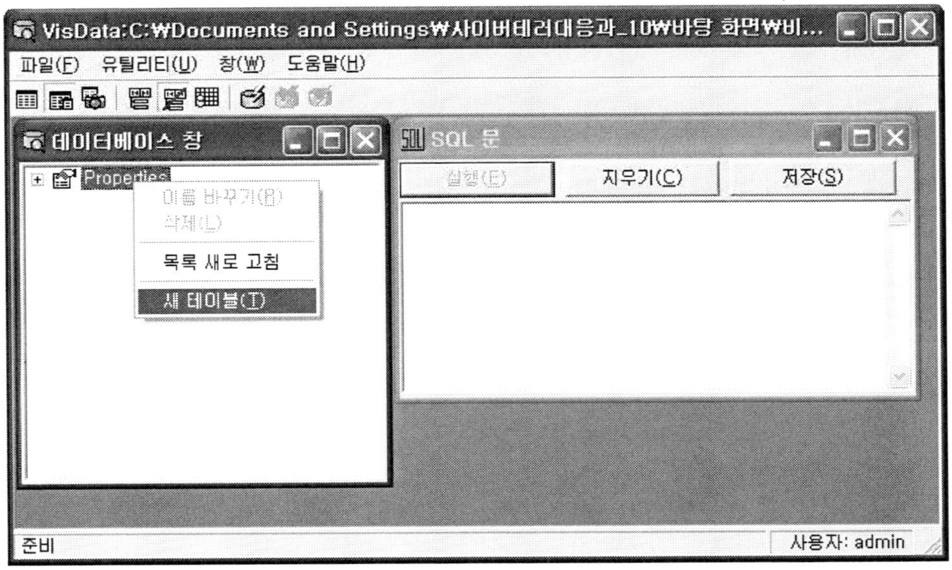

③ [테이블 구조] 대화상자에서 새롭게 작성할 테이블의 이름을 입력하고, [필드 추가] 항목을 클릭한다. 다음 표를 보고 필드를 추가한다.

필드 이름	형식
품목 코드	Text
품　　명	Text
단　　가	Text

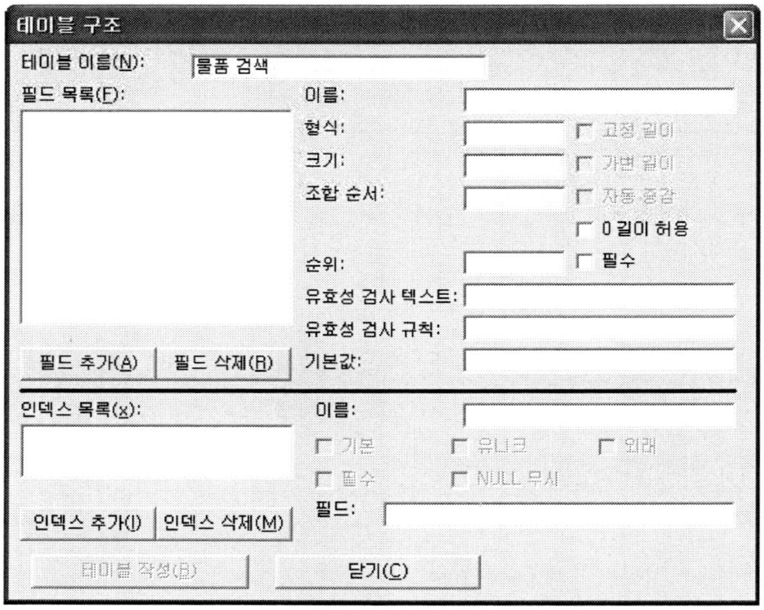

④ 필드를 모두 추가하고 [닫기] 버튼을 누르면 [테이블 구조] 대화상자에 추가된 필드를 확인할 수 있다.

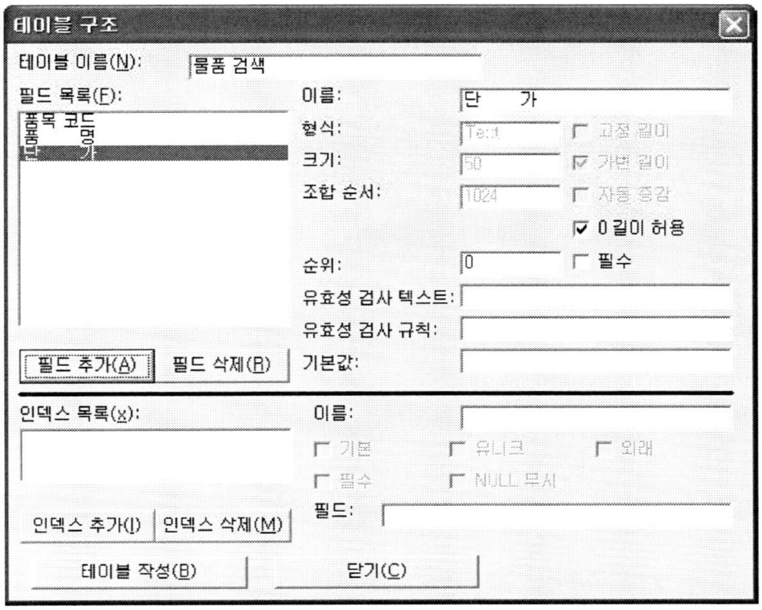

⑤ [테이블 작성]을 선택하고, 테이블을 작성한다. 마우스의 오른쪽 버튼을 클릭하여 바로가기 메뉴에서 [열기] 항목을 선택한다.

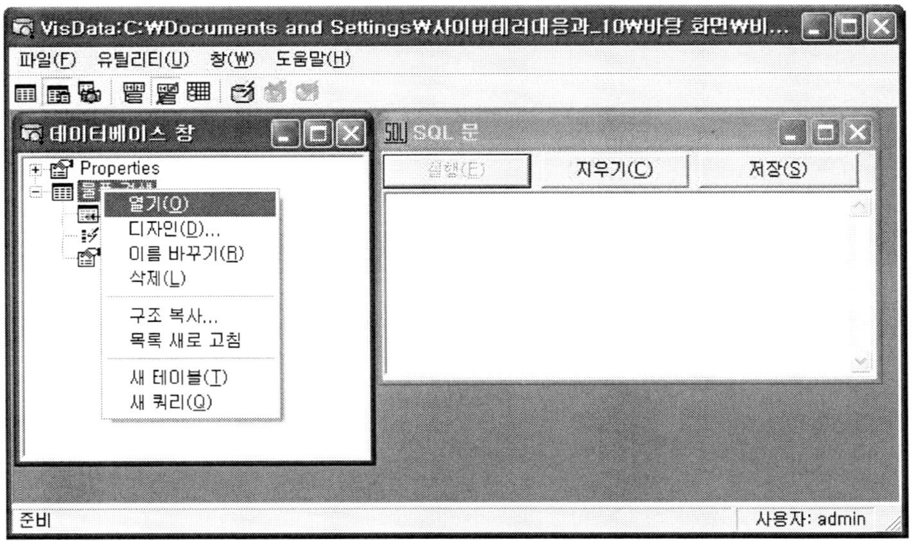

⑥ 다음 표의 레코드를 입력한다. 레코드를 입력하기 위해서는 [추가] 버튼을 누르고, 레코드를 [새로 고침] 버튼을 눌러 레코드를 저장한다.

품목코드	품명	단가
PC-400	메모리	91,000
PC-4100	하드디스크	68,000
PC-4200	CPU	110,000
PC-4300	메인보드	93,000
PC-4400	그래픽카드	94,000

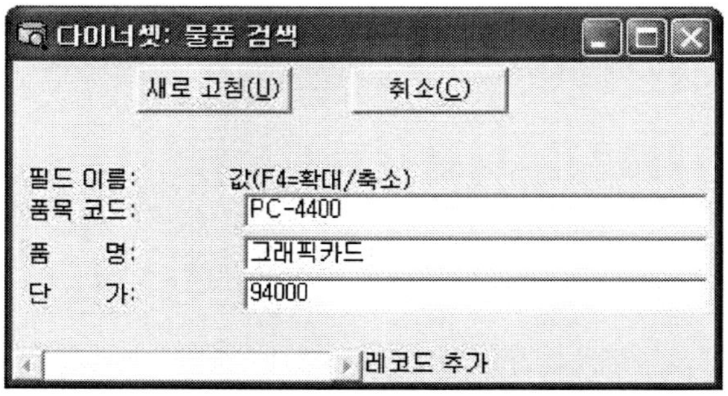

⑦ [닫기] 버튼을 클릭하고 데이터베이스입력을 종료한다.

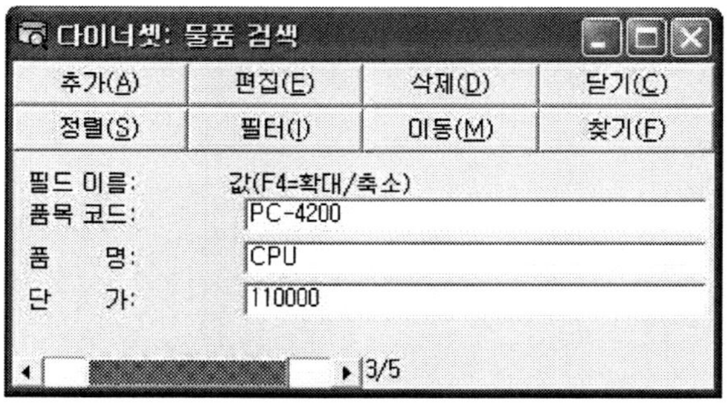

⑧ 다음과 같이 Form1을 디자인한다.

⑨ Form1의 각 컨트롤 속성은 다음과 같다.

컨트롤	속성
Form1	Name = Form1 Caption = "데이터 컨트롤"
Label1 ~ Label3	Name = Label1 ~ Label3 AutoSize =True Caption = "물품코드", "품 명", "단 가" Font = 글꼴 : 굴림체, 크기 : 11, 글꼴유형 : 굵게
TextBox1	Name = txtCode DataField = 품목 코드 DataSource = Data1 Text = " " Font = 글꼴 : 굴림체, 크기 : 11
TextBox2	Name = txtName DataField = 품 명 DataSource = Data1 Text = " " Font = 글꼴 : 굴림체, 크기 : 11

TextBox3	Name = txtPrice DataField = 단　　가 DataSource = Data1 Text = " " Font = 글꼴 : 굴림체, 크기 : 11
Data1	Name = Data1 Caption = "물품 검색" DatabaseName = "물품 검색.mdb" RecordSource = 물품 검색 Record SetType = 1-다이너셋 Font = 글꼴 : 굴림체, 크기 : 11

⑩ 프로그램을 실행한다.

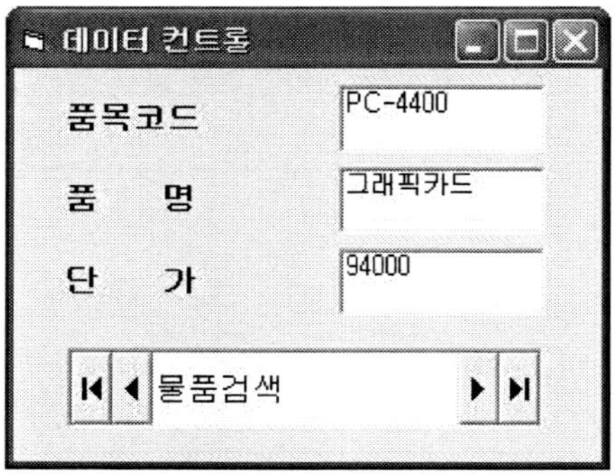

5 데이터 바운드 컨트롤

데이터베이스의 특정 필드의 내용을 데이터 컨트롤과 함께 비주얼 베이직의 컨트롤을 사용하여 처리할 수 있도록 하는 컨트롤을 말한다. 즉 데이터 컨트롤과 연결하여 외부적인 인터페이스를 만드는 컨트롤이다.

비주얼 베이직 바운드 컨트롤은 단일 레코드로 관리하는 것과 레코드 집합 단위로 관리하는 것으로 나누어 볼 수 있다. 단일 레코드 단위로 연결할 때는 특정 필드의 내용을 폼에 나타낼 수 있도록 Label, TextBox, CheckBox, Image, ListBox,

ComboBox 등의 표준 컨트롤과 코드를 집합으로 처리할 수 있는 커스텀 컨트롤인 DBList, DBCombo, DBGride 등이 있다. 대부분의 바운드 컨트롤들은 Data에 관한 속성들을 다음과 같다.

속성	설명
DataChanged	바운드 컨트롤에서 불러온 값이 변경되었는지 나타낸다.
DataField	연결된 테이블의 레코드에서 불러온 필드의 이름을 지정한다.
DataSource	연결해서 사용할 데이터 컨트롤을 지정한다.

다음은 커스텀 컨트롤의 구성요소이다.

컨트롤 이름	설명	구성요소
DBGrid	데이터베이스를 레코드 집합 단위로 연결하여 출력하거나 편집	Microsoft Data Bound Grid Control 6.0
DBList	표준 ListBox 컨트롤의 기능과 데이터 연결 기능	Microsoft Data Bound List Control 6.0
DBCombo	표준 ComboBox 컨트롤의 기능과 데이터 연결 기능	Microsoft Data Bound List Control 6.0

프로젝트의 구성요소에서 "Microsoft Data Bound Grid Control 5.0", "Microsoft Data Bound List Control 6.0"을 선택해야 커스텀 컨트롤을 사용할 수 있다.

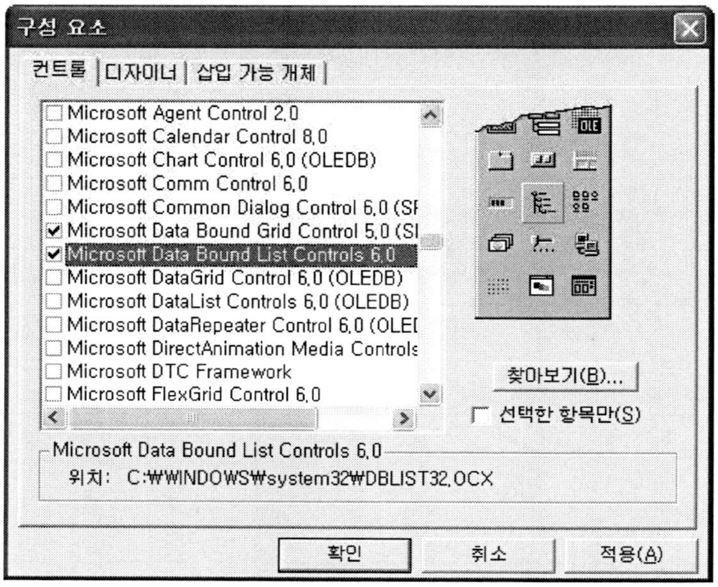

(1) DBGrid 컨트롤

데이터베이스의 레코드 집합을 연결하여 테이블 형태로 출력하기 위한 컨트롤이다.

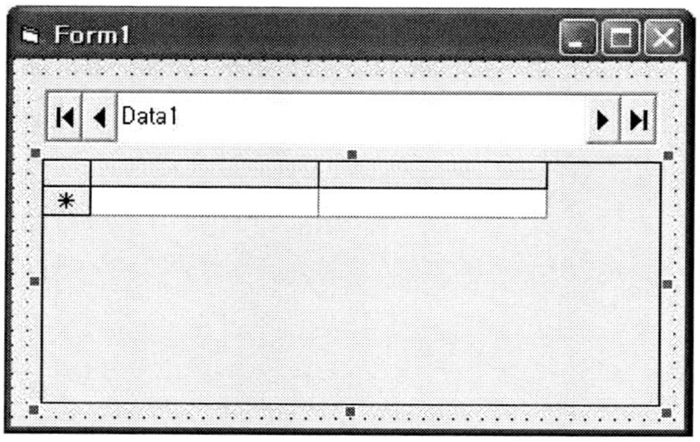

Form1의 각 컨트롤 속성은 다음과 같다.

컨트롤	속성
Data1	Name = Data1 Caption = "물품 검색" DatabaseName = "물품 검색.mdb" RecordSource = 물품 검색 Record SetType = 1-다이너셋 Font = 글꼴 : 굴림체, 크기 : 11
DBGrid1	Name = DBGrid1 Caption = " " DataSource = Data1

다음은 Data에 관한 속성을 제외한 나머지 DBGrid 컨트롤의 속성이다.

속성	설명
Caption	DBGrid의 제목 문자열
AllowAddNew	신규 레코드의 추가를 가능/불가능하게 설정 (True/False)
AllowUpdate	데이터베이스의 내용의 변경을 가능/불가능하게 설정
AllowDelete	데이터베이스 테이블 내의 레코드 삭제를 가능/불가능하게 설정

(2) DBGrid에 필드명 추가

DBGrid에 필드 이름을 추가하기 위해 팝업 메뉴에서 필드 검색을 선택한다.

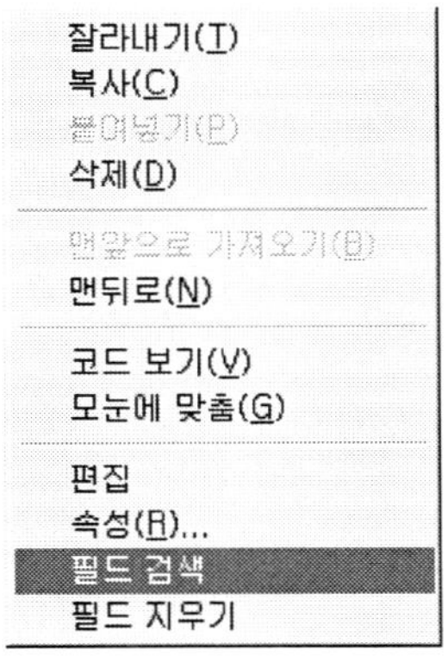

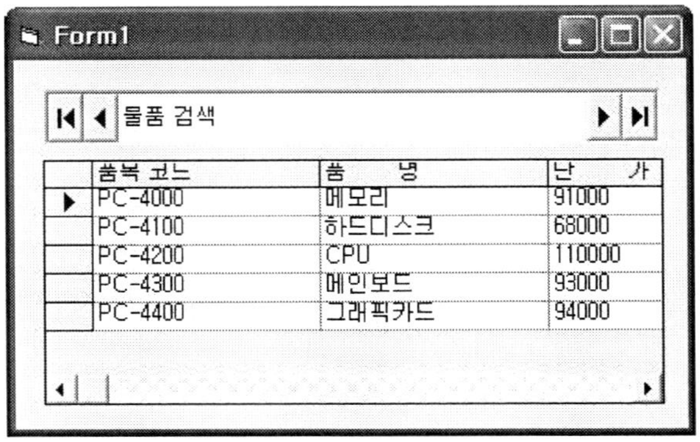

(3) DBGrid의 제목 문자열 변경

팝업 메뉴에서 속성을 선택하거나 DBGrid 속성 페이지의 사용자 정의 항목을 더블 클릭하면 속성 페이지가 표시된다.

속성 페이지의 일반 항목의 [Caption]에 원하는 제목을 입력한다.

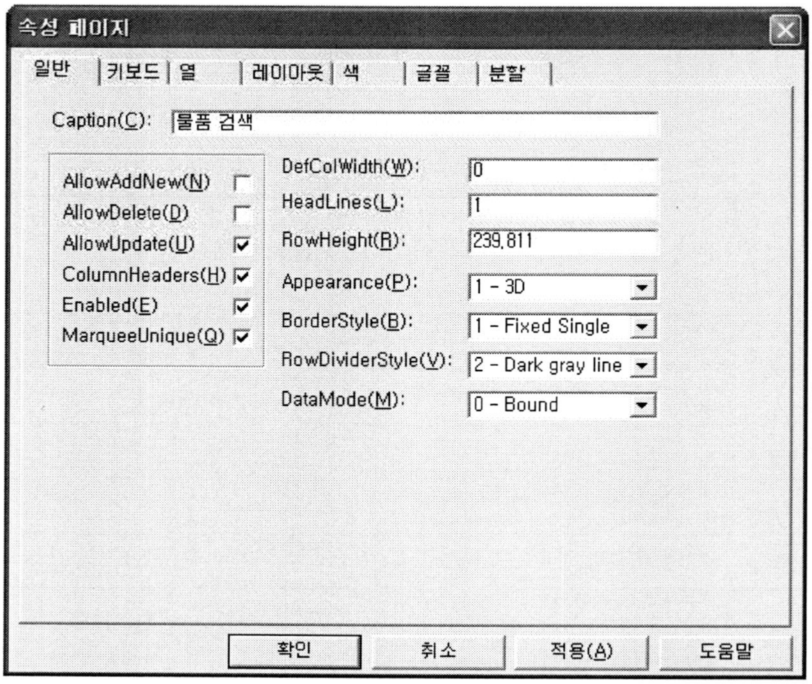

(4) 필드의 너비 및 정렬 형식 설정

① 필드의 너비와 정렬 형식을 변경하기 위해서는 속성 페이지의 레이아웃 항목을 선택한다.

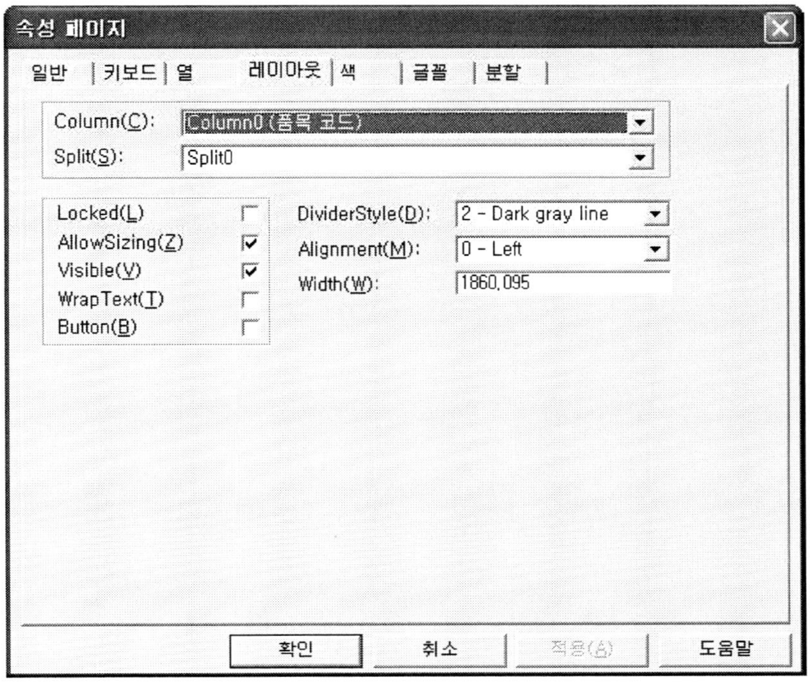

② Column 입력 란에 테이블에서 정의한 필드들이 모두 표시된다. 변경할 필드를 선택한 후 Alignment 입력 란에서 원하는 항목을 선택하여 정렬 형식을 변경하고, Width 입력 란에 변경할 필드의 너비를 입력한다.

(5) 글꼴 및 크기 변경

① 글꼴과 크기를 변경하기 위해서는 속성 페이지의 글꼴 항목을 선택한다.

② 속성 목록 상자에서 Font를 선택하면 데이터의 글꼴과 크기가 변경되고, HeadFont를 선택하면 필드 Caption의 글꼴과 크기가 변경된다.

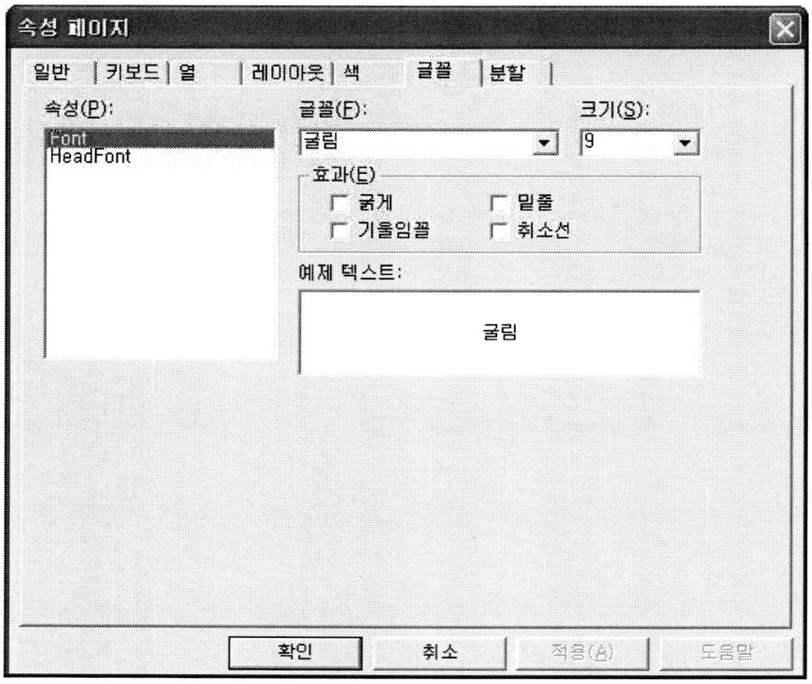
속성 페이지
일반
키보드
열
레이아웃
색
글꼴
분할
속성(P):
Font
HeadFont
글꼴(F):
굴림
크기(S):
9
효과(E)
굵게
밑줄
기울임꼴
취소선
예제 텍스트:
굴림
확인
취소
적용(A)
도움말

연 습 문 제

1. 비주얼 데이터 관리자를 사용하여 [신상정보.mdb] 데이터베이스와 [학생 정보]테이블을 작성하시오.(10장 연습문제와 연결되는 문제)

[신상정보.mdb 구조]

필드 이름	형식
학 과	Text(10)
학 번	Text(10)
이 름	Text(10)
주 소	Text(30)
연락처	Text(15)

[학생 정보 테이블 정보]

학과	학번	이름	주소	연락처
화학공학과	06114258	윤나리	경기도 광명시 하안동	010-333-5588
사이버학과	07112233	이대식	경상도 안동시 송현동	016-888-9994
컴퓨터학과	07221261	이건익	강원도 강릉시 성산동	010-221-3388
경영학과	07425577	정계일	서울시 금천구 시흥동	011-214-7799
사이버학과	07442158	이승현	서울시 동작구 대방동	010-771-8879
...	...	...	...	...

2. [Data] 컨트롤과 [DBGrid] 컨트롤을 이용하여 1번 데이터베이스를 연결하는 프로그램을 작성하시오.

[폼 형태]

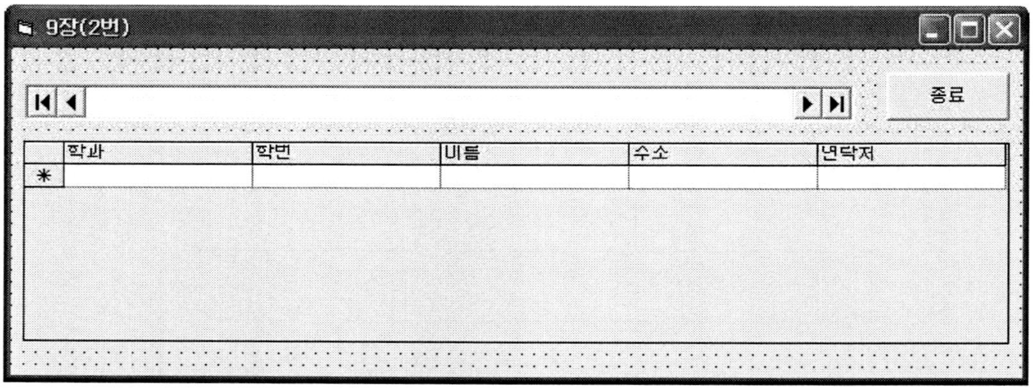
9장(2번)
종료
학과
학번
이름
주소
연락처

[실행 화면]

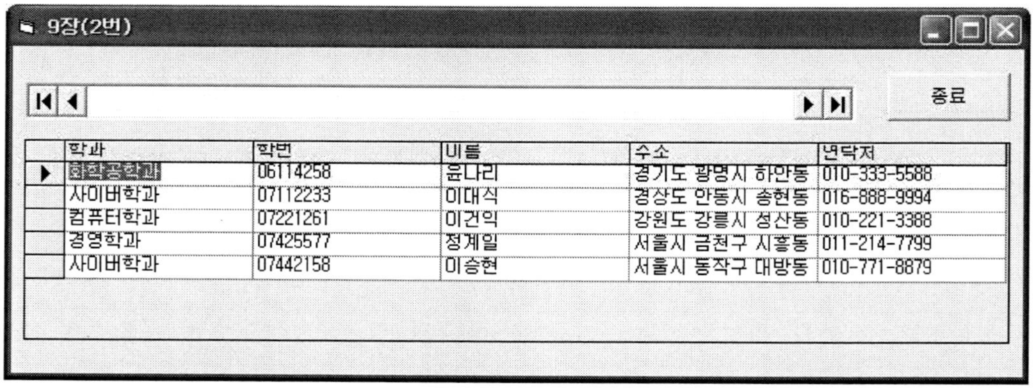
9장(2번)
종료
학과 학번 이름 주소 연락처
화학공학과 06114258 윤나리 경기도 광명시 하안동 010-333-5588
사이버학과 07112233 이대식 경상도 안동시 송현동 016-888-9994
컴퓨터학과 07221261 이건익 강원도 강릉시 성산동 010-221-3388
경영학과 07425577 정계일 서울시 금천구 시흥동 011-214-7799
사이버학과 07442158 이승현 서울시 동작구 대방동 010-771-8879

제 9 장

데이터베이스 프로그래밍

제 9 장 데이터베이스 프로그래밍

1 학사 관리 프로그램을 위한 데이터베이스 설계

여러분이 지금까지 배운 기능을 사용하여 학생의 정보와 성적 정보를 관리하는 데이터베이스 프로그램을 작성한다. 또한 결과를 출력할 수 있도록 데이터 리포트 기능을 사용한다.

(1) 테이블 설계

학생 정보 관리은 학번, 학과, 이름, 주민번호, 주소, 자격사항, 연락처 등의 정보로 구성하고, 성적 정보는 학번, 이름, 중간고사, 기말고사, 출석, 레포트, 총점, 평점 등의 정보를 포함한다.

학생 정보 테이블 구성은 다음과 같다.

학번	학과	이름	주민번호	주소	자격사항	연락처
Text(10)	Text(10)	Text(10)	Text(15)	Text(30)	Text(15)	Text(15)

성적 정보 테이블 구성은 다음과 같다.

학번	이름	중간고사	기말고사	출석	레포트	총점	평점
Text(10)	Text(10)	Integer	Integer	Integer	Integer	Integer	Text(5)

(2) 비주얼 데이터 관리자를 사용하여 데이터베이스 작성

테이블 구조를 완성했으면 비주얼 데이터 관리자를 사용하여 학생 정보 및 성적 정보 데이터베이스를 생성한다.

실 습

▶ 비주얼 데이터 관리자를 사용하여 데이터베이스 작성.

① [추가 기능]-[비주얼 데이터 관리자] 메뉴를 클릭하고, [파일]-[새 파일]-[MicroSoft Access]-[Version 7.0 MDB] 메뉴를 선택한다. 저장 위치와 파일 이름을 지정한다.

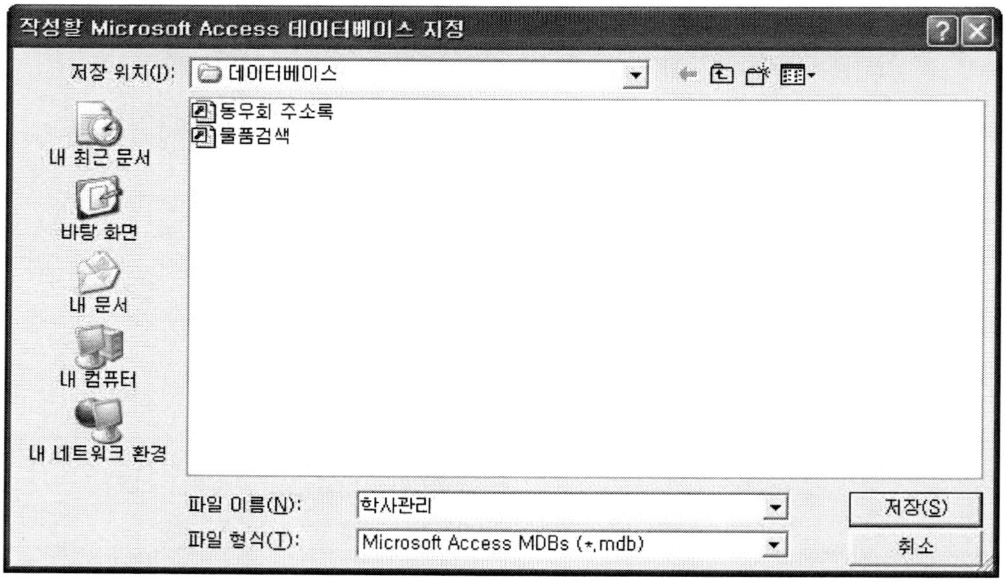

② [Properties]에서 마우스의 오른쪽 버튼을 클릭하여 바로가기 메뉴에서[새 테이블]을 선택한다.

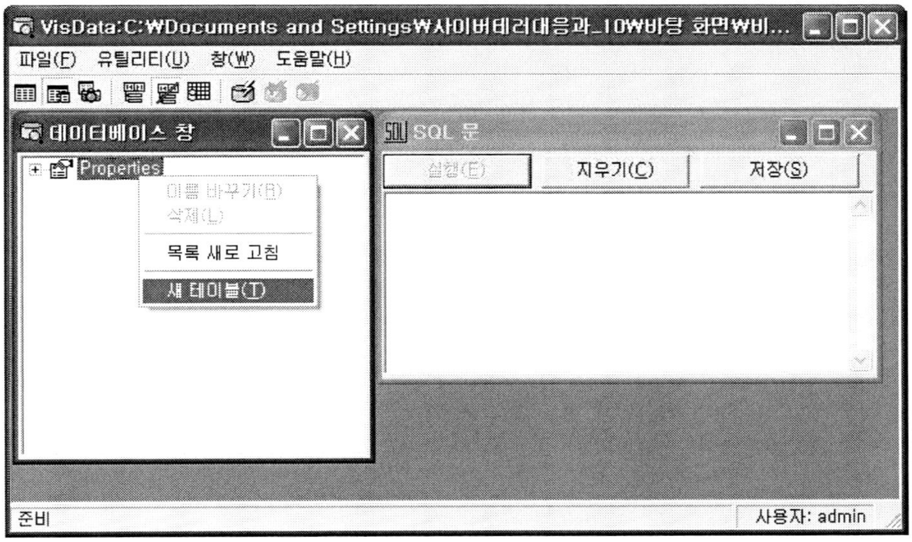

③ [테이블 구조] 대화상자에서 정의한 테이블 이름을 입력하고, 위에서 정의한 학생 정보 테이블 구성을 [필드 추가] 한다.

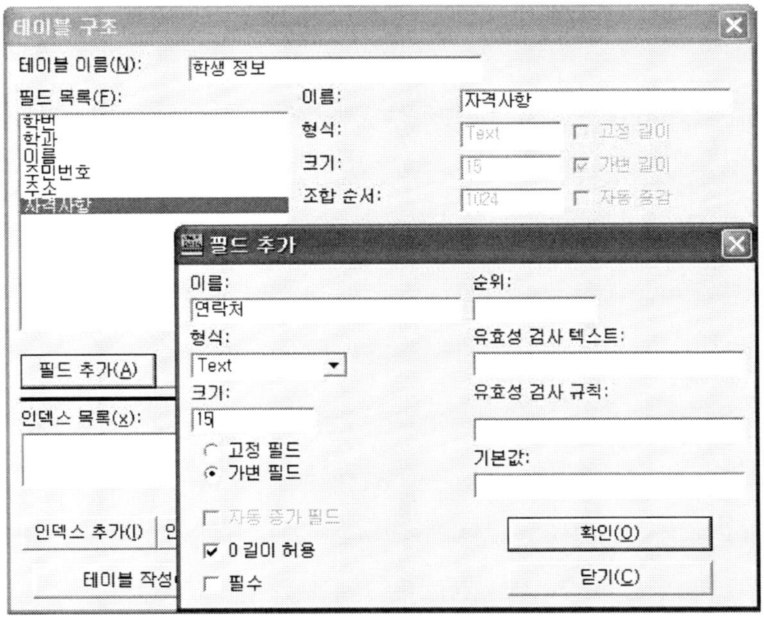

④ 필요한 필드를 모두 추가하였으면, [테이블 작성] 버튼을 클릭하여 필요한 정보들을 데이터베이스에 추가한다.

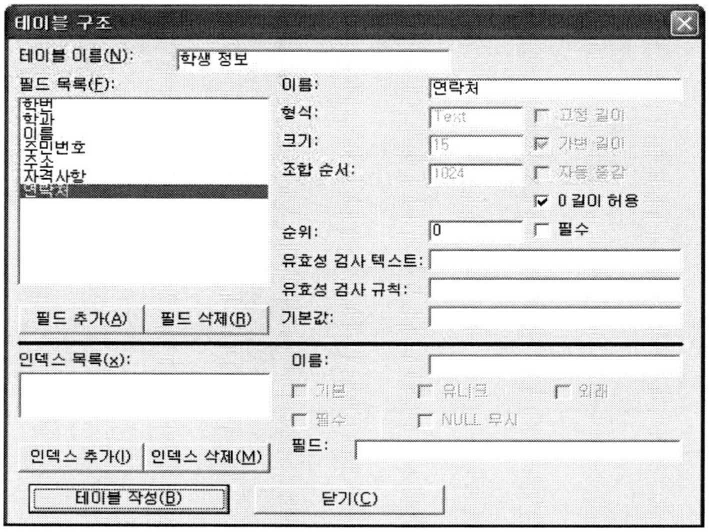

⑤ 위에서 정의한 성적 정보 테이블 구성으로 ②-④의 과정을 반복하여 [성적 정보] 테이블을 작성한다.

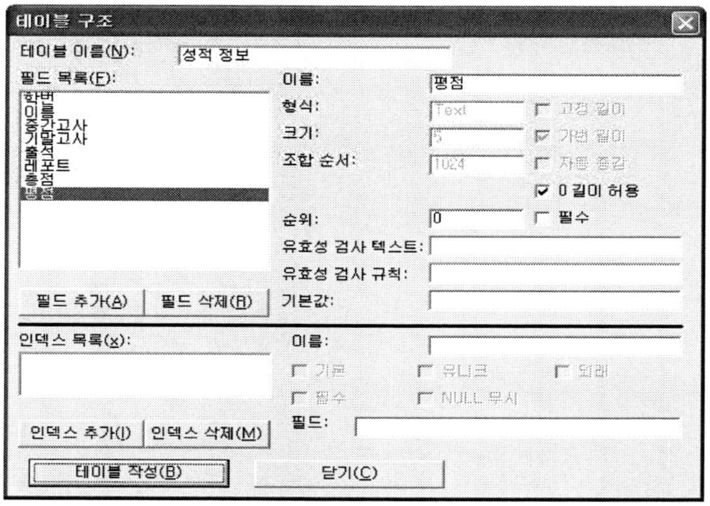

⑥ [학사 관리] 데이터베이스에서 작성된 [학생 정보]와 [성적 정보] 테이블을 보면 다음과 같다.

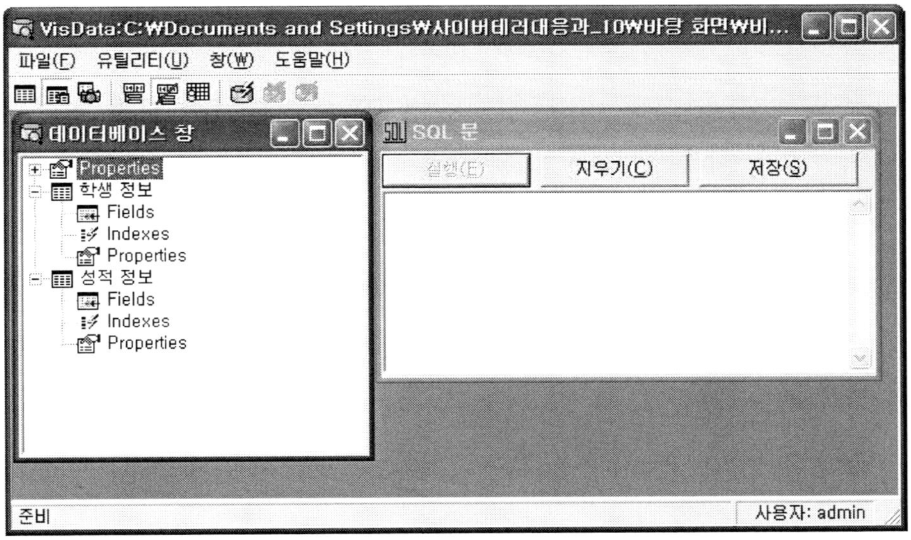

⑦ [학생 정보] 테이블을 열기 위해서는 마우스의 오른쪽 버튼을 클릭하여 바로가기 메뉴에서 [열기] 항목을 선택한다.

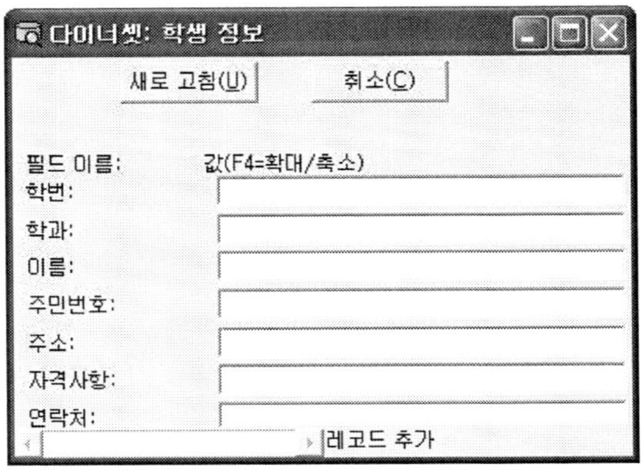

⑧ 레코드를 추가하기 위해서는 [추가] 버튼을 누르고, 다음 표의 레코드를 입력한다. 레코드를 입력하고 저장하기 위해 [새로 고침] 버튼을 눌러 레코드를 추가한다.

학번	학과	이름	주민번호	주소	자격사항	핸드폰
11030210	컴퓨터	정주영	910831-2145615	인천시 중구 신월동	정보처리	016-235-6987
12030211	컴퓨터	이민진	920832-4342310	서울시 강남 방배동	정보처리	010-333-7777
12401068	경영	이진혁	920915-3412775	강원도 강릉시 교동	SASS	010-666-7788
11284015	무역	김신철	910885-1385471	경상도 안동시 송현동	정교사	016-555-8797
12416855	무역	유신주	920517-5893647	충청도 제천시 대원동	정교사	010-661-8564

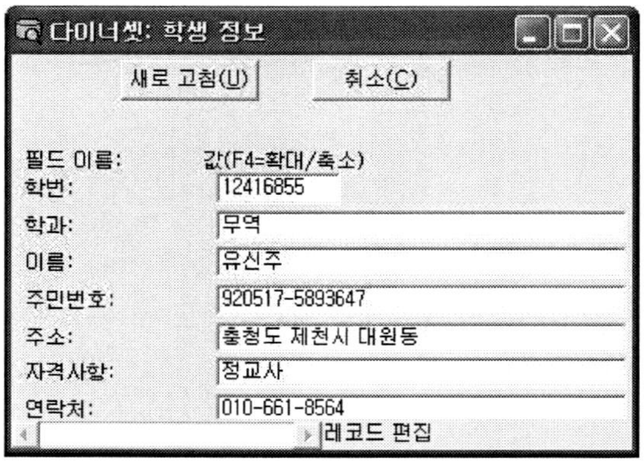

⑨ [성적 정보] 테이블을 열기 위해서는 마우스의 오른쪽 버튼을 클릭하여 바로가기 메뉴에서 [열기] 항목을 선택한다. 다음 표의 레코드를 입력한다.

학번	이름	중간고사	기말고사	출석	레포트	총점	평점
11030210	정주영	20	30	20	20		
12030211	이민진	27	28	20	20		
12401068	이진혁	30	29	18	20		
11284015	김신철	20	23	20	16		
12416855	유신주	15	12	16	16		

⑩ [성적 정보] 테이블을 입력하면 다음과 같이 각각의 필드를 검색할 수 있다.

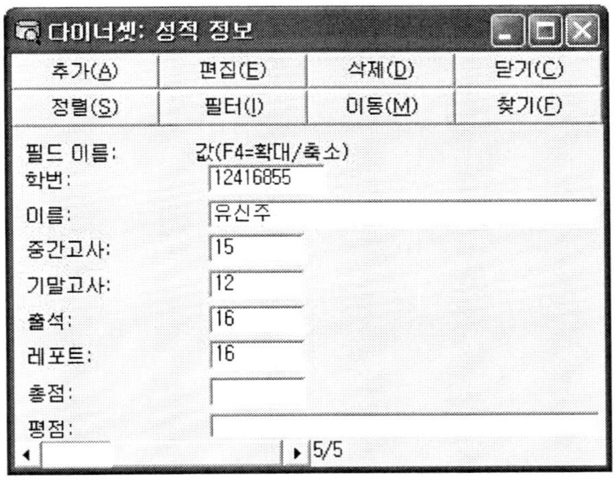

2 학사 관리 프로그램을 위한 폼 작성

실 습

▶ 학사 관리 프로그램의 폼 작성.

① 비주얼 프로그램을 실행하여 [학사 관리 프로그램] 폼을 다음과 같이 디자인한다.

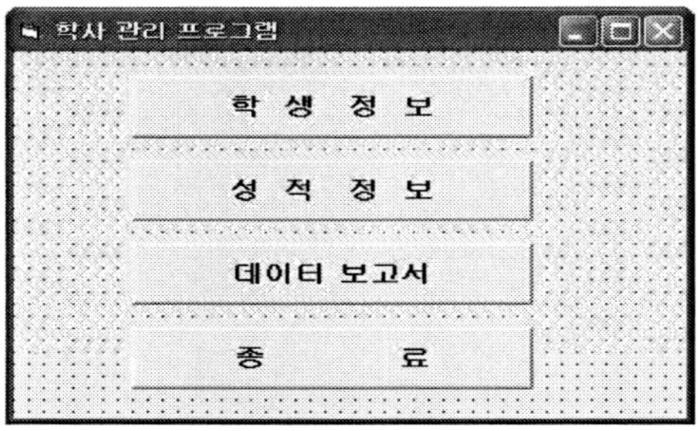

[참고사항]

▸ 컨트롤 복사

여러 폼 사이에 공통적으로 쓰이는 컨트롤들을 복사해서 사용할 수 있다. 예를 들면 [학사 관리 프로그램] 폼에 디자인된 컨트롤들은 중복된다. 따라서 다음과 같이 컨트롤을 복사해서 붙여넣기 한다.

① [학생 정보]와 [성적 정보] 컨트롤을 복사한다.

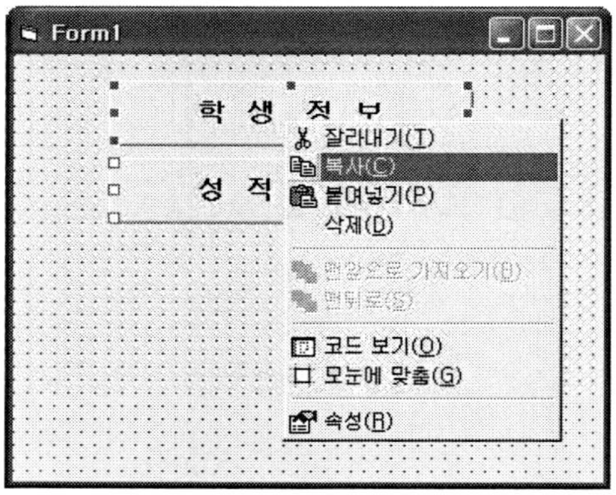

② 복사한 컨트롤을 붙이기하면 [아니오]를 클릭한다.

③ 컨트롤의 위치와 속성을 조정한다.

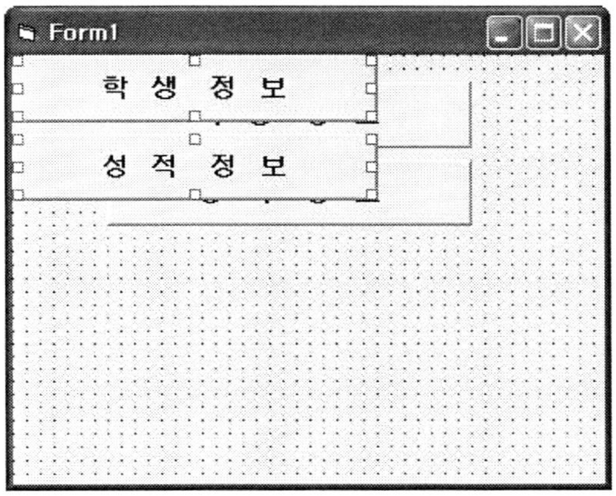

④ 컨트롤의 위치와 속성을 조정한 폼은 다음과 같다.

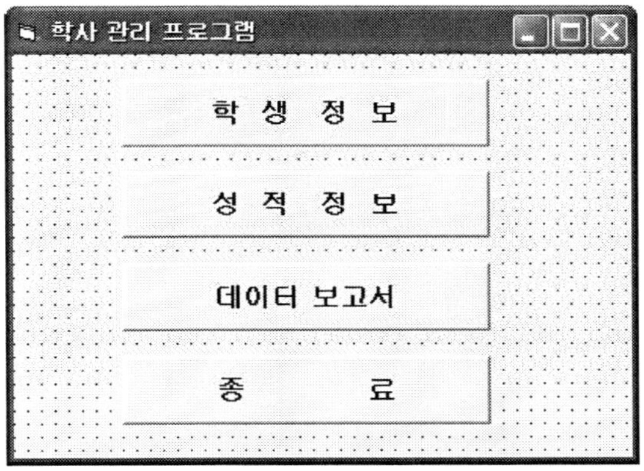

② [학사 관리 프로그램] 폼의 각 컨트롤 속성은 다음과 같다.

컨트롤	설명
Form1	Name = frmMain Caption = "학사 관리 프로그램" BackColor = 원하는 색 지정
CommandButton1	Name = cmdStudent Caption = "학 생 정 보" Font = 글꼴 : 굴림체, 크기 : 11, 글꼴유형 : 굵게

CommandButton2	Name = cmdGrade Caption = “성 적 정 보” Font = 글꼴 : 굴림체, 크기 : 11
CommandButton3	Name= cmdReport Caption= “데이터 보고서” Font = 글꼴 : 굴림체, 크기 : 11
CommandButton4	Name= cmdExit Caption= “종 료” Font = 글꼴 : 굴림체, 크기 : 11

③ 폼을 추가하여 [학생 정보] 폼을 다음과 같이 디자인한다.

④ [학생 정보] 폼의 각 컨트롤 속성은 다음과 같다.

컨트롤	설명
Form2	Name = frmStudent Caption = “학생 정보” BackColor = 원하는 색 지정

Label1	Name = Label1 AutoSize = True Caption = "학생 정보" Font = 글꼴 : 굴림체, 크기 : 12, 글꼴유형 : 굵게
Label2 ~ Label8	Name = Label2 ~ Label8 AutoSize = True Caption = "학 번", "학 과", "이 름", "주민번호", "주 소", "자격사항", "연 락 처" Font = 글꼴 : 굴림체, 크기 : 10
TextBox1	Name = txtCourse DataSource = Data1 DataField = "학번" Text = " " Font = 글꼴 : 굴림체, 크기 : 10
TextBox2	Name = txtClass DataSource = Data1 DataField = "학과" Text = " " Font = 글꼴 : 굴림체, 크기 : 10
TextBox3	Name = txtName DataSource = Data1 DataField = "이름" Text = " " Font = 글꼴 : 굴림체, 크기 : 10
TextBox4	Name = txtNumber DataSource = Data1 DataField = "주민번호" Text = " " Font = 글꼴 : 굴림체, 크기 : 10
TextBox5	Name = txtAddr DataSource = Data1 DataField = "주소" Text = " " Font = 글꼴 : 굴림체, 크기 : 10

TextBox6	Name = txtCert DataSource = Data1 DataField = "자격사항" Text = " " Font = 글꼴 : 굴림체, 크기 : 10
TextBox7	Name = txtHP DataSource = Data1 DataField = "연락처" Text = " " Font = 글꼴 : 굴림체, 크기 : 10
CommandButton1	Name= cmdInput Caption= "입력" Font = 글꼴 : 굴림체, 크기 : 10
CommandButton2	Name= cmdDelete Caption= "삭제" Font = 글꼴 : 굴림체, 크기 : 10
CommandButton3	Name= CmdSearch Caption= "검색" Font = 글꼴 : 굴림체, 크기 : 10
CommandButton4	Name= cmdClose Caption= "닫기" Font = 글꼴 : 굴림체, 크기 : 10
CommandButton5	Name= cmdGrade Caption= "성적정보" Font = 글꼴 : 굴림체, 크기 : 10
Data1	Name = Data1 Caption = "학생 정보" DatabaseName = "학사관리.mdb" RecordSource = 학생 정보 Record SetType = 1-다이너셋 Font = 글꼴 : 굴림체, 크기 : 10

⑤ 폼을 추가하여 [성적 정보] 폼을 다음과 같이 디자인한다.

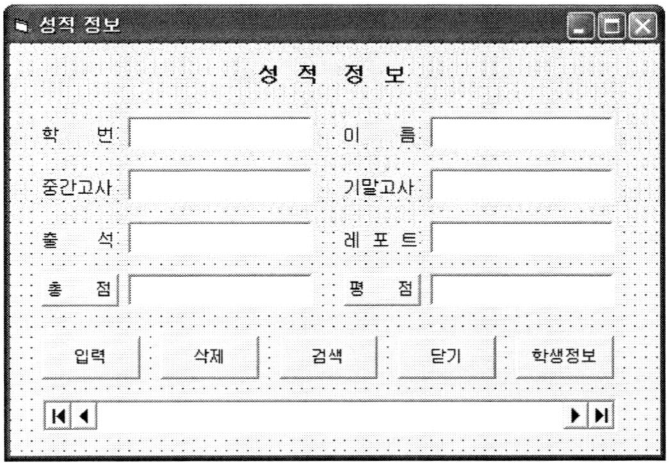

⑥ [성적 정보] 폼의 각 컨트롤 속성은 다음과 같다.

컨트롤	설명
Form3	Name = frmGrade Caption = "성적 정보" BackColor = 원하는 색 지정
Label1	Name = Label1 AutoSize = True Caption = "성적 정보" Font = 글꼴 : 굴림체, 크기 : 12, 글꼴유형 : 굵게
Label2 ~ Label8	Name = Label2 ~ Label7 AutoSize = True Caption = "학 번", "이 름", "중간고사", "기말고사", "출 석", "레 포 트" Font = 글꼴 : 굴림체, 크기 : 10
TextBox1	Name = txtCourse DataSource = Data1 DataField = "학번" Text = " " Font = 글꼴 : 굴림체, 크기 : 10

TextBox2	Name = txtName DataSource = Data1 DataField = "이름" Text = " " Font = 글꼴 : 굴림체, 크기 : 10
TextBox3	Name = txtMidterm DataSource = Data1 DataField = "중간고사" Text = " " Font = 글꼴 : 굴림체, 크기 : 10
TextBox4	Name = txtEndterm DataSource = Data1 DataField = "기말고사" Text = " " Font = 글꼴 : 굴림체, 크기 : 10
TextBox5	Name = txtAttend DataSource = Data1 DataField = "출석" Text = " " Font = 글꼴 : 굴림체, 크기 : 10
TextBox6	Name = txtReport DataSource = Data1 DataField = "레포트" Text = " " Font = 글꼴 : 굴림체, 크기 : 10
TextBox7	Name = txtTotal DataSource = Data1 DataField = "총점" Text = " " Font = 글꼴 : 굴림체, 크기 : 10
TextBox8	Name = txtExam DataSource = Data1 DataField = "평점" Text = " " Font = 글꼴 : 굴림체, 크기 : 10

CommandButton1	Name = cmdTotal Caption = "총 점" Font = 글꼴 : 굴림체, 크기 : 10
CommandButton2	Name = cmdExam Caption = "평 점" Font = 글꼴 : 굴림체, 크기 : 10
CommandButton3	Name = CmdInput Caption = "입력" Font = 글꼴 : 굴림체, 크기 : 10
CommandButton4	Name = cmdDelete Caption = "삭제" Font = 글꼴 : 굴림체, 크기 : 10
CommandButton5	Name = CmdSearch Caption = "검색" Font = 글꼴 : 굴림체, 크기 : 10
CommandButton6	Name = cmdClose Caption = "닫기" Font = 글꼴 : 굴림체, 크기 : 10
CommandButton7	Name = cmdGrade Caption = "학생정보" Font = 글꼴 : 굴림체, 크기 : 10
Data1	Name = Data1 Caption = "성적 정보" DatabaseName = "학사관리.mdb" RecordSource = 성적 정보 Record SetType = 1-다이너셋 Font = 글꼴 : 굴림체, 크기 : 10

⑦ 폼을 추가하여 [데이터 보고서] 폼을 다음과 같이 디자인한다.

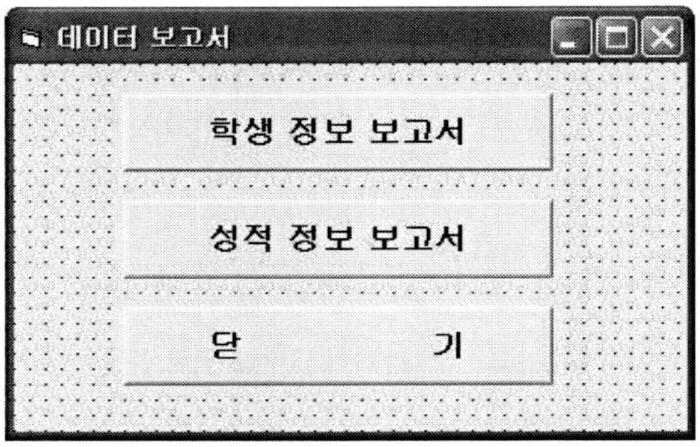

⑧ [데이터 보고서] 폼의 각 컨트롤 속성은 다음과 같다.

컨트롤	설명
Form4	Name = frmReport Caption = "데이터 보고서" BackColor = 원하는 색 지정
CommandButton1	Name = cmdSTReport Caption = "학생 정보 보고서" Font = 글꼴 : 굴림체, 크기 : 12, 글꼴유형 : 굵게
CommandButton2	Name= cmdGRReport Caption= "성적 정보 보고서" Font = 글꼴 : 굴림체, 크기 : 12, 글꼴유형 : 굵게
CommandButton3	Name= cmdClose Caption= "닫 기" Font = 글꼴 : 굴림체, 크기 : 12, 글꼴유형 : 굵게

3 학사 관리 프로그램을 데이터 리포트 작성

아무리 멋진 데이터베이스 프로그램을 만들었다고 하더라도 내용을 출력할 수 없다면 소용없다. 따라서 데이터 리포트 디자이너를 사용하여 데이터 보고서를 쉽게 만들

수 있다. 이미 만들어진 환경에 컨트롤만 디자인하면 된다. 뿐만 아니라 데이터 환경(Data Environment) 디자이너와 연결되어 있기 때문에 원하는 필드를 선택해 드래그만 해도 쉽게 보고서를 작성할 수 있다.

실 습

▶ 학사 관리 프로그램의 데이터 보고서 작성.

① [프로젝트]-[구성 요소]-[디자이너] 탭의 [Data Environment] 속성을 선택한다.

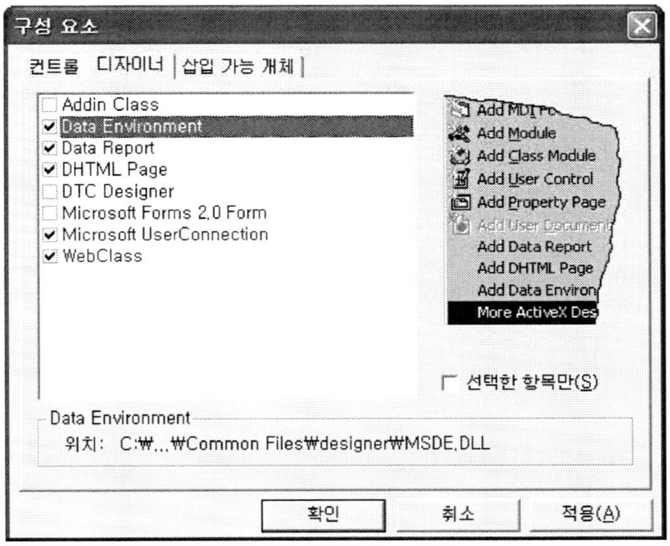

② [프로젝트]-[Data Environment 추가]를 선택하면 [Data Environment1] 대화상자가 나타난다.

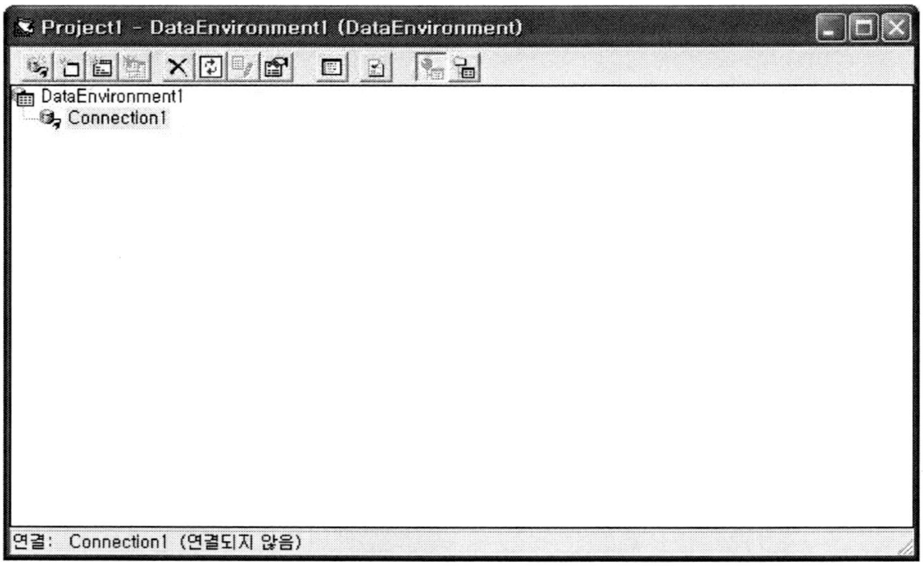

③ [Connection1]에서 마우스 오른쪽 버튼을 클릭하고 [속성]을 선택하면 다음과 같이 [데이터 연결 속성] 대화상자가 나타난다. [Microsoft Jet 3.51 OLE DB Provider]를 선한 후 [다음] 버튼을 클릭한다.

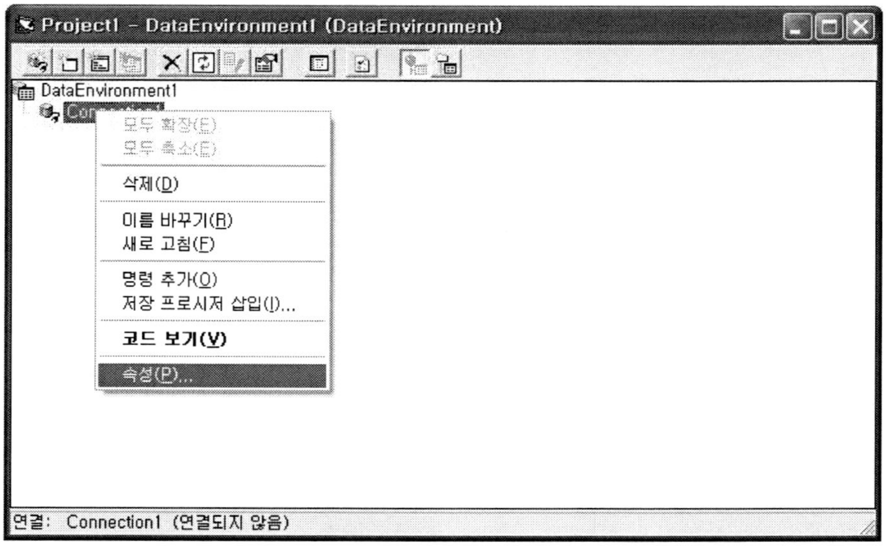

④ [연결] 탭을 선택하고 데이터베이스 이름을 선택한다.

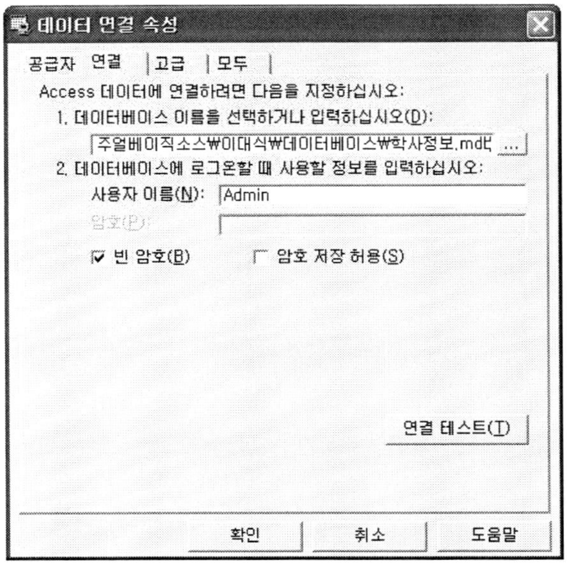

⑤ 정상적으로 연결되었는지 확인하기 위해 [연결 테스트] 버튼을 클릭한다. 정상적으로 연결되면 다음과 같은 메시지가 출력된다.

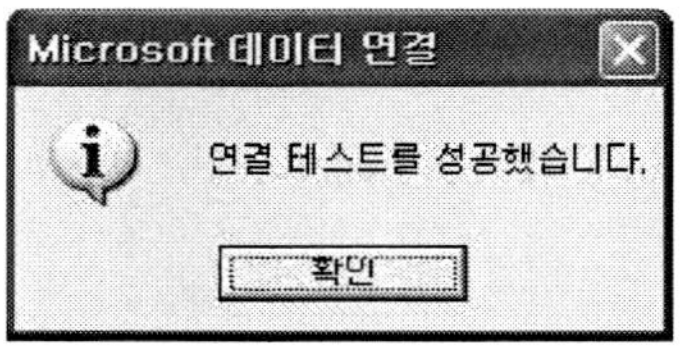

⑥ [Connection1]에서 마우스 오른쪽 버튼을 클릭하고 [명령 추가]를 선택하면 [Command1]이 나타난다.

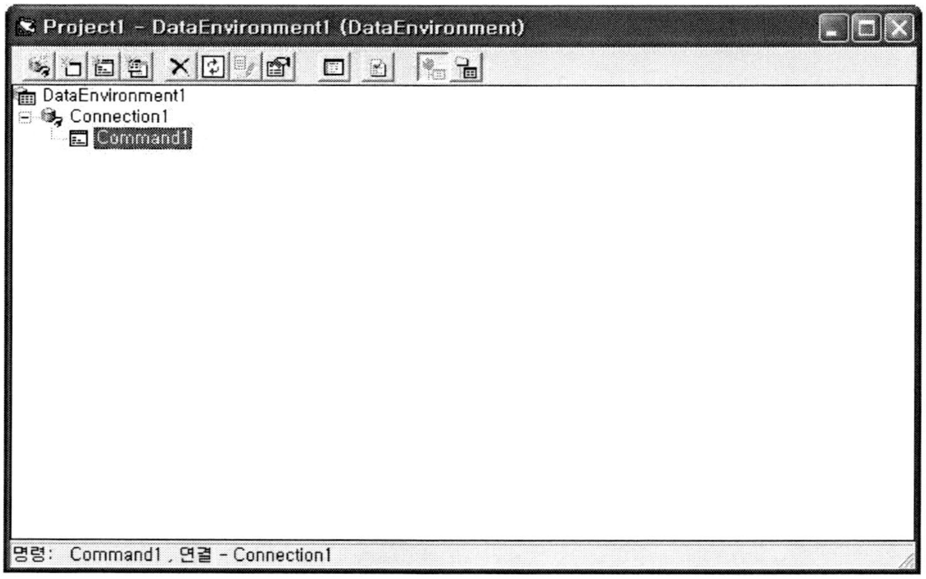

⑦ [Command1]에서 마우스 오른쪽 버튼을 클릭한 후 [속성]을 선택하면 [Command1 등록 정보] 대화상자가 나타난다.

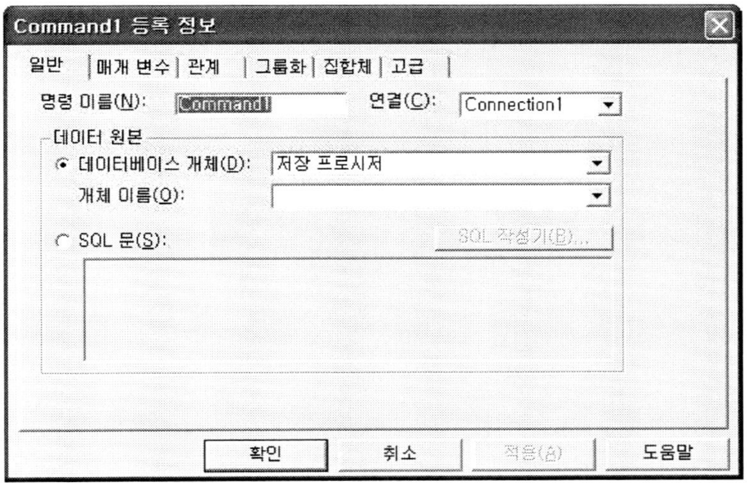

⑧ [명령 이름]은 [cmdStudent], [연결]은 [Connection1], [데이터베이스 객체]는 [테이블], [객체 이름]은 [학생 정보]로 설정한 후 [확인] 버튼을 클릭한다.

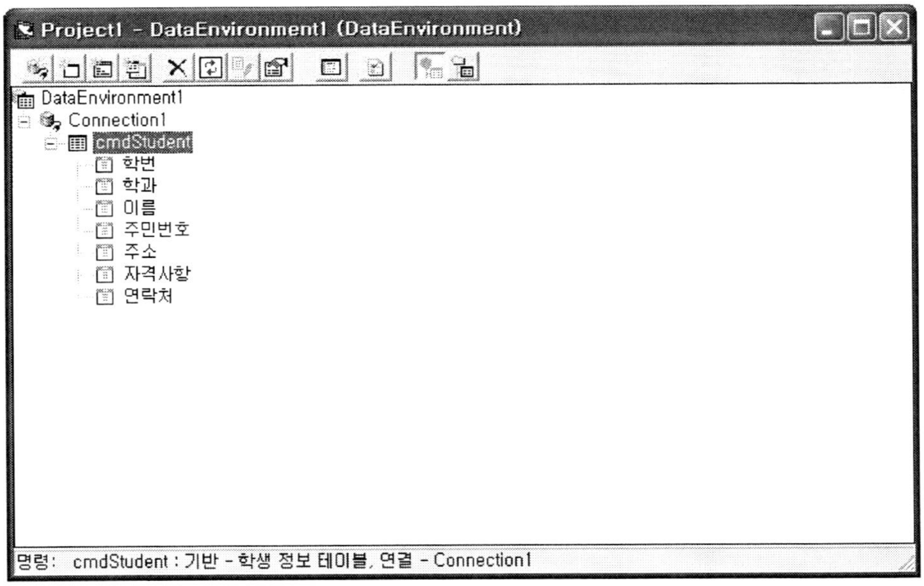

⑨ [프로젝트]-[Data Report 추가]를 선택하면 DataReport1 디자인 창이 나타나고, 데이터 리포트 도구상자가 나타난다.

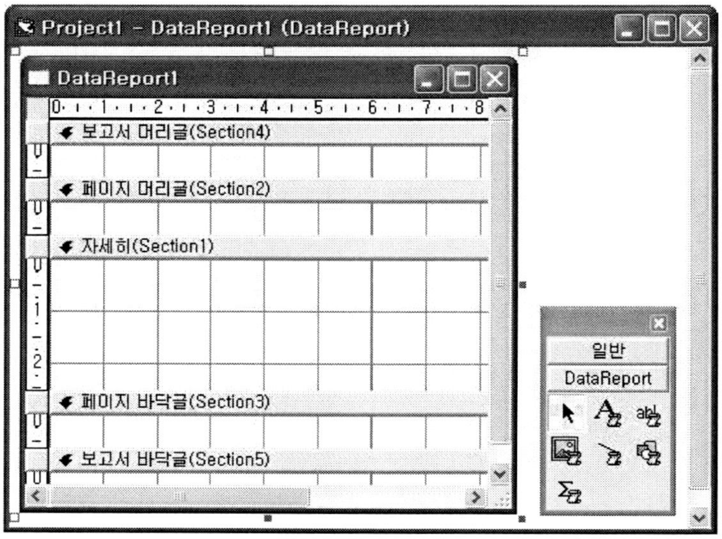

⑩ [Data Report] 디자인 속성은 다음과 같다.

디자인	설명
DataReport	Name = DataReport1 Capption = "학생 정보 리포트" DataSource = Data Environment DataMember = cmdStudent

⑪ [Data Report] 창을 Data Environment에 맞게 재구성하기 위해 [Data Report] 창에서 마우스 오르쪽 버튼을 클릭한 후 [구조 검색]을 선택한 후 메시지가 나오면 [확인] 버튼을 클릭한다.

Project1 - DataReport1 (DataReport)
DataReport1
보고서 머리글(Section4)
페이지 머리글
자세히(Sectio
페이지 바닥글
보고서 바닥글
실행 취소 못함 Ctrl+Z
붙여넣기(P) Ctrl+V
전체 선택(L)
컨트롤 삽입(C)
그룹 머리글/바닥글 삭제(D)
그룹 머리글/바닥글 삽입(G)
보고서 머리글/바닥글 표시(H)
페이지 머리글/바닥글 표시(E)
모눈 표시(I)
눈금자 표시(R)
모눈에 맞춤(N)
구조 검색(S)
구조 지우기(A)

DataReport1
기존 보고서 레이아웃을 새 데이터 계층 구조로 바꾸시겠습니까?
[예]를 선택하면 현재 컨트롤이 모두 삭제되고 모든 구역과 레이아웃 사용자 정의 설정이 지워집니다.
예(Y)
아니오(N)

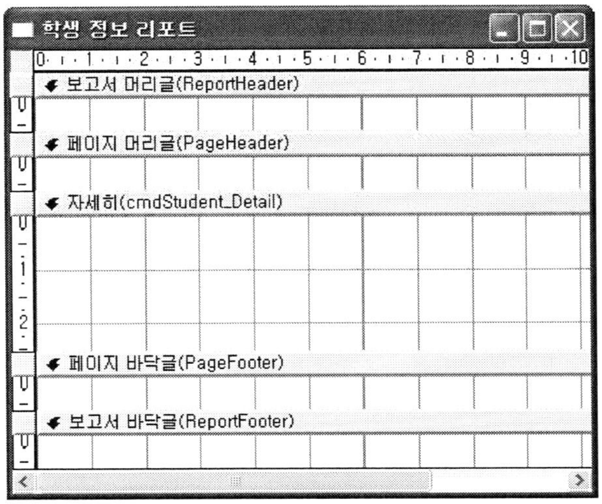
학생 정보 리포트
보고서 머리글(ReportHeader)
페이지 머리글(PageHeader)
자세히(cmdStudent_Detail)
페이지 바닥글(PageFooter)
보고서 바닥글(ReportFooter)

⑫ [Data Report] 창에 필요한 [Data Report] 컨트롤들을 디자인하여 보고서를 만들 수 있다. [Page Header] 부분에 RptLabel 컨트롤(A)을 넣고, [Caption], [Font], [ForeColor] 속성등을 수정한다.

⑬ [cmdStudent_Detail] 부분은 실질적인 내용이 들어갈 부분이다. [학번], [학과], [이름], [주민번호], [주소], [자격사항], [연락처]를 드래그하여 배열한다.

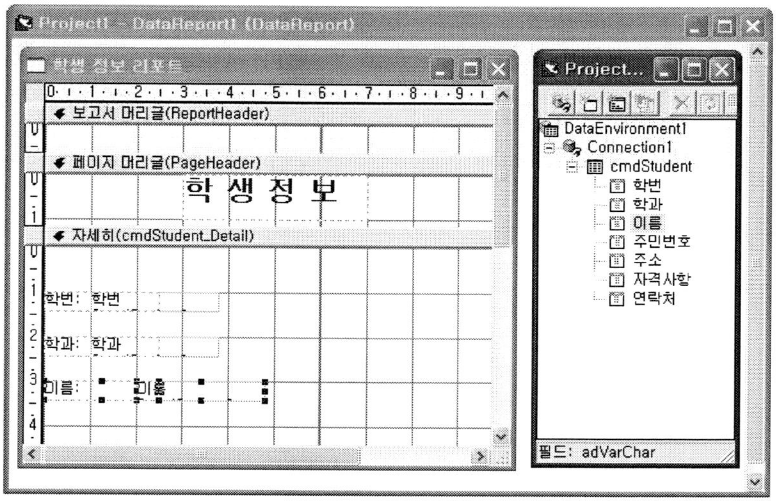

> **[참고사항]**
>
> 해당 필드를 [Data Report] 창에 배치시킬 때 2개의 컨트롤이 생기는데 앞부분은 필드명을 나타내는 컨트롤, 뒷부분은 내용을 출력하는 컨트롤이다.

⑭ 크기 조절은 컨트롤의 외곽에 생기는 크기 조절 포인트를 사용하여 지정한다.

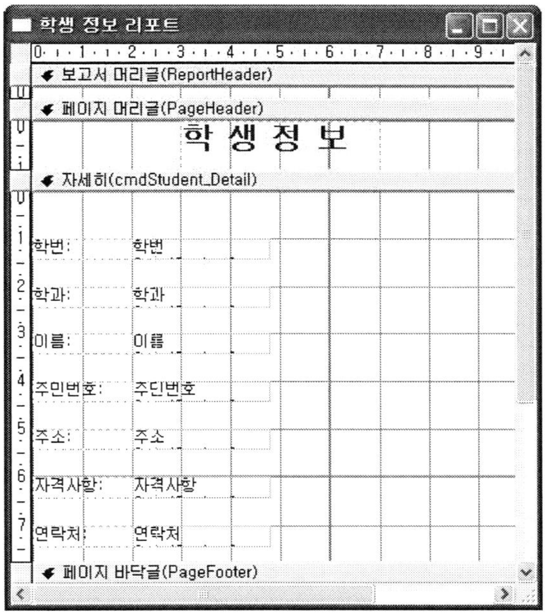

⑮ ⑤-⑬까지의 방법으로 [성적 정보] 테이블도 보고서를 만든다. ⑥의 [Command1 등록 정보] 대화상자 [명령 이름]은 [cmdGrade]로 한다.
[Data Report2] 디자인 속성은 다음과 같다.

디자인	설명
DataReport	Name = DataReport2 Caption = "성적 정보 리포트" DataSource = Data Environment DataMember = cmdGrade

⑯ [프로젝트 탐색기]에 추가된 [폼]과 [디자이너]를 보면 다음과 같다.

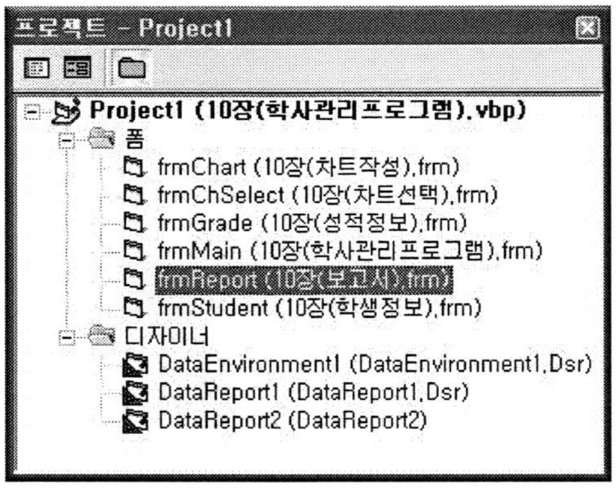

4 학사 관리 프로그램을 위한 코드 작성

실 습

▶ 학사 관리 프로그램의 코드 작성.

① [학사 관리 프로그램] 폼에서 [학생 정보] 버튼을 클릭하면 [학생 정보] 폼, [성적 정보] 폼을 클릭하면 [성적 정보] 폼, [데이터 보고서] 버튼을 클릭하면 [데이터 보고서] 폼, [종료] 버튼을 클릭하면 학사 관리 프로그램이 종료하도록 코딩하면 다음과 같다.

```
Private Sub cmdStudent_Click()
  frmStudent.Show
End Sub
```

```
Private Sub cmdGrade_Click()
  frmGrade.Show
End Sub

Private Sub cmdReport_Click()
  frmReport.Show
End Sub

Private Sub cmdExit_Click()
  Dim Over
  Over = MsgBox( "! 프로그램을 종료합니다 !" , vbOKCancel + vbExclamation, _
          "종료 메시지" )
  If Over = vbOK Then
    End
  End If
End Sub
```

② [학생 정보] 폼에서 [입력] 버튼을 클릭하면 데이터를 입력할 수 있고, [닫기] 버튼을 클릭하면 [학사 관리 프로그램] 폼으로 돌아가고, [성적 정보] 버튼을 클릭하면 [성적 정보] 폼으로 이동하도록 코딩하면 다음과 같다.

```
Private Sub cmdInput_Click()
  Data1.Recordset.AddNew
  txtCourse.SetFocus
End Sub

Private Sub cmdClose_Click()
  frmStudent.Hide
End Sub

Private Sub cmdGrade_Click()
  frmStudent.Hide
```

```
  frmGrade.Show
End Sub
```

③ [학생 정보] 폼에서 [삭제] 버튼을 클릭하면 데이터를 삭제할 수 있도록 코딩하면 다음과 같다.

```
Private Sub cmdDelete_Click()
  Data1.Recordset.Delete    '현재 레코드를 삭제한다
  Data1.Recordset.MoveNext    '다음 레코드로 이동한다
  If Data1.Recordset.EOF = True Then
    If Data1.Recordset.RecordCount = 0 Then    '삭제 후 레코드가 하나도 없으면
        Data1.Recordset.AddNew    '빈 레코드를 삽입한다
        txtCourse.SetFocus
    Else
        Data1.Recordset.MoveLast    '마지막 레코드로 이동한다
    End If
  End If
End Sub
```

④ [학생 정보] 폼에서 [검색] 버튼을 클릭하고, 이름을 입력하면 원하는 데이터를 검색할 수 있도록 코딩하면 다음과 같다.

```
Private Sub cmdSearch_Click()
  Dim Query
  Query = InputBox( "검색할 이름을 입력", "찾기" )
  If Query = "" Then
     MsgBox "이름이 입력되지 않았습니다", vbOKOnly + vbCritical, "에러 메세지"
     Exit Sub
  End If
  Data1.Recordset.FindNext "이름= '" & Query & "'"
  If Data1.Recordset.NoMatch Then
     Data1.Recordset.FindFirst "이름= '" & Query & "'"
```

```
  End If
  If Data1.Recordset.NoMatch Then
     MsgBox "찾는 이름이 없습니다." , vbOKOnly + vbExclamation, "메시지"
  End If
End Sub
```

⑤ [성적 정보] 폼에서 [총점] 버튼을 클릭하면 총점을 계산하도록 코딩하면 다음과 같다.

```
Private Sub cmdTotal_Click()
  Dim Rate1, Rate2, Rate3, Rate4
  Rate1 = Val(txtMidterm.Text)
  Rate2 = Val(txtEndterm.Text)
  Rate3 = Val(txtAttend.Text)
  Rate4 = Val(txtReport.Text)
  txtTotal = Rate1 + Rate2 + Rate3 + Rate4
End Sub
```

⑥ [성적 정보] 폼에서 [평점] 버튼을 클릭하면 A+, A, B+, B, C+, C, D+, D, F로 나누어 평점을 계산하도록 코딩하면 다음과 같다.

```
Private Sub cmdExam_Click()
  If Val(txtTotal.Text) >= 95 Then
     txtExam.Text = "A+"
  ElseIf Val(txtTotal.Text) >= 90 Then
     txtExam.Text = "A"
  ElseIf Val(txtTotal.Text) >= 85 Then
     txtExam.Text = "B+"
  ElseIf Val(txtTotal.Text) >= 80 Then
     txtExam.Text = "B"
  ElseIf Val(txtTotal.Text) >= 75 Then
     txtExam.Text = "C+"
```

```
    ElseIf Val(txtTotal.Text) >= 70 Then
        txtExam.Text = "C"
    ElseIf Val(txtTotal.Text) >= 65 Then
        txtExam.Text = "D+"
    ElseIf Val(txtTotal.Text) >= 60 Then
        txtExam.Text = "D"
    Else
        txtExam.Text = "F"
    End If
End Sub
```

⑦ [성적 정보] 폼에서 [입력] 버튼을 클릭하면 데이터를 입력할 수 있고, [닫기] 버튼을 클릭하면 [학사 관리 프로그램] 폼으로 돌아가고, [학생 정보] 버튼을 클릭하면 [학생 정보] 폼으로 이동하도록 코딩하면 다음과 같다.

```
Private Sub cmdInput_Click()
    Data1.Recordset.AddNew
    txtCourse.SetFocus
End Sub

Private Sub cmdClose_Click()
    frmGrade.Hide
End Sub

Private Sub cmdStudent_Click()
    frmGrade.Hide
    frmStudent.Show
End Sub
```

⑧ [성적 정보] 폼에서 [삭제] 버튼을 클릭하면 데이터를 삭제할 수 있도록 코딩하면 다음과 같다.

```
Private Sub cmdDelete_Click()
  Data1.Recordset.Delete
  Data1.Recordset.MoveNext
  If Data1.Recordset.EOF = True Then
    If Data1.Recordset.RecordCount = 0 Then
       Data1.Recordset.AddNew
       txtClass.SetFocus
    Else
       Data1.Recordset.MoveLast
    End If
  End If
End Sub
```

⑨ [성적 정보] 폼에서 [검색] 버튼을 클릭하고, 이름을 입력하면 원하는 데이터를 검색할 수 있도록 코딩하면 다음과 같다.

```
Private Sub cmdSearch_Click()
  Dim Query
  Query = InputBox( "검색할 이름을 입력" , "찾기" )
  If Query = "" Then
     MsgBox "이름이 입력되지 않았습니다", vbOKOnly + vbCritical, _
     "에러 메세지"
     Exit Sub
  End If
  Data1.Recordset.FindNext "이름= '" & Query & "' "
  If Data1.Recordset.NoMatch Then
     Data1.Recordset.FindFirst "이름= '" & Query & "' "
  End If
  If Data1.Recordset.NoMatch Then
     MsgBox "찾는 이름이 없습니다." , vbOKOnly + vbExclamation, "메시지"
  End If
End Sub
```

⑩ [데이터 보고서] 폼에서 [학생 정보 보고서] 버튼과 [성적 정보 보고서] 버튼을 클릭하면 [DataReport] 디자인으로 이동하도록 코딩하면 다음과 같다.

```
Private Sub cmdSTReport_Click()
  DataReport2.Hide
  DataReport1.Show
End Sub

Private Sub cmdGRReport_Click()
  DataReport1.Hide
  DataReport2.Show
End Sub

Private Sub cmdClose_Click()
  frmReport.Hide
End Sub
```

5 학사 관리 프로그램 실행

실 습

▶ 학사 관리 프로그램의 실행.

① [학사 관리 프로그램]을 실행하면 다음과 같다.

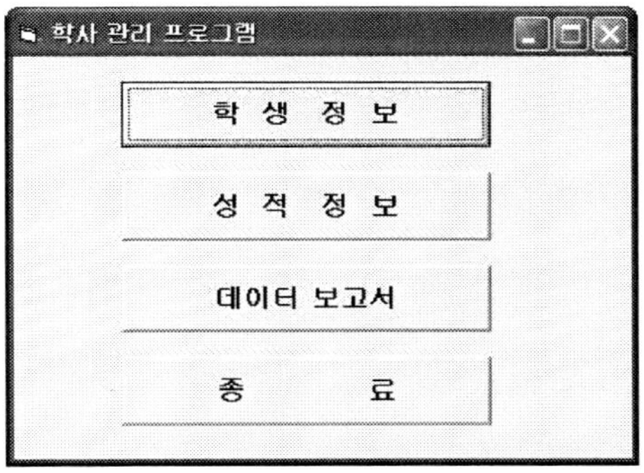

② [학사 관리 프로그램]에서 [학생 정보] 창을 클릭하여 실행하면 다음과 같다.

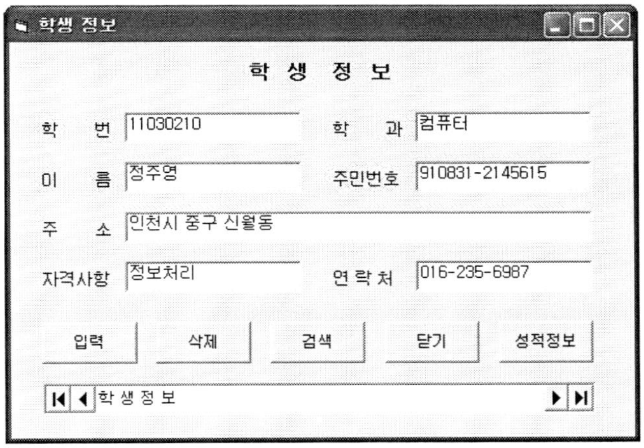

③ [학생 정보] 창에서 [입력] 버튼은 레코드를 입력하고, [삭제] 버튼은 레코드를 삭제한다. [닫기] 버튼은 [학생 정보] 창을 닫고, [검색] 버튼은 학생의 이름을 검색하여 레코드를 찾는다. [검색] 버튼을 클릭하여 실행하면 다음과 같다.

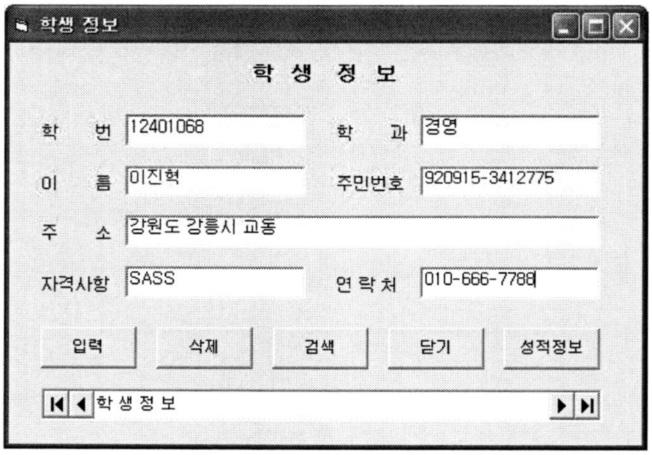

④ [학생 정보] 창에서 [성적 정보] 버튼을 클릭하면 [성적 정보] 창으로 이동한다.

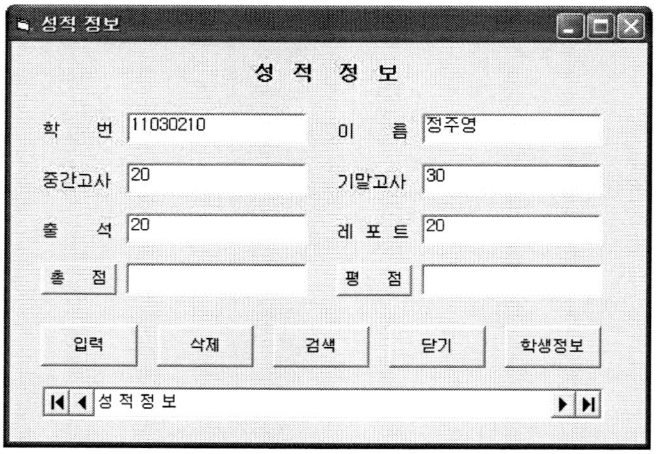

⑤ [성적 정보] 창은 [학생 정보] 창과 같은 메뉴 버튼을 가지고 있다. 여기서 [총점]과 [평점] 버튼을 클릭하여 실행하면 다음과 같다.

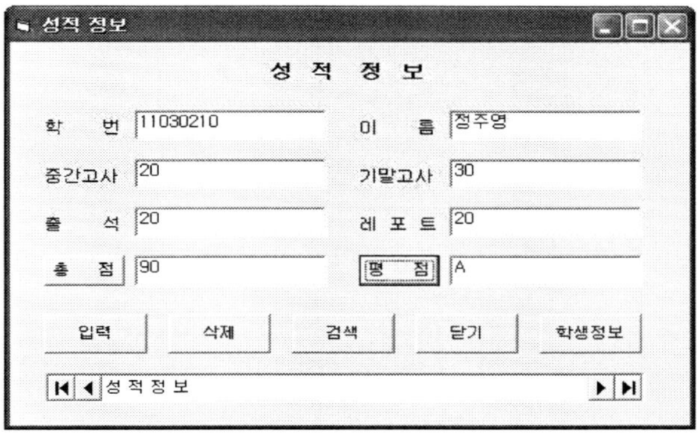

⑥ [학사 관리 프로그램]에서 [데이터 보고서] 메뉴를 클릭하면 [데이터 보고서] 창이 나타난다.

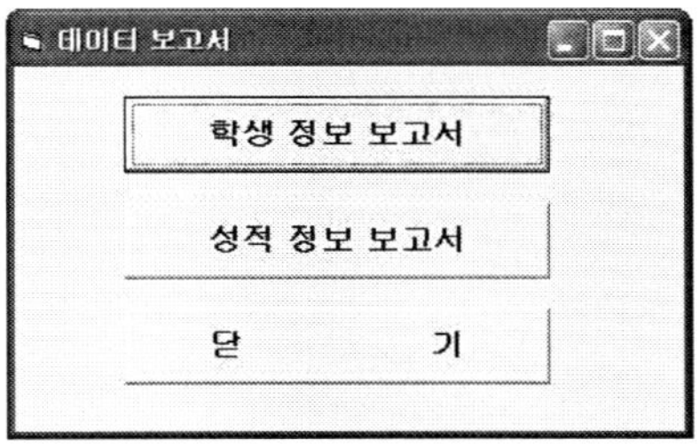

⑦ [데이터 보고서] 창에서 [학생 정보 보고서] 버튼과 [성적 정보 보고서] 버튼을 클릭하면 [학생 정보 보고서] 창과 [성적 정보 보고서] 창으로 이동되고, [닫 기] 버튼은 [데이터 보고서] 창을 닫는다.

⑧ [학사 관리 프로그램]에서 [종 료] 버튼을 클릭하면 '! 프로그램을 종료합니다 !' 라는 [종료 메시지가 나타나면서 종료한다.

연 습 문 제

1. 9장의 연습문제 데이터베이스를 가지고 다음 프로그램을 작성하시오. 단 [레코드 추가] 버튼은 레코드를 추가, [레코드 삭제] 버튼은 레코드를 삭제, [다음 레코드] 버튼과 [이전 레코드] 버튼은 [Data] 컨트롤 기능과 같은 기능, [레코드 찾기] 버튼은 이름을 가지고 레코드를 찾는다.

[폼 형태]

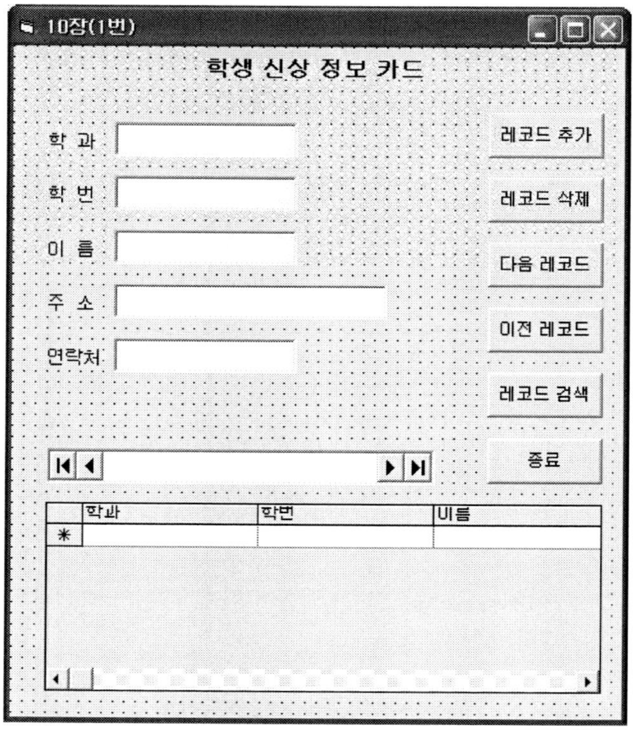

[실행 화면]

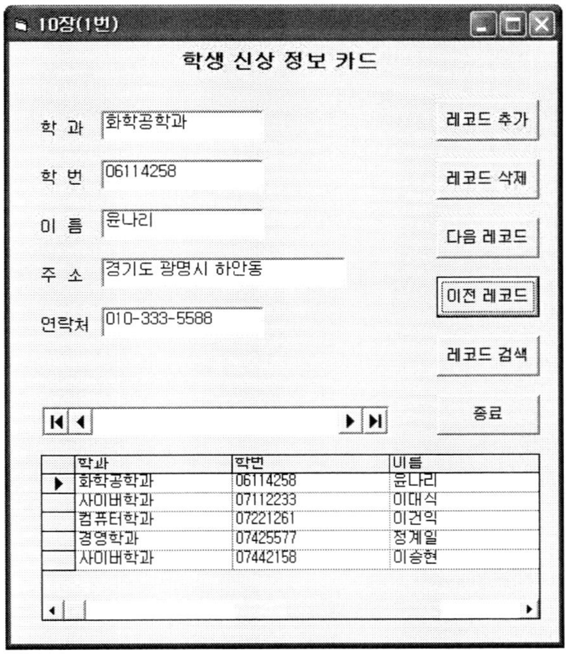

[레코드 검색 버튼 실행 화면]

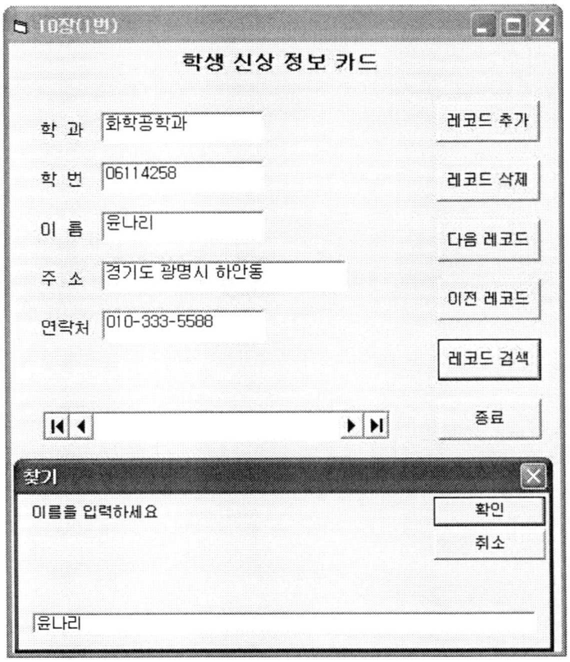

찾아보기

(ㄱ)

가속키 240
객체 보기 14
객체 지향형 프로그래밍 4
객체(Object) 18
객체연결 4
검색에 이용되는 연산자 377
공용 대화상자(Common DialogBox) 279
공용 컨트롤 173
공용 컨트롤(Common Control) 171
관계 연산자 46
관계형 데이터베이스 363
구문 에러(Syntax Error) 348
구성원 자동 목록 42
그래픽 컨트롤 159
글꼴 대화상자 288
글꼴색상 253
글꼴유형 252
글꼴크기 252

(ㄴ)

논리 에러(Logic Error) 348
논리 연산자 46

(ㄷ)

다이너셋, 스냅샷 형식에서의 검색 376
다중 If 55
다차원 배열 76
대입문(할당문) 36
대화 상자 212
대화상자 151, 274
대화상자 표시 240
데이터 바운드 컨트롤 383
데이터 컨트롤 374
데이터 컨트롤(data control) 364
데이터 컨트롤의 메소드 375
데이터베이스 362
데이터베이스 개요 362
데이터베이스 관리 시스템 362
데이터베이스 컨트롤 168
데이터베이스(Database) 363
데이터형 33
데이터형 목록 상자 42
도구 바 175, 257
도구상자 11
도킹 탭 17
도형(Shape) 159
도형(Shape)/선(Line) 159
동적 배열 81
드라이브 리스트 박스 152
드라이브 리스트박스 151
디렉토리 구조 151
디렉토리 리스트박스 151, 152

(ㄹ)

랜덤 파일 300, 314
런타임 에러 348
레이블 컨트롤 110
레코드 검색 376
레코드 선언 315
레코드 이동 메소드 376
레코드 추가, 삭제, 갱신 메소드 376
레코드(Record) 363
레코드셋(Recordset) 객체 375
리소스(Resource) 24
리스트 박스 131
리스트뷰 174

(ㅁ)

마우스 버튼 이벤트 104
마우스 이벤트 103
매개변수 201
메뉴 238
메뉴 목록상자 242
메뉴 작성 238
메뉴 편집기 241
메뉴 표시줄 10, 239
메뉴 항목 239
메소드 19, 92
명시적인 변수 선언 37
모달 대화상자 274
모달(Modal) 274
모달/모달리스 대화상자 275
모달리스 대화상자 275
모달리스(Modaless) 274
모듈(Module) 24, 219
묵시적인 변수 선언 37
문장형 If 55

(ㅂ)

배열(Array) 71
버블정렬 73
변수 36
변수 사용 규칙 36
변수 선언 37
변수 선언자의 종류 39
부메뉴 239
블록형 If 55
비교 연산자 50
비주얼 데이터 관리자 364
비주얼 베이직 3

(ㅅ)

사건 중심형 프로그래밍 4
사용자 인터페이스 3
사용자 정의 상수 45
사원 등록 프로그램 135
사칙연산 47
산술 연산자 46
상수 44, 45
상태 바 175, 257
색상 지정 함수 182
서브 프로시저 203
서브(Sub) 프로시저 200

선(Line) 159
선택표시 240
속성 92
속성 창 12
속성(Property) 18
수직 스크롤 바 144
수직/수평 스크롤 바 144
수평 스크롤 바 144
수학 함수 223
순차 파일 300
스크롤 바 144
시각적 프로그래밍 4
시스템 정의 상수 44
실행에러 348

(ㅇ)

에러 관련 함수 354
에러 디버깅 350
에러 처리 및 디버깅 348
연산자 46
예약어 36
옵션 버튼 127
윈도우 구성요소 110
이미지 리스트 175
이미지(Image) 159, 165
이벤트 92
이벤트(Event) 21
이벤트(Event) 프로시저 203
이진 파일 300, 327
인덱스(Index) 363
인터프리터 언어 4
일반 탭 16
일반(General) 프로시저 203

(ㅈ)

저장하기 151
전역 변수(External Variable) 40
제목 표시줄 10
제어문 53
제어변수값 63
조건문 53
조절 메뉴 아이콘 10
주메뉴 239
지역변수(Local Variable) 40

(ㅊ)

첨자 71
체크 박스 127

(ㅋ)

커맨드 버튼 25, 119
커스텀 컨트롤 109, 171
컨트롤 배열 82
컨트롤(Control) 109
컴파일러 언어 4
코드 보기 14
코드 창 12
콤보 박스 134
클립보드 249
키(Key) 363

키보드 이벤트 106

(ㅌ)

타이머 148
타이머 컨트롤 148
테이블(Table) 363
텍스트 박스 25, 114
텍스트 박스 컨트롤 110
통합개발환경 5, 109
트리뷰 174

(ㅍ)

파일 300
파일 닫기 301
파일 리스트박스 151, 153
파일 번호 303
파일 열기 300
파일 주요 코드 302
파일 컨트롤 151
파일 컨트롤의 이벤트 155
파일 편집 301
파일경로 347
파일에서 데이터 읽기 304
파일열기 151
팝업(Popup) 메뉴 작성 266
팝업메뉴 239
편집기 탭 15
편집기 형식 탭 16
평균을 구하는 프로그램 145
포커스 110
폴더 설정/해제 14
폼 94
폼 레이아웃 창 14
폼 삽입과 삭제 94
폼 창 11
폼(Form) 24
폼의 이벤트 99
표준 도구모음 10
표준 함수 223
풀다운(Pull-down) 메뉴 241
프레임 컨트롤 122
프로시저 200
프로시저(Procedure) 200
프로젝트 94
프로젝트 탐색기 창 13
프로젝트(Project) 24
픽처 박스(Picture Box) 159, 165
필드(Field) 362
필드의 형식 369

(ㅎ)

한 단계씩 코드 실행 351
함수 프로시저 207
함수(Function) 프로시저 200

(A)

Abs(x) 223
ActiveX 171
ActiveX 컨트롤 24, 109
AddItem 메소드 132

ADO(ActiveX Data Object) 365
Append 모드 303
Array 71

(B)

BackColor 97
BackColor 속성 18
BorderStyle 97
BorderStyle 속성 161

(C)

Caption 98
Case Else 60
Change 이벤트 144
CheckBox 45, 122
Clear 메소드 134
Close 문 301
Code Window 12
Common DialogBox 279
ControlBox 98
Cos(x) 224

(D)

DAO(Data Access Object) 364
data control 364
Data Environment 410
Data Report 추가 415
Database 363
DataBase Management System) 362
DBGrid 컨트롤 377, 385
DBMS 362
Dim 39
Directory ListBox 151
DOS 3
Do~Loop문 66
Drive ListBox 151

(E)

EDP 4
Enabled 98
Event 21
Exit For 63
Exp(x) 224
External Variable 40

(F)

File ListBox 151
FillColor 속성 160
FillStyle 속성 160
Fix(x) 224
Flag 267
Font 99
ForeColor 97
Form 24
Form Layout Window 14
Form Window 11
Format 함수 148
For~Next문 63
FreeFile 함수 303

(H)

Height/Width 99
Hex(x) 224

(I)

Icon 99
IDE 5
IF ~ THEN문 58
ImageList 261
Input 모드 303
InputBox 함수 213, 216
InStr 225
Int(x) 223
Interval 속성 148
IS 연산자 51

(K)

KeyPress 이벤트 108

(L)

LCase(문자열) 224
Left(문자열, n) 224
Len(문자열) 224
LIKE 연산자 51
Line Input 304
List 속성 132
ListBox 131
Load 이벤트 100
Local Variable 40
Log(x) 224
Logic Error 348
LTrim(문자열) 224

(M)

MaxButton 98
Method 19
Microsoft Common Dialog Control 6.0 279
Microsoft Data Bound Grid Control 5.0 384
Microsoft Data Bound List Control 6.0 384
Microsoft Jet 3.51 OLE DB Provider 411
Microsoft Windows Common Controls 6.0 172
Microsoft Windows Common Controls 6.0] 257
Mid(문자열, m, n) 224
MinButton 98
Modal 274
Modaless 274
Module 24
MouseDown 104, 267
MouseMove 104
MouseUp 104, 267
MsgBox 함수 44, 213

(N)

Name 99

(O)

Object 18
ODBC(Open Database Connectivity) 365
OLE 4
OLE 컨트롤 171
OLE(Object Linking and Embedding) 168
On Error 문 352
Open 문 300
Option Explicit 38
OptionButton 122
Output 모드 303

(P)

Path 속성 153
Print 메소드 43
Private 39
Private 프로시저 200
Private와 Public 프로시저 228
Procedure 200
Project 24
Project Window 13
Property 18
Property Window 12
Public 39
Public 프로시저 200

(Q)

QBColor 함수 182

(R)

RDO(Remote Data Object) 365
Recordset 375
RecordsetType 속성 375
RemoveItem 메소드 133
Resource 24
RGB 함수 182
Right(문자열, n) 224
Rnd(x) 224
RTrim(문자열) 224
Run-Time Error 348

(S)

Scroll 이벤트 144
Select ~ Case문 59
Sgn(x) 224
Show 메소드 275
ShowColor 280
ShowFont 280
ShowHelp 280
ShowOpen 280
ShowPrinter 280
ShowSave 280
Show와 Hide 메소드 19
Sin(x) 224
Space(n) 224
SQL(Standard Query Language) 363
Sqr(x) 224
Static 39
Static 프로시저 231

Step 63
Str(수식) 225
Style 속성 132
Syntax Error 348

(T)

Tan(x) 224
Timer 이벤트 148
Tool Box 11
ToolBar 컨트롤 259
Trim(문자열) 224

(U)

UCase(문자열) 224
Unload 이벤트 100
Until문 66

(V)

Val(문자열) 225
Visible 99

(W)

While~When문 69
WindowState 99

(etc)

1차원 배열 72
2차원 배열 76
3차원 배열 76

예제로 배우는 비주얼 베이직

2011년 12월 26일 인쇄
2011년 12월 29일 발행
저 자 오 기 성·박 호 균·백 덕 화 공저
펴낸이 오 성 걸
펴낸곳 오성미디어
주 소 132-916 서울시 도봉구 창 3동 491-1
전 화 02) 997-0136
FAX 02) 997-0137
등 록 2000. 5. 12 제 7-212 호
ISBN 978-89-6628-026-1 값 20,000원